Statistiques de l'OCDE sur les assurances 2016

OCDE

DES POLITIQUES MEILLEURES
POUR UNE VIE MEILLEURE

Cet ouvrage est publié sous la responsabilité du Secrétaire général de l'OCDE. Les opinions et les interprétations exprimées ne reflètent pas nécessairement les vues officielles des pays membres de l'OCDE.

Ce document et toute carte qu'il peut comprendre sont sans préjudice du statut de tout territoire, de la souveraineté s'exerçant sur ce dernier, du tracé des frontières et limites internationales, et du nom de tout territoire, ville ou région.

Merci de citer cet ouvrage comme suit :
OCDE (2016), *Statistiques de l'OCDE sur les assurances 2016*, Éditions OCDE.
http://dx.doi.org/10.1787/ins_stats-2016-fr

ISBN 978-92-64-27181-4 (print)
ISBN 978-92-64-27183-8 (PDF)

Annuel : Statistiques de l'OCDE sur les assurances
ISSN 2226-5791 (imprimé)
ISSN 2226-5805 (en ligne)

Les données statistiques concernant Israël sont fournies par et sous la responsabilité des autorités israéliennes compétentes. L'utilisation de ces données par l'OCDE est sans préjudice du statut des hauteurs du Golan, de Jérusalem-Est et des colonies de peuplement israéliennes en Cisjordanie aux termes du droit international.

Les corrigenda des publications de l'OCDE sont disponibles sur : *www.oecd.org/about/publishing/corrigenda.htm.*

Avant-propos

Cette publication annuelle comporte des séries chronologiques de statistiques d'assurance pour les pays membres de l'OCDE. Les statistiques sont issues de sources nationales sur la base d'un questionnaire préparé sous l'égide du Comité des assurances et des pensions privées de l'OCDE et de son Groupe de réflexion sur les statistiques d'assurance.

La présente publication fournit un aperçu sur la performance et la santé globales du secteur des assurances. Cette publication contient en plus un chapitre sur le développement du secteur de l'assurance. Ce chapitre s'appuie sur la sixième édition du « Global Insurance Market Trends » qui fournit une perspective plus globale grâce à l'addition d'un large groupe de pays d'Amérique latine, obtenue grâce à la coopération avec l'Association des contrôleurs d'assurance d'Amérique latine (ASSAL). Des pays non membres de l'OCDE d'Afrique, d'Asie et d'Europe contribuent également à ce chapitre. Cette édition inclut la contribution de l'Équateur, de la Lituanie et du Sri Lanka pour la première fois.

Cette publication française inclut également des données sur les investissements des compagnies d'assurance, les primes d'assurance, le nombre de compagnies d'assurance et d'employés, les paiements des sinistres bruts, les frais d'exploitation bruts et les commissions. Récemment, des éléments clés du bilan et du compte de résultat ont également été ajoutés au cadre statistique de l'OCDE pour l'assurance. Les données portent sur la période 2008-15 et se décomposent en des sous-catégories détaillées.

Le rapport a été préparé par la Division des affaires financières de la Direction des affaires financières et des entreprises de l'OCDE. Cependant, il n'a pu voir le jour que grâce à la coopération étroite entre l'OCDE et les diverses instances nationales chargées de collecter des données sur l'assurance.

Table des matières

Signes conventionnels et abréviations

c	Donnée confidentielle
x, n.a.	Sans objet
..	Non disponible
|	Rupture de série
-	Nul ou négligeable
.	Point décimal

Codes ISO des pays et abréviations monétaires ISO

	Code ISO du pays	Unité monétaire	Abréviation
	Pays de l'OCDE		
Australie	AUS	dollar	AUD
Autriche	AUT	euro	EUR
Belgique	BEL	euro	EUR
Canada	CAN	dollar	CAD
Chili	CHL	peso	CLP
République tchèque	CZE	couronne	CZK
Danemark	DNK	couronne	DKK
Estonie	EST	euro	EUR
Finlande	FIN	euro	EUR
France	FRA	euro	EUR
Allemagne	DEU	euro	EUR
Grèce	GRC	euro	EUR
Hongrie	HUN	forint	HUF
Islande	ISL	couronne	ISK
Irlande	IRL	euro	EUR
Israël	ISR	shekel	ILS
Italie	ITA	euro	EUR
Japon	JPN	yen	JPY
Corée	KOR	won	KRW
Lettonie	LVA	euro	EUR
Luxembourg	LUX	euro	EUR
Mexique	MEX	peso	MXN
Pays-Bas	NLD	euro	EUR
Nouvelle-Zélande	NZL	dollar	NZD
Norvège	NOR	couronne	NOK
Pologne	POL	zloty	PLN
Portugal	PRT	euro	EUR
République slovaque	SVK	euro	EUR
Slovénie	SVN	euro	EUR
Espagne	ESP	euro	EUR
Suède	SWE	couronne	SEK
Suisse	CHE	franc	CHF
Turquie	TUR	livre	TRY
Royaume-Uni	GBR	livre sterling	GBP
États-Unis	USA	dollar	USD

Codes ISO des pays et abréviations monétaires ISO *(suite)*

	Code ISO du pays	Unité monétaire	Abréviation
Sélection de pays d'Afrique, d'Asie et d'Europe			
Hong-Kong, Chine	HKG	dollar	HKD
Inde	IND	roupie indienne	INR
Indonésie	IDN	roupiah	IDR
Lituanie	LTU	euro	EUR
Malaisie	MYS	ringitt	MYR
Singapour	SGP	dollar	SGD
Afrique du Sud	ZAF	rand	ZAR
Sri Lanka	LKA	roupie	LKR
Thaïlande	THA	baht	THB
Sélection de pays d'Amérique latine			
Argentine	ARG	peso	ARS
Bolivie	BOL	boliviano	BOB
Brésil	BRA	real	BRL
Colombie	COL	peso	COP
Costa Rica	CRI	colón	CRC
Cuba	CUB	peso	CUP
Équateur	ECU	dollar	USD
El Salvador	SLV	colón	SVC
Guatemala	GTM	quetzal	GTQ
Honduras	HND	lempira	HNL
Nicaragua	NIC	córdoba	NIO
Panama	PAN	balboa	PAB
Paraguay	PRY	guarani	PYG
Pérou	PER	nuevo sol	PEN
Porto Rico	PRI	dollar	USD
Uruguay	URY	peso	UYU

Résumé analytique

L'OCDE collecte des statistiques de l'assurance depuis de nombreuses années, les données les plus anciennes dont elle dispose remontant au début des années 1980. À la suite de la crise financière, l'Organisation a lancé le projet des Statistiques des assurances au niveau mondial (Global Insurance Statistics ou GIS) dans le cadre de ses activités de suivi du marché de l'assurance, principalement dans le but d'élargir le champ de ses statistiques relatives aux marchés de l'assurance ainsi que leur portée internationale, en vue de renforcer la transparence de ces marchés. Ces évolutions l'ont amenée à collecter des données figurant aux principaux postes des bilans et comptes de résultat de compagnies d'assurance et de réassurance et à étendre géographiquement la couverture de la base de données des statistiques des assurances de l'OCDE au niveau mondial.

Cette publication analyse les tendances récentes du marché de l'assurance afin de développer une meilleure compréhension de la performance et la santé globales de l'industrie de l'assurance dans les pays de l'OCDE et dans une sélection d'économies non-membres de l'OCDE. L'inclusion d'un large groupe de pays d'Amérique latine, rendue possible grâce à la coopération avec l'Association des contrôleurs d'assurance d'Amérique latine (ASSAL), ainsi que l'inclusion de nombre de pays non membres d'Afrique, d'Asie et d'Europe a permis d'atteindre une perspective davantage mondiale. Le chapitre sur les tendances du marché de l'assurance met en évidence les raisons sous-jacentes des tendances, notamment en matière de croissance des primes brutes, et le développement des sinistres entre 2014 et 2015. Elle présente également des indicateurs clés de performance.

Cette publication comporte également des données historiques détaillées sur le secteur de l'assurance, permettant aux utilisateurs d'avoir une vision plus large de l'évolution du marché de l'assurance dans les pays de l'OCDE au fil des années. Elle couvre les principales données de l'assurance officielles de 2008 à 2015. La publication contient des indicateurs importants du marché des assurances (par exemple, la part de marché dans l'OCDE, la pénétration, la densité, les primes par salarié, etc.), ainsi que des données sur les activités d'assurance (nombre d'entreprises, nombre de salariés, primes brutes, etc.). La collecte de données porte également sur les paiements des sinistres bruts, les dépenses brutes d'exploitation et les commissions.

Principales conclusions sur les tendances récentes

En 2015, le secteur de l'assurance a affiché de bons résultats techniques. Les primes brutes encaissées par les compagnies d'assurance ont augmenté dans la plupart des pays, dans le segment vie et/ou non-vie. Dans la plupart des pays, le taux de pénétration relativement peu élevé de l'assurance (notamment en Amérique latine et dans certains pays d'Asie) montre que ce secteur dispose encore d'une marge de progression importante et peut se développer encore plus. En 2015, l'augmentation des primes brutes dans l'assurance non-vie a été stimulée, dans certains pays, par la croissance du marché de l'assurance automobile due au plus grand nombre de voitures en circulation qui a entraîné une hausse du nombre de contrats. La croissance des primes dans le secteur non-vie a été plus rapide que celle des paiements bruts des sinistres, d'où un ratio combiné inférieur à 100 % dans la plupart des pays de l'OCDE. Le montant des sinistres assurés dus à des catastrophes naturelles, qui a été inférieur à la moyenne en 2015, a sans doute contribué au bénéfice technique des assureurs non-vie.

Le rendement des investissements réalisés par les assureurs est resté positif en 2015 dans la plupart des pays, même s'il a été moins élevé qu'en 2014. Ce recul est probablement attribuable à la faiblesse persistante des taux d'intérêt à laquelle les assureurs sont particulièrement exposés du fait de l'importance des obligations (du secteur public pour la majeure partie) dans leur portefeuille d'investissement. Avec l'arrivée à échéance des titres obligataires plus anciens (susceptibles d'être mieux rémunérés) qu'ils détiennent en portefeuille, les assureurs n'ont guère d'autre choix que d'investir les produits qu'ils en retirent dans des obligations dont le rendement est moins élevé. La mise en œuvre de la Directive Solvabilité II depuis le 1er janvier 2016 pourrait conduire les compagnies d'assurance à modifier leur stratégie d'investissement en Europe dans les prochaines années, compte tenu de l'évolution des exigences de fonds propres qui seront applicables à différentes catégories d'actifs.

Le rendement des investissements réalisés par les compagnies d'assurance-vie et celui de leurs capitaux propres ont été positifs dans la plupart des pays en 2015. Les assureurs non-vie ont parfois eu plus de mal à obtenir des rendements aussi élevés, en particulier dans les pays (comme la Nouvelle-Zélande ou la Turquie) qui ont réévalué à la hausse les obligations qui leur incombent s'agissant de leurs paiements bruts de sinistres.

En contrôlant les coûts qu'elles encourent – ce à quoi un environnement concurrentiel peut les encourager – les compagnies d'assurance sont en mesure d'améliorer encore leurs résultats techniques et, in fine, leur rentabilité.

Définitions communes et notes

Notes sur les sources des données

Toutes les données dans cette publication ont été communiquées par les autorités nationales compétentes en matière d'assurance. En ce qui concerne les tableaux d'indicateurs comparatifs, les données sont surtout tirées des tableaux par pays. Les données économiques sur les taux de change, la population et le PIB proviennent des *Principaux indicateurs économiques*, publiés par l'OCDE.

Pour plus de clarté, le nombre de variables choisies et présentées dans cette publication a été limité. Les données ont été extraites de la base de données des statistiques des assurances au niveau mondial. La base de données complète peut être consultée en ligne en utilisant le lien suivant :

Statistiques des assurances de l'OCDE, *http://dx.doi.org/10.1787/ins-data-fr*

Un effort important a été fait pour assurer la comparabilité entre les pays. Les définitions, classifications, méthodes de calcul, et unités ont été normalisées autant que possible.

Notes générales

a) Les catégories vie et non-vie correspondent aux définitions utilisées dans la législation nationale. Cependant, les primes pour les contrats d'assurance maladie et accidents conclus par les entreprises d'assurance-vie doivent être incluses dans les chiffres sur l'activité non-vie.

b) Jusqu'en 2008, les activités dans le secteur de l'assurance sont ventilées entre les opérations vie et non-vie. À partir de 2009, les activités sont décomposées entre les opérations des entreprises d'assurance-vie, celles des entreprises d'assurance non-vie et celles des entreprises mixtes, les activités des entreprises mixtes étant elles-mêmes subdivisées entre les opérations vie et non-vie. Certains pays n'autorisent pas les entreprises d'assurance à exercer à la fois des activités vie et non-vie et, par conséquent, il n'existe pas d'entreprises mixtes dans ces pays. Cependant, dans d'autres pays (comme l'Autriche, la Belgique, la Hongrie, l'Italie, le Mexique), les entreprises mixtes représentent plus de la moitié du total des emplois dans le secteur national de l'assurance. Aussi, pour disposer au fil des ans de données comparables sur les opérations vie (respectivement non-vie), il faut additionner à partir de 2009 les opérations vie (respectivement non-vie) des entreprises d'assurance-vie (respectivement non-vie) et les opérations vie (respectivement non-vie) des entreprises mixtes.

c) Les chiffres fournis sur le nombre d'entreprises et les primes d'assurance doivent prendre en compte toutes les entreprises d'assurance agréées ou autorisées dans le pays déclarant, *y compris* les réassureurs professionnels, qu'ils soient ou non contrôlés, mais *à l'exclusion* de tout système réglementaire de sécurité sociale administré par l'État.

d) Les *entreprises nationales* signifient les entreprises constituées en sociétés en vertu du droit national, ainsi que les entreprises dans le pays déclarant qui ne sont pas constituées en sociétés, mais à l'exclusion des succursales et agences d'entreprises étrangères.

e) Les *entreprises sous contrôle étranger* signifient les entreprises nationales contrôlées par des intérêts étrangers, ce « contrôle » étant défini en fonction de la législation nationale (voir la définition des entreprises sous contrôle étranger dans les remarques par pays). Les données concernant les *entreprises sous contrôle étranger* sont intégrées dans celles sur les *entreprises nationales*.

f) Les *entreprises étrangères* signifient les entreprises constituées en sociétés en dehors du pays déclarant.

Tendances des marchés de l'assurance

Notes sur les données des pays

Ce chapitre se fonde sur les réponses fournies par les pays concernant les résultats provenant des Statistiques des assurances au niveau mondial (GIS) collectées en 2016, notamment les informations qualitatives communiquées par les pays ou obtenues de sources administratives nationales.

Compte tenu des divergences entre les normes nationales de communication d'informations, les différentes méthodes permettant de compiler les données pour générer les statistiques des assurances, une certaine prudence est requise dans l'interprétation des données. Pour cette raison, il est demandé régulièrement aux pays de fournir des informations méthodologiques pertinentes afin de parvenir à comprendre parfaitement les informations qu'ils soumettent aux fins d'élaborer les statistiques des assurances. Les remarques méthodologiques spécifiques aux pays ci-après donnent des explications à cet égard.

- Les données économiques sur le produit intérieur brut (PIB), les taux de change et l'indice des prix à la consommation (IPC) dans les pays proviennent des bases de données des Statistiques financières internationales (SFI) du FMI et des Principaux indicateurs économiques (PIE) de l'OCDE.
- En ce qui concerne le cadre des Statistiques des assurances au niveau mondial de l'OCDE, les données présentées dans les graphiques 1 à 4, les graphiques 12 et 13, et les tableaux 3 et 4 portent normalement sur l'assurance directe et comprennent les entreprises constituées en société dans le pays (c'est-à-dire constituées en société en vertu du droit national) et, lorsque les données sont disponibles, sur les agences et succursales d'entreprises étrangères opérant dans le pays. Les tableaux et graphiques concernant l'allocation d'actifs des assureurs et les taux de rendement des investissements présentés dans cette publication se rapportent uniquement aux compagnies nationales d'assurance directe. Certains pays, en particulier parmi les États membres de l'UE (par exemple l'Estonie, l'Italie ou le Portugal), lorsqu'ils transmettent leurs données, peuvent ne pas être à même d'exclure les succursales étrangères des sociétés nationales. Par conséquent, il se peut que les données concernant ces pays incluent ces succursales étrangères (notamment celles établies dans l'UE).
- Des entités mixtes opèrent dans un certain nombre de pays, comme le montre l'annexe C de cette publication.

- Les données concernant l'*Argentine* se réfèrent à fin juin, et non à fin décembre.
- Les données portant sur le secteur de l'assurance non-vie en *Australie* excluent l'assurance santé privée.
- Les données concernant l'*Estonie* renvoient à l'ensemble des activités d'assurance directe des compagnies estoniennes, et incluent les opérations conclues par des succursales d'assureurs estoniens.
- Les données sur le secteur vie au *Honduras* incluent, pour une compagnie, les produits couvrant les accidents et la santé. Selon les définitions de l'OCDE, ces produits sont des produits d'assurance non-vie.
- Les données concernant l'*Indonésie* renvoient uniquement à des produits conventionnels et n'incluent pas le Takaful (assurance islamique).
- Les données statistiques concernant *Israël* sont fournies par et sous la responsabilité des autorités israéliennes compétentes. L'utilisation de ces données par l'OCDE est sans préjudice du statut des hauteurs du Golan, de Jérusalem Est et des colonies de peuplement israéliennes en Cisjordanie aux termes du droit international.
- Les données relatives aux assureurs mixtes d'*Italie* et du *Portugal* comprennent les assureurs-vie opérant également sur le segment santé et accidents.
- Les données portant sur le *Japon* reflètent l'exercice fiscal japonais, qui se termine au 31 mars, et non l'année calendaire.
- Les données concernant la branche assurance non-vie de la *Corée* incluent les produits de pension privée proposés par des assureurs non-vie. Selon les définitions de l'OCDE, les produits de pension privée sont des produits d'assurance vie.
- Les données concernant la *Malaisie* couvrent les activités mondiales (en Malaisie et en dehors), y compris l'assurance Takaful.
- Les données fournies pour la *Nouvelle-Zélande* proviennent de l'enquête annuelle auprès des entreprises (*Annual Enterprise Survey*) de Statistics New Zealand. Il s'agit d'une enquête sur des aspects financiers menée auprès des organisations opérant dans l'ensemble de l'économie, chaque organisation communiquant des informations arrêtées à sa date de clôture la plus récente. Les données se réfèrent à fin décembre pour la plupart des entreprises d'assurance-vie, et à fin juin dans la plupart des cas pour l'assurance santé et l'assurance générale.
- Les données concernant les *États-Unis* comprennent également les activités d'assurance de Porto Rico.

Notes sur les indicateurs

a) Le ratio combiné correspond dans cette publication à la somme des paiements bruts de sinistres, des variations de l'encours des provisions techniques, des dépenses brutes d'exploitation et des commissions brutes divisée par les primes souscrites brutes. Autrement dit, *Ratio combiné= « Taux des sinistres » + « Taux de frais »*, où:

  - *Taux de sinistres = (sinistres payés bruts + variations de l'encours des provisions techniques) / primes souscrites brutes* (ces dernières étant utilisées comme variables de substitution pour les primes acquises brutes) ; et,
  - *Taux de frais = (dépenses brutes d'exploitation + commissions) / primes souscrites brutes.*

Le ratio combiné sert à analyser les résultats techniques des sociétés d'assurance, surtout pour l'assurance non-vie dans le cadre de laquelle l'exposition aux risques est à court terme, généralement un an. Le ratio mixte pour les activités de long terme comme l'assurance-vie n'a qu'une utilité restreinte.

b) Les primes se réfèrent aux primes brutes souscrites pour l'assurance directe seulement, et excluent l'activité de réassurance acceptée.

c) Selon les normes de classification de l'OCDE, les données pour l'assurance-vie n'incluent pas l'assurance accident et maladie.

d) Les taux de croissance réels sont calculés à partir de l'indice des prix à la consommation (IPC) des bases de données des SFI du FMI et PIE de l'OCDE.

e) Le rendement des capitaux propres est calculé dans cette publication comme le résultat net de l'exercice en cours divisé par la moyenne des capitaux propres de l'exercice en cours et de l'exercice précédent inscrits aux bilans des compagnies d'assurance au niveau sectoriel.

f) La variation des capitaux propres est calculée comme le changement des capitaux propres par rapport à la clôture de l'exercice précédent divisé par les capitaux propres de l'exercice précédent.

PARTIE I

Cette partie se compose de tableaux de chiffres et d'indicateurs fondamentaux, qui reflètent les caractéristiques les plus significatives du marché de l'assurance dans les pays de l'OCDE. Le plus souvent, les tableaux contiennent des données sur tous les pays de l'OCDE, ainsi que des données agrégées pour l'« OCDE », l'« Union européenne (15 pays) » (les 15 pays membres de l'Union européenne en 1995) et l'« ALENA » de 2008 à 2015, pour les catégories suivantes : assurance-vie, assurance non-vie et total. Sauf mention contraire, les chiffres donnés dans cette partie pour la branche vie (respectivement non-vie) tiennent compte de l'activité vie (respectivement non-vie) des sociétés d'assurance mixtes. Les montants des primes sont convertis à partir de la monnaie nationale en dollars des États-Unis. Les taux de change utilisés correspondent à des taux en fin de période pour les variables évaluées à la fin de l'année et à une moyenne pour l'année de référence pour les variables représentant un flux sur une année.

Les chiffres pour les trois zones (« Union européenne », « ALENA » et « OCDE ») présentés en bas de certains tableaux sont calculés pour les pays pour lesquels les informations sont disponibles.

PARTIE II

Dans cette partie, les principales statistiques des assurances sont présentées par l'intermédiaire de tableaux distincts par pays. Les chiffres correspondent à l'année civile. Les primes et autres montants sont donnés en millions dans la monnaie nationale.

Tendances du marché de l'assurance

Résultats techniques

En 2015, les primes brutes ont augmenté dans la plupart des pays dans les segments vie, non-vie ou dans ces deux segments à la fois. Cette hausse peut être le signe ou la conséquence de conditions économiques devenues plus porteuses, favorisant l'achat de produits d'assurance par les particuliers. Dans la plupart des pays, le taux de pénétration relativement peu élevé de l'assurance (notamment en Amérique latine et dans certains pays d'Asie) montre que le secteur de l'assurance dispose encore d'une marge de progression importante. Dans plusieurs pays où la faiblesse persistante des taux d'intérêt peut avoir eu pour effet de dissuader les particuliers de souscrire des contrats d'assurance-vie leur offrant de moindres garanties, les primes brutes ont diminué. La situation économique peut avoir un impact direct sur l'évolution des secteurs vie ou non-vie comme le montre l'exemple du Brésil où la hausse de l'inflation est allée plus vite que la croissance nominale des primes d'assurance non-vie.

Les paiements bruts des sinistres, en particulier dans le segment non-vie, peuvent varier selon la survenue d'événements naturels. L'année 2015, relativement calme en raison de l'absence d'événements catastrophiques graves dans plusieurs pays à risque, s'est caractérisée par une progression d'ensemble modérée, voire par une régression, des paiements bruts des sinistres.

Le bénéfice technique global du segment non-vie a été positif en 2015, avec un ratio combiné inférieur à 100 % dans la plupart des pays. Dans de nombreux pays, les compagnies d'assurance peuvent encore améliorer leur rentabilité technique en contrôlant mieux leurs charges d'exploitation car leur taux de frais a été relativement élevé en 2015.

Croissance réelle annuelle des primes brutes dans l'assurance-vie et non-vie

Les performances du secteur de l'assurance ont été variables selon les pays : dans certains (28 pays), les primes ont progressé à la fois dans les secteurs vie et non-vie; dans d'autres, elles n'ont crû que dans un seul des deux secteurs (dans le secteur vie seulement pour 8 pays, et dans le secteur non-vie seulement pour 11 pays); et dans un petit nombre de pays (6), les primes brutes ont accusé une baisse en termes réels dans les deux secteurs (graphique 1).

La plus forte hausse des primes brutes réelles dans le secteur vie a eu lieu en Amérique latine, en particulier en Uruguay (19.3 %), au Chili (18.2 %) et en Argentine (14.0 %). Les primes brutes réelles ont progressé de plus de 10 % en Estonie (13.1 %), en Israël (11.8 %), à Singapour (10.9 %) et au Honduras (10.4 %) et de plus de 5 % dans 12 autres pays, dont 4 pays d'Amérique latine (le Brésil, le Mexique, le Nicaragua et le Pérou). Les primes brutes réelles dans le secteur vie avaient déjà enregistré une forte croissance à Singapour et en Uruguay en 2013 et 2014.

Graphique 1. **Croissance annuelle réelle des primes brutes (assurance directe) dans les secteurs vie et non-vie, 2015**

En pourcentage

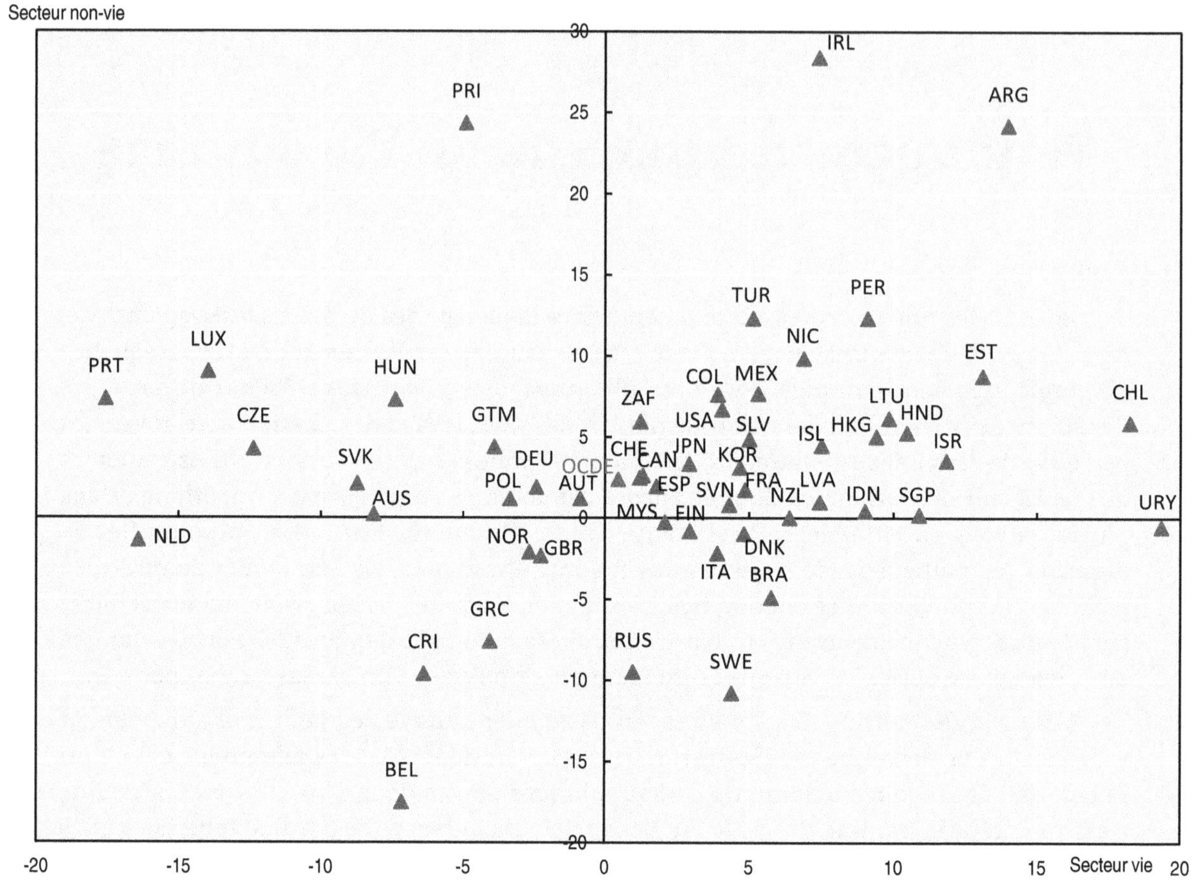

Note : Les pays sont cités par leur code ISO. Les codes ISO peuvent être consultés sur la page Internet 'Pays et régions, codes et abréviations' de la Division de la Statistique des Nations Unies à l'adresse suivante : *http://unstats.un.org/unsd/methods/m49/m49alpha.htm.* Le triangle rouge fait apparaître la moyenne simple de la croissance des primes brutes dans les secteurs vie et non-vie en 2015 dans les pays de l'OCDE. La forte progression des primes brutes dans le secteur non-vie en Irlande et leur baisse en Suède s'expliquent par un changement de population en 2014 et 2015. L'augmentation des primes brutes dans le secteur non-vie à Porto Rico est due à la classification du plan médical d'État comme activité d'assurance.

Source : Statistiques des assurances de l'OCDE au niveau mondial.

La croissance des primes brutes réelles dans certains pays caractérisés par une forte progression des primes, comme le Pérou et l'Uruguay, a probablement été stimulée par la demande de rentes viagères, qui constituent la seule forme autorisée de versement des prestations de retraite par les dispositifs de retraite par capitalisation de ces pays. L'Uruguay a adopté, en 1996, une réforme de son régime de retraite imposant à la plupart des salariés de cotiser à un compte d'épargne retraite individuel. Le montant des primes associées aux produits de rente augmente à mesure que le système de retraite de 1996 atteint sa maturité.

L'expansion des produits d'assurance-vie peut aussi être liée à l'attrait plus ou moins grand des autres produits d'épargne. Dans un contexte où, dans de nombreux pays, les dépôts bancaires sont susceptibles de n'être que faiblement rémunérés, les produits d'assurance-vie peuvent représenter un support d'épargne plus attrayant. Dans certains pays (comme l'Estonie), cette situation peut aboutir à une hausse de la demande de contrats en unité de compte en guise de produit d'épargne, en particulier lorsque les épargnants peuvent choisir leur propre stratégie de placement, et notamment opter pour des stratégies susceptibles de leur procurer de meilleurs rendements que les dépôts bancaires.

En revanche, les primes brutes réelles d'assurance-vie ont baissé de plus de 5 % en termes réels dans neuf pays. Cette baisse a été la plus prononcée dans cinq pays d'Europe : la République slovaque (-8.7 %), la République tchèque (-12.4 %), le Luxembourg (-14.0 %), les Pays-Bas (-16.4 %) et le Portugal (-17.6 %). L'important recul observé au Luxembourg et au Portugal en 2015 a fait suite à une forte croissance en 2014. Dans le cas de la République tchèque, de la République slovaque et des Pays-Bas, les primes brutes réelles d'assurance-vie diminuaient déjà en 2014. Aux Pays-Bas, elles étaient en recul avant même 2014 et ont continué de s'effriter du fait du manque de confiance des consommateurs dont continue de pâtir l'assurance-vie, suite à des problèmes tenant à la vente de contrats d'assurance à taux usuraire.

Si le faible niveau des taux d'intérêt explique en partie la progression des primes dans le secteur vie dans certains pays (comme l'Estonie), dans d'autres, cette situation peut aboutir à une baisse des primes pour l'assurance-vie. Elle peut contraindre les assureurs-vie à limiter les garanties qu'ils proposent aux assurés, ce qui a pesé sur la demande et s'est traduit par une décélération de la croissance des primes dans nombre de pays européens (sans que cette baisse ne soit contrebalancée par d'autres produits d'assurance-vie).

Dans l'ensemble, en 2015, les primes d'assurance non-vie ont progressé plus rapidement. Les primes brutes réelles ont augmenté en moyenne de 2.4 % en non-vie contre 0.7 % en assurance-vie dans la zone OCDE. Cette hausse a été observée dans 39 des 53 pays déclarants (contre 36 sur 53 dans le cas des primes brutes réelles du secteur vie).

L'Irlande, Porto Rico, l'Argentine et le Pérou ont connu les plus fortes hausses des primes brutes réelles d'assurance non-vie, affichant respectivement un taux de croissance de 28.4 %, 24.3 %, 24.2 % et 12.3 %. Les primes brutes avaient déjà progressé en 2014 en Irlande et au Pérou. La forte augmentation observée en Irlande est toutefois en partie le résultat d'une modification de la couverture statistique entre 2014 et 2015.

La progression (ou le recul) du segment de l'assurance automobile joue généralement un rôle important pour expliquer les tendances globales du secteur non-vie. Cette activité a joué un rôle déterminant dans l'évolution du secteur non-vie au Honduras, en Islande, en Lituanie et au Pérou. Son essor est généralement étroitement lié à la performance économique des assureurs non-vie. La croissance réelle des primes brutes d'assurance non-vie en Lituanie a été portée par la progression de l'assurance responsabilité civile pour les véhicules à moteur et pour les corps de véhicule terrestre qui a accompagné la reprise économique (et la hausse des ventes de véhicules neufs). En revanche, la demande automobile est restée atone en Grèce, d'où un recul du nombre de véhicules en circulation et une baisse connexe des primes brutes réelles de l'assurance responsabilité civile.

Les primes brutes non-vie ont diminué de près de 5 %, voire plus, en termes réels au Brésil (-4.9 %), en Grèce (-7.6 %), en Russie (-9.5 %), au Costa Rica (-9.6 %) et en Suède (-10.8 %). L'aggravation de la récession au Brésil en 2015 a sans doute été un facteur déterminant de la baisse des activités d'assurance non-vie. En Grèce, les primes brutes non-vie n'ont cessé de reculer depuis plusieurs années (-10.2 % en 2012, -5.4 % en 2013 et -15.9 % en 2014). S'agissant du Costa Rica, la tendance observée en 2015 s'explique en partie par la modification des modalités d'établissement des états financiers.

Dans la majorité des pays déclarants, la pénétration de l'assurance-vie et non-vie a été inférieure à 5 % (encadré 1), donnant à penser qu'il existe une importante marge de

Encadré 1. **Pénétration du secteur de l'assurance**

Le niveau de pénétration de l'assurance est un indicateur de la taille et de l'importance relatives de l'assurance dans l'économie intérieure d'un pays et correspond au ratio des primes brutes directes au PIB. La Partie A présente les résultats de ce calcul pour le segment vie et la partie B pour le segment non-vie (voir aussi les graphiques I.3 dans la Partie I. Comparaisons internationales de cette publication).

Les primes d'assurance-vie ont représenté plus de 5 % du PIB de nombreux pays d'Europe (comme la France, l'Italie, le Royaume Uni et la Suisse) et de quelques pays d'Asie (comme le Japon, la Corée et Singapour). Le taux de pénétration de l'assurance-vie est encore plus important (supérieur à 10 %) en Afrique du Sud et en Irlande. En Amérique latine, il est inférieur à 2 % dans l'ensemble des pays déclarants, à l'exception du Chili.

Les primes brutes directes du segment non-vie n'ont été supérieures à 5 % du PIB que dans trois pays en 2015 : la Corée, les États-Unis et Porto Rico. C'est dans les pays d'Amérique latine et d'Asie que le taux de pénétration des activités non-vie est le plus faible.

Pénétration du secteur de l'assurance, 2015

A. Pénétration de l'assurance-vie

B. Pénétration de l'assurance non-vie

Source : Statistiques des assurances de l'OCDE au niveau mondial.

progression. On observe généralement une forte progression des primes non-vie et vie dans les pays où le taux de pénétration de l'assurance est relativement faible. Ainsi, les pays qui enregistrent les taux de croissance les plus élevés des primes brutes réelles dans le secteur vie sont ceux où la pénétration de l'assurance-vie est inférieure à 2 % (Uruguay et Honduras).

Évolution des sinistres : secteur vie

L'évolution des paiements bruts des sinistres des compagnies d'assurance-vie a été variable selon les pays, oscillant entre -22.1 % en Islande et 26.1 % en Russie (graphique 2). Les pays où ces paiements se sont accrus ont été plus nombreux que ceux où ils ont diminué. En 2015, les paiements bruts des sinistres ont augmenté dans le segment vie dans 32 des 50 pays déclarants : 22 pays de l'OCDE, 5 pays non membres d'Amérique latine et 5 autres pays. À l'inverse, ils ont reculé en termes réels dans 13 pays de l'OCDE, 4 pays non membres d'Amérique latine et 1 autre pays (graphique 2).

La plus forte progression des paiements bruts des sinistres dans le segment vie a eu lieu en Russie (26.1 %), suivie du Salvador (22.6 %) et de l'Uruguay (18.7 %). Les assureurs du Salvador avaient également accusé une importante croissance de leurs paiements bruts de sinistres en 2014. Cette hausse correspond à l'expansion rapide de l'activité vie en termes de croissance des primes.

Dans la zone OCDE, les paiements bruts des sinistres des assureurs-vie ont augmenté de plus de 5 % dans 14 pays en 2015 et leur progression a également avoisiné les 5 % en Estonie et au Canada. Cette évolution peut être en partie due aux rachats de contrats dans certains pays, comme l'Estonie ou le Portugal.

L'Australie (-15.1 %), le Honduras (-19.3 %) et l'Islande (-22.1 %) ont été les pays ayant enregistré la plus importante diminution des paiements bruts des sinistres en 2015 dans le segment vie.

La baisse des paiements bruts des sinistres des assureurs-vie a été moins prononcée en 2015 en Pologne (-3.7 %) que dans les trois pays susmentionnés. Cela étant, dans ce pays, ce déclin se poursuit depuis plusieurs années (-3.1 % en 2012, -11.2 % en 2013 et -11.4 % en 2014).

En Australie, la forte baisse des paiements bruts des sinistres en 2015 peut s'expliquer par plusieurs facteurs, notamment les améliorations structurelles communiquées dans la gestion des risques, qui se sont répercutées sur la conception des produits, les prix, la souscription des contrats et la gestion des sinistres. Le recul prononcé par rapport à 2014 a sans doute été aussi le résultat du montant élevé des paiements de sinistres au titre de l'assurance invalidité en 2014.

De même qu'une progression des primes d'assurance-vie peut expliquer une hausse des paiements bruts des sinistres, une baisse des primes peut se traduire par un recul des paiements bruts des sinistres au fil du temps. Ainsi, en République tchèque la baisse observée en 2015 (-12.9 %) peut en partie s'expliquer par la régression continue des primes brutes ces dernières années qui peut elle-même être due au recul du nombre de contrats d'assurance et en particulier du nombre de nouveaux contrats.

Graphique 2. **Croissance réelle annuelle des paiements bruts des sinistres dans le secteur vie, 2015**

En pourcentage

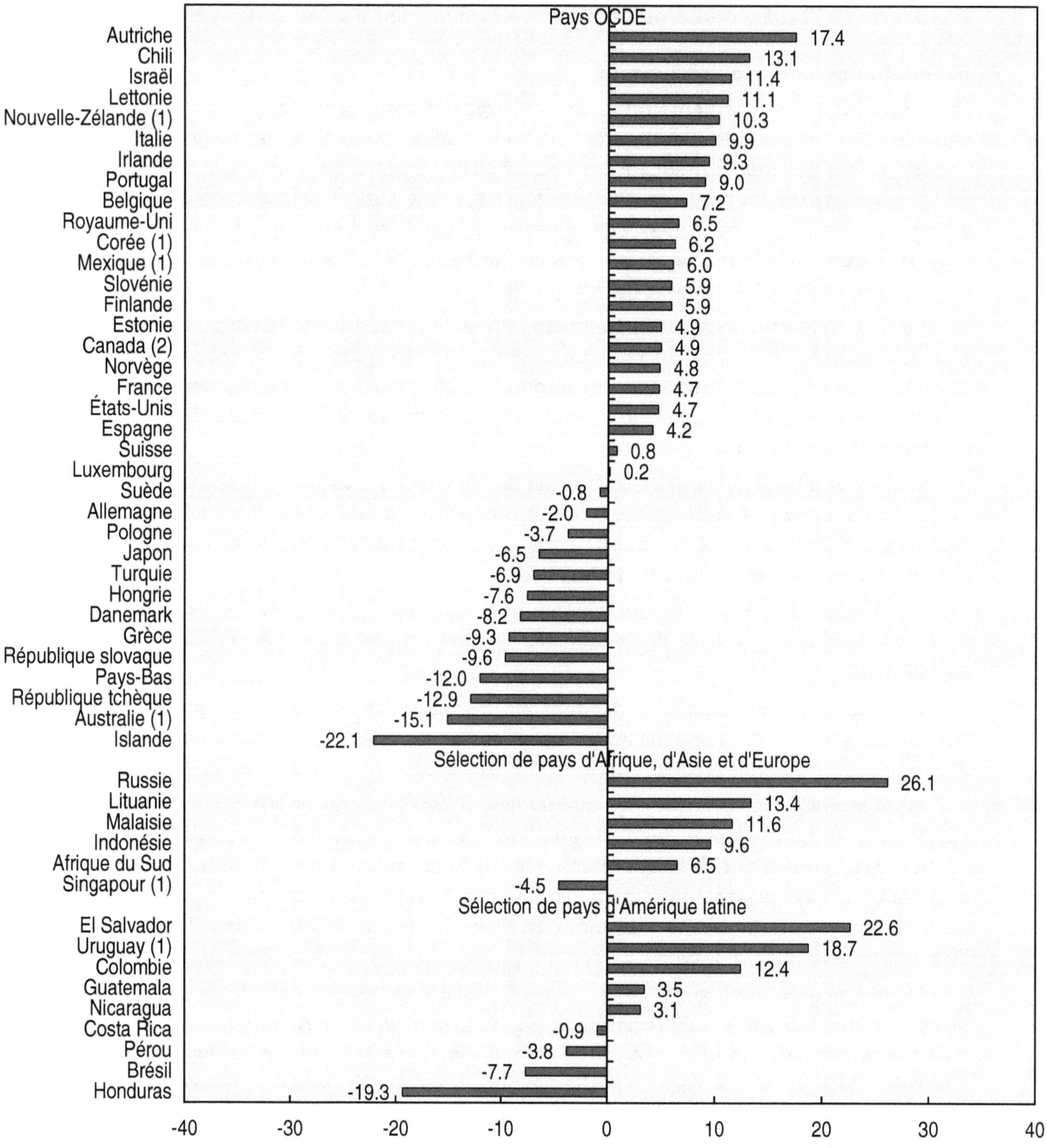

Notes : L'indicateur des paiements de sinistres inclut les variations de l'encours des provisions techniques afin de mieux rendre compte de l'ampleur des obligations auquel le secteur a eu à faire face en 2015 en conséquence de la survenue d'événements assurés. (1) Les variations de l'encours des provisions techniques ne sont pas prises en compte dans ce graphique. (2) Lorsque la ventilation des paiements bruts de sinistres et des variations de l'encours des provisions techniques des assureurs mixtes entre leurs activités vie et non-vie n'était pas disponible, la ventilation entre chacune de ces activités a été présumée identique à celle des primes souscrites brutes.

Source : Statistiques des assurances de l'OCDE au niveau mondial.

Évolution des sinistres : secteur non-vie

Les paiements bruts des sinistres en termes réels dans le segment non-vie ont progressé dans la plupart des pays. Tous les pays d'Amérique latine à l'exception du Honduras ont enregistré une progression des paiements réels bruts des sinistres dans le segment non-vie. Dans deux tiers des pays de l'OCDE, l'évolution a été similaire.

En Irlande et en Nouvelle-Zélande, les paiements bruts des sinistres des assureurs non-vie a fortement respectivement progressé en 2014 et 2015, de 20.3 % et 34.9 % en Irlande et de 23.4 % et 11.6 % en Nouvelle-Zélande. En Irlande, cette hausse est toutefois due en partie à la modification de la couverture statistique entre 2014 et 2015.

À l'inverse, en Grèce, les paiements bruts des sinistres des compagnies d'assurance ont poursuivi leur baisse (-8.5 %) dans le segment non-vie en 2015 comme ces dernières années.

Les événements catastrophiques peuvent avoir un impact important sur l'évolution des paiements bruts des sinistres. La hausse de 4.9 % de ces paiements en termes réels au Brésil est en partie la conséquence de la catastrophe environnementale de Mariana survenue en novembre 2015. Les tempêtes et les épisodes de grêle qui ont frappé l'Australie ont entraîné une multiplication des sinistres dans les segments de l'immobilier résidentiel et tertiaire à l'origine d'une hausse de plus de 10 % des paiements bruts des sinistres. Au Honduras, les paiements bruts des sinistres des assureurs non-vie ont régressé de 6.1 %. Toutefois, ce pays est exposé à un risque de catastrophe naturelle qui pourrait faire repartir ces paiements à la hausse au cours des prochaines années étant donné sa situation géographique sur la trajectoire des ouragans dans le bassin Atlantique.

Comme dans le secteur vie, l'augmentation (la baisse) des paiements bruts des sinistres dans le secteur non-vie est généralement liée à la progression (diminution) des primes brutes. La hausse des paiements bruts des sinistres en République tchèque (7.6 %) et en Lituanie (19.4 %), par exemple, a été largement due à l'expansion de l'assurance automobile et donc du nombre de sinistres. Les primes brutes ont en effet respectivement progressé de 4.3 % et 6.1 % en termes réels dans le secteur non-vie dans ces deux pays.

L'évolution du cadre juridique peut également avoir une incidence sur le niveau global des paiements bruts des sinistres. L'augmentation de 17.8 % des paiements bruts des sinistres en termes réels en Turquie en 2015 a été en partie due à la modification apportée à l'assurance responsabilité civile automobile (applicable rétroactivement) qui a porté à 10 ans les possibilités de recours à l'encontre des conducteurs ou de leurs héritiers en cas d'accident mortel.

Graphique 3. **Croissance annuelle réelle des paiements bruts des sinistres dans le secteur non-vie, 2015**

En pourcentage

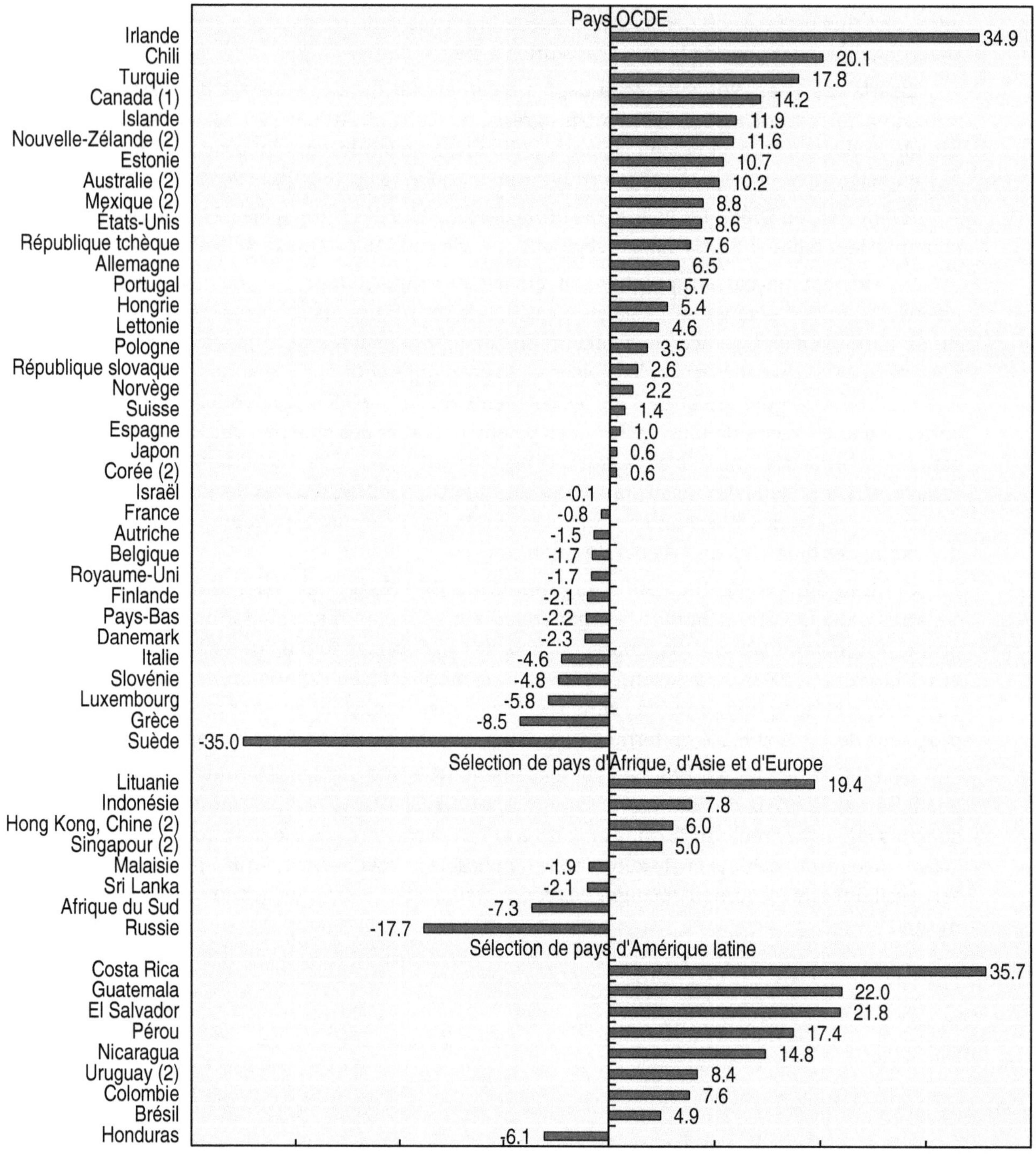

Notes : L'indicateur des paiements de sinistres inclut les variations de l'encours des provisions techniques afin de mieux rendre compte de l'ampleur des obligations auquel le secteur a eu à faire face en 2015 en conséquence de la survenue d'événements assurés. L'augmentation importante des paiements bruts des sinistres du secteur non-vie en Irlande et la baisse des paiements bruts des sinistres dans le secteur non-vie en Suède sont dues à un changement de population en 2014 et 2015. (1) Lorsque la ventilation des paiements bruts de sinistres, des variations de l'encours des provisions techniques des assureurs mixtes entre leurs activités vie et non-vie n'était pas disponible, la ventilation entre chacune de ces activités a été présumée identique à celle des primes souscrites brutes. (2) Les variations de l'encours des provisions techniques ne sont pas prises en compte dans ce graphique.

Source : Statistiques des assurances de l'OCDE au niveau mondial.

Ratio combiné : secteur non-vie

Le ratio combiné est un indicateur de la rentabilité technique d'exploitation de l'activité directe des compagnies d'assurance non-vie, qui permet de désagréger les sources de rentabilité[1]. Ce ratio est la somme du taux des sinistres (à savoir le ratio des sinistres réglés et de la variation des provisions de sinistres aux primes brutes souscrites) et du taux de frais (à savoir le ratio des frais encourus et des commissions aux primes brutes souscrites). Une baisse du ratio combiné peut être due à une augmentation des primes, à un meilleur contrôle des coûts et/ou à une gestion plus rigoureuse des risques couverts par les différentes classes d'assurance. Un ratio combiné supérieur à 100 % constitue une perte technique pour un assureur non-vie. On notera qu'une perte technique ne constitue pas une perte globale car elle peut être compensée par les revenus d'investissement.

Dans la plupart des pays de l'OCDE (30 des 33 pays déclarants membres de l'Organisation), le ratio combiné dans le secteur non-vie a été inférieur à 100 % en 2015 (graphique 4). Dans la

Graphique 4. **Ratio combiné pour le segment non-vie, 2014-15**

En pourcentage

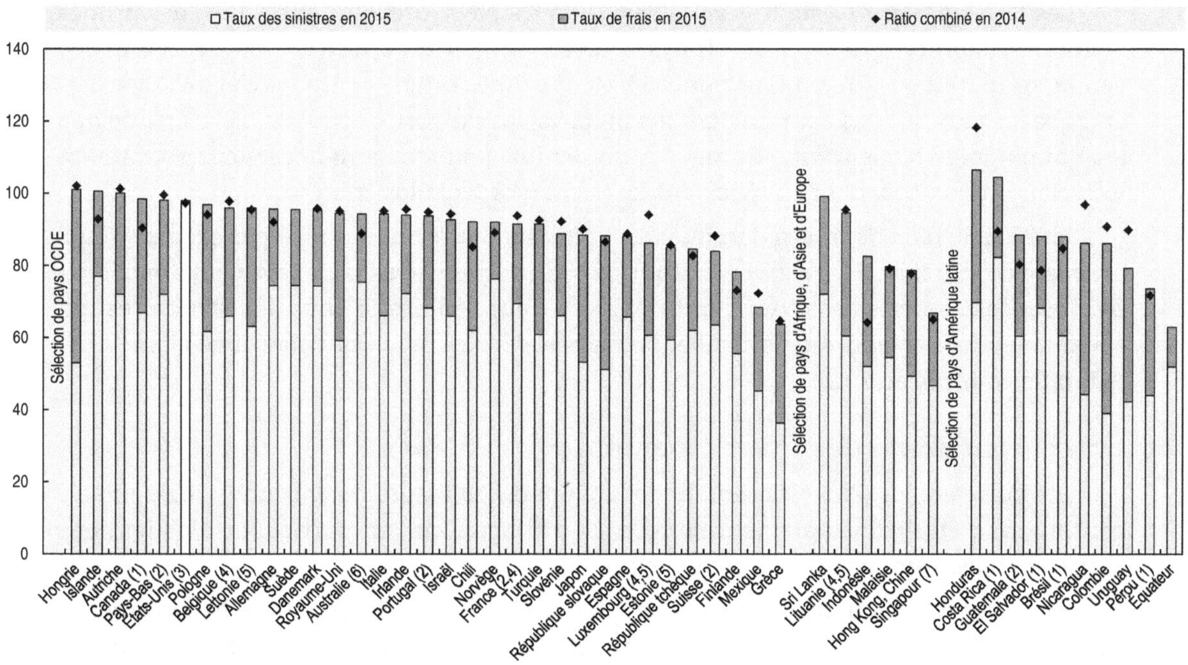

Notes : Dans la présente publication, le ratio combiné correspond à la somme des paiements bruts de sinistres, des variations de l'encours des provisions techniques, des dépenses brutes d'exploitation et des commissions brutes, divisée par les primes souscrites brutes. Autrement dit : Ratio combiné = «Taux des sinistres » + « Taux de frais », sachant que :

- Taux des sinistres : (sinistres payés bruts + variations de l'encours des provisions techniques)/primes souscrites brutes (ces dernières étant utilisées comme variables de substitution pour les primes acquises brutes)
- Taux de frais = (dépenses brutes d'exploitation + commissions)/primes souscrites brutes.

Le ratio combiné sert à analyser les résultats techniques des sociétés d'assurance, surtout pour l'assurance non-vie où l'exposition aux risques est à court terme, généralement un an. Le ratio mixte pour les activités de long terme comme l'assurance-vie n'a qu'une utilité restreinte. Ce graphique présente la ventilation du ratio combiné entre le taux des sinistres et le taux de frais en 2015, lorsqu'elle est disponible.

(1) Lorsque la ventilation des paiements bruts de sinistres, des variations de l'encours des provisions techniques, des dépenses brutes d'exploitation et des commissions brutes des assureurs mixtes entre leurs activités vie et non-vie n'était pas disponible, la ventilation entre chacune de ces activités a été présumée identique à celle des primes souscrites brutes. (2) Les données incluent la réassurance acceptée. (3) Source : NAIC. Les données se rapportent au ratio combiné du secteur de l'assurance aux États-Unis. (4) Les données incluent les activités à l'étranger. (5) Les données se réfèrent aux entreprises nationales seulement. (6) Le calcul du ratio combiné a été effectué à partir des primes acquises (et non des primes brutes souscrites) pour les compagnies d'assurance directes. Le numérateur des ratios combinés inclut la réassurance acceptée par les assureurs directs. (7) Le niveau peu élevé du ratio combiné peut en partie provenir du fait qu'il n'inclut par les variations de l'encours des provisions techniques.

Source : Statistiques des assurances de l'OCDE au niveau mondial.

plupart des cas, il est resté relativement stable par rapport à 2014 puisque, dans un certain nombre de ces mêmes pays, ce ratio était également inférieur à 100 % en 2014.

Dans la zone OCDE, la Grèce est le pays qui a affiché le ratio combiné le plus faible (63.6 % en 2015), relativement stable par rapport à 2014, mais en hausse par rapport à 2013 en raison de l'augmentation des coûts de la réassurance et des coûts de mise en œuvre de la Directive Solvabilité II.

Dans la zone OCDE, le ratio combiné dans le secteur non-vie a été supérieur à 100 % dans trois pays en 2015 : l'Autriche, l'Islande et la Hongrie. Dans ces pays, excepté l'Islande, le ratio combiné des assureurs non-vie était déjà supérieur à 100 % en 2014 mais se rapproche des 100 %.

En dehors de la zone OCDE, les ratios combinés ont été inférieurs 100 % dans la plupart des pays déclarants en 2015. Le Costa Rica et le Honduras sont les deux seuls pays où ce ratio a été supérieur à 100 % en 2015, ce qui était déjà le cas pour le Honduras en 2014 mais pas pour le Costa Rica.

En général, le taux des sinistres a représenté la plus grande part du ratio combiné.

Les taux de frais ont été très variables selon les pays, oscillant entre 11 % des primes brutes en Équateur à 48 % en Hongrie. Les charges d'exploitations brutes et les commissions ont quasiment représenté 50 % des primes brutes en Hongrie et en Colombie. Lorsque les taux de frais sont élevés dans un pays par rapport aux autres, cela signifie que les compagnies d'assurance du pays en question peuvent améliorer leur rentabilité technique en maîtrisant et en réduisant leurs charges d'exploitation.

En 2015, le taux de frais a diminué dans plusieurs pays, au Portugal par exemple (où il est passé de 25.9 % en 2014 à 25.6 % à 2015). La baisse observée dans ce pays peut s'expliquer par les efforts que les assureurs ont déployés pour réduire le coût des structures qui soutiennent leur activité (en particulier la masse salariale) et qui ont contribué à améliorer leur ratio combiné en 2015.

Allocation et rentabilité des investissements

Les portefeuilles d'investissement de la plupart des assureurs, vie, non-vie ou mixtes continuent d'être principalement constitués d'obligations (en particulier d'obligations émises par des administrations publiques).

Alors que cette situation n'a guère évolué en 2015, la mise en œuvre de la Directive Solvabilité II entrée en vigueur le 1er janvier 2016, qui apporte un certain nombre de changements relatifs aux modalités de prise en compte des risques en fonction du capital de solvabilité requis, pourrait avoir une incidence sur les allocations d'actifs des compagnies d'assurance européennes à l'avenir.

Les rendements réels des investissements ont été positifs en 2015 dans la plupart des pays toutes catégories d'assureurs confondues. Ces rendements ont cependant été légèrement en deçà de ceux obtenus en 2014, faisant ressortir l'impact défavorable prolongé de la faiblesse persistante des taux d'intérêt sur la rentabilité.

Allocation de portefeuille : assureurs-vie

Dans l'ensemble, les assureurs-vie ont continué à privilégier les placements en obligations en 2015. Dans la zone OCDE, 26 pays ont déclaré que les obligations ont représenté plus de la moitié des portefeuilles d'investissement des assureurs-vie (graphique 5). Dans

Graphique 5. **Allocation du portefeuille d'investissement des assureurs-vie directs nationaux, 2015**

En pourcentage du total des investissements réalisés

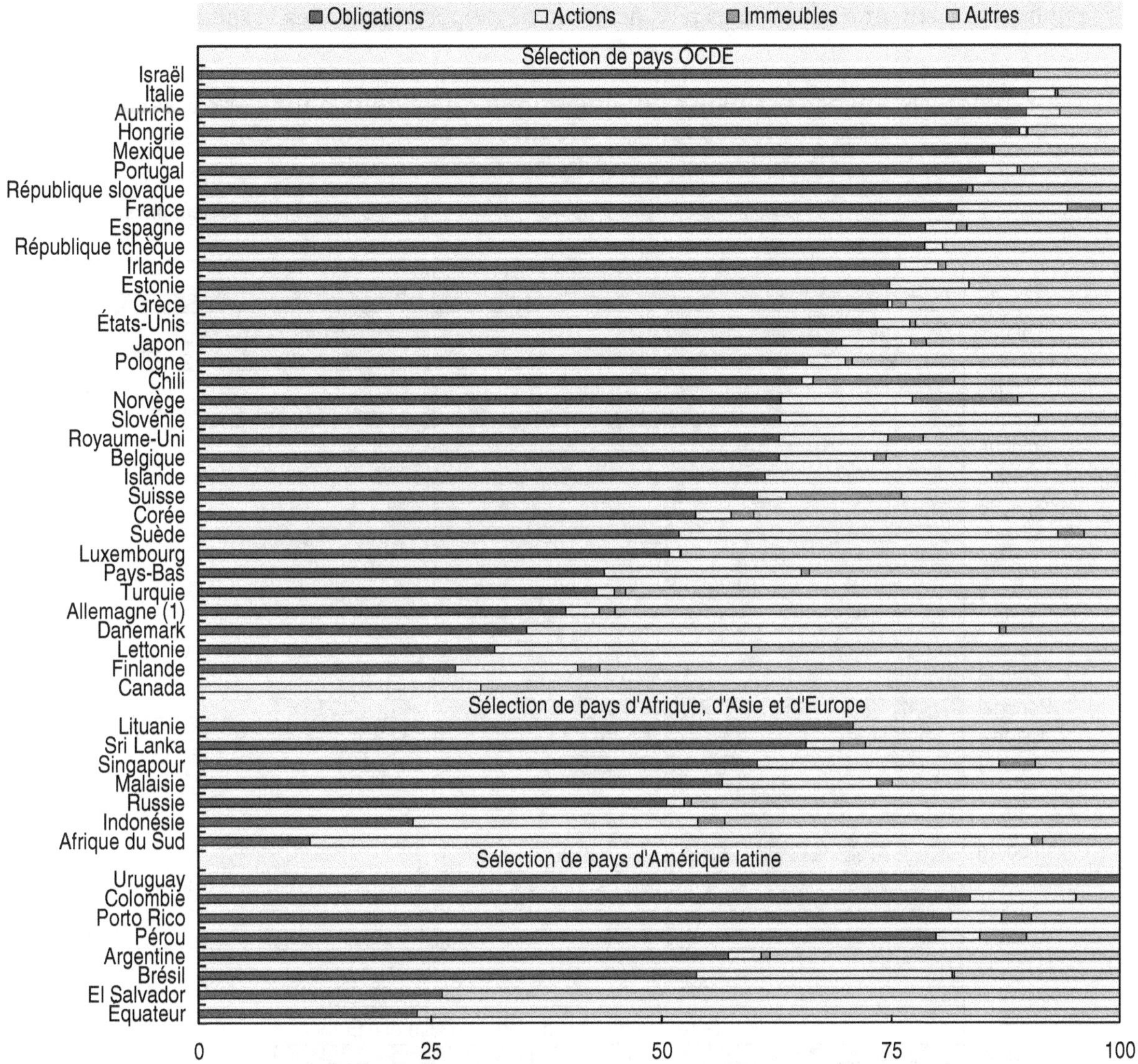

Notes : Les données excluent les contrats en unité de compte pour lesquels le risque est entièrement assumé par les assurés. (1) La rubrique « Autres » correspond essentiellement à des prêts et à des investissements dans des fonds communs de placement pour lesquels la ventilation n'était pas disponible.

Source : Statistiques des assurances de l'OCDE au niveau mondial.

11 autres pays non membres de l'OCDE, dont 6 d'Amérique latine, et 5 d'Asie ou d'Europe, les assureurs-vie détenaient également plus de 50 % de leurs portefeuilles en obligations. Le tableau 1 présente les données sur les allocations de portefeuille en obligations, actions et autres investissements en 2014 et 2015.

Dans un tiers des pays déclarants de l'OCDE (11 pays), les obligations représentent plus de 75 % du portefeuille des assureurs-vie. Neuf d'entre eux sont dans l'Union européenne : l'Autriche, l'Espagne, la France, la Hongrie, l'Irlande, l'Italie, le Portugal, la République tchèque et la République slovaque. En Estonie et au Portugal, les assureurs-vie ont légèrement augmenté leurs placements obligataires en 2015 par rapport à 2014.

La plupart des assureurs-vie détiennent en majeure partie des obligations du secteur public – dans une proportion supérieure à celle des obligations du secteur privé dans 20 des 25 pays déclarants de l'OCDE (graphique 6). Dans 12 d'entre eux, les obligations du secteur public représentent à elles seules plus de la moitié du portefeuille des assureurs-vie.

Graphique 6. **Investissements en obligations du secteur public et du secteur privé par les assureurs-vie directs nationaux, 2015**

En pourcentage du total des investissements réalisés

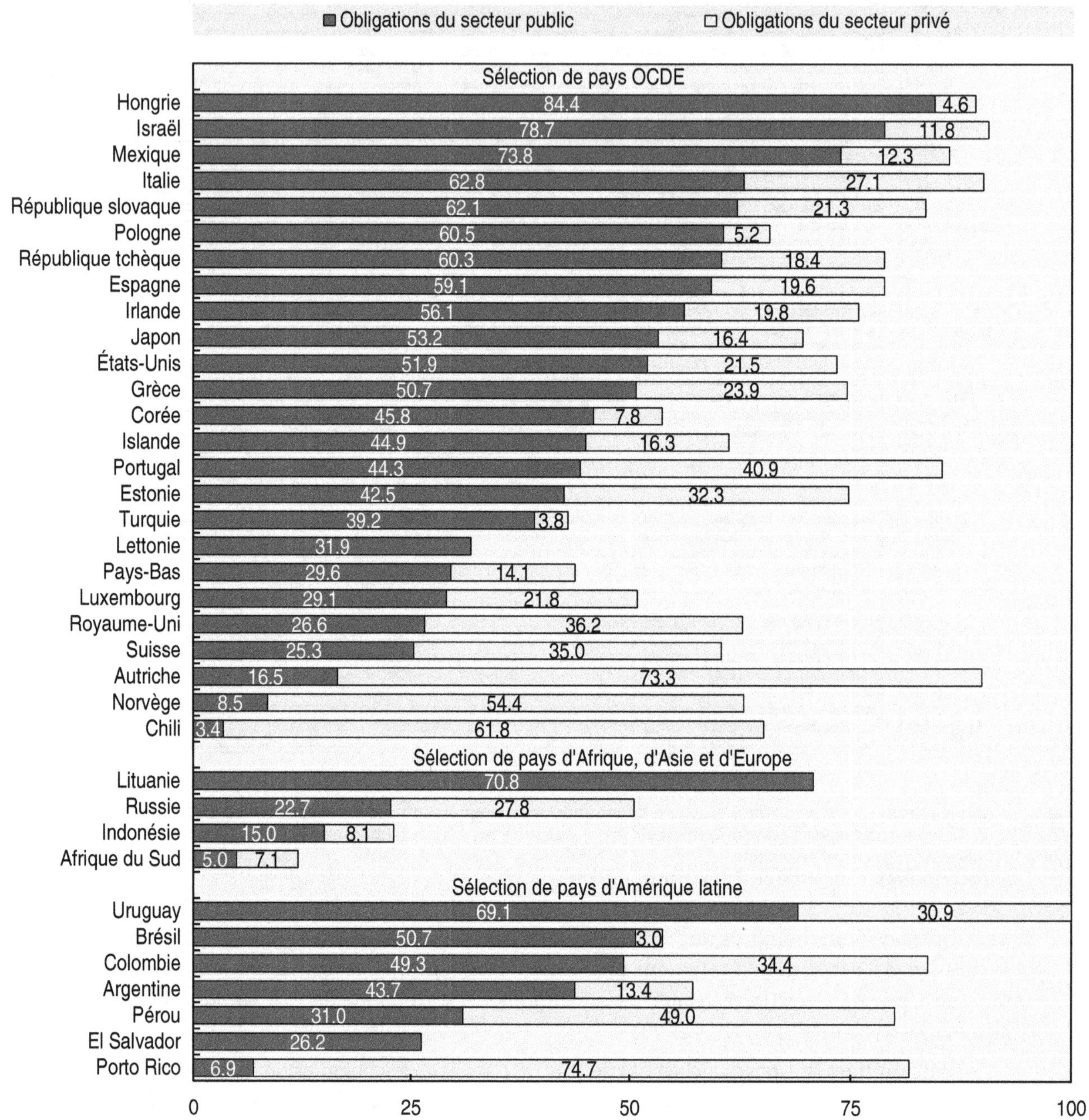

Note : Les données excluent les contrats en unité de compte pour lesquels le risque est entièrement assumé par les assurés.
Source : Statistiques des assurances de l'OCDE au niveau mondial.

Cette persistance des investissements dans des titres à revenu fixe, en dépit de leur faible rémunération, s'explique probablement par la relative stabilité et prévisibilité des rendements que ces actifs procurent aux assureurs ainsi qu'à l'obligation qui leur incombe de respecter les exigences imposées par la réglementation et/ou leurs autorités de contrôle.

Les actions ont été prédominantes dans le portefeuille des assureurs-vie de deux pays en 2015 : l'Afrique du Sud et le Danemark, où elles ont respectivement représenté 78.4 % et 51.5 % de leurs investissements.

Si les assureurs-vie ont généralement investi davantage dans les obligations et les actions que dans les biens immobiliers, ces derniers ont tout de même représenté plus de 10 % de leur portefeuille dans trois pays : le Chili, la Norvège et la Suisse.

Dans un certain nombre de pays, dont l'Allemagne, le Canada, la Finlande, l'Équateur et le Salvador, une part importante des investissements réalisés par les assureurs-vie ont été classés dans la catégorie « autres investissements ». Dans le cas de l'Allemagne, cette catégorie couvre les prêts et les fonds communs de placement pour lesquels aucune ventilation de leurs investissements n'a été disponible. En Islande, les assureurs-vie ont en partie délaissé les obligations et les actions au profit des « autres investissements ». Cela étant, on ne dispose guère d'informations permettant de connaître la nature des investissements relevant de cette catégorie.

Allocation de portefeuille : assureurs non-vie

Les obligations sont toujours considérées comme des placements sûrs, moins risqués que d'autres investissements, raison pour laquelle les assureurs non-vie ont continué de les privilégier. Dans l'ensemble, dans 29 des 50 pays déclarants (21 pays de l'OCDE et 8 non membres), les assureurs non-vie ont affecté plus de 50 % de leurs investissements à ces titres (graphique 7). Le tableau 1 présente les données sur les allocations de de portefeuille en obligations, actions et autres investissements en 2014 et 2015.

En moyenne, le portefeuille des assureurs non-vie des pays de l'OCDE a été composé à 57.3 % d'obligations, un pourcentage légèrement inférieur à celui des assureurs-vie (63.7 %).

Plus de 75 % du portefeuille des assureurs non-vie a été constitué d'obligations dans neuf pays – cinq pays de l'OCDE et quatre pays non membres d'Amérique latine.

En Estonie et en Slovénie, les compagnies d'assurance non-vie ont augmenté leurs placements obligataires en 2015 par rapport à 2014. En revanche, en Suisse, ils les ont ramenés de 36.6 % de leur portefeuille en 2014 à 34.7 % en 2015.

Les assureurs non-vie détiennent plus d'obligations du secteur public que d'obligations du secteur privé dans 18 des 23 pays déclarants de l'OCDE, 6 des 9 pays déclarants non membres d'Amérique latine, et 2 des 4 autres pays déclarants (graphique 8). La répartition entre les titres de dette du secteur public et ceux du secteur privé est en général relativement équilibrée même si, dans quelques pays, le pourcentage d'obligations du secteur privé en portefeuille est nettement inférieur à celui des obligations du secteur public. C'est le cas au Brésil (3.0 % d'obligations du secteur privé en portefeuille contre 81.2 % d'obligations du secteur public), au Guatemala (0.9 % contre 49.1 %) et en Hongrie (4.5 % contre 85.2 %).

Les portefeuilles des assureurs non-vie ont été principalement composés d'obligations du secteur privé dans deux pays : la Norvège et Porto Rico, où ces titres y ont respectivement représenté 56.4 % et 55.2 %. Près de la moitié du portefeuille des assureurs non-vie en Uruguay a également été constituée de tels actifs[2].

Graphique 7. **Allocation du portefeuille d'investissement des assureurs non-vie directs nationaux, 2015**

En pourcentage du total des investissements réalisés

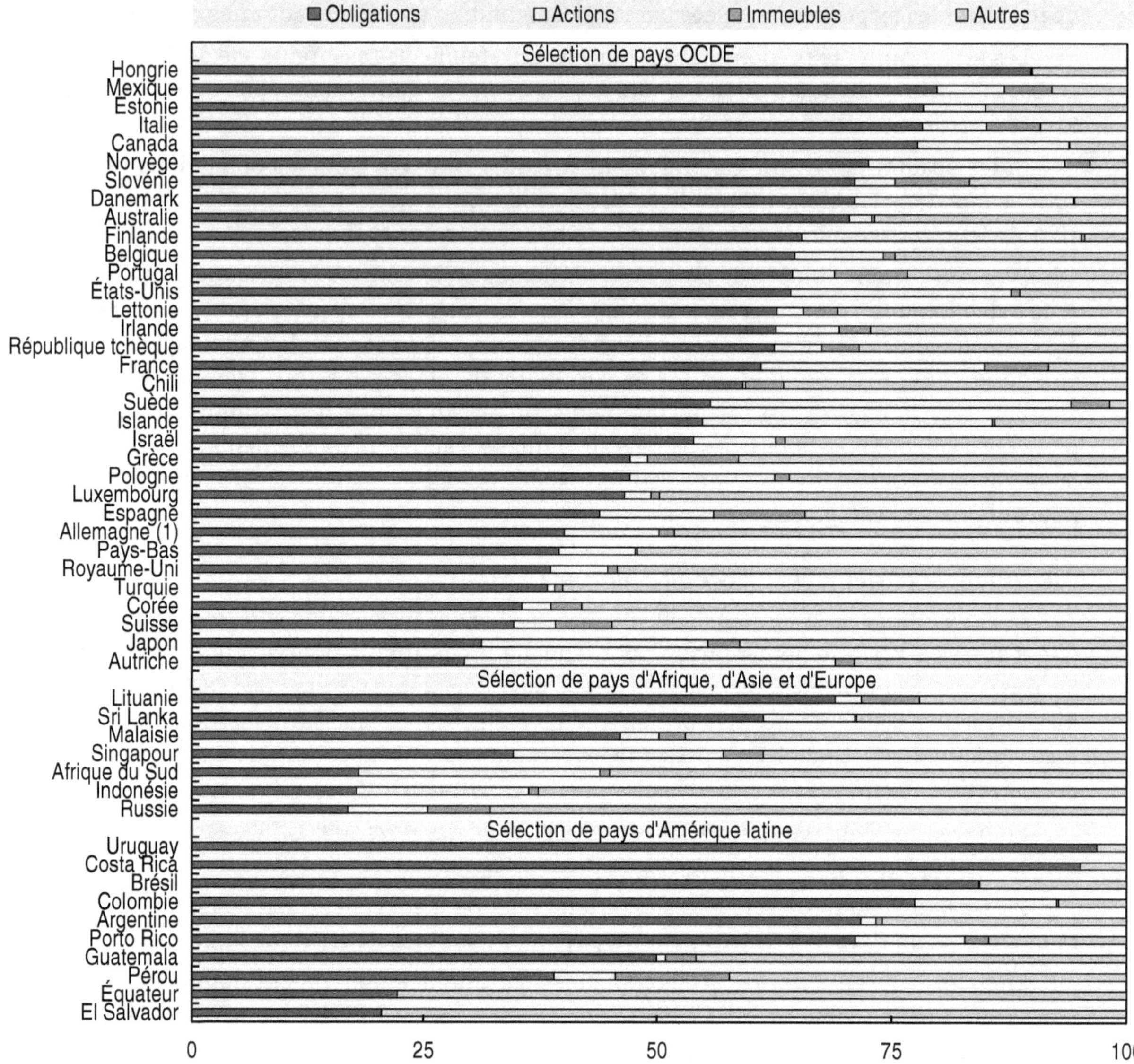

Notes : Les données excluent les contrats en unité de compte pour lesquels le risque est entièrement assumé par les assurés. (1) La rubrique « Autres » correspond essentiellement à des prêts et à des investissements dans des fonds communs de placement pour lesquels la ventilation n'était pas disponible.

Source : Statistiques des assurances de l'OCDE au niveau mondial.

L'Autriche a été le pays où les assureurs non-vie détiennent en portefeuille le pourcentage le plus élevé d'actions (39.6 %), suivie par la Suède (38.3 %), l'Islande (30.8 %), la Finlande (29.7 %) et l'Afrique du Sud (25.9 %). Le pourcentage des actions dans le total des investissements réalisés par les assureurs non-vie islandais et suédois a respectivement progressé de 7.0 et de 7.8 points de pourcentage. En Islande, cette évolution tient en partie au fait que les assureurs non-vie se sont détournés des obligations (-5.3 points de pourcentage). Dans ce pays, le régime de contrôle des capitaux en place limite les possibilités d'investissement des compagnies d'assurance. Le projet du gouvernement islandais de le supprimer partiellement pourrait entraîner une réaffectation des investissements des compagnies d'assurance à l'avenir.

Comme pour les assureurs-vie, le pourcentage des investissements réalisés par les compagnies d'assurance non-vie dans les actifs immobiliers est généralement inférieur à celui des obligations et des actions. Le Pérou est le seul pays où les assureurs non-vie ont investi plus de 10 % dans les biens immobiliers et qui affiche le taux le plus élevé s'agissant de ce type d'investissements (12.2 %).

Graphique 8. **Investissements en obligations du secteur public et du secteur privé par les assureurs non-vie directs nationaux, 2015**

En pourcentage du total des investissements réalisés

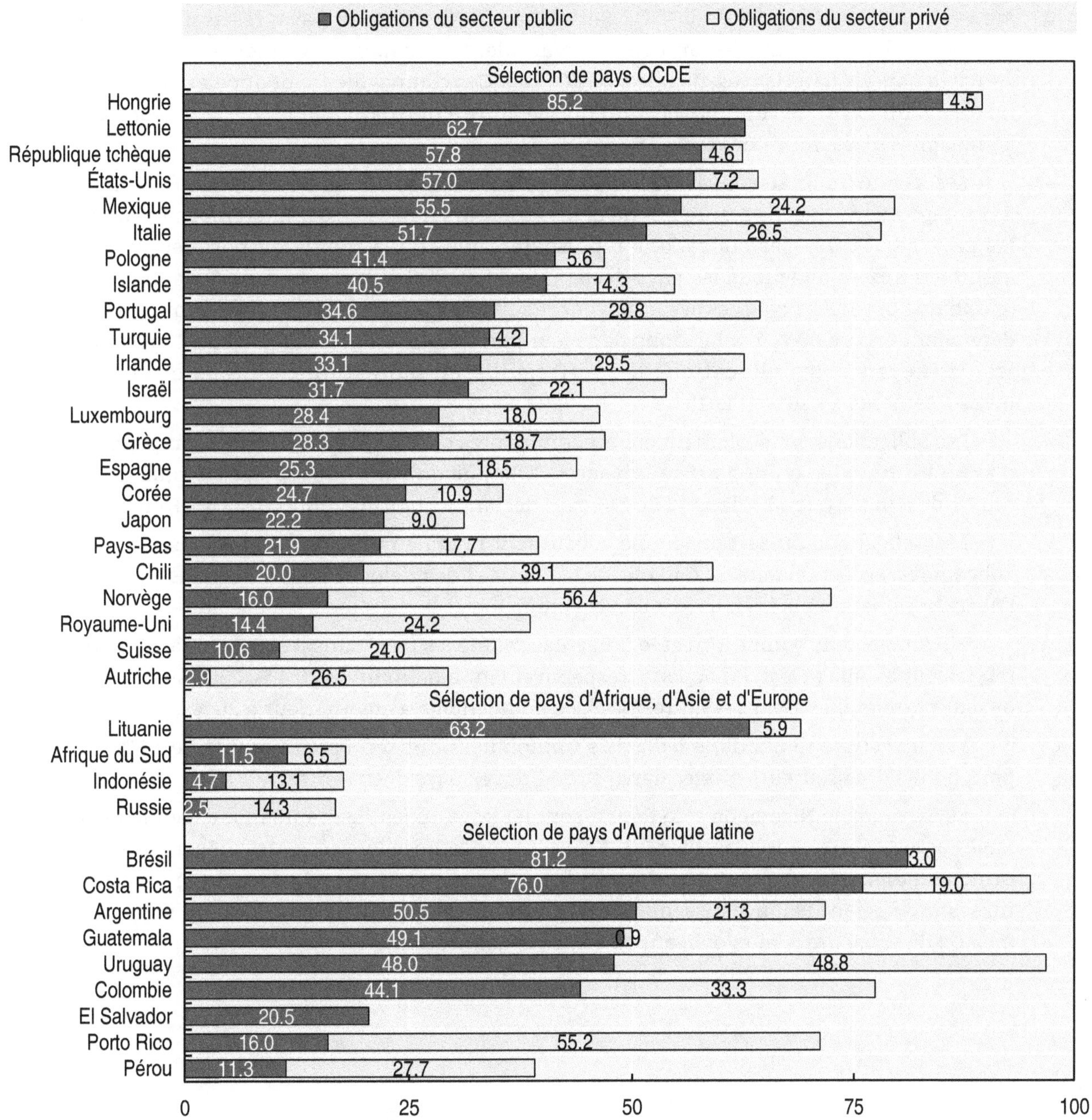

Note : Les données excluent les contrats en unité de compte pour lesquels le risque est entièrement assumé par les assurés.
Source : Statistiques des assurances de l'OCDE au niveau mondial.

Dans dix pays (la Corée, les Pays-Bas, le Royaume-Uni, la Suisse et la Turquie pour la zone OCDE et l'Afrique du Sud, l'Équateur, l'Indonésie, la Russie et le Salvador pour les pays non-membres), les « autres investissements » – à savoir les investissements hors obligations, actions et actifs immobiliers – ont représenté plus de la moitié du portefeuille des assureurs non-vie.

Allocation de portefeuille : assureurs mixtes

Dans un certain nombre de pays de l'OCDE et de pays non-membres, les compagnies d'assurance sont autorisées à commercialiser à la fois des produits d'assurance-vie et non-vie selon la classification de l'OCDE (ainsi dans de nombreux pays, les assureurs-vie proposent des produits d'assurance santé/accident et maladie considérés comme des activités non-vie dans la classification de l'OCDE). Ces compagnies sont appelés assureurs mixtes. L'annexe C de cette publication dresse la liste des pays autorisant la création de compagnies d'assurance mixtes.

Les assureurs mixtes investissent aussi principalement dans les obligations, encore davantage même que les assureurs-vie et les assureurs non-vie (70.9 %, en moyenne dans les pays de l'OCDE). Les obligations représentent plus de la moitié du portefeuille des assureurs mixtes dans tous les pays déclarants de l'OCDE à l'exception du Royaume-Uni (graphique 9). Au Portugal, ces assureurs ont réduit leurs investissements obligataires mais détenaient encore 60 % d'obligations dans leur portefeuille en 2015. Le tableau 1 présente les données sur les allocations de portefeuille en obligations, actions et autres investissements en 2014 et 2015.

Les obligations ont également été prédominantes dans le portefeuille des compagnies d'assurance mixtes en dehors de la zone OCDE, puisqu'elles ont représenté plus de la moitié de leur portefeuille dans 12 des 16 pays déclarants non-membres de l'OCDE en 2015.

Les obligations du secteur public constituent la majeure partie des investissements obligataires, exception faite du Canada, de la Russie et de quelques pays européens (comme l'Autriche) et latino-américains (comme le Pérou).

Singapour, le Royaume-Uni et le Sri Lanka ont été les pays dans lesquels les assureurs mixtes ont le plus investi en actions (respectivement à hauteur de 20.4 %, 23.9 % et 31.3 % de leur portefeuille). Dans les autres pays, ce pourcentage a été inférieur à 20 %.

Les investissements dans les actifs immobiliers ont représenté moins de 10 % du portefeuille des assureurs mixtes dans la totalité des pays déclarants.

Le Salvador, le Nicaragua et la Russie sont les pays où les assureurs mixtes ont le plus misé sur les « autres investissements ». En ce qui concerne la Russie, cette catégorie couvre principalement des dépôts bancaires et des créances à recevoir. Les assureurs mixtes russes privilégient les investissements dans des actifs liquides pour être sûrs d'être en mesure de satisfaire à leurs obligations vis-à-vis des assurés.

Graphique 9. **Allocation du portefeuille d'investissement des assureurs mixtes nationaux, 2015**

En pourcentage du total des investissements réalisés

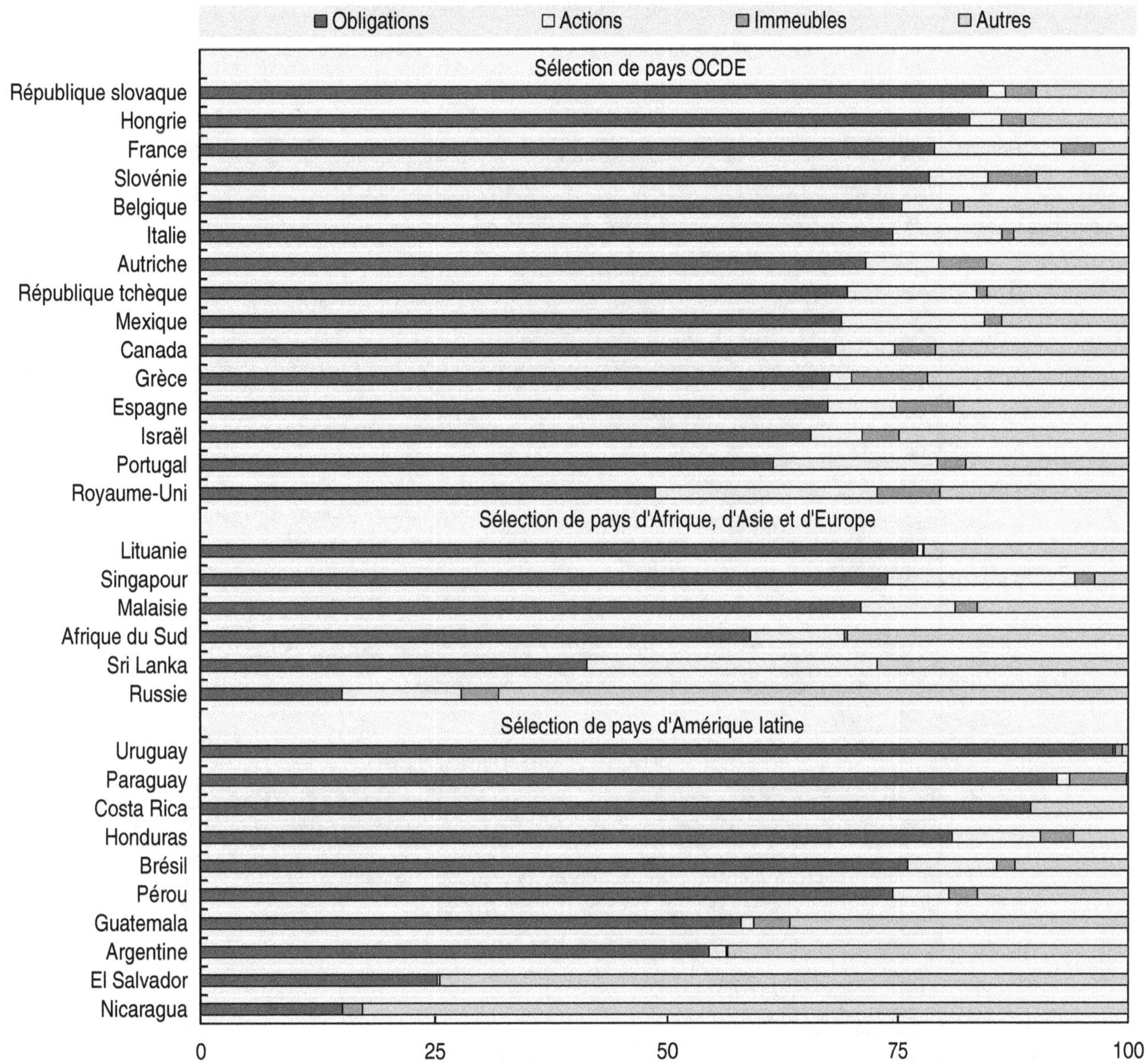

Note : Les données excluent les contrats en unité de compte pour lesquels le risque est entièrement assumé par les assurés.
Source : Statistiques des assurances de l'OCDE au niveau mondial.

Graphique 10. **Investissements en obligations du secteur public et du secteur privé par les assureurs mixtes directs nationaux, 2015**

En pourcentage du total des investissements réalisés

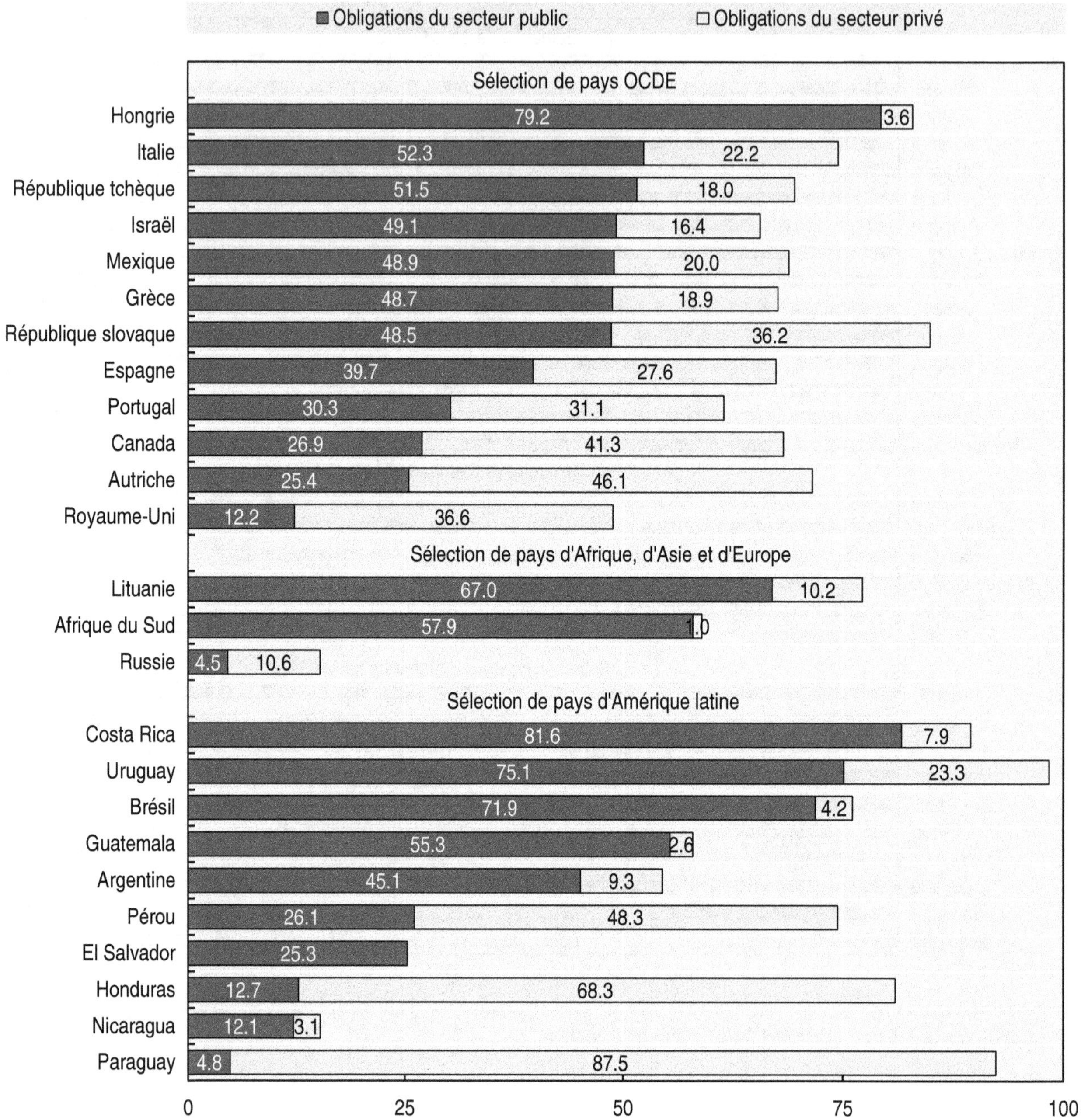

Note : Les données excluent les contrats en unité de compte pour lesquels le risque est entièrement assumé par les assurés.
Source : Statistiques des assurances de l'OCDE au niveau mondial.

Tableau 1. **Allocation de portefeuille d'investissement des assureurs directs nationaux, par catégorie d'assureur, 2014-15**

En pourcentage

		Vie		Non-vie		Mixte	
		2014	2015	2014	2015	2014	2015
		Sélection de pays OCDE					
Australie	Obligations	70.7	69.7	70.6	70.5	n.a.	n.a.
	Actions	18.9	16.8	2.0	2.3	n.a.	n.a.
	Autres	10.4	13.5	27.4	27.2	n.a.	n.a.
Autriche	Obligations	88.1	89.8	30.4	29.4	71.0	71.5
	Actions	4.3	3.6	40.2	39.6	8.4	8.0
	Autres	7.6	6.6	29.4	31.0	20.6	20.5
Belgique	Obligations	61.0	62.7	63.5	64.6	76.7	75.4
	Actions	14.1	10.3	9.5	9.4	5.0	5.5
	Autres	25.0	26.9	27.0	26.0	18.3	19.1
Canada	Obligations	0.0	0.0	77.6	77.7	67.5	68.2
	Actions	0.0	30.4	17.1	16.1	7.2	6.4
	Autres	100.0	69.6	5.3	6.3	25.2	25.4
Chili	Obligations	64.5	65.2	60.5	59.1	n.a.	n.a.
	Actions	1.7	1.2	0.4	0.3	n.a.	n.a.
	Autres	33.9	33.6	39.1	40.6	n.a.	n.a.
République tchèque	Obligations	74.0	78.7	63.2	62.4	71.9	69.5
	Actions	1.6	2.0	5.4	5.1	12.7	14.1
	Autres	24.4	19.3	31.4	32.5	15.4	16.4
Danemark	Obligations	36.2	35.3	71.4	71.0	n.a.	n.a.
	Actions	49.2	51.5	22.2	23.2	n.a.	n.a.
	Autres	14.6	13.1	6.4	5.8	n.a.	n.a.
Estonie	Obligations	71.7	74.8	76.1	78.3	n.a.	n.a.
	Actions	8.8	8.8	6.4	6.6	n.a.	n.a.
	Autres	19.5	16.5	17.6	15.1	n.a.	n.a.
Finlande	Obligations	25.4	27.7	59.1	65.4	..	..
	Actions	13.9	13.2	29.7	29.7	..	..
	Autres	60.7	59.1	11.2	5.0	..	..
France	Obligations	83.0	82.2	60.7	61.0	80.3	79.0
	Actions	11.9	12.0	24.6	23.7	12.6	13.6
	Autres	5.0	5.8	14.6	15.3	7.1	7.3
Allemagne (1)	Obligations	40.0	39.6	40.6	40.1	n.a.	n.a.
	Actions	3.3	3.6	9.5	10.0	n.a.	n.a.
	Autres	56.7	56.8	50.0	49.8	n.a.	n.a.
Grèce	Obligations	43.8	74.6	58.8	47.0	75.3	67.6
	Actions	1.3	0.5	1.9	1.9	1.2	2.3
	Autres	54.9	25.0	39.3	51.1	23.5	30.1
Hongrie	Obligations	88.3	89.0	85.4	89.6	87.2	82.8
	Actions	0.9	0.8	0.0	0.1	2.8	3.5
	Autres	10.8	10.2	14.6	10.3	10.0	13.7
Islande	Obligations	69.0	61.2	60.0	54.8	n.a.	n.a.
	Actions	28.6	24.8	23.9	30.8	n.a.	n.a.
	Autres	2.3	14.0	16.1	14.4	n.a.	n.a.
Irlande	Obligations	73.7	75.8	66.4	62.6	n.a.	n.a.
	Actions	5.0	4.3	5.8	6.7	n.a.	n.a.
	Autres	21.2	19.8	27.8	30.6	n.a.	n.a.
Israël	Obligations	62.6	90.5	51.8	53.8	66.2	65.5
	Actions	0.0	0.0	9.5	8.8	5.6	5.5
	Autres	37.4	9.5	38.8	37.4	28.2	28.9

Tableau 1. **Allocation de portefeuille d'investissement des assureurs directs nationaux, par catégorie d'assureur, 2014-15** *(suite)*

En pourcentage

		Vie		Non-vie		Mixte	
		2014	2015	2014	2015	2014	2015
Italie	Obligations	89.8	89.9	77.2	78.2	76.1	74.4
	Actions	3.2	3.0	6.9	6.7	12.9	11.9
	Autres	7.0	7.1	15.9	15.1	11.0	13.7
Japon	Obligations	67.8	69.6	32.5	31.2	n.a.	n.a.
	Actions	8.2	7.5	29.4	24.1	n.a.	n.a.
	Autres	24.0	22.9	38.1	44.6	n.a.	n.a.
Corée	Obligations	54.4	53.6	37.3	35.6	n.a.	n.a.
	Actions	4.5	3.9	3.8	3.1	n.a.	n.a.
	Autres	41.1	42.5	58.8	61.3	n.a.	n.a.
Lettonie	Obligations	24.9	31.9	59.8	62.7	n.a.	n.a.
	Actions	28.5	27.8	1.4	2.8	n.a.	n.a.
	Autres	46.6	40.3	38.8	34.5	n.a.	n.a.
Luxembourg	Obligations	51.6	50.9	46.3	46.4	n.a.	n.a.
	Actions	3.0	1.1	3.5	2.8	n.a.	n.a.
	Autres	45.4	48.0	50.2	50.7	n.a.	n.a.
Mexique	Obligations	85.3	86.1	77.7	79.7	67.8	68.8
	Actions	0.0	0.0	7.9	7.1	16.3	15.6
	Autres	14.7	13.9	14.4	13.2	15.9	15.5
Pays-Bas	Obligations	41.0	43.7	43.6	39.5	n.a.	n.a.
	Actions	18.6	21.4	7.7	8.1	n.a.	n.a.
	Autres	40.5	34.9	48.7	52.4	n.a.	n.a.
Norvège	Obligations	63.0	62.9	68.4	72.4	n.a.	n.a.
	Actions	14.6	14.4	21.7	20.8	n.a.	n.a.
	Autres	22.4	22.7	9.9	6.7	n.a.	n.a.
Pologne	Obligations	65.7	65.8	44.2	47.0	n.a.	n.a.
	Actions	4.6	4.2	14.6	15.5	n.a.	n.a.
	Autres	29.7	30.0	41.2	37.5	n.a.	n.a.
Portugal	Obligations	82.6	85.3	59.4	64.4	70.6	61.4
	Actions	1.4	3.5	7.0	4.5	10.8	17.9
	Autres	16.0	11.2	33.6	31.1	18.6	20.6
République slovaque	Obligations	85.3	83.4	..	..	87.0	84.8
	Actions	0.0	0.0	..	..	1.8	1.9
	Autres	14.7	16.6	..	..	11.2	13.3
Slovénie	Obligations	58.0	62.8	66.9	71.0	82.9	78.5
	Actions	31.2	28.3	5.7	4.3	6.5	6.3
	Autres	10.8	8.9	27.5	24.7	10.6	15.2
Espagne	Obligations	77.8	78.7	49.9	43.8	67.6	67.4
	Actions	3.3	3.4	11.9	12.2	6.8	7.5
	Autres	18.9	17.8	38.2	44.0	25.6	25.1
Suède	Obligations	51.1	51.9	55.1	55.6	n.a.	n.a.
	Actions	38.9	41.4	30.6	38.3	n.a.	n.a.
	Autres	10.1	6.8	14.3	6.1	n.a.	n.a.
Suisse	Obligations	61.1	60.4	36.6	34.7	n.a.	n.a.
	Actions	2.4	3.1	3.9	4.5	n.a.	n.a.
	Autres	36.4	36.5	59.5	60.8	n.a.	n.a.
Turquie (2)	Obligations	94.0	42.9	93.4	38.3	n.a.	n.a.
	Actions	3.3	1.9	2.0	0.8	n.a.	n.a.
	Autres	2.7	55.1	4.7	60.9	n.a.	n.a.
Royaume-Uni	Obligations	63.8	62.8	40.2	38.6	43.8	48.8
	Actions	13.0	11.8	6.1	6.1	25.7	23.9
	Autres	23.2	25.4	53.7	55.3	30.5	27.3

Tableau 1. **Allocation de portefeuille d'investissement des assureurs directs nationaux, par catégorie d'assureur, 2014-15** *(suite)*

En pourcentage

		Vie		Non-vie		Mixte	
		2014	2015	2014	2015	2014	2015
États-Unis	Obligations	73.4	73.4	62.3	64.2	n.a.	n.a.
	Actions	3.7	3.6	25.5	23.4	n.a.	n.a.
	Autres	22.9	23.0	12.2	12.4	n.a.	n.a.
Sélection de pays d'Afrique, d'Asie et d'Europe							
Indonésie	Obligations	28.6	23.1	15.6	17.7	..	..
	Actions	30.1	30.8	17.6	18.6	..	..
	Autres	41.3	46.1	66.8	63.7	..	..
Lituanie	Obligations	53.5	70.8	74.1	69.0	74.4	77.2
	Actions	0.0	0.0	2.6	2.8	1.6	0.6
	Autres	46.5	29.2	23.3	28.2	24.0	22.2
Malaisie	Obligations	56.4	56.6	48.3	46.1	69.9	70.9
	Actions	16.5	16.8	5.2	4.1	11.1	10.3
	Autres	27.2	26.6	46.5	49.8	19.0	18.8
Russie	Obligations	49.2	50.5	14.5	16.8	17.2	15.1
	Actions	2.1	1.9	8.1	8.6	14.3	12.8
	Autres	48.6	47.6	77.4	74.6	68.5	72.1
Singapour	Obligations	57.3	60.3	23.8	34.6	71.8	73.9
	Actions	28.8	26.5	19.2	22.5	19.7	20.4
	Autres	13.9	13.2	57.0	42.9	8.5	5.8
Afrique du Sud	Obligations	19.8	12.0	14.7	18.0	62.6	58.9
	Actions	63.9	78.4	26.3	25.9	8.1	10.2
	Autres	16.3	9.6	59.0	56.1	29.3	30.9
Sri Lanka	Obligations	57.3	65.6	51.0	61.4	53.0	41.4
	Actions	4.5	3.7	2.0	9.7	18.8	31.3
	Autres	38.2	30.6	47.1	28.9	28.2	27.3
Sélection de pays d'Amérique latine							
Argentine	Obligations	71.0	57.2	43.1	71.7	38.0	54.4
	Actions	1.5	3.6	0.5	1.6	7.3	1.9
	Autres	27.5	39.2	56.4	26.7	54.7	43.7
Brésil	Obligations	31.2	53.7	49.2	84.2	39.9	76.1
	Actions	2.4	28.0	0.0	0.1	0.1	9.7
	Autres	66.4	18.3	50.8	15.7	60.0	14.2
Colombie	Obligations	84.0	83.7	71.2	77.5	n.a.	n.a.
	Actions	6.5	11.5	9.7	15.0	n.a.	n.a.
	Autres	9.5	4.8	19.1	7.5	n.a.	n.a.
Costa Rica	Obligations	..	..	94.5	95.0	93.3	89.5
	Actions	..	..	0.0	0.0	0.0	0.0
	Autres	..	..	5.5	5.0	6.7	10.5
Équateur	Obligations	..	23.5	..	22.2	..	..
	Actions	..	..	..	..	..	..
	Autres	..	76.5	..	77.8	..	..
El Salvador	Obligations	41.1	26.2	8.6	20.5	26.5	25.3
	Actions	0.0	0.0	0.0	0.0	0.3	0.3
	Autres	58.9	73.8	91.3	79.5	73.2	74.5
Guatemala	Obligations	..	..	49.3	50.0	57.8	58.0
	Actions	..	..	2.1	1.0	0.8	1.4
	Autres	..	..	48.6	49.0	41.5	40.7
Honduras	Obligations	..	..	..	..	80.5	80.9
	Actions	..	..	..	..	9.5	9.6
	Autres	..	..	..	..	9.9	9.5

Tableau 1. **Allocation de portefeuille d'investissement des assureurs directs nationaux, par catégorie d'assureur, 2014-15** *(suite)*

En pourcentage

		Vie		Non-vie		Mixte	
		2014	2015	2014	2015	2014	2015
Nicaragua	Obligations	..	..	..	..	24.4	15.2
	Actions	..	..	..	..	..	..
	Autres	..	..	..	..	75.6	84.8
Paraguay	Obligations	..	..	..	..	..	92.3
	Actions	..	..	..	..	..	1.4
	Autres	..	..	..	..	..	6.3
Pérou	Obligations	77.5	80.0	30.7	39.0	73.6	74.4
	Actions	6.6	4.8	9.6	6.5	9.4	6.2
	Autres	15.9	15.3	59.7	54.4	17.0	19.4
Porto Rico	Obligations	84.1	81.6	77.7	71.2	..	..
	Actions	5.6	5.5	7.2	11.6	..	..
	Autres	10.3	12.9	15.1	17.3	..	..
Uruguay	Obligations	100.0	100.0	100.0	96.8	98.8	98.4
	Actions	0.0	0.0	0.0	0.0	0.0	0.2
	Autres	0.0	0.0	0.0	3.2	1.2	1.4

Notes : (1) La rubrique « Autres » correspond essentiellement à des prêts et à des investissements dans des fonds communs de placement pour lesquels la ventilation n'était pas disponible. (2) Les évolutions intervenues dans l'allocation d'actifs entre 2014 et 2015 s'expliquent par un changement dans le report des données.
Source : Statistiques des assurances de l'OCDE au niveau mondial.

Rendement des investissements

Les rendements des investissements réalisés par les assureurs de la plupart des pays ont été positifs en termes réels en 2015 – quel que soit le type d'assureurs (assureurs vie, non-vie et mixtes (graphique 11)). Les compagnies d'assurance-vie ont obtenu des rendements positifs réels dans 32 des 35 pays déclarants, les assureurs non-vie dans 33 des 35 pays déclarants et les compagnies d'assurance mixtes dans 16 des 19 pays déclarants.

Pour les assureurs-vie, ce rendement a oscillé dans une fourchette comprise entre –7.5 % en Indonésie et 8.1 % en Argentine.

Les rendements réels ont été positifs pour les assureurs-vie dans l'ensemble des pays de l'OCDE en 2015, la Pologne se situant en tête. Dans trois pays de l'OCDE, ils ont été supérieurs à 5 % : en Islande (5.3 %), en Pologne (6.3 %) et en Suède (5.8 %) et dans dix autres pays, dont l'Allemagne, ils ont dépassé les 2 %. En Allemagne, les rendements relativement élevés des investissements réalisés par les assureurs-vie en 2015 (4.5 %) s'expliquent en partie par la liquidation des réserves de valorisation destinée à financer le coût lié à l'instauration de dotations supplémentaires aux réserves (exigence imposée en raison de la faiblesse des taux d'intérêt). Les rendements réels des investissements ont été positifs mais inférieurs à 1 % au Canada, en Lettonie et en Turquie.

Ils ont été négatifs pour les assureurs-vie dans trois pays : le Brésil (-4.4 %), l'Indonésie (-7.5 %) et la Russie (-3.3 %), ce qui peut être dû pour partie, au Brésil et en Russie, à la forte inflation, respectivement située à 10.7 % et 12.9 % en 2015.

En 2015, les rendements réels des investissements réalisés par les assureurs non-vie ont été positifs dans l'ensemble des pays déclarants, à l'exception de deux pays non membres de l'OCDE. Les taux de rendement réel les plus faibles ont été observés en Russie (-6.8 %) et en Uruguay (-5.5 %) et les plus élevés au Costa Rica (9.4 %), au Pérou (8.2 %), en

Graphique 11. **Rendements réels nets moyens des investissements par catégorie d'assureurs nationaux en 2015**

En pourcentage

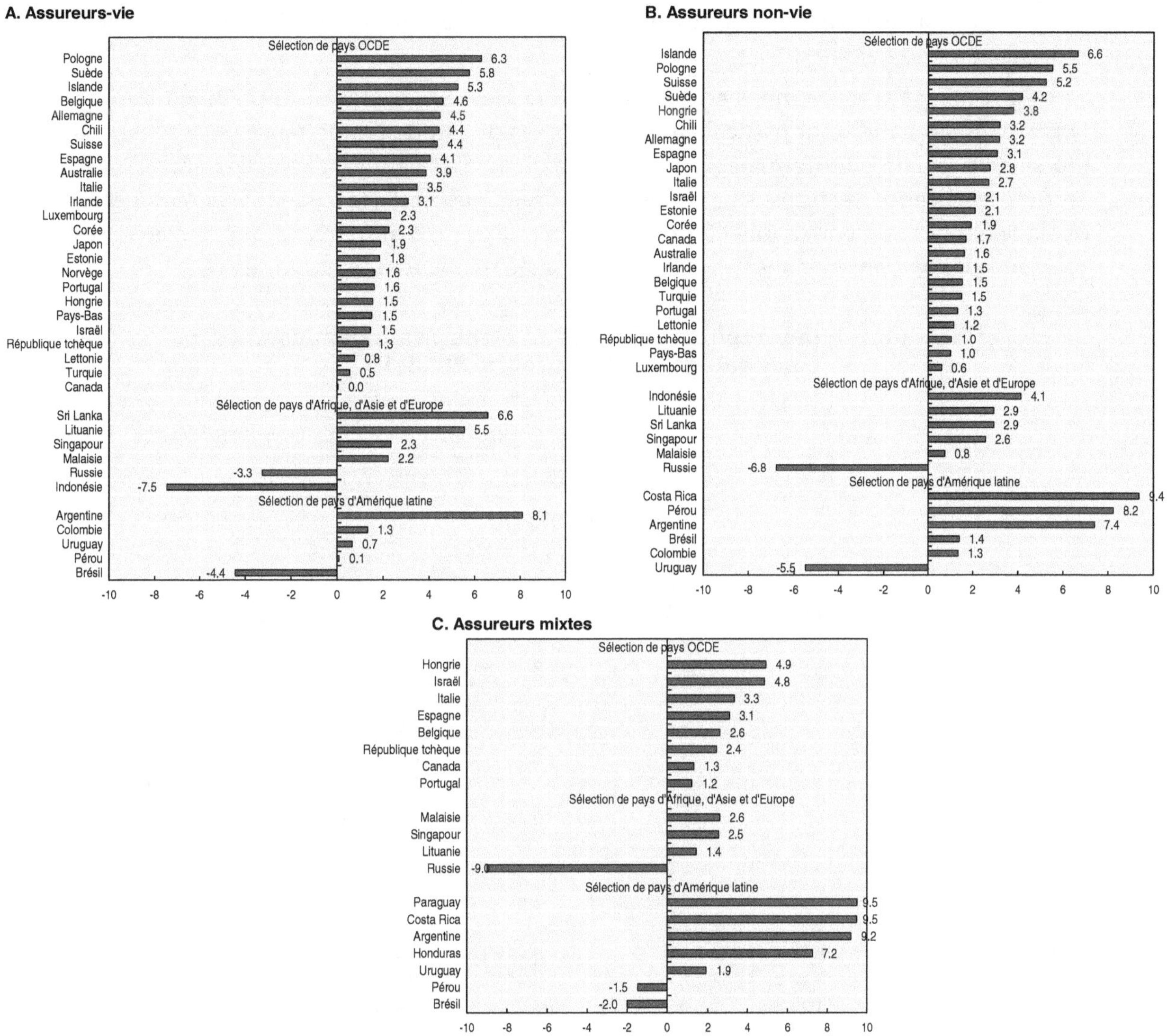

Note : On calcule le rendement net réel moyen des investissements à partir du taux de rendement net nominal des investissements communiqué par les pays et de la variation de l'indice des prix à la consommation (IPC).
Source : Statistiques des assurances de l'OCDE au niveau mondial.

Argentine (7.4 %) et en Islande (6.6 %). En outre, ils ont été supérieurs à 5 % en Pologne (pour la troisième année consécutive) et en Suisse.

De toutes les branches, ce sont les compagnies d'assurance mixtes qui ont obtenu les rendements les plus contrastés. En Russie, elles ont obtenu le taux de rendement réel le plus faible (-9.0 %) en 2015, toutes branches confondues (y compris vie et non-vie) dans l'ensemble des pays déclarants. À l'inverse, les assureurs mixtes du Paraguay et du Costa Rica ont connu la rémunération la plus élevée pour leurs investissements à savoir un rendement réel proche des 10 %.

Les rendements réels ont été positifs pour les compagnies d'assurance mixtes de tous les pays déclarants de l'OCDE en 2015, compris entre 1.2 % au Portugal et 4.9 % en Hongrie.

Même si les assureurs de la plupart des pays déclarants ont connu des rendements réels positifs en 2015, ceux-ci ont été inférieurs aux taux observés en 2014 dans la plupart des pays : dans 25 pays pour les assureurs-vie, dans 21 pays pour les assureurs non-vie et dans 11 pays pour les assureurs mixtes. Le tableau 2 présente les rendements réels nets moyens pour 2014 et 2015.

Ce recul est probablement attribuable à la faiblesse persistante des taux d'intérêt à laquelle les assureurs sont particulièrement exposés du fait de l'importance des obligations (du secteur public pour la majeure partie) dans leur portefeuille d'investissement. Avec l'arrivée à échéance des titres obligataires plus anciens (susceptibles d'être mieux rémunérés) qu'ils détiennent en portefeuille, les assureurs n'ont guère d'autre choix que d'investir les produits qu'ils en retirent dans des obligations dont le rendement est moins élevé.

Tableau 2. **Rendements réels nets moyens des investissements par catégorie d'assureurs, 2014-15**

En pourcentage

	Vie		Non-vie		Mixte	
	2014	2015	2014	2015	2014	2015
Sélection de pays OCDE						
Australie	8.1	3.9	4.4	1.6	n.a.	n.a.
Belgique	5.4	4.6	3.5	1.5	4.6	2.6
Canada	1.5	0.0	2.8	1.7	9.5	1.3
Chili	5.5	4.4	4.6	3.2	n.a.	n.a.
République tchèque	1.8	1.3	3.0	1.0	2.4	2.4
Estonie	6.0	1.8	2.6	2.1	n.a.	n.a.
Allemagne	4.9	4.5	3.4	3.2	n.a.	n.a.
Hongrie	2.9	1.5	4.5	3.8	5.2	4.9
Islande	1.3	5.3	2.6	6.6	n.a.	n.a.
Irlande	12.7	3.1	5.0	1.5	n.a.	n.a.
Israël	..	1.5	..	2.1	..	4.8
Italie	4.1	3.5	3.4	2.7	3.8	3.3
Japon	0.3	1.9	0.2	2.8	n.a.	n.a.
Corée	3.1	2.3	2.5	1.9	n.a.	n.a.
Lettonie	4.7	0.8	2.4	1.2	n.a.	n.a.
Luxembourg	4.1	2.3	3.1	0.6	n.a.	n.a.
Pays-Bas	1.2	1.5	0.9	1.0	n.a.	n.a.
Norvège	3.8	1.6	..	..	n.a.	n.a.
Pologne	6.8	6.3	7.4	5.5	n.a.	n.a.
Portugal	1.9	1.6	1.1	1.3	3.5	1.2
Espagne	5.5	4.1	4.6	3.1	5.2	3.1
Suède	..	5.8	..	4.2	n.a.	n.a.
Suisse	3.5	4.4	4.6	5.2	n.a.	n.a.
Turquie	0.8	0.5	-6.4	1.5	n.a.	n.a.
Sélection de pays d'Afrique, d'Asie et d'Europe						
Indonésie	5.7	-7.5	-1.0	4.1	..	..
Lituanie	6.4	5.5	3.6	2.9	1.7	1.4
Malaisie	4.2	2.2	0.6	0.8	4.1	2.6
Russie	-9.1	-3.3	-6.4	-6.8	-8.5	-9.0
Singapour	7.5	2.3	2.8	2.6	6.5	2.5
Sri Lanka	9.5	6.6	5.3	2.9	..	..

Tableau 2. **Rendements réels nets moyens des investissements par catégorie d'assureurs, 2014-15** *(suite)*

En pourcentage

	Vie		Non-vie		Mixte	
	2014	2015	2014	2015	2014	2015
Sélection de pays d'Amérique latine						
Argentine	..	8.1	..	7.4	..	9.2
Brésil	..	-4.4	..	1.4	..	-2.0
Colombie	4.1	1.3	4.3	1.3	n.a.	n.a.
Costa Rica	..	..	3.5	9.4	3.1	9.5
Honduras	..	..	..	..	5.4	7.2
Paraguay	..	..	..	..	..	9.5
Pérou	3.7	0.1	5.7	8.2	5.7	-1.5
Uruguay	-0.9	0.7	-3.7	-5.5	0.4	1.9

Source : Statistiques des assurances de l'OCDE au niveau mondial.

Rentabilité : rendement des capitaux propres

Le rendement des capitaux propres et un indicateur de la rentabilité et de la capacité des assureurs à générer un résultat à partir des capitaux apportés par les actionnaires[3].

Le rendement des capitaux propres a été positif, et parfois très élevé, pour toutes les catégories d'assureurs (vie, non-vie et mixtes) dans la plupart des pays en 2015 (graphique 12). En Australie et en Argentine, le taux de rendement s'est maintenu à niveau élevé, toutes catégories d'assureurs confondues, en 2015. En revanche, il a été globalement négatif pour les assureurs-vie dans trois pays et pour les assureurs non-vie dans huit pays.

Pour les assureurs-vie, les taux les plus élevés ont été obtenus dans les pays non-membres de l'OCDE (comme le Brésil et la Lituanie). Dans cette branche, ce taux s'est maintenu à niveau élevé au cours de ces dernières années. Dans les pays de l'OCDE, le rendement des capitaux propres des assureurs-vie a été le plus élevé en Nouvelle-Zélande (26.7 %), suivie par l'Islande (24.4 %), la Pologne (24.1 %) et l'Estonie (23.0 %). Dans quatre autres pays (l'Australie, l'Irlande, la République tchèque et la Turquie), il a été supérieur à 15 %. La rentabilité relativement forte des assureurs-vie en Irlande est en partie le fait de l'offre plus limitée de produits d'épargne assortis de garanties, ce qui veut dire que ce sont les assurés qui supportent généralement les risques liés aux investissements.

Le rendement des capitaux propres des assureurs-vie a été négatif en 2015 en Israël, en Lettonie et en Uruguay[4]. En ce qui concerne la Lettonie, cette situation est en partie attribuable aux pertes encourues par les assureurs-vie à la suite de l'augmentation des prestations versées aux assurés.

Le rendement des capitaux propres des assureurs non-vie a été positif dans la plupart des pays en 2015. Il a été compris dans une fourchette de -49.1 % en République tchèque à 51.8 % à Porto Rico. Il a été supérieur à 20 % dans sept pays : l'Argentine, la Norvège, le Pérou, Porto Rico, la République slovaque, la Russie et la Slovénie. Le rendement élevé (20.3 %) des capitaux propres des assureurs non-vie du Pérou peut s'expliquer pour partie par la forte croissance des primes brutes. Il s'est maintenu à niveau élevé en Finlande et Suisse (entre 15 % et 30 % chaque année de 2013 à 2015).

En revanche, le rendement des capitaux propres des assureurs non-vie a été négatif au Costa Rica et en République tchèque en 2015 (respectivement -46.0 % et -49.1 %), comme

Graphique 12. **Rendement des capitaux propres par catégorie d'assureurs en 2015**

En pourcentage

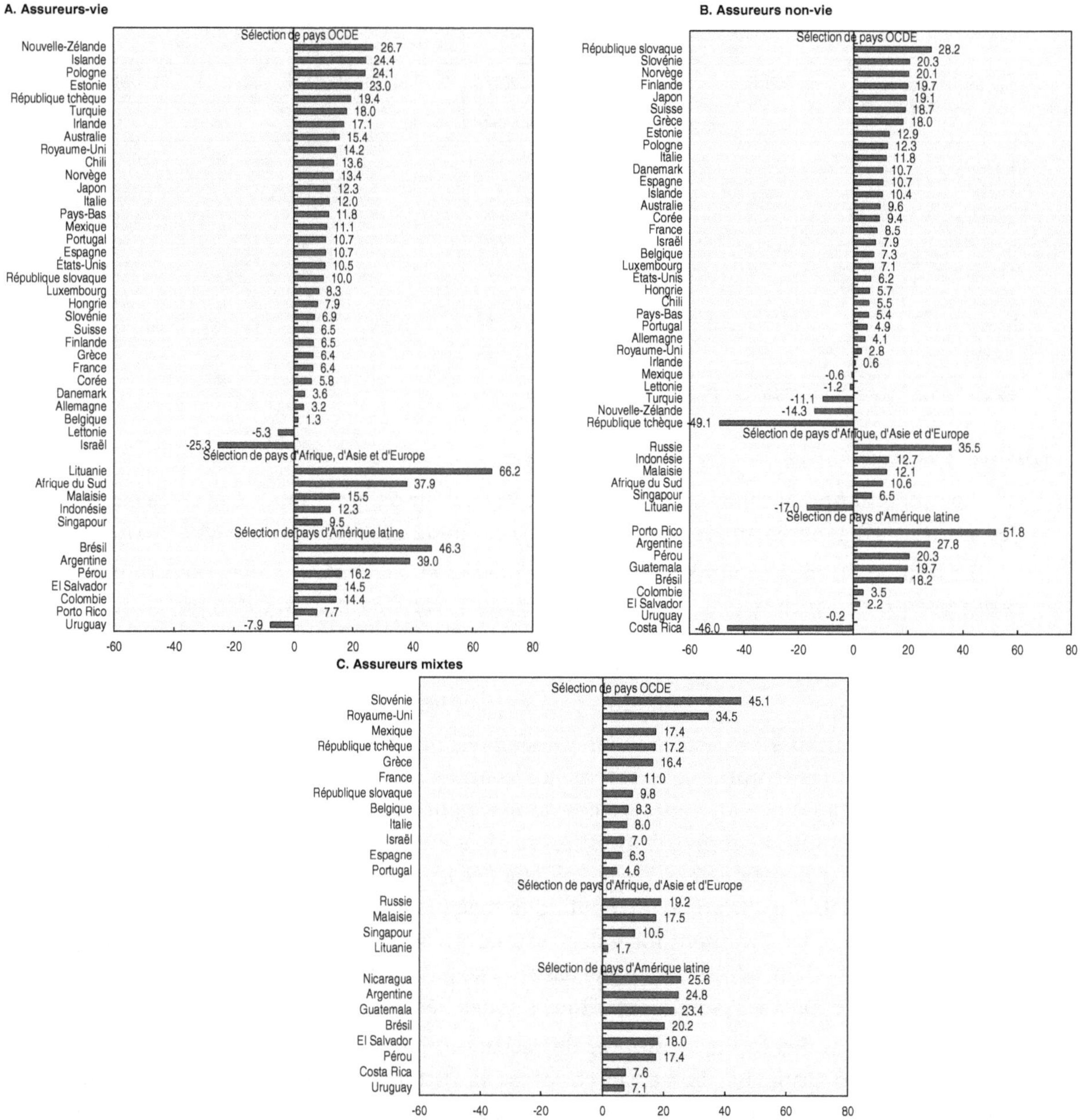

Note : Le rendement des capitaux propres a été calculé en divisant le résultat net de l'année N par la moyenne des capitaux propres pour les années N-1 et N.

Source : Statistiques des assurances de l'OCDE au niveau mondial.

depuis plusieurs années. Il a également été négatif dans six autres pays, dont la Nouvelle-Zélande et la Turquie où les paiements des assureurs non-vie ont récemment augmenté. Dans le cas de la Nouvelle-Zélande, cette hausse est la conséquence de la réévaluation de certains sinistres sismiques. En Turquie, la progression des paiements bruts des sinistres a été liée à des décisions de justice appliquées rétroactivement pour des accidents automobiles survenus 10 ans auparavant.

Le rendement des capitaux propres des compagnies d'assurance mixtes a été positif dans tous les pays déclarants en 2015.

Le rendement des capitaux propres des assureurs-vie a diminué en 2015 par rapport à 2014 dans 16 pays de l'OCDE, 6 pays d'Amérique latine non-membres et 5 autres pays. En ce qui concerne les assureurs non-vie, il s'est inscrit en recul dans 30 pays (22 pays de l'OCDE, 5 pays d'Amérique latine non-membres et 3 autres pays). S'agissant des assureurs mixtes, un tel déclin a eu lieu dans 16 pays (8 pays de l'OCDE, 5 pays d'Amérique latine non-membres et 3 autres pays). La baisse du rendement des capitaux propres des assureurs non-vie au Mexique et en Nouvelle-Zélande par exemple peut être attribuable à la forte hausse des sinistres survenue en 2015. Le tableau 3 présente le rendement des capitaux propres en 2013, 2014 et 2015.

Tableau 3. **Rendement des capitaux propres par catégorie d'assureurs, 2013-15**

En pourcentage

	Vie			Non-vie			Mixte		
	2013	2014	2015	2013	2014	2015	2013	2014	2015
Sélection de pays OCDE									
Australie	11.9	14.1	15.4	17.3	16.7	9.6	n.a.	n.a.	n.a.
Belgique	8.0	7.3	1.3	3.8	7.1	7.3	11.4	9.8	8.3
Chili	8.7	12.5	13.6	11.0	4.1	5.5	n.a.	n.a.	n.a.
République tchèque	11.3	19.4	19.4	-7.8	-40.7	-49.1	17.7	16.8	17.2
Danemark	3.2	9.5	3.6	11.5	17.1	10.7	n.a.	n.a.	n.a.
Estonie	4.9	13.7	23.0	4.8	10.6	12.9	n.a.	n.a.	n.a.
Finlande	13.5	5.5	6.5	27.5	25.6	19.7	..	..	..
France	5.3	5.5	6.4	7.4	8.0	8.5	9.6	8.9	11.0
Allemagne	6.1	5.1	3.2	4.3	3.9	4.1	n.a.	n.a.	n.a.
Grèce	7.1	0.3	6.4	18.4	21.2	18.0	38.8	14.9	16.4
Hongrie	6.6	6.8	7.9	-13.5	4.4	5.7	15.1	17.9	..
Islande	18.8	16.5	24.4	10.4	9.0	10.4	n.a.	n.a.	n.a.
Irlande	14.5	23.5	17.1	9.2	18.1	0.6	n.a.	n.a.	n.a.
Israël	..	-11.4	-25.3	32.6	15.8	7.9	17.7	12.0	7.0
Italie	9.9	12.0	12.0	7.0	14.7	11.8	8.8	8.5	8.0
Japon	15.0	14.7	12.3	8.5	13.5	19.1	n.a.	n.a.	n.a.
Corée	5.5	5.9	5.8	8.4	9.5	9.4	n.a.	n.a.	n.a.
Lettonie	-3.9	25.1	-5.3	6.7	6.3	-1.2	n.a.	n.a.	n.a.
Luxembourg	8.9	10.1	8.3	8.5	11.5	7.1	n.a.	n.a.	n.a.
Mexique	13.8	13.0	11.1	13.3	11.4	-0.6	18.5	20.8	17.4
Pays-Bas	7.9	-10.9	11.8	7.8	6.4	5.4	n.a.	n.a.	n.a.
Nouvelle-Zélande	12.7	15.0	26.7	13.7	11.0	-14.3	..	..	..
Norvège	7.0	7.0	13.4	16.1	28.1	20.1	n.a.	n.a.	n.a.
Pologne	20.4	23.0	24.1	29.1	17.5	12.3	n.a.	n.a.	n.a.
Portugal	30.6	7.5	10.7	0.5	-22.1	4.9	7.5	7.1	4.6
République slovaque	9.4	10.5	10.0	27.0	..	28.2	11.8	12.9	9.8
Slovénie	..	13.5	6.9	..	36.9	20.3	..	38.3	45.1
Espagne	13.9	17.3	10.7	11.3	11.2	10.7	14.0	9.9	6.3
Suisse	10.5	8.2	6.5	22.6	24.7	18.7	n.a.	n.a.	n.a.
Turquie	12.7	16.3	18.0	12.8	9.7	-11.1	n.a.	n.a.	n.a.
Royaume-Uni	12.9	8.0	14.2	9.6	7.4	2.8	25.3	37.8	34.5
États-Unis	12.0	10.5	10.5	10.1	7.1	6.2	n.a.	n.a.	n.a.
Sélection de pays d'Afrique, d'Asie et d'Europe									
Indonésie	6.7	27.0	12.3	15.5	15.1	12.7	..	..	..
Lituanie	60.5	70.7	66.2	8.0	7.6	-17.0	5.1	12.3	1.7
Malaisie	19.7	24.7	15.5	12.9	13.3	12.1	22.1	19.8	17.5
Russie	..	..	..	..	..	35.5	..	..	19.2

Tableau 3. **Rendement des capitaux propres par catégorie d'assureurs, 2013-15** *(suite)*

En pourcentage

	Vie			Non-vie			Mixte		
	2013	2014	2015	2013	2014	2015	2013	2014	2015
Singapour	9.4	23.5	9.5	15.5	5.9	6.5	3.9	15.1	10.5
Afrique du Sud	47.4	44.4	37.9	21.0	6.0	10.6	23.4	..	..
Sélection de pays d'Amérique latine									
Argentine	33.5	45.9	39.0	21.6	32.4	27.8	16.6	34.2	24.8
Brésil	..	..	46.3	..	..	18.2	..	..	20.2
Colombie	6.7	16.5	14.4	5.7	3.7	3.5	n.a.	n.a.	n.a.
Costa Rica	..	..	..	-16.6	-68.1	-46.0	7.1	7.3	7.6
El Salvador	28.9	27.0	14.5	4.7	2.5	2.2	19.5	19.8	18.0
Guatemala	..	..	..	28.8	20.7	19.7	25.8	25.4	23.4
Nicaragua	..	..	..	..	..	..	23.4	25.1	25.6
Panama	3.3	..	..	..	..	..	10.9	..	..
Paraguay	..	..	..	..	..	..	29.3	..	..
Pérou	19.5	17.4	16.2	11.1	15.5	20.3	15.6	21.2	17.4
Porto Rico	9.5	9.7	7.7	14.0	..	51.8	..	..	..
Uruguay	26.4	8.4	-7.9	17.4	0.1	-0.2	23.7	13.0	7.1

Source : Statistiques des assurances de l'OCDE au niveau mondial.

Variation des capitaux propres

La variation de capitaux propres permet de comprendre l'évolution des capitaux des actionnaires[5]. Des variations peuvent avoir lieu en raison de distributions de dividendes, de rachats d'actions et d'émissions de nouvelles actions ; elles peuvent également s'expliquer par l'existence de plus ou moins-values latentes ne figurant pas au compte de résultat mais qui peuvent néanmoins être importantes pour connaître la situation financière d'une entreprise. Ainsi, même si les plus ou moins-values latentes de cession d'actifs détenus jusqu'à échéance dans le portefeuille d'investissement ne sont pas inscrites au compte de résultat, elles sont reflétées dans la variation des capitaux propres.

Les capitaux propres des assureurs ont augmenté dans la plupart des pays : dans 33 pays sur 48 pour les assureurs-vie, 37 sur 50 pour les assureurs non-vie et 19 sur 28 pour les compagnies d'assurance mixtes (graphique 13). Le tableau 4 présente la variation des capitaux propres en 2013, 2014 et 2015.

La variation du nombre de compagnies d'assurance et/ou une modification de leur classification (vie, non-vie, mixtes ou encore nationales et étrangères) en 2015 par rapport à 2014 peut cependant avoir une incidence sur la variation des capitaux propres. La plus forte hausse (106.6 %), qui a été observée au Brésil dans la branche vie, est due au fait qu'une grande compagnie d'assurance qui était auparavant considérée comme mixte est désormais classée en tant qu'assureur-vie après avoir cessé d'émettre des contrats d'assurance non-vie. L'évolution du nombre de compagnies d'assurance exerçant en République tchèque (assureurs-vie) et en Italie (assureurs non-vie) a eu une incidence sur la variation des capitaux propres dans ces deux pays.

Graphique 13. Variation des capitaux propres par catégorie d'assureurs, 2015

En pourcentage

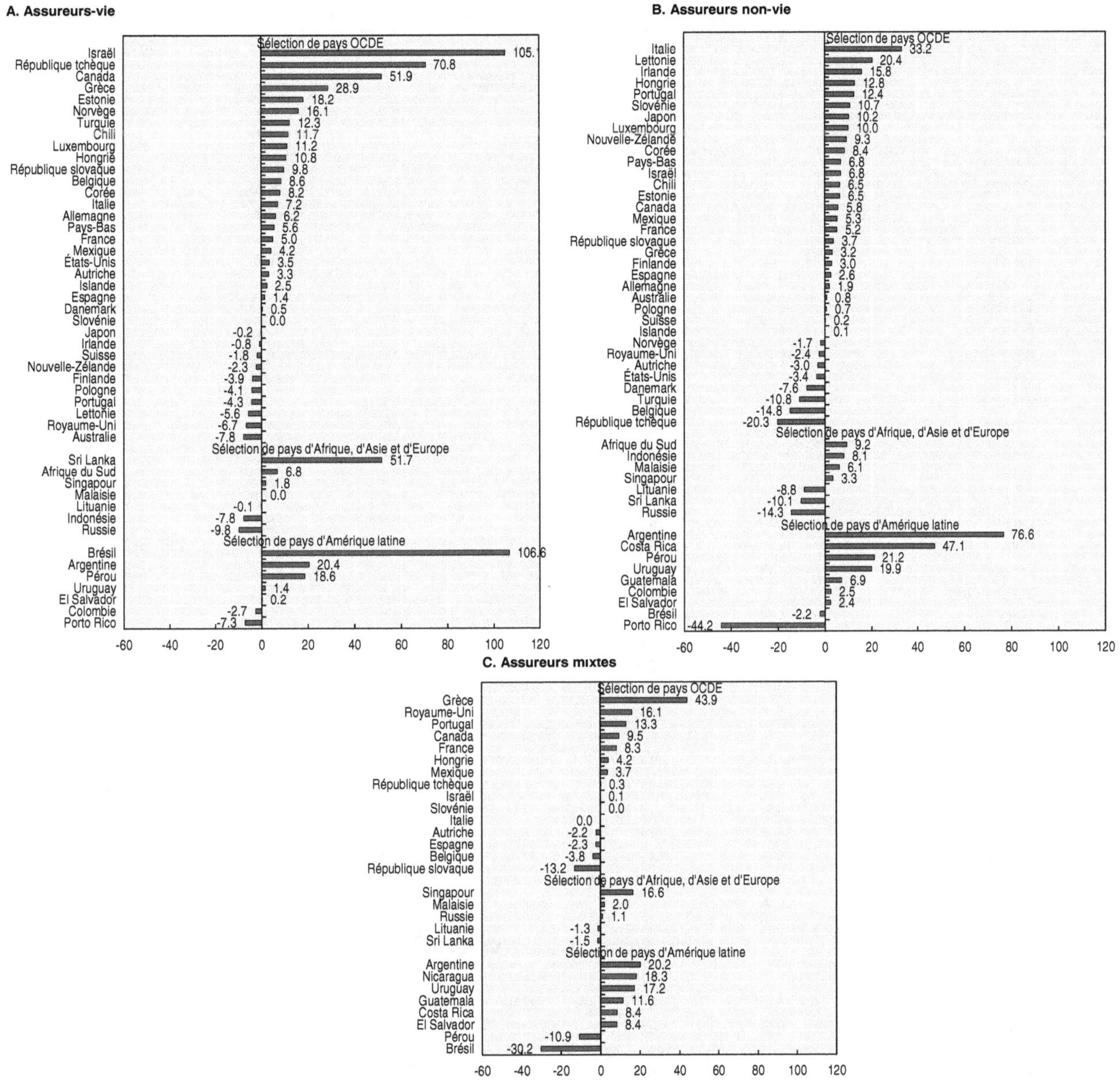

Note : Pour calculer la variation des capitaux propres, on divise la variation des capitaux propres par les capitaux propres de l'exercice précédent.

Source : Statistiques des assurances de l'OCDE au niveau mondial.

Tableau 4. Évolution de la dotation en capital par catégorie d'assureurs, 2014-15

En pourcentage

	Vie		Non-vie		Mixte	
	2014	2015	2014	2015	2014	2015
Sélection de pays OCDE						
Australie	8.7	-7.8	-0.3	0.8	n.a.	n.a.
Autriche	150.9	3.3	4.0	-3.0	-2.4	-2.2
Belgique	-3.9	8.6	48.1	-14.8	1.5	-3.8
Canada	-98.0	51.9	3.8	5.8	-8.6	9.5
Chili	4.5	11.7	2.5	6.5	n.a.	n.a.
République tchèque	-15.1	70.8	-25.2	-20.3	4.5	0.3
Danemark	7.1	0.5	20.3	-7.6	n.a.	n.a.
Estonie	-14.3	18.2	-8.4	6.5	n.a.	n.a.
Finlande	-10.5	-3.9	10.2	3.0	..	..
France	6.2	5.0	2.5	5.2	3.9	8.3
Allemagne	5.3	6.2	3.2	1.9	n.a.	n.a.
Grèce	-2.8	28.9	7.3	3.2	7.8	43.9
Hongrie	2.8	10.8	12.0	12.8	-7.5	4.2
Islande	1.9	2.5	2.0	0.1	n.a.	n.a.
Irlande	10.4	-0.8	7.2	15.8	n.a.	n.a.
Israël	6.8	105.1	13.7	6.8	6.1	0.1
Italie	0.6	7.2	12.7	33.2	0.0	0.0
Japon	9.6	-0.2	6.3	10.2	n.a.	n.a.
Corée	17.9	8.2	19.2	8.4	n.a.	n.a.
Lettonie	77.0	-5.6	39.8	20.4	n.a.	n.a.
Luxembourg	4.2	11.2	6.8	10.0	n.a.	n.a.
Mexique	5.6	4.2	6.1	5.3	4.6	3.7
Pays-Bas	10.2	5.6	8.8	6.8	n.a.	n.a.
Nouvelle-Zélande	-7.8	-2.3	6.5	9.3	..	..
Norvège	9.2	16.1	8.2	-1.7	n.a.	n.a.
Pologne	1.4	-4.1	3.7	0.7	n.a.	n.a.
Portugal	4.9	-4.3	-24.7	12.4	4.7	13.3
République slovaque	17.0	9.8	40.9	3.7	2.3	-13.2
Slovénie	0.0	0.0	0.0	10.7	0.0	0.0
Espagne	8.4	1.4	7.0	2.6	8.4	-2.3
Suisse	10.5	-1.8	6.5	0.2	n.a.	n.a.
Turquie	15.0	12.3	17.1	-10.8	n.a.	n.a.
Royaume-Uni	-4.4	-6.7	-12.7	-2.4	31.7	16.1
États-Unis	4.7	3.5	6.9	-3.4	n.a.	n.a.
Sélection de pays d'Afrique, d'Asie et d'Europe						
Indonésie	41.5	-7.8	-1.7	8.1	..	..
Lituanie	13.6	-0.1	33.9	-8.8	0.2	-1.3
Malaisie	9.7	0.0	8.5	6.1	8.8	2.0
Russie	..	-9.8	..	-14.3	..	1.1
Singapour	9.5	1.8	12.6	3.3	7.6	16.6
Afrique du Sud	-14.3	6.8	3.8	9.2	..	..
Sri Lanka	..	51.7	..	-10.1	..	-1.5
Sélection de pays d'Amérique latine						
Argentine	23.7	20.4	44.8	76.6	54.5	20.2
Brésil	..	106.6	..	-2.2	..	-30.2
Colombie	13.0	-2.7	5.0	2.5	n.a.	n.a.
Costa Rica	..	..	-11.9	47.1	15.8	8.4
El Salvador	1.5	0.2	-5.7	2.4	26.1	8.4
Guatemala	..	..	21.7	6.9	11.7	11.6
Nicaragua	..	..	..	..	23.2	18.3
Pérou	30.0	18.6	14.0	21.2	18.7	-10.9
Porto Rico	5.9	-7.3	-93.2	-44.2	..	..
Uruguay	-51.1	1.4	-9.3	19.9	219.8	17.2

Source : Statistiques des assurances de l'OCDE au niveau mondial.

Tableau 5. **Taux de change et indice des prix à la consommation (IPC), 2015**

Unités nationales par USD et variation de l'IPC en pourcentage

	Taux de change monétaire, unité nationale per USD (1)	IPC (2)
Pays OCDE		
Australie	1.331	1.7
Autriche	0.902	1.0
Belgique	0.902	1.5
Canada	1.279	1.6
Chili	654.124	4.4
République tchèque	24.599	0.1
Danemark	6.728	0.4
Estonie	0.902	-0.9
Finlande	0.902	-0.2
France	0.902	0.2
Allemagne	0.902	0.3
Grèce	0.902	-0.2
Hongrie	279.333	0.9
Islande	131.919	2.0
Irlande	0.902	0.1
Israël	3.887	-1.0
Italie	0.902	0.1
Japon	121.044	0.0
Corée	1 131.158	1.3
Lettonie	0.902	0.3
Luxembourg	0.902	1.1
Mexique	15.848	2.1
Pays-Bas	0.902	0.7
Nouvelle-Zélande	1.434	0.1
Norvège	8.064	2.3
Pologne	3.770	-0.7
Portugal	0.902	0.4
République slovaque	0.902	-0.5
Slovénie	0.902	-0.5
Espagne	0.902	0.0
Suède	8.435	0.1
Suisse	0.962	-1.3
Turquie	2.720	8.8
Royaume-Uni	0.655	0.2
États-Unis	1.000	0.7
Sélection de pays d'Afrique, d'Asie et d'Europe		
Hong Kong, Chine	7.752	2.3
Inde	64.152	5.6
Indonésie	13 389.413	3.4
Lituanie	0.902	-0.1
Malaisie	3.906	2.7
Russie	60.938	12.9
Singapour	1.375	-0.6
Afrique du Sud	12.759	5.2
Sri Lanka	135.857	2.8
Thaïlande	34.248	-0.9
Sélection de pays d'Amérique latine		
Argentine	9.040	15.0
Bolivie	6.910	3.0

Tableau 5. **Taux de change et indice des prix à la consommation (IPC), 2015** *(suite)*

Unités nationales par USD et variation de l'IPC en pourcentage

	Taux de change monétaire, unité nationale per USD (1)	IPC (2)
Brésil	3.326	10.7
Colombie	2 741.881	6.8
Costa Rica	534.566	-0.8
République dominicaine	45.052	2.3
Équateur	1.000	3.4
El Salvador	8.750	1.0
Guatemala	7.655	3.1
Honduras	..	2.4
Nicaragua	27.257	3.1
Panama	1.000	0.3
Paraguay	5 204.910	3.1
Pérou	3.184	4.4
Uruguay	27.327	9.4

Notes : (1) Les taux de change sont des moyennes annuelles. (2) La variation (en pourcentage) de l'IPC se calcule comme l'écart entre l'IPC en début et en fin de période. Pour tous les pays, elle représente l'inflation annuelle de l'IPC entre décembre 2014 et décembre 2015, sauf pour le Japon (mars 2015 à mars 2016), et pour l'Argentine (juin 2014 à juin 2015).
Source : Bases de données PIE de l'OCDE et SFI du FMI.

Notes

1. Dans la présente publication, le ratio combiné correspond à la somme des paiements bruts de sinistres, des variations de l'encours des provisions techniques, des dépenses brutes d'exploitation et des commissions brutes, divisée par les primes souscrites brutes (pour l'assurance directe seulement). On notera que l'ajout des paiements de réassurance au calcul aurait probablement des effets importants pour de nombreux pays puisque que, là où les résultats techniques obtenus ont été déficitaires, ce mode de calcul pourrait déboucher sur des résultats globalement bénéficiaires.
2. Les assureurs uniquement spécialisés dans les activités non-vie ne représentent qu'une fraction mineure du secteur de l'assurance en Uruguay.
3. Dans la présente publication, le rendement des capitaux propres représente, au niveau sectoriel, le résultat net de l'exercice en cours divisé par la moyenne des capitaux propres de l'exercice en cours et de l'exercice précédent inscrits aux bilans des compagnies d'assurance.
4. Les assureurs uniquement spécialisés dans les activités vie ne représentent qu'une fraction mineure du secteur de l'assurance en Uruguay.
5. Pour calculer la variation des capitaux propres, on divise la variation des capitaux propres par rapport à la clôture de l'exercice précédent par les capitaux propres de l'exercice précédent.

Statistiques de l'OCDE sur les assurances 2016

PARTIE I

Comparaisons internationales

Graphique I.1. **Part de marché dans l'OCDE, 2015**

Sur la base des primes brutes totales

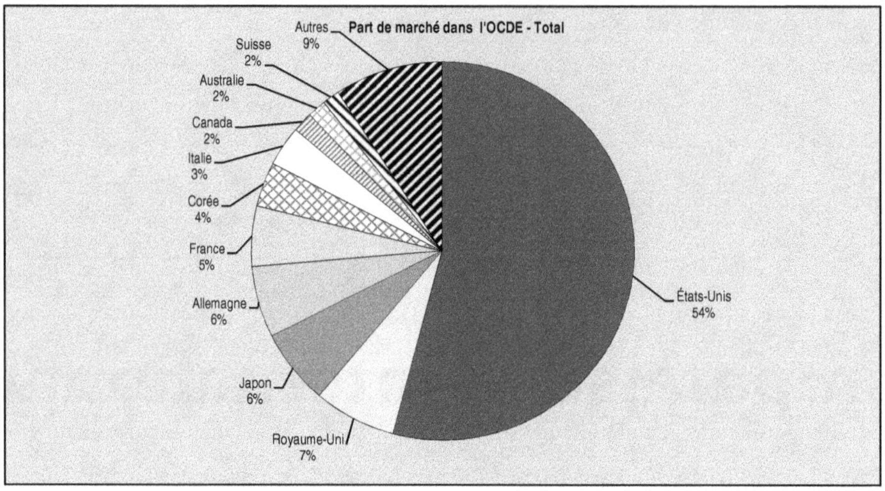

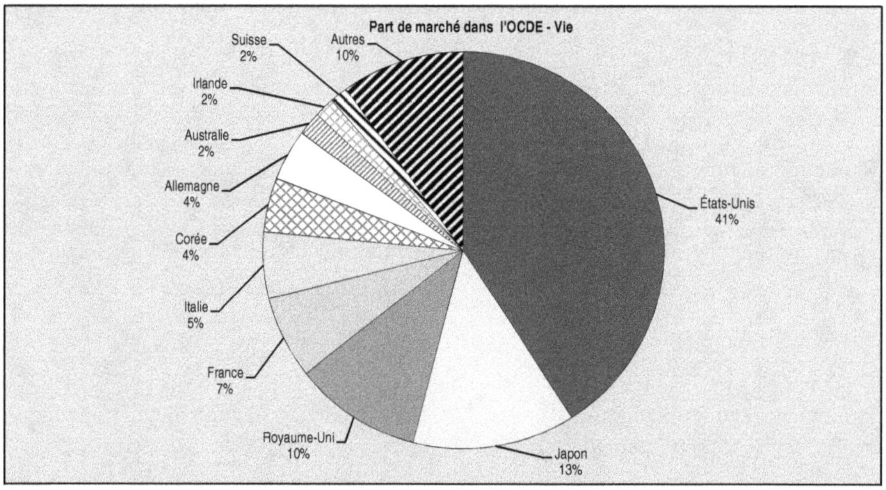

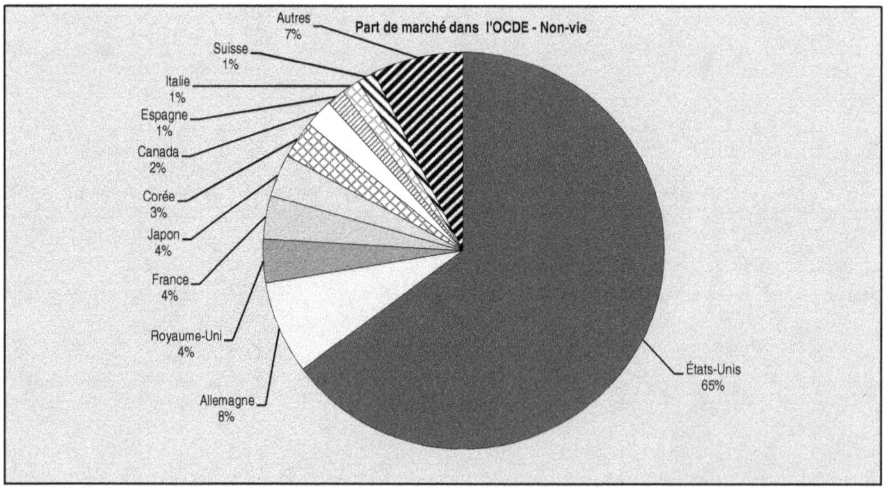

Note : La part de marché dans l'OCDE en 2015 est basée sur le total des primes brutes (c'est-à-dire la somme des primes d'assurance directe et de réassurance acceptée) souscrites dans toutes les entreprises de chaque pays déclarant de l'OCDE en 2015, à l'exception du Japon, pour lequel le total des primes brutes d'assurance non-vie se rapporte aux entreprises nationales seulement.

Graphique I.2. **Part de l'assurance-vie et non-vie, 2015**

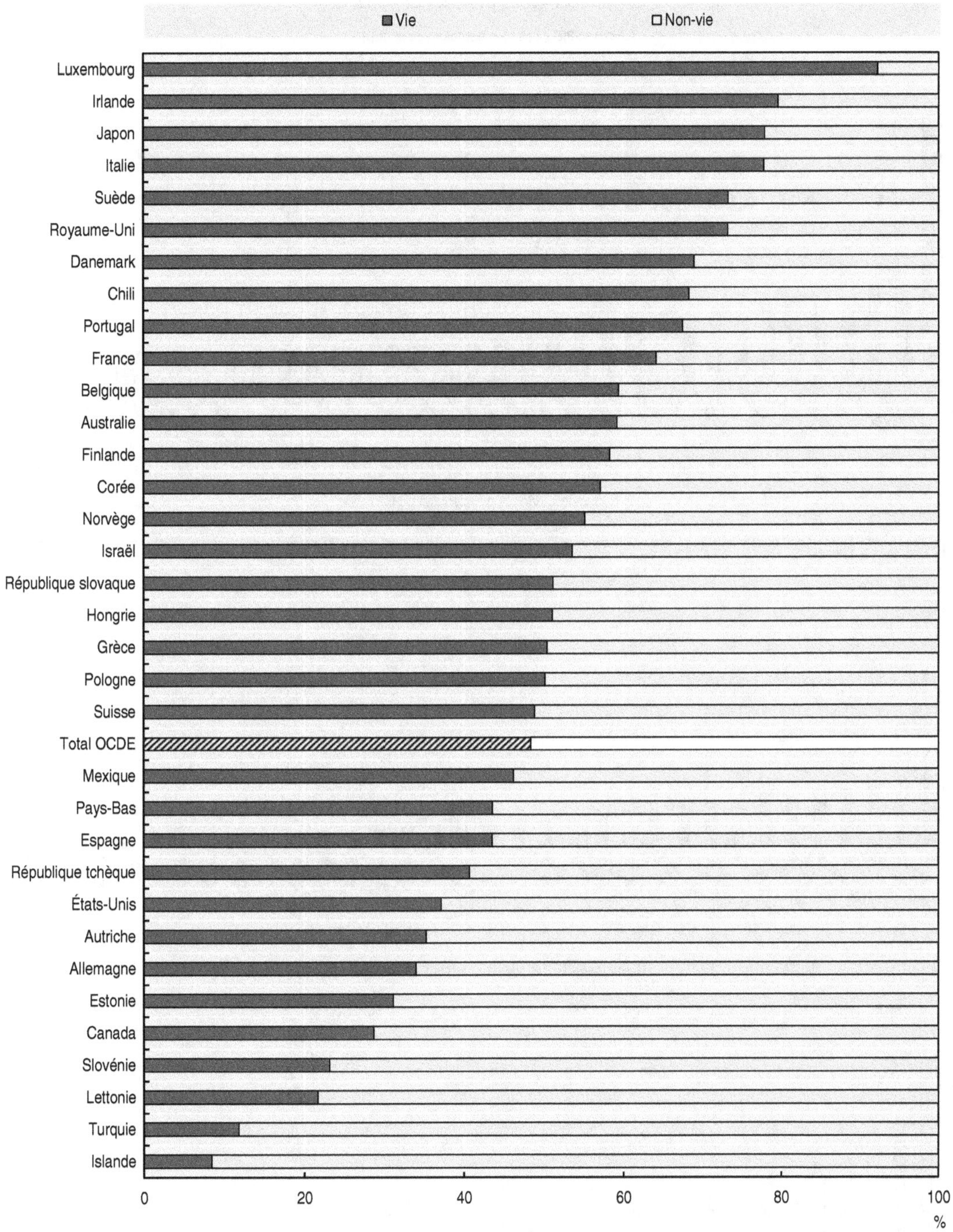

Notes : La part de l'assurance-vie est le rapport entre les primes d'assurance-vie brutes sur le total des primes brutes. Pour le Japon, les données pour les primes d'assurance non-vie se rapportent aux entreprises nationales seulement.

Graphique I.3. **Pénétration, 2015**

Direct gross premiums – GDP

A. Primes/PIB - Total (en pourcentage du PIB)

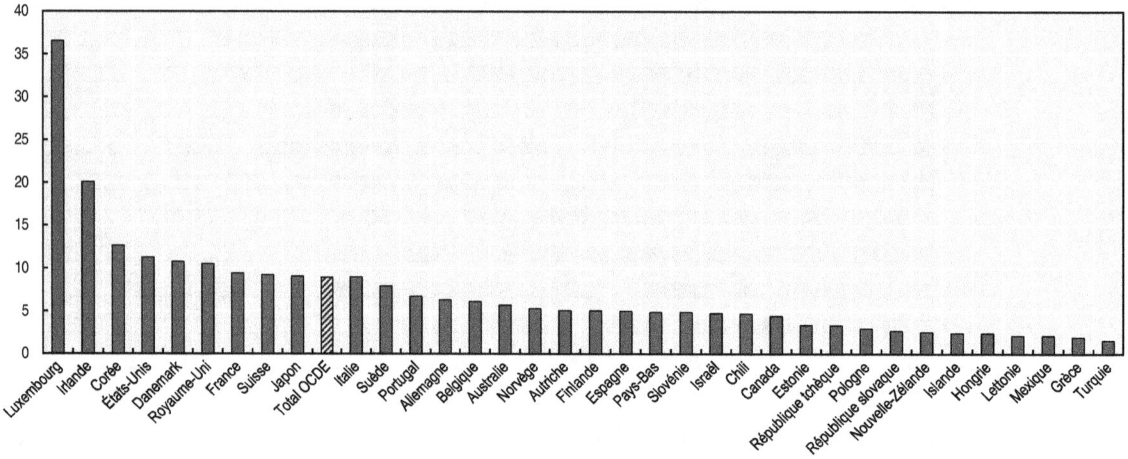

B. Primes/PIB - Vie (en pourcentage du PIB)

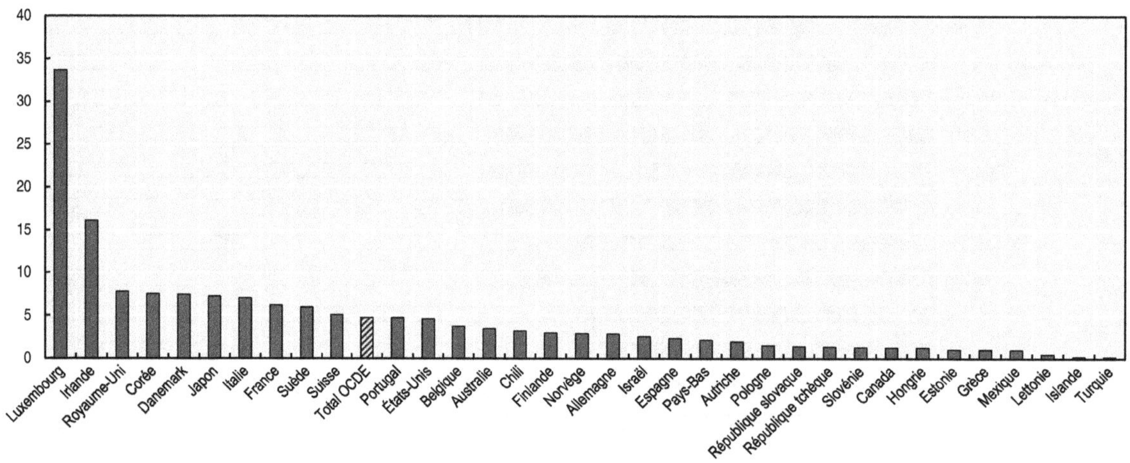

C. Primes/PIB - Non-vie (en pourcentage du PIB)

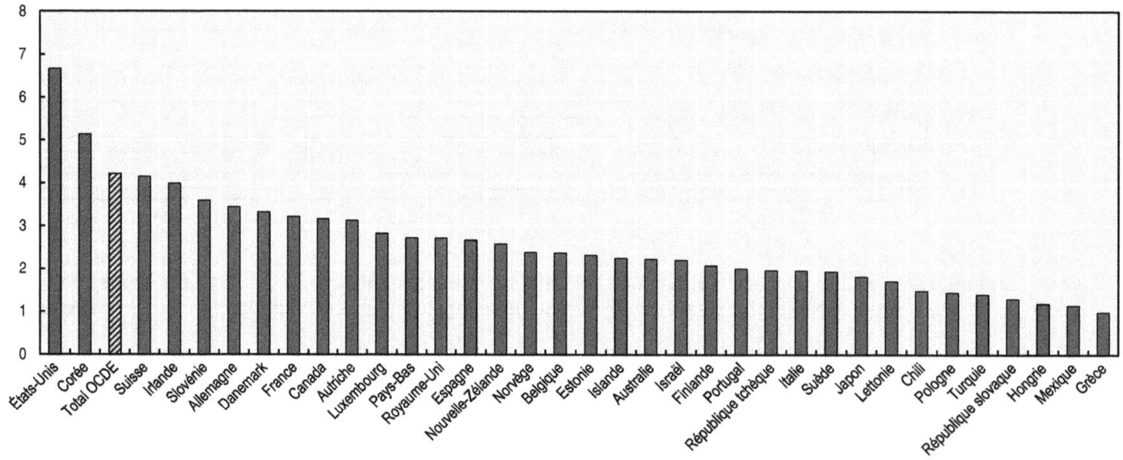

Notes : Pour le Japon, les données pour les primes brutes non-vie se réfèrent aux entreprises nationales seulement. Les primes brutes des entreprises d'assurance-vie en Nouvelle-Zélande ne sont pas disponibles.

Graphique I.4. **Densité, 2015**

Primes brutes directes/Population

A. Primes par tête - Total (Dollar des ÉU par habitant)

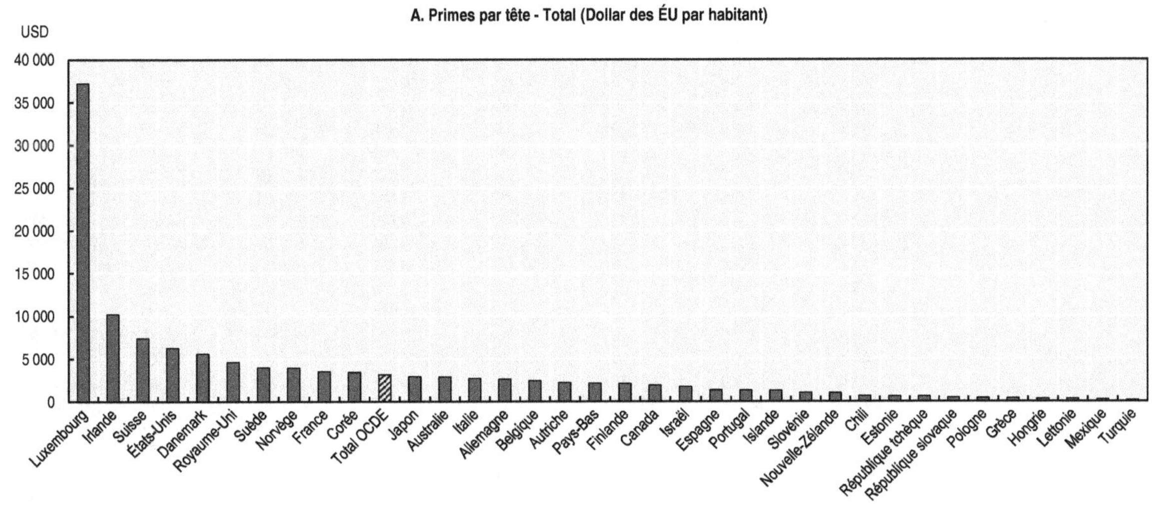

B. Primes par tête - Vie (Dollar des ÉU par habitant)

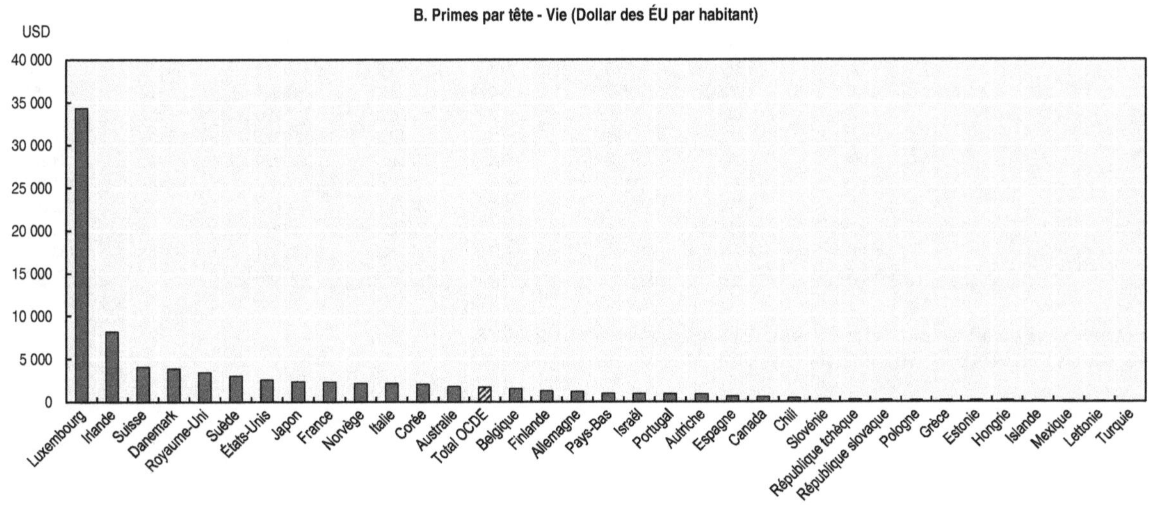

C. Primes par tête - Non-vie (Dollar des ÉU par habitant)

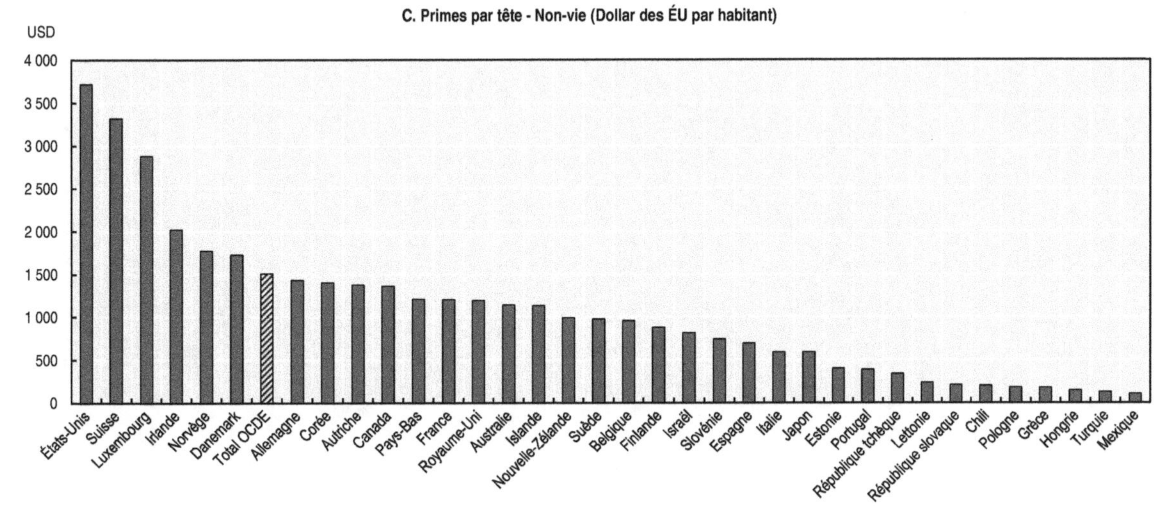

Notes : Pour le Japon, les données pour les primes brutes non-vie se réfèrent aux entreprises nationales seulement. Les primes brutes des entreprises d'assurance-vie en Nouvelle-Zélande ne sont pas disponibles.

Tableau 1. Bilan et ressource, assurance directe (Toutes compagnies d'assurance)

2015

Millions de dollars des États-Unis

	Paiements bruts des sinistres	Dépenses brutes d'exploitation	Commissions	Provision, dommages exceptionnels (changements)	Actifs totaux	Provisions techniques brutes	Provisions techniques brutes, unit-linked	Capitaux propres	Revenu net
Australie	63 190	11 003	3 170	..	285 314	52 146	..	31 403	3 999
Autriche	17 381	925	3 461	505	109 936	98 589	20 414	10 958	..
Belgique	31 892	3 180	3 644	706	310 675	263 529	33 154	15 310	1 284
Canada	31 037	15 316	9 608	5 387	1 092 437	412 308	..	82 462	9 384
Chili	6 535	1 567	901	2 941	52 346	43 807	3 880	5 242	643
République tchèque	4 053	1 060	304	263	19 458	14 486	12 246	3 254	287
Danemark	24 169	2 443	344	181	428 668	344 935	121 199	29 585	1 694
Estonie	363	42	112	25	1 829	1 389	616	417	62
Finlande	7 574	1 290	279	-494	76 505	68 324	..	6 209	836
France	193 948	37 240	20 407	5 521	2 391 680	2 021 240	316 829	130 402	11 790
Allemagne	167 440	16 232	18 448	6 969	1 584 691	1 431 058	103 551	58 814	2 282
Grèce	2 206	866	1 062	3	34 263	12 774	2 298	3 161	402
Hongrie	1 925	791	364	1	8 599	7 213	3 745	822	19
Islande	284	100	1	14	1 271	579	43	625	71
Irlande	38 304	2 500	3 921	4 376	275 792	283 659	188 840	14 768	948
Israël[1]	8 599	1 583	1 705	-204	112 591	98 547	61 037	6 281	443
Italie	104 348	14 698	11 763	103	830 397	704 958	124 617	72 097	6 332
Japon	307 542	65 199	11 419	18 533	3 296 078	2 618 264	..	115 471	15 669
Corée	82 667	41 481	..	..	801 235	570 425	80 597	77 240	5 287
Lettonie	345	126	59	13	701	463	48	174	-3
Luxembourg	15 751	2 205	1 378	58	187 444	170 444	116 797	5 023	382
Mexique	12 314	1 566	3 665	..	67 132	53 125	..	8 598	1 312
Pays-Bas	40 350	4 881	2 949	-144	528 996	412 511	..	61 246	5 402
Nouvelle-Zélande	5 472	7 528	863	..	21 944	..	..	5 343	267
Norvège	13 167	2 368	514	148	172 055	147 657	22 277	14 944	2 482
Pologne	9 244	3 929	259	151	46 140	35 144	14 215	8 763	1 520
Portugal	14 176	1 678	667	13	58 753	50 881	13 812	5 287	361
République slovaque	1 336	708	370	-5	7 506	5 390	1 559	1 419	154
Slovénie	1 457	477	111	-45	7 216	5 375	1 295	502	149
Espagne	51 621	9 037	5 535	-88	323 955	220 139	16 196	44 295	3 867
Suède	15 335	3 607	1 070	-809	484 732	330 977	136 862	121 184	15 574
Suisse	51 248	4 319	5 078	481	460 138	346 030	..	45 304	6 758
Turquie	5 850	2 304	1 729	1 055	32 857	12 945	..	4 157	-10
Royaume-Uni	344 181	23 990	19 900	-886	2 691 621	2 503 404	1 549 958	183 430	31 975
États-Unis	1 265 374	297 529	101 249	75 295	5 536 648	801 220	..	1 123 098	87 730

.. Non disponible

Note : Voir les métadonnées détaillées sur : http://metalinks.oecd.org/isy/20170221/d058.

1. Informations sur les données concernant Israël : http://oe.cd/israel-disclaimer.

Tableau 2. Bilan et ressource, assurance directe (Compagnies d'assurance-vie)

2015

Millions de dollars des États-Unis

	Paiements bruts des sinistres	Dépenses brutes d'exploitation	Commissions	Provision, dommages exceptionnels (changements)	Actifs totaux	Provisions techniques brutes	Provisions techniques brutes, unit-linked	Capitaux propres	Revenu net
Australie	40 141	5 240	2 319	..	206 358	..	..	13 658	2 261
Autriche	1 391	45	109	3	14 135	13 686	7 936	425	..
Belgique	520	50	53	3	9 973	8 450	860	369	5
Canada	10	29	0	-6	2 420	29	..	8	84
Chili	4 362	936	461	2 908	46 577	40 178	3 880	4 164	580
République tchèque	288	111	1	-1	2 090	1 838	797	172	27
Danemark	17 055	679	55	4	401 997	329 835	121 199	21 528	785
Estonie	108	12	25	10	1 135	1 019	616	102	22
Finlande	4 389	350	126	14	59 290	55 140	..	3 000	203
France	29 419	3 232	1 503	241	477 863	426 252	66 817	23 088	1 459
Allemagne	81 302	4 445	5 681	517	1 082 743	1 005 995	103 507	16 063	512
Grèce	825	181	100	18	13 708	5 692	1 373	892	51
Hongrie	538	118	48	1	3 022	2 757	1 340	177	14
Islande	10	11	1	0	135	74	43	55	13
Irlande	31 703	1 760	2 595	4 129	237 489	243 320	188 840	5 134	896
Israël[1]	1	8	4	1	283	237	234	30	-6
Italie	25 458	1 051	712	368	208 477	194 501	69 293	8 035	951
Japon	268 119	38 881	..	18 208	3 047 036	2 618 264	..	90 089	11 057
Corée	59 306	30 055	..	..	618 253	431 320	80 597	54 593	3 175
Lettonie	70	5	7	0	188	120	48	18	-1
Luxembourg	13 639	1 310	742	54	174 141	161 115	116 797	3 079	248
Mexique	868	84	72	..	14 790	13 243	..	1 342	158
Pays-Bas	25 038	2 144	175	-	447 237	365 183	..	33 685	3 934
Nouvelle-Zélande	1 077	1 620	403	..	9 230	..	..	2 438	672
Norvège	6 201	916	114	44	146 065	130 386	22 277	9 642	1 310
Pologne	5 135	1 718	61	29	26 367	22 187	14 215	3 190	813
Portugal	6 802	271	85	23	32 187	29 437	10 251	1 845	206
République slovaque	111	83	43	2	1 166	957	604	167	16
Slovénie	58	18	4	0	830	553	202	180	13
Espagne	20 930	1 192	813	27	159 951	111 921	8 368	13 823	1 492
Suède	7 684	1 609	448	-255	418 394	297 760	136 862	108 486	14 958
Suisse	28 884	1 121	932	12	325 584	278 712	..	15 815	1 073
Turquie	757	586	370	36	21 250	2 483	..	1 671	304
Royaume-Uni	263 056	10 349	2 467	897	1 996 309	1 942 135	1 438 649	58 215	8 847
États-Unis	343 018	66 940	50 784	39 098	3 963 466	17 120	..	426 850	44 119

.. Non disponible ; - Néant

Note : Voir les métadonnées détaillées sur : http://metalinks.oecd.org/isy/20170221/d058.

1. Informations sur les données concernant Israël : http://oe.cd/israel-disclaimer.

Tableau 3. Bilan et ressource, assurance directe (Compagnies d'assurance non-vie)
2015

Millions de dollars des États-Unis

	Paiements bruts des sinistres	Dépenses brutes d'exploitation	Commissions	Provision, dommages exceptionnels (changements)	Actifs totaux	Provisions techniques brutes	Provisions techniques brutes, unit-linked	Capitaux propres	Revenu net
Australie	23 049	5 762	851	..	78 956	52 146	..	17 746	1 738
Autriche	1 816	129	711	141	9 917	4 098	-	4 531	..
Belgique	2 618	684	745	335	15 673	8 713	x	2 837	230
Canada	23 209	3 962	5 739	4 691	104 978	19 978	..	22 271	3 604
Chili	2 173	631	440	33	5 769	3 629	..	1 078	63
République tchèque	313	122	20	138	1 685	1 198	..	373	-208
Danemark	7 114	1 763	289	176	26 671	15 100	..	8 057	909
Estonie	255	30	87	15	694	370	..	315	40
Finlande	3 185	939	153	-508	17 216	13 183	..	3 208	633
France	48 810	17 675	8 546	4 049	245 803	155 929	..	53 192	4 497
Allemagne	86 138	11 786	12 767	6 452	501 948	425 062	44	42 752	1 769
Grèce	348	274	175	-10	5 231	1 590	..	733	132
Hongrie	109	73	33	24	285	123	-	89	5
Islande	274	88	0	15	1 137	505	-	570	58
Irlande	6 601	740	1 325	247	38 303	40 339	x	9 634	52
Israël[1]	666	104	81	-103	5 090	3 246	..	1 208	93
Italie	5 811	2 746	2 112	-116	23 679	15 467	x	5 765	609
Japon	39 424	26 319	11 419	326	249 042	..	..	25 382	4 613
Corée	23 361	11 425	..	..	182 982	139 105	..	22 647	2 111
Lettonie	275	121	52	13	513	343	..	156	-2
Luxembourg	2 111	894	635	4	13 302	9 329	-	1 945	134
Mexique	1 231	308	494	..	5 184	3 210	..	985	-7
Pays-Bas	15 312	2 737	2 774	-144	81 759	47 328	..	27 560	1 468
Nouvelle-Zélande	4 395	5 908	460	..	12 715	..	..	2 906	-404
Norvège	6 965	1 452	400	104	25 991	17 271	..	5 302	1 172
Pologne	4 109	2 211	198	122	19 774	12 957	-	5 573	707
Portugal	1 686	609	252	-18	4 180	2 647	..	925	43
République slovaque	35	36	20	2	148	82	x	20	6
Slovénie	389	52	8	-5	280	84	-	45	9
Espagne	10 640	3 141	1 763	76	27 935	14 252	-	9 508	1 020
Suède	7 651	1 998	621	-554	66 338	33 217	..	12 698	616
Suisse	22 364	3 198	4 146	469	134 554	67 319	..	29 489	5 685
Turquie	5 093	1 718	1 359	1 019	11 607	10 462	..	2 486	-314
Royaume-Uni	45 868	10 089	16 051	-2 407	231 183	152 283	..	60 600	1 762
États-Unis	922 356	230 589	50 465	36 197	1 573 182	784 100	..	696 248	43 611

.. Non disponible ; - Néant ; x Sans objet

Note : Voir les métadonnées détaillées sur : http://metalinks.oecd.org/isy/20170221/d058.

1. Informations sur les données concernant Israël : http://oe.cd/israel-disclaimer.

Tableau 4. Allocation de portefeuille, assurance directe (Toutes compagnies d'assurance)
2015

Millions de dollars des États-Unis

	Immeubles	Prêts hypothécaires	Actions	Obligations émises par les secteurs public et privé	Prêts autre que hypothécaires	Autres placements	Total
Australie	.. c	..	5 651	51 103	2 992	.. c	72 063
Autriche	4 005	712	10 013	60 863	3 654	10 147	89 394
Belgique	3 253	11 724	14 361	185 863	8 847	25 067	249 115
Canada	18 682	57 326	35 738	343 396	..	32 900	488 043
Chili	6 509	3 843	456	28 433	1 254	2 584	43 079
République tchèque	..	..	..	..	..	..	..
Danemark	1 871	972	142 754	110 081	6 564	26 915	289 157
Estonie	-	3	82	821	0	165	1 072
Finlande	503	150	4 266	9 093	149	11 570	25 730
France	74 474	3 808	263 542	1 435 353	20 189	45 094	1 842 461
Allemagne	26 886	76 257	90 322	624 354	241 563	511 361	1 570 742
Grèce	705	83	185	8 123	59	2 959	12 114
Hongrie	63	0	91	3 323	13	403	3 894
Islande	2	9	298	542	1	128	981
Irlande	1 252	-	3 240	39 934	2 230	11 302	57 957
Israël[1]	1 448	665	2 304	25 086	2 611	6 949	39 063
Italie	7 234	261	62 080	476 383	3 582	64 914	614 455
Japon	58 906	10 382	273 388	2 164 544	295 793	411 090	3 214 102
Corée	18 066	43 117	25 040	335 286	89 162	165 640	676 310
Lettonie	15	-	63	312	9	189	588
Luxembourg	142	-	830	29 723	46	28 527	59 268
Mexique	788	563	5 718	38 499	1 484	4 965	52 016
Pays-Bas	4 186	49 451	102 304	227 858	1 022	144 174	528 996
Nouvelle-Zélande	..	..	2 179	4 952	..	..	7 131
Norvège	14 471	3 712	20 990	89 035	6 830	3 768	138 805
Pologne	321	311	2 901	14 462	609	7 894	26 498
Portugal	833	7	3 895	29 996	13	5 937	40 680
République slovaque	146	..	82	4 094	13	504	4 839
Slovénie	227	0	448	3 708	67	424	4 874
Espagne	11 234	180	16 692	206 597	1 496	52 832	289 030
Suède	10 081	244	133 560	171 558	3 455	7 970	326 869
Suisse	44 151	33 417	14 686	221 349	14 532	89 365	417 499
Turquie	97	..	121	3 909	4	164	4 294
Royaume-Uni	56 734	41 672	191 494	703 984	16 458	293 169	1 303 510
États-Unis	36 999	415 110	469 093	3 739 165	127 442	483 032	5 270 840

.. Non disponible ; - Néant ; c Donnée confidentielle

Note : Voir les métadonnées détaillées sur : http://metalinks.oecd.org/isy/20170221/094d.

1. Informations sur les données concernant Israël : http://oe.cd/israel-disclaimer.

Tableau 5. Allocation de portefeuille, assurance directe (Compagnies d'assurance-vie)
2015

Millions de dollars des États-Unis

	Immeubles	Prêts hypothécaires	Actions	Obligations émises par les secteurs public et privé	Prêts autre que hypothécaires	Autres placements	Total
Australie	.. c	..	4 666	19 368	762	.. c	27 793
Autriche	-	45	222	5 478	205	153	6 102
Belgique	110	873	844	5 133	108	1 113	8 180
Canada	-	-	2	49	..	5	57
Chili	6 442	3 840	515	27 006	1 254	2 377	41 434
République tchèque	..	..	..	..	..	..	..
Danemark	1 835	739	137 617	94 344	6 178	26 279	266 991
Estonie	-	3	44	374	0	79	500
Finlande	483	59	2 709	5 665	84	11 486	20 485
France	13 968	54	44 682	305 901	3 682	3 805	372 091
Allemagne	18 196	66 649	37 883	415 019	157 433	353 589	1 048 769
Grèce	74	6	23	3 632	46	1 090	4 871
Hongrie	2	0	11	1 252	0	141	1 407
Islande	-	-	17	42	-	10	68
Irlande	240	-	1 188	20 880	548	4 677	27 532
Israël[1]	-	-	-	30	-	3	33
Italie	360	2	3 658	110 652	107	8 271	123 050
Japon	51 096	10 382	218 546	2 093 566	279 966	333 390	2 986 945
Corée	12 686	24 847	19 995	277 231	65 662	112 888	513 310
Lettonie	0	-	51	59	-	74	184
Luxembourg	56	-	560	25 311	46	23 798	49 770
Mexique	30	3	2	12 266	159	1 794	14 254
Pays-Bas	4 010	48 320	95 713	195 533	970	102 692	447 237
Nouvelle-Zélande	..	..	1 783	1 969	..	..	3 751
Norvège	14 043	3 681	17 561	76 765	6 630	3 343	122 023
Pologne	79	70	450	7 046	328	2 740	10 713
Portugal	75	0	726	17 586	0	2 239	20 626
République slovaque	3	..	-	462	0	89	554
Slovénie	-	-	185	411	-	58	654
Espagne	1 623	96	5 023	115 130	661	23 667	146 200
Suède	7 830	240	112 812	141 449	2 822	7 581	272 734
Suisse	37 017	29 041	9 282	178 173	9 582	32 021	295 116
Turquie	44	..	70	1 555	4	43	1 716
Royaume-Uni	25 589	38 038	77 525	410 794	12 925	89 763	654 634
États-Unis	23 931	408 461	138 637	2 830 412	127 441	326 766	3 855 647

.. Non disponible ; - Néant ; c Donnée confidentielle

Note : Voir les métadonnées détaillées sur : http://metalinks.oecd.org/isy/20170221/094d.

1. Informations sur les données concernant Israël : http://oe.cd/israel-disclaimer.

Tableau 6. Allocation de portefeuille, assurance directe (Compagnies d'assurance non-vie)
2015

Millions de dollars des États-Unis

	Immeubles	Prêts hypothécaires	Actions	Obligations émises par les secteurs public et privé	Prêts autre que hypothécaires	Autres placements	Total
Australie	131	..	985	31 735	2 231	9 189	44 270
Autriche	198	0	3 919	2 930	158	2 712	9 917
Belgique	120	272	912	6 257	25	2 097	9 683
Canada	23	703	9 225	57 624	..	3 157	70 732
Chili	67	3	4	973	-	598	1 645
République tchèque	..	..	..	..	..	..	..
Danemark	37	233	5 138	15 737	385	636	22 166
Estonie	-	0	38	447	0	86	571
Finlande	20	91	1 557	3 428	65	84	5 245
France	12 391	1 010	43 169	110 901	2 821	11 541	181 833
Allemagne	8 690	9 608	52 439	209 335	84 130	157 772	521 974
Grèce	190	40	39	923	-	772	1 964
Hongrie	0	-	0	152	0	17	170
Islande	2	9	281	500	1	119	913
Irlande	1 012	-	2 052	19 053	1 682	6 625	30 425
Israël[1]	44	5	393	2 410	133	1 493	4 477
Italie	886	5	1 822	12 317	23	1 451	16 503
Japon	7 810	..	54 842	70 978	15 827	77 700	227 157
Corée	5 380	18 270	5 045	58 055	23 499	52 751	163 000
Lettonie	15	-	11	253	9	115	404
Luxembourg	87	-	270	4 412	-	4 729	9 498
Mexique	109	6	154	1 723	32	137	2 161
Pays-Bas	176	1 131	6 591	32 326	52	41 483	81 759
Nouvelle-Zélande	..	..	396	2 983	..	..	3 379
Norvège	427	31	3 429	12 270	200	425	16 783
Pologne	242	241	2 450	7 417	281	5 154	15 785
Portugal	246	3	143	2 055	12	733	3 192
République slovaque	..	..	..	..	..	..	..
Slovénie	17	-	9	149	-	35	210
Espagne	1 970	59	2 455	8 845	48	6 808	20 185
Suède	2 251	4	20 749	30 109	633	389	54 135
Suisse	7 133	4 376	5 404	43 176	4 950	57 344	122 383
Turquie	53	..	51	2 353	..	121	2 578
Royaume-Uni	2 349	363	13 948	89 468	925	124 130	231 183
États-Unis	13 068	6 649	330 456	908 753	1	156 266	1 415 193

.. Non disponible ; - Néant

Note : Voir les métadonnées détaillées sur : http://metalinks.oecd.org/isy/20170221/094d.

1. Informations sur les données concernant Israël : http://oe.cd/israel-disclaimer.

Tableau 7. Primes brutes totales (Vie et Non-vie)

Millions de dollars des États-Unis

	2008	2009	2010	2011	2012	2013	2014	2015
Australie	65 665	57 732	70 793	84 541	85 880	87 591	97 011	78 796
Autriche	26 332	..	..	..	..	25 077	25 069	21 082
Belgique	42 808	39 575	39 170	40 818	41 938	37 510	38 294	28 680
Canada	113 709	75 424	85 752	93 998	97 037	98 545	93 075	83 591
Chili	..	6 248	8 309	9 699	11 298	11 776	10 976	11 413
République tchèque	8 191	7 562	8 167	8 764	7 846	7 998	7 608	6 233
Danemark	32 505	..	..	33 844	32 745	225 775	37 098	31 997
Estonie	..	343	565	560	617	774	838	764
Finlande	9 086	9 470	11 615	10 119	9 353	13 057	14 106	11 912
France	278 324	300 973	297 035	288 704	258 656	275 671	293 642	250 772
Allemagne	302 068	246 786	240 817	255 374	302 757	333 618	338 313	292 969
Grèce	7 779	7 215	6 948	6 884	5 781	5 405	5 049	3 963
Hongrie	5 145	4 081	4 053	4 054	3 377	3 582	3 584	2 991
Islande	474	277	382	415	404	419	444	420
Irlande	86 976	46 659	45 269	44 533	45 589	45 301	52 487	48 782
Israël[1]	10 777	10 253	11 234	12 665	12 471	13 941	14 366	14 117
Italie	143 588	166 837	169 745	156 776	138 240	161 115	193 198	165 787
Japon	428 168	471 373	498 713	568 376	465 476	355 940	351 337	311 854
Corée	105 783	98 989	120 803	137 828	163 065	169 186	187 068	183 642
Lettonie	..	512	434	555	574	625	686	589
Luxembourg	15 887	23 063	27 438	19 151	25 169	24 698	28 907	21 270
Mexique	18 855	17 528	19 548	22 683	23 596	27 184	27 349	24 929
Pays-Bas	71 599	67 166	52 399	58 577	51 270	51 127	48 539	37 384
Nouvelle-Zélande	3 149	2 948	3 372	..	4 590	5 139	5 359	4 657
Norvège	24 185	9 289	20 570	23 794	25 748	25 536	26 461	20 647
Pologne	24 641	16 475	17 963	19 289	19 231	18 307	17 412	14 539
Portugal	22 514	19 727	21 046	15 622	13 560	16 998	18 642	13 939
République slovaque	2 997	2 887	2 813	2 994	2 772	2 958	2 982	2 399
Slovénie	2 852	3 021	2 885	3 035	2 816	2 807	2 779	2 385
Espagne	91 434	85 164	76 313	86 265	72 884	77 155	76 502	65 488
Suède	31 435	25 465	25 624	28 062	24 669	27 203	49 890	40 254
Suisse	57 047	57 191	61 637	71 482	70 214	74 264	74 480	70 367
Turquie	9 051	8 455	9 971	10 247	11 399	13 212	12 314	11 775
Royaume-Uni	454 666	342 609	325 141	339 365	368 525	340 385	365 688	336 743
États-Unis	2 039 112	2 029 504	2 035 562	2 154 851	2 279 817	2 289 921	2 431 323	2 621 083
Union européenne (15 pays)	1 617 002	1 380 710	1 338 559	1 384 096	1 391 135	1 660 094	1 585 424	1 371 024
ALENA	2 171 676	2 122 456	2 140 862	2 271 532	2 400 450	2 415 650	2 551 747	2 729 604
OCDE	**4 536 804**	**4 260 803**	**4 322 086**	**4 613 927**	**4 679 362**	**4 869 798**	**4 952 877**	**4 838 214**

.. Non disponible

Note : Les données du Danemark, en particulier pour 2013, peuvent être sujettes à révision. Pour le Japon, depuis 2012 les données ne se réfèrent qu'au secteur de la vie.

Voir les métadonnées détaillées sur : http://metalinks.oecd.org/isy/20170221/13dc.

1. Informations sur les données concernant Israël : http://oe.cd/israel-disclaimer.

Tableau 8. Primes brutes totales (Vie)

Millions de dollars des États-Unis

	2008	2009	2010	2011	2012	2013	2014	2015
Australie	39 020	32 297	40 318	47 949	46 069	48 122	59 315	46 633
Autriche	10 596	..	..	..	..	8 554	8 890	7 437
Belgique	28 547	25 649	25 465	25 795	27 142	21 645	21 635	17 038
Canada	38 556	26 843	30 491	32 005	31 148	32 390	26 679	23 996
Chili	..	4 067	5 484	6 067	7 400	7 830	7 224	7 795
République tchèque	3 333	3 160	3 757	4 069	3 680	3 657	3 429	2 537
Danemark	21 952	..	..	23 069	22 489	215 331	25 124	22 055
Estonie	..	..	229	223	209	227	254	238
Finlande	4 113	4 653	6 914	5 179	4 786	7 421	8 097	6 941
France	179 153	50 761	51 003	184 360	160 628	172 138	188 383	160 881
Allemagne	127 041	113 997	115 270	116 636	107 431	120 258	121 584	99 588
Grèce	3 664	3 315	3 005	3 008	2 497	2 237	2 497	1 999
Hongrie	2 700	2 054	2 155	2 212	1 790	1 951	1 965	1 529
Islande	35	26	29	30	29	33	36	35
Irlande	69 239	37 757	36 342	35 275	36 586	36 514	43 164	38 837
Israël[1]	5 390	5 031	5 792	6 682	6 602	7 374	7 426	7 568
Italie	84 933	115 091	121 811	105 179	91 863	115 115	148 447	129 025
Japon	340 625	376 888	399 898	458 422	465 476	355 940	351 337	311 854
Corée	67 508	61 419	71 964	79 314	96 195	100 261	106 188	104 801
Lettonie	..	81	100	102	101	118	141	127
Luxembourg	14 275	21 501	25 870	17 309	23 499	22 705	27 130	19 633
Mexique	8 402	7 714	9 016	10 143	10 900	12 523	12 812	11 530
Pays-Bas	39 070	34 141	26 774	30 133	24 393	24 256	23 171	16 300
Nouvelle-Zélande	..	..	..	..	..	..	..	..
Norvège	14 205	..	11 017	12 771	14 051	13 838	14 629	11 383
Pologne	16 182	9 705	10 421	10 749	11 170	9 892	9 087	7 302
Portugal	15 989	13 957	15 703	10 030	8 582	11 981	13 599	9 407
République slovaque	1 568	1 486	1 492	1 592	1 493	1 641	1 619	1 229
Slovénie	836	663	645	669	623	629	636	552
Espagne	40 267	40 561	36 291	40 499	33 822	34 387	33 567	28 520
Suède	14 679	12 931	12 510	13 923	13 311	14 190	34 734	29 507
Suisse	29 189	27 290	29 210	34 589	33 598	35 791	36 140	34 407
Turquie	1 211	1 436	1 743	1 880	1 758	2 072	1 510	1 390
Royaume-Uni	346 794	260 293	239 465	249 303	277 966	246 475	268 267	246 702
États-Unis	810 715	798 795	799 066	864 830	919 547	881 541	880 040	973 634
Union européenne (15 pays)	1 000 310	734 608	716 423	859 696	834 995	1 053 208	968 290	833 871
ALENA	857 673	833 352	838 573	906 978	961 595	926 454	919 532	1 009 159
OCDE	**2 379 787**	**2 093 563**	**2 139 251**	**2 433 993**	**2 486 836**	**2 569 037**	**2 488 759**	**2 382 412**

.. Non disponible

Note : Les données du Danemark, en particulier pour 2013, peuvent être sujettes à révision.

Voir les métadonnées détaillées sur : http://metalinks.oecd.org/isy/20170221/13dc.

1. Informations sur les données concernant Israël : http://oe.cd/israel-disclaimer.

Tableau 9. Primes brutes totales (Non-vie)

Millions de dollars des États-Unis

	2008	2009	2010	2011	2012	2013	2014	2015
Australie	26 645	25 435	30 475	36 592	39 812	39 469	37 695	32 163
Autriche	15 735	..	..	..	..	16 523	16 179	13 645
Belgique	14 262	13 927	13 705	15 023	14 797	15 865	16 658	11 642
Canada	75 153	48 581	55 261	61 993	65 889	66 155	66 396	59 596
Chili	..	2 181	2 825	3 633	3 898	3 946	3 751	3 619
République tchèque	4 858	4 403	4 410	4 695	4 165	4 341	4 179	3 695
Danemark	10 553	..	..	10 775	10 256	10 445	11 974	9 943
Estonie	..	343	336	337	408	547	584	526
Finlande	4 974	4 816	4 701	4 941	4 567	5 636	6 009	4 972
France	99 172	95 772	94 470	104 344	98 028	103 533	105 258	89 891
Allemagne	175 027	132 789	125 547	138 738	195 326	213 359	216 729	193 381
Grèce	4 115	3 900	3 943	3 876	3 284	3 168	2 552	1 963
Hongrie	2 445	2 027	1 898	1 842	1 587	1 631	1 619	1 462
Islande	440	251	353	385	374	385	408	384
Irlande	17 736	8 902	8 927	9 258	9 003	8 787	9 323	9 945
Israël[1]	5 386	5 222	5 442	5 983	5 868	6 567	6 940	6 548
Italie	58 655	51 746	47 934	51 598	46 377	46 000	44 751	36 762
Japon	87 543	94 485	98 815	109 954	..	..	..	..
Corée	38 275	37 571	48 839	58 515	66 870	68 925	80 880	78 841
Lettonie	..	431	334	452	473	507	545	462
Luxembourg	1 613	1 562	1 568	1 842	1 671	1 993	1 777	1 637
Mexique	10 453	9 814	10 532	12 540	12 696	14 661	14 536	13 399
Pays-Bas	32 529	33 025	25 625	28 445	26 877	26 871	25 367	21 084
Nouvelle-Zélande	3 149	2 948	3 372	..	4 590	5 139	5 359	4 657
Norvège	9 980	9 289	9 553	11 023	11 697	11 697	11 833	9 264
Pologne	8 459	6 770	7 542	8 540	8 061	8 416	8 325	7 237
Portugal	6 525	5 770	5 342	5 592	4 977	5 017	5 044	4 532
République slovaque	1 429	1 401	1 321	1 403	1 279	1 317	1 364	1 170
Slovénie	2 016	2 358	2 240	2 367	2 193	2 178	2 143	1 833
Espagne	51 168	44 603	40 023	45 766	39 062	42 767	42 935	36 967
Suède	16 756	12 534	13 114	14 140	11 357	13 013	15 156	10 746
Suisse	27 858	29 901	32 428	36 893	36 616	38 474	38 340	35 959
Turquie	7 839	7 018	8 228	8 367	9 641	11 140	10 804	10 386
Royaume-Uni	107 872	82 316	85 677	90 062	90 559	93 910	97 421	90 041
États-Unis	1 228 397	1 230 709	1 236 495	1 290 021	1 360 270	1 408 380	1 551 283	1 647 449
Union européenne (15 pays)	616 692	491 662	470 575	524 400	556 140	606 887	617 135	537 152
ALENA	1 314 003	1 289 104	1 302 289	1 364 554	1 438 855	1 489 197	1 632 215	1 720 444
OCDE	**2 157 017**	**2 012 800**	**2 031 273**	**2 179 934**	**2 192 527**	**2 300 761**	**2 464 118**	**2 455 802**

.. Non disponible

Note : Les données du Danemark, en particulier pour 2013, peuvent être sujettes à révision.
Voir les métadonnées détaillées sur : http://metalinks.oecd.org/isy/20170221/13dc.

1. Informations sur les données concernant Israël : http://oe.cd/israel-disclaimer.

Tableau 10. Part de marché dans l'OCDE (Vie et Non-vie)

Pourcentage

	2008	2009	2010	2011	2012	2013	2014	2015
Australie	1.4	1.4	1.6	1.8	1.8	1.8	2.0	1.6
Autriche	0.6	..	..	..	..	0.5	0.5	0.4
Belgique	0.9	0.9	0.9	0.9	0.9	0.8	0.8	0.6
Canada	2.5	1.8	2.0	2.0	2.1	2.0	1.9	1.7
Chili	..	0.1	0.2	0.2	0.2	0.2	0.2	0.2
République tchèque	0.2	0.2	0.2	0.2	0.2	0.2	0.2	0.1
Danemark	0.7	..	..	0.7	0.7	4.6	0.7	0.7
Estonie	..	0.0	0.0	0.0	0.0	0.0	0.0	0.0
Finlande	0.2	0.2	0.3	0.2	0.2	0.3	0.3	0.2
France	6.1	7.1	6.9	6.3	5.5	5.7	5.9	5.2
Allemagne	6.7	5.8	5.6	5.5	6.5	6.9	6.8	6.1
Grèce	0.2	0.2	0.2	0.1	0.1	0.1	0.1	0.1
Hongrie	0.1	0.1	0.1	0.1	0.1	0.1	0.1	0.1
Islande	0.0	0.0	0.0	0.0	0.0	0.0	0.0	0.0
Irlande	1.9	1.1	1.0	1.0	1.0	0.9	1.1	1.0
Israël[1]	0.2	0.2	0.3	0.3	0.3	0.3	0.3	0.3
Italie	3.2	3.9	3.9	3.4	3.0	3.3	3.9	3.4
Japon	9.4	11.1	11.5	12.3	9.9	7.3	7.1	6.4
Corée	2.3	2.3	2.8	3.0	3.5	3.5	3.8	3.8
Lettonie	..	0.0	0.0	0.0	0.0	0.0	0.0	0.0
Luxembourg	0.4	0.5	0.6	0.4	0.5	0.5	0.6	0.4
Mexique	0.4	0.4	0.5	0.5	0.5	0.6	0.6	0.5
Pays-Bas	1.6	1.6	1.2	1.3	1.1	1.1	1.0	0.8
Nouvelle-Zélande	0.1	0.1	0.1	..	0.1	0.1	0.1	0.1
Norvège	0.5	0.2	0.5	0.5	0.6	0.5	0.5	0.4
Pologne	0.5	0.4	0.4	0.4	0.4	0.4	0.4	0.3
Portugal	0.5	0.5	0.5	0.3	0.3	0.3	0.4	0.3
République slovaque	0.1	0.1	0.1	0.1	0.1	0.1	0.1	0.1
Slovénie	0.1	0.1	0.1	0.1	0.1	0.1	0.1	0.0
Espagne	2.0	2.0	1.8	1.9	1.6	1.6	1.5	1.4
Suède	0.7	0.6	0.6	0.6	0.5	0.6	1.0	0.8
Suisse	1.3	1.3	1.4	1.5	1.5	1.5	1.5	1.5
Turquie	0.2	0.2	0.2	0.2	0.2	0.3	0.2	0.2
Royaume-Uni	10.0	8.0	7.5	7.4	7.9	7.0	7.4	7.0
États-Unis	44.9	47.6	47.1	46.7	48.7	47.0	49.1	54.2
Union européenne (15 pays)	35.6	32.4	31.0	30.0	29.7	34.1	32.0	28.3
ALENA	47.9	49.8	49.5	49.2	51.3	49.6	51.5	56.4
OCDE	**100.0**	**100.0**	**100.0**	**100.0**	**100.0**	**100.0**	**100.0**	**100.0**

.. Non disponible

Note : Les données du Danemark, en particulier pour 2013, peuvent être sujettes à révision. Pour le Japon, depuis 2012 les données ne se réfèrent qu'au secteur de la vie.

Voir les métadonnées détaillées sur : http://metalinks.oecd.org/isy/20170221/13dc.

1. Informations sur les données concernant Israël : http://oe.cd/israel-disclaimer.

Tableau 11. Part de marché dans l'OCDE (Vie)

Pourcentage

	2008	2009	2010	2011	2012	2013	2014	2015
Australie	1.6	1.5	1.9	2.0	1.9	1.9	2.4	2.0
Autriche	0.4	..	..	..	..	0.3	0.4	0.3
Belgique	1.2	1.2	1.2	1.1	1.1	0.8	0.9	0.7
Canada	1.6	1.3	1.4	1.3	1.3	1.3	1.1	1.0
Chili	..	0.2	0.3	0.2	0.3	0.3	0.3	0.3
République tchèque	0.1	0.2	0.2	0.2	0.1	0.1	0.1	0.1
Danemark	0.9	..	..	0.9	0.9	8.4	1.0	0.9
Estonie	..	..	0.0	0.0	0.0	0.0	0.0	0.0
Finlande	0.2	0.2	0.3	0.2	0.2	0.3	0.3	0.3
France	7.5	2.4	2.4	7.6	6.5	6.7	7.6	6.8
Allemagne	5.3	5.4	5.4	4.8	4.3	4.7	4.9	4.2
Grèce	0.2	0.2	0.1	0.1	0.1	0.1	0.1	0.1
Hongrie	0.1	0.1	0.1	0.1	0.1	0.1	0.1	0.1
Islande	0.0	0.0	0.0	0.0	0.0	0.0	0.0	0.0
Irlande	2.9	1.8	1.7	1.4	1.5	1.4	1.7	1.6
Israël[1]	0.2	0.2	0.3	0.3	0.3	0.3	0.3	0.3
Italie	3.6	5.5	5.7	4.3	3.7	4.5	6.0	5.4
Japon	14.3	18.0	18.7	18.8	18.7	13.9	14.1	13.1
Corée	2.8	2.9	3.4	3.3	3.9	3.9	4.3	4.4
Lettonie	..	0.0	0.0	0.0	0.0	0.0	0.0	0.0
Luxembourg	0.6	1.0	1.2	0.7	0.9	0.9	1.1	0.8
Mexique	0.4	0.4	0.4	0.4	0.4	0.5	0.5	0.5
Pays-Bas	1.6	1.6	1.3	1.2	1.0	0.9	0.9	0.7
Nouvelle-Zélande	..	..	..	..	..	..	..	..
Norvège	0.6	..	0.5	0.5	0.6	0.5	0.6	0.5
Pologne	0.7	0.5	0.5	0.4	0.4	0.4	0.4	0.3
Portugal	0.7	0.7	0.7	0.4	0.3	0.5	0.5	0.4
République slovaque	0.1	0.1	0.1	0.1	0.1	0.1	0.1	0.1
Slovénie	0.0	0.0	0.0	0.0	0.0	0.0	0.0	0.0
Espagne	1.7	1.9	1.7	1.7	1.4	1.3	1.3	1.2
Suède	0.6	0.6	0.6	0.6	0.5	0.6	1.4	1.2
Suisse	1.2	1.3	1.4	1.4	1.4	1.4	1.5	1.4
Turquie	0.1	0.1	0.1	0.1	0.1	0.1	0.1	0.1
Royaume-Uni	14.6	12.4	11.2	10.2	11.2	9.6	10.8	10.4
États-Unis	34.1	38.2	37.4	35.5	37.0	34.3	35.4	40.9
Union européenne (15 pays)	42.0	35.1	33.5	35.3	33.6	41.0	38.9	35.0
ALENA	36.0	39.8	39.2	37.3	38.7	36.1	36.9	42.4
OCDE	**100.0**	**100.0**	**100.0**	**100.0**	**100.0**	**100.0**	**100.0**	**100.0**

.. Non disponible

Note : Les données du Danemark, en particulier pour 2013, peuvent être sujettes à révision.

Voir les métadonnées détaillées sur : http://metalinks.oecd.org/isy/20170221/13dc.

1. Informations sur les données concernant Israël : http://oe.cd/israel-disclaimer.

Tableau 12. Part de marché dans l'OCDE (Non-vie)

Pourcentage

	2008	2009	2010	2011	2012	2013	2014	2015
Australie	1.2	1.3	1.5	1.7	1.8	1.7	1.5	1.3
Autriche	0.7	..	..	..	..	0.7	0.7	0.6
Belgique	0.7	0.7	0.7	0.7	0.7	0.7	0.7	0.5
Canada	3.5	2.4	2.7	2.8	3.0	2.9	2.7	2.4
Chili	..	0.1	0.1	0.2	0.2	0.2	0.2	0.1
République tchèque	0.2	0.2	0.2	0.2	0.2	0.2	0.2	0.2
Danemark	0.5	..	..	0.5	0.5	0.5	0.5	0.4
Estonie	..	0.0	0.0	0.0	0.0	0.0	0.0	0.0
Finlande	0.2	0.2	0.2	0.2	0.2	0.2	0.2	0.2
France	4.6	4.8	4.7	4.8	4.5	4.5	4.3	3.7
Allemagne	8.1	6.6	6.2	6.4	8.9	9.3	8.8	7.9
Grèce	0.2	0.2	0.2	0.2	0.2	0.1	0.1	0.1
Hongrie	0.1	0.1	0.1	0.1	0.1	0.1	0.1	0.1
Islande	0.0	0.0	0.0	0.0	0.0	0.0	0.0	0.0
Irlande	0.8	0.4	0.4	0.4	0.4	0.4	0.4	0.4
Israël[1]	0.3	0.3	0.3	0.3	0.3	0.3	0.3	0.3
Italie	2.7	2.6	2.4	2.4	2.1	2.0	1.8	1.5
Japon	4.1	4.7	4.9	5.0	..	..	..	..
Corée	1.8	1.9	2.4	2.7	3.1	3.0	3.3	3.2
Lettonie	..	0.0	0.0	0.0	0.0	0.0	0.0	0.0
Luxembourg	0.1	0.1	0.1	0.1	0.1	0.1	0.1	0.1
Mexique	0.5	0.5	0.5	0.6	0.6	0.6	0.6	0.5
Pays-Bas	1.5	1.6	1.3	1.3	1.2	1.2	1.0	0.9
Nouvelle-Zélande	0.1	0.1	0.2	..	0.2	0.2	0.2	0.2
Norvège	0.5	0.5	0.5	0.5	0.5	0.5	0.5	0.4
Pologne	0.4	0.3	0.4	0.4	0.4	0.4	0.3	0.3
Portugal	0.3	0.3	0.3	0.3	0.2	0.2	0.2	0.2
République slovaque	0.1	0.1	0.1	0.1	0.1	0.1	0.1	0.0
Slovénie	0.1	0.1	0.1	0.1	0.1	0.1	0.1	0.1
Espagne	2.4	2.2	2.0	2.1	1.8	1.9	1.7	1.5
Suède	0.8	0.6	0.6	0.6	0.5	0.6	0.6	0.4
Suisse	1.3	1.5	1.6	1.7	1.7	1.7	1.6	1.5
Turquie	0.4	0.3	0.4	0.4	0.4	0.5	0.4	0.4
Royaume-Uni	5.0	4.1	4.2	4.1	4.1	4.1	4.0	3.7
États-Unis	56.9	61.1	60.9	59.2	62.0	61.2	63.0	67.1
Union européenne (15 pays)	28.6	24.4	23.2	24.1	25.4	26.4	25.0	21.9
ALENA	60.9	64.0	64.1	62.6	65.6	64.7	66.2	70.1
OCDE	**100.0**	**100.0**	**100.0**	**100.0**	**100.0**	**100.0**	**100.0**	**100.0**

.. Non disponible

Note : Les données du Danemark, en particulier pour 2013, peuvent être sujettes à révision.
Voir les métadonnées détaillées sur : http://metalinks.oecd.org/isy/20170221/13dc.

1. Informations sur les données concernant Israël : http://oe.cd/israel-disclaimer.

Tableau 13. Densité (Vie et Non-vie)

Dollars des États-Unis par habitant

	2008	2009	2010	2011	2012	2013	2014	2015
Australie	2 770	2 406	2 902	3 375	3 331	3 354	3 691	2 928
Autriche	2 833	2 716	2 628	2 729	2 483	2 599	2 661	2 248
Belgique	3 897	3 579	3 481	3 595	3 683	3 255	3 291	2 456
Canada	3 061	2 040	2 320	2 501	2 548	2 525	2 153	1 916
Chili	..	370	487	562	647	667	614	631
République tchèque	783	717	766	818	730	745	710	579
Danemark	5 892	..	..	6 052	5 802	6 056	6 520	5 601
Estonie	..	257	424	421	466	586	636	582
Finlande	1 673	1 738	2 132	1 840	1 692	2 359	2 539	2 137
France	4 274	4 407	4 297	4 167	3 635	3 883	4 099	3 547
Allemagne	2 971	..	..	..	2 888	3 114	3 140	2 628
Grèce	684	..	614	607	510	478	454	358
Hongrie	509	405	402	403	336	356	359	300
Islande	1 479	874	1 190	1 269	1 219	1 256	1 323	1 243
Irlande	11 627	10 126	9 687	9 423	9 571	9 520	11 018	10 205
Israël[1]	1 519	1 412	1 514	1 675	1 621	1 783	1 809	1 751
Italie	2 356	2 746	2 789	2 562	2 255	2 632	3 173	2 721
Japon	3 181	3 507	3 753	4 271	3 297	2 596	2 618	2 362
Corée	2 078	1 884	2 312	2 643	3 127	3 219	3 549	3 466
Lettonie	..	241	206	265	278	311	345	299
Luxembourg	32 728	46 427	53 647	36 138	46 652	44 896	51 313	37 219
Mexique	161	148	162	185	190	216	214	193
Pays-Bas	4 274	3 765	2 928	3 484	3 020	2 996	2 835	2 172
Nouvelle-Zélande	718	667	760	..	1 021	1 144	1 185	989
Norvège	5 062	4 396	4 205	4 803	5 131	5 023	5 140	3 962
Pologne	634	423	461	495	493	468	446	367
Portugal	2 074	1 811	1 933	1 425	1 237	1 569	1 732	1 294
République slovaque	554	531	517	548	507	541	542	433
Slovénie	1 456	1 301	1 236	1 297	1 197	1 206	1 193	1 009
Espagne	1 896	1 804	1 604	1 736	1 522	1 533	1 525	1 303
Suède	3 169	2 512	2 534	2 787	2 380	2 650	4 930	3 990
Suisse	6 990	6 368	6 717	7 913	7 570	7 820	7 823	7 402
Turquie	..	..	132	135	148	169	151	145
Royaume-Uni	6 997	5 198	4 888	4 946	5 327	4 805	5 119	4 626
États-Unis	5 255	5 223	5 226	5 485	5 741	5 672	5 954	6 289
Union européenne (15 pays)	3 744	3 678	3 430	3 431	3 201	3 278	3 544	3 038
ALENA	3 800	3 693	3 713	3 900	4 068	4 021	4 175	4 367
OCDE	**3 434**	**3 288**	**3 097**	**3 277**	**3 187**	**3 131**	**3 292**	**3 151**

.. Non disponible

Note : Les données du Danemark, en particulier pour 2013, peuvent être sujettes à révision. Pour le Japon, depuis 2012 les données ne se réfèrent qu'au secteur de la vie.

Voir les métadonnées détaillées sur : http://metalinks.oecd.org/isy/20170221/13dc.

1. Informations sur les données concernant Israël : http://oe.cd/israel-disclaimer.

Tableau 14. Densité (Vie)

Dollars des États-Unis par habitant

	2008	2009	2010	2011	2012	2013	2014	2015
Australie	1 747	1 402	1 714	1 991	1 857	1 900	2 323	1 782
Autriche	1 276	1 216	1 174	1 139	978	1 006	1 041	869
Belgique	2 643	2 359	2 319	2 333	2 444	1 934	1 920	1 503
Canada	1 069	763	832	851	815	830	625	551
Chili	..	241	322	352	425	445	406	433
République tchèque	321	302	358	386	349	347	325	241
Danemark	3 992	..	..	4 135	3 991	4 220	4 427	3 871
Estonie	..	..	172	168	158	172	193	181
Finlande	774	870	1 287	958	881	1 359	1 475	1 261
France	2 875	719	713	2 750	2 298	2 479	2 676	2 340
Allemagne	1 367	..	..	..	1 325	1 446	1 460	1 194
Grèce	328	..	268	267	224	202	227	182
Hongrie	269	205	215	221	180	197	199	155
Islande	112	84	90	94	91	102	111	107
Irlande	9 250	8 213	7 799	7 516	7 746	7 733	9 130	8 182
Israël[1]	760	693	781	883	858	943	935	939
Italie	1 386	1 894	2 002	1 719	1 498	1 888	2 450	2 130
Japon	2 589	2 863	3 083	3 531	3 297	2 596	2 618	2 362
Corée	1 392	1 211	1 426	1 584	1 917	1 989	2 097	2 060
Lettonie	..	38	48	50	50	59	71	65
Luxembourg	29 426	43 290	50 569	32 665	43 555	41 251	48 128	34 339
Mexique	72	66	76	84	89	101	101	90
Pays-Bas	2 360	1 830	1 430	1 804	1 456	1 443	1 373	963
Nouvelle-Zélande	..	..	..	..	..	..	..	..
Norvège	2 977	2 478	2 252	2 578	2 800	2 722	2 842	2 184
Pologne	420	251	270	278	289	256	235	189
Portugal	1 512	1 317	1 481	950	816	1 145	1 307	909
République slovaque	291	275	276	294	276	303	298	226
Slovénie	463	324	314	325	302	304	308	267
Espagne	879	875	778	857	724	731	714	609
Suède	1 587	1 386	1 329	1 469	1 363	1 472	3 578	3 016
Suisse	3 867	3 495	3 694	4 341	4 141	4 342	4 340	4 083
Turquie	..	..	24	25	23	27	19	17
Royaume-Uni	5 553	4 051	3 689	3 677	4 062	3 496	3 796	3 431
États-Unis	2 427	2 382	2 363	2 514	2 636	2 466	2 469	2 569
Union européenne (15 pays)	2 419	2 045	1 908	2 281	2 023	2 052	2 305	1 982
ALENA	1 729	1 672	1 663	1 765	1 842	1 730	1 714	1 770
OCDE	**1 977**	**1 778**	**1 673**	**1 890**	**1 840**	**1 739**	**1 824**	**1 699**

.. Non disponible

Note : Les données du Danemark, en particulier pour 2013, peuvent être sujettes à révision.
Voir les métadonnées détaillées sur : http://metalinks.oecd.org/isy/20170221/13dc.

1. Informations sur les données concernant Israël : http://oe.cd/israel-disclaimer.

Tableau 15. Densité (Non-vie)

Dollars des États-Unis par habitant

	2008	2009	2010	2011	2012	2013	2014	2015
Australie	1 024	1 004	1 189	1 384	1 474	1 455	1 368	1 145
Autriche	1 557	1 500	1 454	1 590	1 505	1 593	1 620	1 380
Belgique	1 254	1 221	1 162	1 262	1 238	1 321	1 371	953
Canada	1 992	1 277	1 487	1 650	1 733	1 695	1 528	1 365
Chili	..	129	165	210	221	221	208	198
République tchèque	462	414	409	432	381	398	385	339
Danemark	1 900	..	..	1 917	1 811	1 836	2 093	1 729
Estonie	..	257	252	254	308	414	443	401
Finlande	899	868	845	882	811	1 000	1 064	876
France	1 399	1 336	1 303	1 418	1 337	1 404	1 423	1 207
Allemagne	1 604	..	..	..	1 563	1 668	1 679	1 434
Grèce	356	..	346	340	286	276	227	176
Hongrie	240	200	187	182	156	159	161	145
Islande	1 367	790	1 099	1 175	1 128	1 154	1 212	1 136
Irlande	2 377	1 913	1 887	1 907	1 826	1 787	1 888	2 023
Israël[1]	759	719	733	791	763	840	874	812
Italie	970	852	787	842	757	743	723	591
Japon	592	644	670	740	..	..	..	..
Corée	686	674	886	1 059	1 210	1 230	1 452	1 406
Lettonie	..	202	159	215	228	252	274	234
Luxembourg	3 302	3 137	3 078	3 472	3 097	3 646	3 185	2 880
Mexique	89	82	87	101	101	115	113	103
Pays-Bas	1 914	1 936	1 498	1 679	1 564	1 553	1 462	1 210
Nouvelle-Zélande	718	667	760	..	1 021	1 144	1 185	989
Norvège	2 085	1 919	1 953	2 225	2 331	2 301	2 299	1 778
Pologne	214	172	191	217	204	212	211	178
Portugal	562	494	453	475	421	423	425	385
République slovaque	263	256	241	254	231	238	244	207
Slovénie	993	977	921	972	895	901	886	742
Espagne	1 017	929	826	879	798	802	811	694
Suède	1 582	1 126	1 204	1 318	1 016	1 178	1 352	974
Suisse	3 124	2 872	3 023	3 572	3 429	3 478	3 483	3 319
Turquie	..	..	109	110	125	142	132	128
Royaume-Uni	1 444	1 147	1 199	1 269	1 264	1 309	1 323	1 195
États-Unis	2 828	2 841	2 863	2 971	3 104	3 206	3 486	3 720
Union européenne (15 pays)	1 326	1 137	1 057	1 151	1 178	1 227	1 239	1 056
ALENA	2 071	2 022	2 050	2 134	2 226	2 291	2 460	2 597
OCDE	**1 457**	**1 371**	**1 300**	**1 387**	**1 347**	**1 392**	**1 468**	**1 452**

.. Non disponible

Note : Les données du Danemark, en particulier pour 2013, peuvent être sujettes à révision.
Voir les métadonnées détaillées sur : http://metalinks.oecd.org/isy/20170221/13dc.

1. Informations sur les données concernant Israël : http://oe.cd/israel-disclaimer.

Tableau 16. Pénétration (Vie et Non-vie)

Pourcentage

	2008	2009	2010	2011	2012	2013	2014	2015
Australie	5.6	5.2	5.0	4.9	4.8	5.1	6.0	5.7
Autriche	5.5	5.7	5.7	5.4	5.2	5.2	5.2	5.1
Belgique	8.1	8.0	7.9	7.5	8.2	7.0	7.0	6.1
Canada	6.6	5.0	4.9	4.8	4.9	4.8	4.3	4.4
Chili	..	3.6	3.8	3.9	4.2	4.2	4.2	4.7
République tchèque	3.5	3.6	3.9	3.8	3.7	3.8	3.6	3.4
Danemark	9.2	..	..	9.9	10.0	10.1	10.6	10.8
Estonie	..	1.7	2.9	2.4	2.7	3.1	3.2	3.4
Finlande	3.1	3.7	4.6	3.6	3.6	4.8	5.1	5.1
France	9.1	10.2	10.2	9.2	8.6	8.8	9.3	9.4
Allemagne	6.4	..	..	..	6.6	6.7	6.5	6.3
Grèce	2.2	..	2.3	2.4	2.3	2.2	2.1	2.0
Hongrie	3.3	3.1	3.1	2.9	2.6	2.6	2.6	2.5
Islande	2.6	2.1	2.9	2.8	2.8	2.7	2.5	2.5
Irlande	19.0	19.6	20.3	18.1	19.9	18.7	20.5	20.1
Israël[1]	5.0	4.9	4.8	4.8	4.8	4.8	4.7	4.8
Italie	5.8	7.5	7.8	6.7	6.5	7.4	8.9	9.0
Japon	8.4	8.9	8.7	9.2	7.0	6.7	7.2	7.3
Corée	10.1	10.2	10.4	10.8	12.7	12.3	12.6	12.7
Lettonie	..	2.0	1.8	1.9	2.0	2.1	2.2	2.2
Luxembourg	28.8	45.7	52.0	32.0	44.4	39.6	44.0	36.5
Mexique	1.7	1.9	1.8	1.9	2.0	2.1	2.1	2.1
Pays-Bas	7.5	7.3	5.8	6.5	6.1	5.8	5.4	4.9
Nouvelle-Zélande	2.3	2.4	2.3	..	2.6	2.7	2.7	2.6
Norvège	5.2	5.5	4.8	4.8	5.1	4.9	5.3	5.3
Pologne	4.6	3.7	3.7	3.6	3.8	3.5	3.2	3.0
Portugal	8.4	7.9	8.6	6.1	6.0	7.3	7.8	6.7
République slovaque	3.0	3.2	3.1	3.0	2.9	3.0	2.9	2.7
Slovénie	5.3	5.3	5.3	5.2	5.3	5.2	5.0	4.9
Espagne	5.3	5.6	5.2	5.5	5.3	5.2	5.1	5.0
Suède	5.7	5.4	4.9	4.7	4.2	4.4	8.4	7.9
Suisse	9.7	9.1	9.0	9.0	9.1	9.3	9.2	9.2
Turquie	..	..	1.3	1.3	1.4	1.6	1.5	1.6
Royaume-Uni	15.5	14.0	12.8	12.0	12.9	11.3	11.0	10.5
États-Unis	10.9	11.1	10.8	11.0	11.2	10.8	11.0	11.3
Union européenne (15 pays)	8.4	9.4	8.9	8.3	8.0	7.9	8.3	8.1
ALENA	9.9	10.1	9.7	9.9	10.0	9.7	9.8	10.3
OCDE	**8.8**	**9.3**	**8.8**	**8.7**	**8.4**	**8.3**	**8.6**	**8.8**

.. Non disponible

Note : Les données du Danemark, en particulier pour 2013, peuvent être sujettes à révision. Pour le Japon, depuis 2012 les données ne se réfèrent qu'au secteur de la vie.

Voir les métadonnées détaillées sur : http://metalinks.oecd.org/isy/20170221/13dc.

1. Informations sur les données concernant Israël : http://oe.cd/israel-disclaimer.

Tableau 17. Pénétration (Vie)

Pourcentage

	2008	2009	2010	2011	2012	2013	2014	2015
Australie	3.5	3.0	2.9	2.9	2.7	2.9	3.8	3.5
Autriche	2.5	2.6	2.5	2.2	2.0	2.0	2.0	2.0
Belgique	5.5	5.3	5.2	4.9	5.4	4.1	4.1	3.7
Canada	2.3	1.9	1.8	1.6	1.6	1.6	1.2	1.3
Chili	..	2.4	2.5	2.4	2.8	2.8	2.8	3.2
République tchèque	1.4	1.5	1.8	1.8	1.8	1.8	1.7	1.4
Danemark	6.2	..	..	6.8	6.9	7.0	7.2	7.4
Estonie	..	..	1.2	1.0	0.9	0.9	1.0	1.0
Finlande	1.4	1.8	2.8	1.9	1.9	2.7	3.0	3.0
France	6.1	1.7	1.7	6.1	5.4	5.6	6.0	6.2
Allemagne	2.9	..	..	..	3.0	3.1	3.0	2.9
Grèce	1.0	..	1.0	1.0	1.0	0.9	1.1	1.0
Hongrie	1.7	1.6	1.7	1.6	1.4	1.5	1.4	1.3
Islande	0.2	0.2	0.2	0.2	0.2	0.2	0.2	0.2
Irlande	15.1	15.9	16.4	14.5	16.1	15.2	17.0	16.1
Israël[1]	2.5	2.4	2.5	2.6	2.5	2.5	2.4	2.6
Italie	3.4	5.2	5.6	4.5	4.3	5.3	6.9	7.0
Japon	6.8	7.2	7.1	7.6	7.0	6.7	7.2	7.3
Corée	6.7	6.6	6.4	6.5	7.8	7.6	7.4	7.5
Lettonie	..	0.3	0.4	0.4	0.4	0.4	0.5	0.5
Luxembourg	25.9	42.6	49.1	28.9	41.4	36.4	41.3	33.7
Mexique	0.8	0.9	0.9	0.9	0.9	1.0	1.0	1.0
Pays-Bas	4.2	3.5	2.8	3.4	2.9	2.8	2.6	2.2
Nouvelle-Zélande	..	..	..	..	..	..	..	..
Norvège	3.1	3.1	2.6	2.6	2.8	2.6	2.9	2.9
Pologne	3.0	2.2	2.2	2.0	2.2	1.9	1.7	1.5
Portugal	6.1	5.7	6.6	4.1	4.0	5.3	5.9	4.7
République slovaque	1.6	1.7	1.7	1.6	1.6	1.7	1.6	1.4
Slovénie	1.7	1.3	1.3	1.3	1.3	1.3	1.3	1.3
Espagne	2.5	2.7	2.5	2.7	2.5	2.5	2.4	2.3
Suède	2.8	3.0	2.6	2.5	2.4	2.4	6.1	6.0
Suisse	5.4	5.0	5.0	4.9	5.0	5.1	5.1	5.1
Turquie	..	..	0.2	0.2	0.2	0.2	0.2	0.2
Royaume-Uni	12.3	10.9	9.6	9.0	9.8	8.2	8.2	7.8
États-Unis	5.0	5.1	4.9	5.1	5.1	4.7	4.5	4.6
Union européenne (15 pays)	5.4	5.2	5.0	5.5	5.1	4.9	5.4	5.3
ALENA	4.5	4.6	4.4	4.5	4.5	4.2	4.0	4.2
OCDE	**5.1**	**5.0**	**4.8**	**5.0**	**4.9**	**4.6**	**4.8**	**4.8**

.. Non disponible

Note : Les données du Danemark, en particulier pour 2013, peuvent être sujettes à révision.

Voir les métadonnées détaillées sur : http://metalinks.oecd.org/isy/20170221/13dc.

1. Informations sur les données concernant Israël : http://oe.cd/israel-disclaimer.

Tableau 18. Pénétration (Non-vie)

Pourcentage

	2008	2009	2010	2011	2012	2013	2014	2015
Australie	2.1	2.2	2.0	2.0	2.1	2.2	2.2	2.2
Autriche	3.0	3.2	3.1	3.1	3.1	3.2	3.1	3.1
Belgique	2.6	2.7	2.6	2.6	2.8	2.8	2.9	2.4
Canada	4.3	3.1	3.1	3.2	3.3	3.3	3.0	3.2
Chili	..	1.3	1.3	1.4	1.5	1.4	1.4	1.5
République tchèque	2.0	2.1	2.1	2.0	1.9	2.0	2.0	2.0
Danemark	3.0	..	..	3.1	3.1	3.0	3.4	3.3
Estonie	..	1.7	1.7	1.5	1.8	2.2	2.2	2.3
Finlande	1.7	1.8	1.8	1.7	1.7	2.0	2.1	2.1
France	3.0	3.1	3.1	3.1	3.2	3.2	3.2	3.2
Allemagne	3.4	..	..	..	3.6	3.6	3.5	3.4
Grèce	1.1	..	1.3	1.3	1.3	1.3	1.1	1.0
Hongrie	1.5	1.5	1.4	1.3	1.2	1.2	1.1	1.2
Islande	2.4	1.9	2.6	2.6	2.6	2.4	2.3	2.3
Irlande	3.9	3.7	4.0	3.7	3.8	3.5	3.5	4.0
Israël[1]	2.5	2.5	2.3	2.3	2.3	2.2	2.3	2.2
Italie	2.4	2.3	2.2	2.2	2.2	2.1	2.0	1.9
Japon	1.6	1.6	1.6	1.6	..	..	..	..
Corée	3.3	3.6	4.0	4.3	4.9	4.7	5.2	5.1
Lettonie	..	1.6	1.4	1.6	1.7	1.7	1.7	1.7
Luxembourg	2.9	3.1	3.0	3.1	2.9	3.2	2.7	2.8
Mexique	0.9	1.1	1.0	1.0	1.0	1.1	1.1	1.1
Pays-Bas	3.4	3.7	3.0	3.1	3.2	3.0	2.8	2.7
Nouvelle-Zélande	2.3	2.4	2.3	..	2.6	2.7	2.7	2.6
Norvège	2.2	2.4	2.2	2.2	2.3	2.2	2.4	2.4
Pologne	1.6	1.5	1.5	1.6	1.6	1.6	1.5	1.4
Portugal	2.3	2.1	2.0	2.0	2.0	2.0	1.9	2.0
République slovaque	1.4	1.6	1.5	1.4	1.3	1.3	1.3	1.3
Slovénie	3.6	4.0	3.9	3.9	4.0	3.9	3.7	3.6
Espagne	2.9	2.9	2.7	2.8	2.8	2.7	2.7	2.7
Suède	2.8	2.4	2.3	2.2	1.8	2.0	2.3	1.9
Suisse	4.3	4.1	4.1	4.1	4.1	4.1	4.1	4.1
Turquie	..	..	1.1	1.0	1.2	1.3	1.3	1.4
Royaume-Uni	3.2	3.1	3.1	3.1	3.1	3.1	2.8	2.7
États-Unis	5.9	6.1	5.9	6.0	6.0	6.1	6.4	6.7
Union européenne (15 pays)	3.0	2.9	2.8	2.8	3.0	3.0	2.9	2.8
ALENA	5.4	5.5	5.4	5.4	5.5	5.5	5.8	6.1
OCDE	**3.7**	**3.9**	**3.7**	**3.7**	**4.1**	**4.1**	**4.2**	**4.5**

.. Non disponible

Note : Les données du Danemark, en particulier pour 2013, peuvent être sujettes à révision.
Voir les métadonnées détaillées sur : http://metalinks.oecd.org/isy/20170221/13dc.

1. Informations sur les données concernant Israël : http://oe.cd/israel-disclaimer.

Tableau 19. Part de l'assurance-vie
Pourcentage du total de l'assurance

Pourcentage

	2008	2009	2010	2011	2012	2013	2014	2015
Australie	59.4	55.9	57.0	56.7	53.6	54.9	61.1	59.2
Autriche	40.2	..	..	..	..	34.1	35.5	35.3
Belgique	66.7	64.8	65.0	63.2	64.7	57.7	56.5	59.4
Canada	33.9	35.6	35.6	34.0	32.1	32.9	28.7	28.7
Chili	..	65.1	66.0	62.5	65.5	66.5	65.8	68.3
République tchèque	40.7	41.8	46.0	46.4	46.9	45.7	45.1	40.7
Danemark	67.5	..	..	68.2	68.7	95.4	67.7	68.9
Estonie	..	..	40.6	39.8	33.9	29.3	30.3	31.2
Finlande	45.3	49.1	59.5	51.2	51.2	56.8	57.4	58.3
France	64.4	16.9	17.2	63.9	62.1	62.4	64.2	64.2
Allemagne	42.1	46.2	47.9	45.7	35.5	36.0	35.9	34.0
Grèce	47.1	46.0	43.3	43.7	43.2	41.4	49.5	50.5
Hongrie	52.5	50.3	53.2	54.6	53.0	54.5	54.8	51.1
Islande	7.3	9.5	7.5	7.3	7.3	7.9	8.2	8.4
Irlande	79.6	80.9	80.3	79.2	80.3	80.6	82.2	79.6
Israël[1]	50.0	49.1	51.6	52.8	52.9	52.9	51.7	53.6
Italie	59.2	69.0	71.8	67.1	66.5	71.4	76.8	77.8
Japon	79.6	80.0	80.2	80.7	100.0	100.0	100.0	100.0
Corée	63.8	62.0	59.6	57.5	59.0	59.3	56.8	57.1
Lettonie	..	15.9	23.0	18.4	17.6	18.9	20.6	21.6
Luxembourg	89.8	93.2	94.3	90.4	93.4	91.9	93.9	92.3
Mexique	44.6	44.0	46.1	44.7	46.2	46.1	46.8	46.3
Pays-Bas	54.6	50.8	51.1	51.4	47.6	47.4	47.7	43.6
Nouvelle-Zélande	..	..	..	..	..	..	..	..
Norvège	58.7	..	53.6	53.7	54.6	54.2	55.3	55.1
Pologne	65.7	58.9	58.0	55.7	58.1	54.0	52.2	50.2
Portugal	71.0	70.8	74.6	64.2	63.3	70.5	72.9	67.5
République slovaque	52.3	51.5	53.0	53.2	53.9	55.5	54.3	51.2
Slovénie	29.3	21.9	22.4	22.0	22.1	22.4	22.9	23.1
Espagne	44.0	47.6	47.6	46.9	46.4	44.6	43.9	43.6
Suède	46.7	50.8	48.8	49.6	54.0	52.2	69.6	73.3
Suisse	51.2	47.7	47.4	48.4	47.9	48.2	48.5	48.9
Turquie	13.4	17.0	17.5	18.3	15.4	15.7	12.3	11.8
Royaume-Uni	76.3	76.0	73.6	73.5	75.4	72.4	73.4	73.3
États-Unis	39.8	39.4	39.3	40.1	40.3	38.5	36.2	37.1
Union européenne (15 pays)	61.9	53.2	53.5	62.1	60.0	63.4	61.1	60.8
ALENA	39.5	39.3	39.2	39.9	40.1	38.4	36.0	37.0
OCDE	**52.5**	**49.1**	**49.5**	**52.8**	**53.1**	**52.8**	**50.2**	**49.2**

.. Non disponible

Note : Les données du Danemark, en particulier pour 2013, peuvent être sujettes à révision. Pour le Japon, depuis 2012 les données ne se réfèrent qu'au secteur de la vie.

Voir les métadonnées détaillées sur : http://metalinks.oecd.org/isy/20170221/13dc.

1. Informations sur les données concernant Israël : http://oe.cd/israel-disclaimer.

Tableau 20. Total des primes brutes directes par employé d'entreprise d'assurances

Dollars des États-Unis

	2008	2009	2010	2011	2012	2013	2014	2015
Australie	..	..	..	..	..	..	..	..
Autriche	..	814 159	794 659	830 770	765 436	795 141	815 630	688 309
Belgique	887 657	873 393	907 893	..	..	..	..	..
Canada	419 441	..	..	..	..	..	..	..
Chili	..	315 541	406 570	448 189	486 192	493 638	454 677	495 261
République tchèque	86 849	67 190	..	..	..	..	..	..
Danemark	..	..	..	2 092 465	2 052 306	2 215 121	2 158 639	1 927 585
Estonie	..	197 403	..	208 774	224 249	200 167	221 703	200 336
Finlande	926 245	962 386	1 198 102	1 027 920	949 685	1 363 348	1 512 846	1 310 951
France	..	..	..	..	..	..	..	..
Allemagne	1 515 177	..	..	..	1 508 982	1 607 329	1 646 967	1 370 540
Grèce	276 967	..	..	..	..	..	..	..
Hongrie	171 381	..	145 931	151 723	143 598	157 425	161 509	147 122
Islande	..	445 140	613 285	624 626	..	665 881	731 603	703 782
Irlande	..	..	..	4 521 646	5 146 079	5 004 239	..	..
Israël[1]	445 624	..	..	..	..	..	..	..
Italie	545 015	622 200	632 728	572 450	516 329	588 438	728 137	622 467
Japon	..	..	..	..	..	131 616	131 735	143 752
Corée	295 266	326 451	347 369	387 679	442 588	466 477	580 301	590 964
Lettonie	..	107 551	104 420	134 363	144 568	198 707	237 130	301 704
Luxembourg	1 281 949	1 743 713	1 972 257	1 408 398	1 776 286	1 555 995	4 322 564	2 996 082
Mexique	406 925	364 757	397 414	447 668	457 259	436 528	403 458	330 532
Pays-Bas	..	..	..	..	..	..	..	..
Nouvelle-Zélande	330 249	302 172	343 870	..	425 805	473 708	..	..
Norvège	..	..	2 109 103	..	..	..	..	..
Pologne	258 845	166 861	181 086	181 339	198 127	169 341	183 458	167 678
Portugal	563 241	512 137	561 280	414 091	389 160	490 832	550 771	416 110
République slovaque	..	376 284	389 851	417 623	378 475	..	403 073	..
Slovénie	267 344	212 028	..	..	..	..	..	..
Espagne	1 663 471	1 630 315	1 462 199	..	..	424 580	402 914	..
Suède	1 299 365	1 065 209	1 131 069	1 264 886	1 073 328	1 210 867	2 042 276	1 771 433
Suisse	..	1 197 915	..	..	..	..	..	..
Turquie	..	..	301 983	369 673	322 731	379 315	335 385	298 749
Royaume-Uni	..	..	..	..	..	..	..	..
États-Unis	..	..	..	..	..	..	..	..
Union européenne (15 pays)	946 771	818 365	827 017	807 500	981 514	912 040	964 755	962 800
ALENA	417 469	364 757	397 414	447 668	457 259	436 528	403 458	330 532
OCDE	**571 660**	**526 437**	**556 811**	**533 228**	**667 888**	**320 250**	**334 220**	**333 280**

.. Non disponible

Note : Les données du Danemark, en particulier pour 2013, peuvent être sujettes à révision. Pour le Japon, depuis 2012 les données ne se réfèrent qu'au secteur de la vie.

Voir les métadonnées détaillées sur : http://metalinks.oecd.org/isy/20170221/13dc.

1. Informations sur les données concernant Israël : http://oe.cd/israel-disclaimer.

Tableau 21. Taux de rétention (Vie et Non-vie)

Pourcentage

	2008	2009	2010	2011	2012	2013	2014	2015
Australie	85.7	85.7	85.2	84.5	84.1	84.5	86.0	83.8
Autriche	82.0	..	..	..	..	81.3	83.6	84.2
Belgique	..	94.2	94.0	95.1	92.6	91.2	88.7	87.7
Canada	84.9	78.4	78.9	75.2	73.3	73.1	73.5	71.4
Chili	..	81.6	..	80.6	83.1	84.4	84.0	84.8
République tchèque	82.2	83.2	82.4	81.5	81.3	80.6	80.3	79.4
Danemark	..	..	..	95.8	96.3	99.4	97.2	97.1
Estonie	..	..	95.2	95.1	..	..	..	..
Finlande	96.0	99.5	97.2	96.7	96.7	97.4	97.6	97.7
France	89.7	91.7	91.4	89.9	89.2	89.3	91.0	88.6
Allemagne	88.8	..	..	..	90.2	89.7	89.0	87.7
Grèce	88.1	48.6	88.2	83.3	88.1	79.8	87.6	87.2
Hongrie	87.6	84.1	84.0	83.9	83.3	86.1	86.1	86.1
Islande	92.7	92.6	92.2	92.9	93.3	93.9	94.4	94.8
Irlande	58.3	90.0	89.0	86.7	88.4	87.8	89.2	88.0
Israël[1]	86.6	84.2	86.0	85.6	85.7	87.3	88.5	88.4
Italie	94.3	95.4	95.9	95.5	95.1	96.2	97.1	97.2
Japon	92.5	93.9	94.1	93.3	94.1	94.9	94.3	94.6
Corée	95.2	92.9	93.8	94.6	95.0	94.7	94.7	94.7
Lettonie	..	91.7	93.1	94.0	94.2	96.3	96.3	95.9
Luxembourg	77.8	73.1	73.9	78.4	68.6	74.9	71.8	84.1
Mexique	85.7	81.9	85.4	82.3	83.8	82.6	83.9	83.0
Pays-Bas	92.4	92.4	91.3	86.2	92.0	92.3	89.4	91.7
Nouvelle-Zélande	115.4	113.7	122.4	..	112.4	107.9	111.2	112.7
Norvège	94.0	85.4	..	..	93.0	92.9	93.1	92.2
Pologne	96.9	95.3	93.7	93.3	92.7	92.7	92.4	90.5
Portugal	93.3	51.0	93.5	91.1	89.6	91.1	92.0	90.5
République slovaque	87.3	87.5	86.9	85.5	85.6	85.8	85.3	84.5
Slovénie	93.9	86.5	87.3	87.2	87.1	87.8	86.9	88.1
Espagne	91.0	92.0	92.4	93.0	92.5	90.0	91.3	91.3
Suède	92.9	92.3	92.6	92.9	92.2	92.7	95.6	97.0
Suisse	51.9	93.2	91.8	93.0	92.5	92.6	92.9	93.1
Turquie	72.5	73.9	76.9	74.9	77.9	75.6	75.0	74.8
Royaume-Uni	90.0	90.3	89.6	88.4	87.7	87.4	84.8	89.0
États-Unis	72.7	70.2	73.9	74.0	73.6	71.3	74.9	72.8
Union européenne (15 pays)	88.4	90.6	91.3	90.4	89.9	90.9	89.6	90.1
ALENA	73.4	70.6	74.2	74.1	73.7	71.5	75.0	72.8
OCDE	**81.2**	**80.4**	**82.5**	**82.2**	**82.1**	**81.6**	**82.5**	**80.7**

.. Non disponible

Note : Les données du Danemark, en particulier pour 2013, peuvent être sujettes à révision. Pour le Japon, depuis 2012 les données ne se réfèrent qu'au secteur de la vie.

Voir les métadonnées détaillées sur : http://metalinks.oecd.org/isy/20170221/13dc.

1. Informations sur les données concernant Israël : http://oe.cd/israel-disclaimer.

Tableau 22. Taux de rétention (Vie)

Pourcentage

	2008	2009	2010	2011	2012	2013	2014	2015
Australie	94.0	92.3	91.8	91.9	92.1	92.3	92.5	91.3
Autriche	95.1	..	..	..	..	96.7	97.4	97.6
Belgique	..	97.8	97.8	97.6	97.7	97.0	97.6	97.9
Canada	85.0	79.4	78.5	75.6	73.9	75.2	69.5	67.6
Chili	..	96.0	..	96.3	97.4	98.0	97.7	97.5
République tchèque	97.4	97.5	97.8	96.1	95.0	93.9	93.0	92.4
Danemark	..	..	..	99.7	99.7	100.0	99.8	99.8
Estonie	..	..	99.1	98.9	..	..	..	..
Finlande	98.8	99.0	99.3	99.0	99.0	99.4	99.5	99.5
France	92.9	92.1	89.2	93.1	92.9	92.5	94.1	90.7
Allemagne	94.9	..	..	..	96.9	96.8	97.0	97.0
Grèce	95.1	94.9	94.8	84.8	95.1	94.8	95.6	95.9
Hongrie	92.3	91.4	92.8	93.1	93.6	95.0	96.3	96.8
Islande	83.0	81.1	84.2	82.0	82.5	83.9	82.3	83.7
Irlande	55.6	93.8	93.5	91.3	94.4	93.7	94.0	94.1
Israël[1]	95.5	94.6	95.0	95.0	95.2	95.3	95.2	95.5
Italie	97.3	98.2	98.4	98.2	98.3	98.8	99.0	99.1
Japon	95.2	97.0	97.2	96.4	94.1	94.9	94.3	94.6
Corée	99.9	96.1	97.2	98.5	98.8	98.8	98.8	98.7
Lettonie	..	99.1	99.3	99.7	99.7	99.8	99.8	99.8
Luxembourg	79.0	73.6	74.1	80.0	68.9	76.4	72.1	85.3
Mexique	97.0	97.3	97.4	94.6	94.8	95.3	96.6	96.4
Pays-Bas	97.2	95.8	95.8	94.6	94.9	95.4	89.6	94.0
Nouvelle-Zélande	..	..	..	..	..	..	..	..
Norvège	99.1	..	..	..	98.6	98.8	98.9	98.7
Pologne	99.6	98.1	98.2	99.1	97.6	98.6	98.5	98.2
Portugal	98.6	39.3	98.5	97.9	96.4	97.0	97.7	97.2
République slovaque	98.1	99.2	99.2	98.3	98.4	98.4	98.2	97.9
Slovénie	110.9	98.0	98.1	97.6	97.5	97.2	96.9	96.7
Espagne	99.3	98.3	98.1	98.0	94.7	93.9	96.4	96.8
Suède	97.4	97.4	98.0	98.0	99.1	98.7	99.6	99.8
Suisse	101.4	99.2	99.3	99.3	99.4	99.3	99.4	99.4
Turquie	95.9	89.3	89.3	90.5	95.1	95.7	94.8	95.1
Royaume-Uni	92.8	93.7	92.7	90.4	89.0	88.9	85.4	91.2
États-Unis	83.8	76.9	84.7	84.3	83.5	77.4	88.3	80.4
Union européenne (15 pays)	91.3	93.2	93.8	93.4	92.7	94.5	92.7	94.1
ALENA	84.0	77.2	84.6	84.1	83.3	77.6	87.8	80.3
OCDE	**89.7**	**87.4**	**90.8**	**90.6**	**89.8**	**88.7**	**91.6**	**88.6**

.. Non disponible

Note : Les données du Danemark, en particulier pour 2013, peuvent être sujettes à révision.
Voir les métadonnées détaillées sur : http://metalinks.oecd.org/isy/20170221/13dc.

1. Informations sur les données concernant Israël : http://oe.cd/israel-disclaimer.

Tableau 23. Taux de rétention (Non-vie)

Pourcentage

	2008	2009	2010	2011	2012	2013	2014	2015
Australie	73.7	77.2	76.6	74.9	74.9	75.0	75.7	73.0
Autriche	73.1	..	..	..	..	73.2	76.0	77.0
Belgique	..	87.7	83.2	87.0	83.2	83.4	77.2	72.7
Canada	84.9	77.8	79.1	75.0	73.0	72.1	75.2	72.9
Chili	..	54.8	..	54.4	55.9	57.6	57.7	57.4
République tchèque	71.8	72.9	69.2	68.8	69.2	69.4	69.8	70.4
Danemark	..	..	..	87.3	88.9	88.1	91.7	91.1
Estonie	..	..	92.6	92.5	..	..	..	..
Finlande	93.7	100.0	94.2	94.3	94.3	94.7	95.0	95.2
France	83.8	85.2	84.9	84.2	83.2	84.1	85.3	84.8
Allemagne	84.4	..	..	..	86.5	85.7	84.6	82.9
Grèce	81.8	81.7	83.2	82.2	82.9	69.1	79.8	78.3
Hongrie	82.3	76.7	74.1	72.9	71.6	75.3	73.6	75.0
Islande	93.5	93.8	92.9	93.7	94.2	94.7	95.5	95.8
Irlande	69.1	74.2	70.9	69.3	64.1	63.1	67.1	64.1
Israël[1]	77.7	74.2	76.4	75.1	75.0	78.2	81.2	80.2
Italie	90.0	89.2	89.4	90.0	89.0	89.9	90.5	90.6
Japon	82.0	81.7	81.4	80.2	..	..	..	..
Corée	86.8	87.5	88.8	89.4	89.5	88.6	89.5	89.4
Lettonie	..	90.3	91.3	92.7	93.0	95.5	95.4	94.8
Luxembourg	67.7	67.4	70.7	64.1	64.3	58.5	65.9	68.9
Mexique	76.6	69.9	75.1	72.5	74.4	71.7	72.8	71.5
Pays-Bas	86.6	89.0	86.6	77.2	89.4	89.5	89.2	89.9
Nouvelle-Zélande	88.2	87.1	87.0	..	78.7	77.5	80.0	80.5
Norvège	86.8	85.4	..	..	86.2	85.9	85.9	84.3
Pologne	91.8	91.3	87.6	85.9	85.9	85.8	85.8	82.8
Portugal	80.4	79.4	78.6	78.8	77.9	76.9	76.8	76.6
République slovaque	75.5	75.2	73.0	71.0	70.7	70.1	69.9	70.4
Slovénie	86.8	83.2	84.2	84.3	84.2	85.1	84.0	85.5
Espagne	84.5	86.2	87.3	88.5	90.5	86.8	87.3	87.0
Suède	88.9	87.0	87.4	87.9	84.0	86.1	86.5	89.3
Suisse	158.2	87.7	85.2	87.0	86.1	86.4	86.7	87.0
Turquie	68.9	70.8	74.3	71.4	74.8	71.9	72.2	72.1
Royaume-Uni	81.0	79.8	81.0	82.8	83.8	83.4	83.2	82.8
États-Unis	65.3	65.9	66.9	67.1	66.9	67.4	67.3	68.2
Union européenne (15 pays)	83.7	84.9	84.6	84.6	85.5	84.8	84.8	83.8
ALENA	66.6	66.4	67.5	67.5	67.3	67.7	67.7	68.4
OCDE	**73.9**	**71.9**	**72.6**	**72.7**	**73.3**	**73.5**	**73.4**	**73.0**

.. Non disponible

Note : Les données du Danemark, en particulier pour 2013, peuvent être sujettes à révision.
Voir les métadonnées détaillées sur : http://metalinks.oecd.org/isy/20170221/13dc.

1. Informations sur les données concernant Israël : http://oe.cd/israel-disclaimer.

Tableau 24. Taux de réassurance acceptée (Vie et Non-vie)

Pourcentage

	2008	2009	2010	2011	2012	2013	2014	2015
Australie	9.8	9.3	9.1	10.0	11.1	10.9	10.1	10.9
Autriche	10.8	..	..	..	..	12.0	9.6	8.9
Belgique	1.9	1.8	2.9	3.1	2.7	3.2	3.5	3.2
Canada	10.2	8.7	7.7	8.2	8.5	9.7	17.7	17.6
Chili	..	0.4	0.3	0.3	0.5	0.5	0.6	0.8
République tchèque	0.6	0.9	1.4	1.7	1.9	1.8	1.6	2.0
Danemark	0.4	..	..	0.3	0.8	84.9	0.8	0.8
Estonie	..	0.1	-	0.1	..	..	..	..
Finlande	2.2	2.0	1.5	1.9	1.9	1.5	1.4	1.3
France	8.3	8.3	8.9	8.7	10.7	10.1	10.5	8.9
Allemagne	20.7	..	..	..	23.2	22.4	22.4	24.6
Grèce	1.9	..	1.2	1.7	2.0	2.3	1.2	1.1
Hongrie	0.6	0.5	0.6	0.7	1.0	1.3	0.9	1.0
Islande	3.4	1.0	0.8	1.9	2.3	2.3	2.5	2.4
Irlande	40.1	1.1	1.2	1.6	2.0	1.8	1.9	1.9
Israël[1]	-	-	-	-	..	..	..	..
Italie	2.7	2.1	2.1	2.5	2.5	2.4	1.8	1.8
Japon	5.4	5.2	4.2	4.4	9.9	7.4	5.5	4.1
Corée	7.2	7.1	6.1	5.4	4.9	5.2	5.0	5.1
Lettonie	..	0.4	0.6	1.5	1.4	0.0	0.0	0.0
Luxembourg	0.1	0.1	0.7	1.9	1.3	0.9	1.2	0.8
Mexique	1.7	1.7	1.6	2.0	1.8	1.7	1.8	1.7
Pays-Bas	1.4	7.1	7.1	0.7	1.4	1.5	1.5	1.7
Nouvelle-Zélande	2.3	2.1	1.6	..	1.3	0.6	0.6	3.8
Norvège	0.1	0.2	..	..	..	..	..	..
Pologne	0.9	1.1	1.1	0.9	1.0	1.2	1.0	2.7
Portugal	2.6	2.8	2.8	3.7	4.1	3.5	3.3	3.9
République slovaque	0.2	0.6	0.6	0.9	1.0	0.9	1.4	2.0
Slovénie	..	12.0	12.1	12.0	12.3	11.3	11.3	12.5
Espagne	5.5	2.0	2.0	6.0	2.6	7.7	7.8	8.2
Suède	7.0	8.2	7.2	6.0	7.9	6.3	4.1	3.1
Suisse	7.5	13.9	14.7	12.3	13.5	14.5	13.8	12.7
Turquie	..	..	4.0	3.2	2.9	2.7	5.0	3.1
Royaume-Uni	5.1	5.6	5.7	7.9	8.1	9.7	9.9	11.1
États-Unis	21.5	20.9	20.4	20.5	20.7	21.5	21.8	22.8
Union européenne (15 pays)	9.9	5.2	5.3	5.9	10.0	10.7	10.2	10.7
ALENA	20.8	20.3	19.8	19.8	20.1	20.8	21.4	22.4
OCDE	**14.4**	**13.4**	**13.0**	**13.1**	**15.0**	**15.5**	**15.4**	**16.7**

.. Non disponible ; - Néant

Note : Les données du Danemark, en particulier pour 2013, peuvent être sujettes à révision. Pour le Japon, depuis 2012 les données ne se réfèrent qu'au secteur de la vie.

Voir les métadonnées détaillées sur : http://metalinks.oecd.org/isy/20170221/13dc.

1. Informations sur les données concernant Israël : http://oe.cd/israel-disclaimer.

Tableau 25. Taux de réassurance acceptée (Vie)

Pourcentage

	2008	2009	2010	2011	2012	2013	2014	2015
Australie	4.3	5.5	5.8	6.4	7.6	8.1	7.5	8.4
Autriche	0.8	..	..	..	..	0.2	0.2	0.2
Belgique	0.2	0.2	0.4	0.5	0.2	0.4	0.4	0.3
Canada	7.5	4.1	6.9	8.3	8.8	9.7	16.6	17.5
Chili	..	0.1	0.1	0.1	0.0	0.0	0.1	0.4
République tchèque	0.0	0.0	0.0	0.0	0.0	0.0	0.0	0.0
Danemark	0.1	..	..	0.0	0.6	89.0	0.5	0.5
Estonie	..	..	-	-	..	..	..	..
Finlande	0.2	0.1	0.1	0.1	0.1	0.1	0.2	0.0
France	6.2	11.2	12.0	5.6	9.1	8.0	8.9	6.3
Allemagne	13.2	..	..	..	0.7	0.7	0.6	0.6
Grèce	0.2	..	0.3	1.1	0.2	0.2	0.2	0.2
Hongrie	0.0	0.0	0.0	0.0	0.0	0.0	0.0	0.0
Islande	-	-	-	-	-	-	-	0.1
Irlande	40.2	0.8	0.9	0.9	1.2	1.1	1.1	1.2
Israël[1]	-	-	-	-	..	..	..	..
Italie	3.2	2.2	2.1	2.4	2.6	1.9	1.3	1.3
Japon	3.2	3.2	1.8	2.0	9.9	7.4	5.5	4.1
Corée	3.9	3.8	2.7	1.4	1.1	1.1	1.1	1.1
Lettonie	..	..	-	-	-	-	-	-
Luxembourg	0.0	0.1	0.7	1.9	1.3	1.0	1.3	0.8
Mexique	0.9	0.8	0.6	0.6	0.5	0.6	0.7	0.4
Pays-Bas	0.2	11.2	11.2	0.1	0.1	0.0	0.0	0.0
Nouvelle-Zélande	..	..	..	..	..	..	..	..
Norvège	..	..	..	..	..	..	..	..
Pologne	0.1	0.2	0.2	0.1	0.1	0.1	0.1	0.1
Portugal	0.0	0.1	0.2	0.0	0.0	0.0	0.0	0.0
République slovaque	-	-	-	-	-	-	-	-
Slovénie	..	..	..	..	..	..	..	..
Espagne	1.2	0.2	0.1	1.1	0.2	1.3	1.6	1.5
Suède	0.3	0.3	0.3	0.2	2.3	0.2	0.0	0.0
Suisse	1.1	0.9	1.0	0.5	1.1	1.5	1.4	1.5
Turquie	..	..	1.7	2.0	1.6	2.1	1.5	1.6
Royaume-Uni	1.2	3.2	3.4	6.8	7.1	9.3	9.0	10.0
États-Unis	8.9	8.4	8.4	9.2	9.8	11.3	10.4	15.1
Union européenne (15 pays)	6.3	3.4	3.4	4.2	4.6	4.9	4.7	4.6
ALENA	8.7	8.2	8.2	9.1	9.6	11.1	10.4	15.0
OCDE	**6.5**	**5.3**	**5.0**	**5.5**	**7.4**	**7.5**	**6.8**	**8.8**

.. Non disponible ; - Néant

Note : Les données du Danemark, en particulier pour 2013, peuvent être sujettes à révision.
Voir les métadonnées détaillées sur : http://metalinks.oecd.org/isy/20170221/13dc.

1. Informations sur les données concernant Israël : http://oe.cd/israel-disclaimer.

Tableau 26. Taux de réassurance acceptée (Non-vie)

Pourcentage

	2008	2009	2010	2011	2012	2013	2014	2015
Australie	17.9	14.0	13.6	14.8	15.2	14.2	14.3	14.7
Autriche	17.6	..	..	..	..	18.2	14.7	13.6
Belgique	5.2	4.8	7.4	7.5	7.3	7.1	7.6	7.5
Canada	11.6	11.3	8.1	8.2	8.3	9.7	18.1	17.7
Chili	..	0.8	0.6	0.7	1.2	1.4	1.5	1.6
République tchèque	1.0	1.5	2.6	3.2	3.5	3.3	2.9	3.3
Danemark	1.1	..	..	0.8	1.1	1.1	1.3	1.4
Estonie	..	0.1	-	0.1	..	..	..	..
Finlande	3.9	3.7	3.5	3.7	3.7	3.3	3.0	3.0
France	12.1	12.6	13.1	14.0	13.3	13.4	13.3	13.5
Allemagne	26.1	..	..	..	35.6	34.6	34.7	37.0
Grèce	3.3	..	1.8	2.1	3.3	3.7	2.2	1.9
Hongrie	1.2	1.1	1.2	1.5	2.2	2.9	1.9	2.1
Islande	3.6	1.1	0.9	2.0	2.5	2.5	2.7	2.6
Irlande	39.9	2.0	2.4	4.1	5.3	5.0	5.3	4.6
Israël[1]	-	-	-	-	..	..	..	..
Italie	1.9	2.1	2.2	2.6	2.4	3.4	3.4	3.8
Japon	13.9	13.2	13.7	14.3	..	..	..	..
Corée	13.0	12.5	11.0	10.7	10.2	11.1	10.1	10.3
Lettonie	..	0.5	0.8	1.8	1.7	0.0	0.0	0.0
Luxembourg	0.7	0.3	0.3	2.0	1.3	0.3	0.2	0.2
Mexique	2.4	2.4	2.4	3.1	2.9	2.7	2.7	2.7
Pays-Bas	2.8	2.8	2.8	1.5	2.5	2.9	2.8	2.9
Nouvelle-Zélande	2.3	2.1	1.6	..	1.3	0.6	0.6	3.8
Norvège	0.3	0.2	..	..	..	..	..	..
Pologne	2.5	2.3	2.2	1.9	2.3	2.5	2.1	5.3
Portugal	8.8	9.4	10.3	10.3	11.0	11.7	12.3	12.1
République slovaque	0.5	1.2	1.2	1.9	2.1	2.1	3.1	4.0
Slovénie	..	15.4	15.6	15.4	15.8	14.6	14.6	16.3
Espagne	8.9	3.6	3.8	10.3	4.8	12.9	12.6	13.5
Suède	12.9	16.4	13.8	11.8	14.6	12.9	13.5	11.4
Suisse	14.3	25.7	27.0	23.3	24.9	26.6	25.4	23.4
Turquie	..	..	4.5	3.5	3.1	2.8	5.4	3.3
Royaume-Uni	17.4	13.3	12.2	11.0	11.2	10.9	12.6	14.1
États-Unis	29.9	29.1	28.2	28.1	28.2	27.8	28.2	27.4
Union européenne (15 pays)	15.7	8.5	8.7	9.1	18.1	18.6	18.9	20.2
ALENA	28.6	28.2	27.2	26.9	27.0	26.8	27.6	26.8
OCDE	**23.3**	**22.6**	**22.0**	**21.7**	**23.6**	**23.5**	**24.2**	**24.3**

.. Non disponible ; - Néant

Note : Les données du Danemark, en particulier pour 2013, peuvent être sujettes à révision.
Voir les métadonnées détaillées sur : http://metalinks.oecd.org/isy/20170221/13dc.

1. Informations sur les données concernant Israël : http://oe.cd/israel-disclaimer.

Tableau 27. Part du marché national détenue par les entreprises étrangères (Vie)

Pourcentage

	2008	2009	2010	2011	2012	2013	2014	2015
Australie	32.8	28.7	15.0	10.3	15.8	16.8	15.5	17.7
Autriche	32.2	..	..	..	..	37.5	39.2	37.7
Belgique	..	..	..	..	..	..	..	..
Canada	20.3	10.9	10.1	7.9	6.3	5.6	26.0	21.0
Chili	..	53.7	49.0	37.6	43.7	46.7	45.0	41.8
République tchèque	97.5	97.2	97.4	97.2	97.1	96.8	96.7	90.1
Danemark	18.1	..	..	20.4	19.3	2.5	19.5	18.6
Estonie	..	..	100.0	100.0	100.0	100.0	100.0	100.0
Finlande	..	36.1	..	..	38.3	42.0	43.0	38.5
France	..	..	..	..	..	..	..	..
Allemagne	24.3	26.8	27.0	27.4	30.1	27.4	26.0	26.7
Grèce	12.1	59.3	57.2	63.4	63.3	53.8	48.0	55.7
Hongrie	89.3	95.9	93.4	92.8	93.5	95.6	96.2	95.8
Islande	-	2.0	3.0	3.6	3.9	4.3	5.0	5.8
Irlande	2.1	3.3	8.2	4.7	3.9	4.9	4.5	4.7
Israël[1]	30.5	30.6	30.6	30.4	0.3	0.4	0.4	0.4
Italie	31.2	30.8	30.2	30.1	27.4	28.9	31.3	30.5
Japon	20.1	17.8	17.6	19.2	22.4	20.7	20.1	20.6
Corée	22.1	20.1	19.7	18.9	16.3	16.1	13.2	12.4
Lettonie	..	59.0	97.3	90.1	90.0	91.8	91.0	89.8
Luxembourg	97.1	96.6	95.1	95.6	94.6	96.2	96.4	92.5
Mexique	71.2	74.0	72.5	69.9	71.1	6.3	74.0	72.3
Pays-Bas	25.2	22.5	25.2	21.1	21.1	19.2	4.6	18.5
Nouvelle-Zélande	..	..	..	..	..	..	..	..
Norvège	8.7	..	9.7	9.3	10.7	12.3	13.3	15.1
Pologne	51.9	49.4	49.8	50.9	51.1	48.8	50.0	50.7
Portugal	5.9	7.1	5.8	9.3	7.9	6.8	54.0	64.2
République slovaque	90.9	91.6	91.0	90.4	90.2	90.4	90.0	89.0
Slovénie	19.6	16.7	16.6	17.1	16.8	17.6	17.2	17.0
Espagne	5.6	10.0	10.3	8.8	19.1	12.4	12.8	12.3
Suède	21.2	14.0	16.8	17.3	18.4	19.5	7.9	8.8
Suisse	1.3	3.3	30.5	29.9	30.6	31.2	27.9	26.9
Turquie	45.3	50.5	27.5	27.7	27.1	47.1	47.9	59.7
Royaume-Uni	19.6	20.6	18.8	21.0	26.4	23.3	16.0	16.9
États-Unis	22.3	25.6	20.6	19.8	19.6	20.0	21.0	17.4

.. Non disponible ; - Néant

Note : Les données du Danemark, en particulier pour 2013, peuvent être sujettes à révision.
Voir les métadonnées détaillées sur : http://metalinks.oecd.org/isy/20170221/13dc.

1. Informations sur les données concernant Israël : http://oe.cd/israel-disclaimer.

Tableau 28. Part du marché des entreprises étrangères dans le marché national (Vie)
Succursales ou agences d'entreprises

Pourcentage

	2008	2009	2010	2011	2012	2013	2014	2015
Australie	-	..	..	..	..	..	..	..
Autriche	-	..	..	..	..	-	-	-
Belgique	..	..	..	..	..	..	..	..
Canada	6.2	2.6	2.8	2.4	2.6	2.2	15.5	15.8
Chili	..	-	-	..	..	..	..	..
République tchèque	13.9	10.2	8.4	8.3	8.1	7.5	7.2	10.8
Danemark	-	..	..	..	..	..	..	..
Estonie	..	..	-	-	2.9	2.5	2.7	2.8
Finlande	..	..	..	..	..	..	..	..
France	..	..	..	..	..	..	..	..
Allemagne	1.2	1.2	0.4	3.1	4.0	4.0	3.9	4.0
Grèce	12.1	12.9	13.6	6.2	0.4	-	-	-
Hongrie	..	..	..	..	..	..	..	..
Islande	-	-	-	-	..	..	..	..
Irlande	2.1	3.3	8.2	4.7	3.9	4.9	4.5	4.7
Israël[1]	..	-	-	..	..	..	..	..
Italie	2.8	-	-	-	-	-	-	-
Japon	7.4	7.3	7.7	9.2	5.5	4.9	4.2	4.1
Corée	4.0	3.2	2.9	2.7	2.2	2.2	2.4	0.2
Lettonie	..	32.2	38.0	51.5	55.7	56.3	58.5	59.3
Luxembourg	0.5	0.5	0.2	0.4	0.3	0.5	0.1	0.1
Mexique	..	..	..	..	..	..	..	..
Pays-Bas	3.0	2.7	3.0	2.7	2.7	2.0	-	-
Nouvelle-Zélande	..	..	..	..	..	..	..	..
Norvège	1.3	..	1.2	1.0	0.8	1.3	1.4	0.7
Pologne	-	-	..	..	..	..	..	..
Portugal	0.6	0.7	0.5	0.8	-	-	-	-
République slovaque	..	3.8	4.2	4.5	4.3	5.4	4.4	4.8
Slovénie	0.2	..	..	..	..	..	..	..
Espagne	0.3	0.2	0.3	0.3	0.2	-	-	-
Suède	4.9	..	..	..	..	..	0.7	..
Suisse	1.3	3.3	4.0	1.6	2.1	1.5	0.0	0.0
Turquie	-	..	-	..	..	..	..	..
Royaume-Uni	4.3	0.3	0.9	0.1	0.0	-	0.0	0.0
États-Unis	-	-	-	-	..	..	..	..

.. Non disponible ; - Néant

Note : Les données du Danemark, en particulier pour 2013, peuvent être sujettes à révision.
Voir les métadonnées détaillées sur : http://metalinks.oecd.org/isy/20170221/13dc.

1. Informations sur les données concernant Israël : http://oe.cd/israel-disclaimer.

Tableau 29. Part du marché national détenue par les entreprises étrangères (Non-vie)

Pourcentage

	2008	2009	2010	2011	2012	2013	2014	2015
Australie	26.3	28.6	28.7	27.3	27.1	27.7	28.7	28.2
Autriche	41.1	..	..	..	..	35.2	37.5	36.9
Belgique	..	..	..	..	..	..	..	..
Canada	37.5	30.1	30.9	29.8	29.0	27.9	44.8	41.6
Chili	..	67.9	66.8	66.5	65.7	63.7	63.5	62.7
République tchèque	92.2	90.9	89.0	88.6	88.6	88.2	89.4	88.6
Danemark	14.5	..	..	16.0	16.6	16.4	27.5	27.9
Estonie	..	74.0	91.7	90.4	92.7	94.3	95.1	95.2
Finlande	..	24.3	..	..	25.0	23.8	23.7	100.0
France	0.3	0.3	0.1	0.1	0.1	0.1	0.1	0.1
Allemagne	18.6	17.5	17.1	18.2	13.2	14.0	14.5	14.3
Grèce	5.6	35.3	33.8	36.6	41.2	34.5	41.2	43.0
Hongrie	85.5	95.0	97.3	96.8	95.7	94.9	94.7	92.8
Islande	-	11.8	9.2	9.7	9.9	10.4	10.9	11.3
Irlande	7.4	8.2	8.9	8.2	17.6	14.3	24.3	22.2
Israël[1]	12.4	11.4	11.1	11.2	3.3	3.3	3.4	4.0
Italie	33.2	30.0	27.3	27.6	27.5	27.8	28.9	32.2
Japon	6.6	10.2	10.9	12.8	..	..	..	..
Corée	1.5	5.4	4.7	3.9	3.8	4.0	3.7	3.7
Lettonie	..	60.9	58.6	44.3	48.1	49.4	48.7	57.1
Luxembourg	60.6	62.0	61.6	62.7	58.9	52.1	53.3	52.8
Mexique	53.7	50.0	53.5	51.1	52.4	9.7	48.7	52.2
Pays-Bas	17.0	17.0	17.0	29.4	29.4	22.7	11.6	16.3
Nouvelle-Zélande	..	..	..	..	..	..	..	..
Norvège	44.9	43.3	42.6	42.3	43.9	43.4	41.1	40.2
Pologne	51.0	56.1	59.3	61.1	62.8	61.3	61.3	61.8
Portugal	33.2	34.6	28.3	26.7	26.5	26.6	84.2	84.3
République slovaque	94.5	95.1	94.7	94.4	94.0	93.8	93.6	93.2
Slovénie	4.5	4.2	4.9	5.1	4.9	5.1	5.2	5.3
Espagne	21.4	22.2	18.6	17.0	32.2	29.1	28.8	23.6
Suède	49.7	53.9	53.1	51.9	63.8	57.6	55.4	44.8
Suisse	..	3.1	19.9	19.8	20.4	20.6	19.6	20.3
Turquie	57.7	52.5	55.2	57.9	53.8	62.2	59.3	66.7
Royaume-Uni	50.8	54.2	53.1	55.2	55.2	58.0	57.8	57.5
États-Unis	20.3	18.5	13.9	13.9	10.1	10.4	9.4	9.5

.. Non disponible ; - Néant

Note : Les données du Danemark, en particulier pour 2013, peuvent être sujettes à révision.
Voir les métadonnées détaillées sur : http://metalinks.oecd.org/isy/20170221/13dc.

1. Informations sur les données concernant Israël : http://oe.cd/israel-disclaimer.

Tableau 30. Part du marché des entreprises étrangères dans le marché national (Non-vie)
Succursales ou agences d'entreprises

Pourcentage

	2008	2009	2010	2011	2012	2013	2014	2015
Australie	10.2	11.2	11.6	9.7	9.7	9.7	10.1	9.1
Autriche	0.3	..	..	..	..	0.1	0.1	0.0
Belgique	..	..	..	..	..	..	..	..
Canada	12.6	14.3	15.1	14.3	13.4	13.1	23.2	21.0
Chili	..	-	-	..	..	..	..	..
République tchèque	2.8	2.8	3.2	3.1	2.7	3.7	4.7	4.9
Danemark	-	..	..	..	..	..	..	..
Estonie	..	16.7	-	-	14.5	13.6	14.8	13.5
Finlande	..	..	..	..	..	..	..	..
France	0.3	0.3	0.1	0.1	0.1	0.1	0.1	0.1
Allemagne	1.7	2.1	1.5	3.0	3.1	2.7	3.2	3.5
Grèce	5.6	6.2	4.0	4.6	7.9	0.0	0.0	0.0
Hongrie	..	..	..	..	..	..	..	..
Islande	-	-	-	-	..	..	..	..
Irlande	7.4	8.2	8.9	8.2	17.6	14.3	24.3	22.2
Israël[1]	..	-	-	..	..	..	..	..
Italie	9.4	4.9	1.0	1.1	1.1	1.1	1.1	1.4
Japon	5.4	5.3	5.6	7.8	..	..	..	..
Corée	1.5	3.7	3.2	2.6	2.0	3.1	2.3	2.3
Lettonie	..	10.2	11.2	10.9	13.3	18.5	20.4	20.2
Luxembourg	9.0	8.3	7.9	7.2	7.5	6.5	3.6	3.6
Mexique	..	..	..	..	..	..	..	..
Pays-Bas	1.9	1.9	1.9	1.9	1.9	0.3	0.3	-
Nouvelle-Zélande	..	..	..	..	..	..	..	..
Norvège	42.0	41.7	41.4	41.5	43.2	43.4	41.1	40.2
Pologne	0.4	0.3	..	..	..	..	..	..
Portugal	0.5	0.6	0.3	0.3	-	-	-	-
République slovaque	..	5.1	6.2	6.2	7.1	8.0	8.7	8.5
Slovénie	-	..	..	..	..	..	..	..
Espagne	0.2	0.2	0.2	0.2	0.2	-	-	-
Suède	5.4	..	..	..	..	..	8.2	..
Suisse	..	3.1	4.8	4.8	4.9	5.0	5.5	6.0
Turquie	0.0	0.1	0.2	0.2	0.3	0.3	0.3	0.4
Royaume-Uni	6.7	5.9	5.3	5.4	4.7	3.7	4.1	4.6
États-Unis	0.1	0.1	0.1	0.1	0.1	0.0	0.0	0.1

.. Non disponible ; - Néant

Note : Les données du Danemark, en particulier pour 2013, peuvent être sujettes à révision.
Voir les métadonnées détaillées sur : http://metalinks.oecd.org/isy/20170221/13dc.

1. Informations sur les données concernant Israël : http://oe.cd/israel-disclaimer.

Statistiques de l'OCDE sur les assurances 2016

PARTIE II

Tableaux par pays

Australie
Tableau 1. Agrégats sélectionnés

Millions AUD

	2008	2009	2010	2011	2012	2013	2014	2015
1.1 Opérations d'assurance conclues dans le pays déclarant								
1.1.1 Opérations d'assurance, par intérêt								
Primes brutes								
Entreprises nationales	75 037	70 384	73 331	78 509	79 230	86 754	103 414	100 992
Entreprises sous contrôle étranger	20 378	17 570	12 274	11 038	13 757	15 722	17 983	19 150
Succursales d'entreprises étrangères	3 248	3 639	3 844	3 450	3 713	3 977	4 206	3 893
Ensemble des entreprises	78 284	74 023	77 176	81 959	82 943	90 731	107 620	104 885
Primes cédées								
Entreprises nationales	9 966	9 406	9 989	11 246	11 507	12 121	13 268	15 209
Entreprises sous contrôle étranger	2 501	2 797	2 770	3 170	4 111	4 666	5 483	5 986
Succursales d'entreprises étrangères	1 191	1 202	1 402	1 442	1 659	1 947	1 842	1 739
Ensemble des entreprises	11 156	10 607	11 391	12 688	13 166	14 068	15 110	16 948
Primes nettes émises								
Entreprises nationales	65 071	60 978	63 343	67 263	67 724	74 633	90 147	85 783
Entreprises sous contrôle étranger	17 876	14 773	9 439	7 868	9 646	11 055	12 500	13 164
Succursales d'entreprises étrangères	2 057	2 437	2 441	2 008	2 054	2 030	2 365	2 154
Ensemble des entreprises	67 128	63 415	65 785	69 271	69 778	76 663	92 511	87 937
1.1.2 Opérations d'assurance par risque à l'étranger, primes brutes								
Vie	525	494	495	475	491	574	686	701
Non-vie	..	694	..	..	..	..	..	..
Mixtes total	..	..	..	..	..	..	..	..
Total	525	1 187	495	475	491	574	686	701
1.1.3 Paiement par catégories d'assurance, primes brutes (vie)								
Rentes	..	..	..	..	..	..	..	..
Unit linked	..	..	..	..	..	..	..	..
Autre assurance vie	..	..	..	..	..	..	..	..
Total assurance vie	..	..	..	..	41 091	45 794	60 881	56 868
dont : Contrats de retraite	..	..	..	..	..	..	..	..
1.1.4 Paiement par catégories d'assurance, primes brutes (non-vie)								
L'assurance automobile	..	10 670	..	11 474	12 114	12 924	13 467	13 749
Les assurances transport (y compris maritime et aérien)	..	1 324	..	1 457	1 484	1 523	1 598	1 673
L'assurance de fret	..	..	..	..	..	..	..	..
L'assurance incendie et des dommages aux bien	..	8 106	..	9 537	10 918	12 038	11 836	12 031
L'assurance des pertes pécuniaires	..	1 384	..	1 161	1 207	1 258	1 454	1 493
L'assurance de la responsabilité civile générale	..	4 858	..	4 821	5 008	5 283	5 418	5 435
Les assurances accidents et maladie	..	1 039	..	1 038	1 049	1 134	1 124	1 130
dont : Maladie	..	..	..	..	..	..	..	..
Autres assurances non-vie	..	654	..	751	835	900	951	1 029
Réassurance obligatoire	..	4 578	..	5 235	5 836	5 823	5 970	6 271
Total assurance non-vie	31 799	32 612	33 223	35 475	38 450	40 884	41 818	42 811
1.2 Paiements bruts des sinistres								
Vie								
Entreprises nationales	42 943	37 546	41 639	44 988	45 777	47 647	64 828	56 547
Entreprises sous contrôle étranger	12 632	9 499	5 355	4 301	4 181	5 212	5 876	6 681
Succursales d'entreprises étrangères	0	..	..	..	..	..	..	..
Ensemble des entreprises	42 943	37 546	41 639	44 988	45 777	47 647	64 828	56 547
Non-vie								
Entreprises nationales	25 512	18 193	21 552	31 597	22 048	24 141	26 293	29 309
Entreprises sous contrôle étranger	4 704	3 579	4 120	6 668	4 538	4 542	5 446	6 182
Succursales d'entreprises étrangères	2 370	1 951	2 401	7 061	1 749	1 984	3 318	2 585
Ensemble des entreprises	27 882	20 144	23 953	38 658	23 797	26 126	29 611	31 894
Mixtes, ensemble des entreprises	..	..	..	..	..	..	..	..
Total								
Entreprises nationales	68 455	55 739	63 191	76 585	67 825	71 788	91 121	85 856
Entreprises sous contrôle étranger	17 336	13 078	9 475	10 969	8 719	9 754	11 322	12 863
Succursales d'entreprises étrangères	2 370	1 951	2 401	7 061	1 749	1 984	3 318	2 585
Ensemble des entreprises	70 825	57 690	65 592	83 646	69 574	73 773	94 439	88 441

Australie
Tableau 1. Agrégats sélectionnés *(suite)*

Millions AUD

	2008	2009	2010	2011	2012	2013	2014	2015
1.3 Commissions								
Vie								
Entreprises nationales	2 606	2 588	2 738	2 852	3 007	3 015	3 118	3 087
Entreprises sous contrôle étranger	1 034	907	440	455	252	447	451	460
Succursales d'entreprises étrangères	0	..	..	..	..	..	..	..
Ensemble des entreprises	2 606	2 588	2 738	2 852	3 007	3 015	3 118	3 087
Non-vie								
Entreprises nationales	..	..	..	..	..	506	566	816
Entreprises sous contrôle étranger	..	..	..	..	..	239	270	276
Succursales d'entreprises étrangères	..	..	..	..	..	264	287	301
Ensemble des entreprises	..	..	..	..	..	770	853	1 117
Mixtes, ensemble des entreprises	..	..	..	..	..	..	..	..
Total								
Entreprises nationales	2 606	2 588	2 738	2 852	3 007	3 521	3 684	3 903
Entreprises sous contrôle étranger	1 034	907	440	455	252	686	721	736
Succursales d'entreprises étrangères	-	..	..	..	..	264	287	301
Ensemble des entreprises	2 606	2 588	2 738	2 852	3 007	3 785	3 971	4 204
1.4 Dépenses brutes d'exploitation								
Vie								
Entreprises nationales	6 347	6 355	6 640	6 777	7 274	7 830	8 128	8 041
Entreprises sous contrôle étranger	2 234	2 138	1 608	1 709	1 430	2 392	2 393	2 487
Succursales d'entreprises étrangères	0	..	..	..	..	..	..	..
Ensemble des entreprises	6 347	6 355	6 640	6 777	7 274	7 830	8 128	8 041
Non-vie								
Entreprises nationales	5 847	6 043	6 027	6 658	7 197	7 361	7 502	7 497
Entreprises sous contrôle étranger	1 102	1 089	1 172	1 370	1 490	1 618	1 704	1 850
Succursales d'entreprises étrangères	446	627	559	571	559	597	629	660
Ensemble des entreprises	6 292	6 670	6 586	7 229	7 756	7 959	8 131	8 157
Mixtes, ensemble des entreprises	..	..	..	..	..	..	..	..
Total								
Entreprises nationales	12 193	12 399	12 667	13 435	14 471	15 191	15 630	15 538
Entreprises sous contrôle étranger	3 336	3 226	2 780	3 079	2 920	4 010	4 097	4 337
Succursales d'entreprises étrangères	446	627	559	571	559	597	629	660
Ensemble des entreprises	12 639	13 025	13 226	14 006	15 030	15 789	16 259	16 198
1.5 Opérations à l'étranger par succursale, primes brutes								
Vie								
Succursales et agences	0	..	..	..	..	..	..	..
Filiales	0	..	..	..	..	..	..	..
Total	0	..	..	..	..	..	..	..
Non-vie								
Succursales et agences	..	..	..	..	..	..	..	..
Filiales	..	..	..	..	..	..	..	..
Total	..	..	..	..	..	..	..	..
Mixtes total	..	..	..	..	..	..	..	..
Total								
Succursales et agences	-	..	..	..	..	..	..	..
Filiales	-	..	..	..	..	..	..	..
Total	-	..	..	..	..	..	..	..

.. Non disponible ; - Néant

Note : Voir les métadonnées détaillées sur : http://metalinks.oecd.org/isy/20170221/28b1.

Australie
Tableau 2. Nombre d'entreprises et d'employés

	2008	2009	2010	2011	2012	2013	2014	2015
2.1 Nombre d'entreprises								
Vie								
Entreprises nationales	26	26	26	31	28	28	28	28
Entreprises sous contrôle étranger	10	8	8	14	14	14	14	13
Succursales d'entreprises étrangères	0	..	..	..	..	..	..	..
Ensemble des entreprises	26	26	26	31	28	28	28	28
Non-vie								
Entreprises nationales	87	85	84	81	79	75	74	70
Entreprises sous contrôle étranger	21	22	20	19	17	18	19	19
Succursales d'entreprises étrangères	26	35	34	31	30	29	29	30
Ensemble des entreprises	113	120	118	112	109	104	103	100
Mixtes, ensemble des entreprises	..	..	..	..	..	..	..	**0**
Réassurance								
Entreprises nationales	8	8	2	3	3	3	3	2
Entreprises sous contrôle étranger	7	7	1	1	1	1	1	1
Succursales d'entreprises étrangères	14	12	10	9	9	9	9	8
Ensemble des entreprises	22	20	12	12	12	12	12	10
Total								
Entreprises nationales	122	119	112	115	110	106	105	100
Entreprises sous contrôle étranger	38	37	29	34	32	33	34	33
Succursales d'entreprises étrangères	41	47	44	40	39	38	38	38
Ensemble des entreprises	163	166	156	155	149	144	143	138
2.2 Nombre d'employés								
Entreprises d'assurance	..	..	..	..	..	..	..	..
Intermédiaires	..	..	..	..	..	..	..	..
Total	..	..	..	..	..	..	..	..

.. Non disponible

Note : Voir les métadonnées détaillées sur : http://metalinks.oecd.org/isy/20170221/28b1.

Autriche
Tableau 1. Agrégats sélectionnés

Millions EUR

	2008	2009	2010	2011	2012	2013	2014	2015
1.1 Opérations d'assurance conclues dans le pays déclarant								
1.1.1 Opérations d'assurance, par intérêt								
Primes brutes								
Entreprises nationales	18 030	..	..	..	..	18 879	18 889	19 003
Entreprises sous contrôle étranger	6 712	..	..	..	..	6 781	7 196	7 060
Succursales d'entreprises étrangères	28	..	..	..	..	8	6	6
Ensemble des entreprises	17 976	..	..	..	..	18 887	18 895	19 009
Primes cédées								
Entreprises nationales	3 327	..	..	..	..	3 539	3 102	2 996
Entreprises sous contrôle étranger	1 710	..	..	..	..	1 127	1 171	1 113
Succursales d'entreprises étrangères	0	..	..	..	..	0	0	0
Ensemble des entreprises	3 327	..	..	..	..	3 539	3 102	2 996
Primes nettes émises								
Entreprises nationales	14 703	..	..	..	..	15 340	15 787	16 007
Entreprises sous contrôle étranger	5 002	..	..	..	..	5 654	6 024	5 948
Succursales d'entreprises étrangères	28	..	..	..	..	8	6	6
Ensemble des entreprises	14 732	..	..	..	..	15 348	15 793	16 013
1.1.2 Opérations d'assurance par risque à l'étranger, primes brutes								
Vie	273	83	991	174	72	157	22	20
Non-vie	355	121	4 630	722	662	717	726	702
Mixtes	..	398	13 176	523	626	595	489	391
dont :								
Vie	..	243	6 471	252	188	202	158	111
Non-vie	..	155	6 704	270	438	393	331	280
Total	628	602	18 797	1 419	1 360	1 469	1 237	1 114
1.1.3 Paiement par catégories d'assurance, primes brutes (vie)								
Rentes	1 351	..	..	..	..	1 441	1 822	1 946
Unit linked	2 521	2 521	2 860	2 255	1 846	1 248	1 011	933
Autre assurance vie	3 388	4 797	4 578	4 644	4 588	3 738	3 852	3 812
Total Assurance Vie	7 259	..	7 438	6 899	6 434	6 427	6 685	6 692
dont : Contrats de retraite	..	..	..	..	..	997	1 116	1 031
1.1.4 Paiement par catégories d'assurance, primes brutes (non-vie)								
L'assurance automobile	1 240	1 243	1 260	1 316	1 386	1 487	1 447	3 920
Les assurances transport (y compris maritime et aérien)	129	118	124	140	165	174	138	11
L'assurance de fret	..	0	..	..	..	..	x	155
L'assurance incendie et des dommages aux bien	977	957	973	978	1 008	1 081	1 058	3 153
L'assurance des pertes pécuniaires	197	211	220	237	167	174	183	178
L'assurance de la responsabilité civile générale	859	870	888	922	834	860	886	889
Les assurances accidents et maladie	2 474	2 503	2 572	2 873	3 024	3 150	3 143	3 257
dont : Maladie	1 581	1 598	1 653	1 704	1 762	1 841	1 905	2 007
Autres assurances non-vie	4 866	4 798	5 193	5 517	5 672	5 517	5 340	742
Réassurance obligatoire	..	..	..	..	..	..	..	..
Total assurance non-vie	10 742	10 701	11 230	11 983	12 255	12 444	12 195	12 303
1.2 Paiements bruts des sinistres								
Vie								
Entreprises nationales	810	167	256	314	360	358	1 110	1 254
Entreprises sous contrôle étranger	304	-	0	0	145	140	714	837
Succursales d'entreprises étrangères	0	0	0	0	..	0	0	0
Ensemble des entreprises	810	167	256	314	360	358	1 110	1 254
Non-vie								
Entreprises nationales	7 407	3 229	3 019	2 290	2 675	1 107	1 632	2 072
Entreprises sous contrôle étranger	2 992	1 108	1 531	875	1 490	905	873	1 288
Succursales d'entreprises étrangères	12	12	5	5	5	4	3	2
Ensemble des entreprises	7 419	3 241	3 024	2 296	2 681	1 111	1 636	2 075
Mixtes								
Entreprises nationales	..	10 317	10 023	10 854	11 652	11 676	11 289	12 780
Entreprises sous contrôle étranger	..	3 315	3 565	3 751	3 829	3 846	3 026	3 760
Succursales d'entreprises étrangères	..	0	0	0	..	0	0	0
Ensemble des entreprises	..	10 317	10 023	10 854	11 652	11 676	11 289	12 780
dont :								
Vie	..	5 631	5 599	6 338	6 047	6 011	5 955	7 193
Entreprises nationales	..	5 631	5 599	6 338	6 047	6 011	5 955	7 193
Entreprises sous contrôle étranger	..	1 786	2 117	2 297	2 281	2 274	1 630	2 235
Succursales d'entreprises étrangères	..	0	0	0	..	0	0	0
Ensemble des entreprises	..	5 631	5 599	6 338	6 047	6 011	5 955	7 193
Non-vie	..	4 685	4 425	4 516	5 605	5 665	5 335	5 588
Entreprises nationales	..	4 685	4 425	4 516	5 605	5 665	5 335	5 588
Entreprises sous contrôle étranger	..	1 529	1 448	1 454	1 549	1 572	1 396	1 525
Succursales d'entreprises étrangères	..	0	0	0	..	0	0	0
Ensemble des entreprises	..	4 685	4 425	4 516	5 605	5 665	5 335	5 588
Total								
Entreprises nationales	8 217	13 713	13 298	13 458	14 687	13 141	14 032	16 107
Entreprises sous contrôle étranger	3 296	4 424	5 096	4 626	5 464	4 891	4 613	5 885
Succursales d'entreprises étrangères	12	12	5	5	5	4	3	2
Ensemble des entreprises	8 228	13 725	13 304	13 463	14 692	13 145	14 036	16 109

Autriche
Tableau 1. Agrégats sélectionnés *(suite)*

Millions EUR

	2008	2009	2010	2011	2012	2013	2014	2015
1.3 Commissions								
Vie								
Entreprises nationales	796	118 |	129	138	75	99	98	98
Entreprises sous contrôle étranger	246	- |	0	0	17	5	70	70
Succursales d'entreprises étrangères	0	0	0	0	..	0	0	0
Ensemble des entreprises	796	118 |	129	138	75	99	98	98
Non-vie								
Entreprises nationales	1 698	518 |	519	548	338	354	398	386
Entreprises sous contrôle étranger	740	97 |	295	302	309	319	329	341
Succursales d'entreprises étrangères	9	9	1	2	2	2	1	1
Ensemble des entreprises	1 707	527 |	521	549	340	356	399	387
Mixtes								
Entreprises nationales	..	1 805 |	1 916	1 962	2 309	2 285	2 279	2 354
Entreprises sous contrôle étranger	..	638 |	712	717	750	752	666	739
Succursales d'entreprises étrangères	..	0	0	0	..	0	0	0
Ensemble des entreprises	..	1 805 |	1 916	1 962	2 309	2 285	2 279	2 354
dont :								
Vie	..	616 |	688	669	692	644	624	623
Entreprises nationales	..	616 |	688	669	692	644	624	623
Entreprises sous contrôle étranger	..	194 |	256	255	253	238	163	188
Succursales d'entreprises étrangères	..	0	0	0	..	0	0	0
Ensemble des entreprises	..	616 |	688	669	692	644	624	623
Non-vie	..	1 189 |	1 228	1 292	1 616	1 641	1 655	1 731
Entreprises nationales	..	1 189 |	1 228	1 292	1 616	1 641	1 655	1 731
Entreprises sous contrôle étranger	..	444 |	456	462	497	514	503	551
Succursales d'entreprises étrangères	..	0	0	0	..	0	0	0
Ensemble des entreprises	..	1 189 |	1 228	1 292	1 616	1 641	1 655	1 731
Total								
Entreprises nationales	2 494	2 440	2 564	2 647	2 722	2 738	2 775	2 839
Entreprises sous contrôle étranger	986	734	1 008	1 019	1 077	1 076	1 065	1 150
Succursales d'entreprises étrangères	9	9	1	2	2	2	1	1
Ensemble des entreprises	2 503	2 450	2 565	2 649	2 724	2 740	2 776	2 840
1.4 Dépenses brutes d'exploitation								
Vie								
Entreprises nationales	1 108	136 |	146	157	95	120	43	40
Entreprises sous contrôle étranger	371	- |	0	0	0	14	30	30
Succursales d'entreprises étrangères	0	0	0	0	..	0	0	0
Ensemble des entreprises	1 108	136 |	146	157	95	120	43	40
Non-vie								
Entreprises nationales	2 738	801 |	906	672	860	697	153	143
Entreprises sous contrôle étranger	1 353	266 |	443	263	447	414	116	92
Succursales d'entreprises étrangères	11	16	3	3	3	3	1	1
Ensemble des entreprises	2 749	818 |	909	675	863	700	154	144
Mixtes								
Entreprises nationales	..	2 026 |	2 115	2 054	1 918	2 306	623	678
Entreprises sous contrôle étranger	..	644 |	723	667	695	699	167	185
Succursales d'entreprises étrangères	..	0	0	0	..	0	0	0
Ensemble des entreprises	..	2 026 |	2 115	2 054	1 918	2 306	623	678
dont :								
Vie	..	845 |	908	879	513	848	194	202
Entreprises nationales	..	845 |	908	879	513	848	194	202
Entreprises sous contrôle étranger	..	279 |	341	344	339	323	61	68
Succursales d'entreprises étrangères	..	0	0	0	..	0	0	0
Ensemble des entreprises	..	845 |	908	879	513	848	194	202
Non-vie	..	1 181 |	1 208	1 175	1 405	1 458	428	476
Entreprises nationales	..	1 181 |	1 208	1 175	1 405	1 458	428	476
Entreprises sous contrôle étranger	..	365 |	382	323	356	376	106	117
Succursales d'entreprises étrangères	..	0	0	0	..	0	0	0
Ensemble des entreprises	..	1 181 |	1 208	1 175	1 405	1 458	428	476
Total								
Entreprises nationales	3 845	2 963	3 167	2 883	2 873	3 124	819	861
Entreprises sous contrôle étranger	1 723	910	1 166	930	1 143	1 128	313	308
Succursales d'entreprises étrangères	11	16	3	3	3	3	1	1
Ensemble des entreprises	3 856	2 980	3 170	2 885	2 876	3 127	820	862

Autriche
Tableau 1. Agrégats sélectionnés *(suite)*

Millions EUR

	2008	2009	2010	2011	2012	2013	2014	2015
1.5 Opérations à l'étranger par succursale, primes brutes								
Vie								
Succursales et agences	..	85 |	139	174	72	157	22	19
Filiales	..	..	..	..	..	..	..	..
Total	..	85 |	139	174	72	157	22	19
Non-vie								
Succursales et agences	..	111 |	141	219	149	159	198	204
Filiales	..	..	..	..	..	..	..	..
Total	..	111 |	141	219	149	159	198	204
Mixtes								
Succursales et agences	..	331 |	539	480	557	480	368	284
Filiales	..	..	..	..	..	..	..	..
Total	..	331 |	539	480	557	480	368	284
dont :								
Vie	..	226 |	407	233	168	140	103	78
Succursales et agences	..	226 |	407	233	168	140	103	78
Filiales	..	..	..	..	..	..	..	..
Total	..	226 |	407	233	168	140	103	78
Non-vie	..	105 |	132	246	389	340	266	206
Succursales et agences	..	105 |	132	246	389	340	266	206
Filiales	..	..	..	..	..	..	..	..
Total	..	105 |	132	246	389	340	266	206
Total								
Succursales et agences	..	528	818	873	778	796	587	507
Filiales	..	..	..	..	..	..	..	..
Total	..	528	818	873	778	796	587	507

.. Non disponible ; - Néant ; | Rupture de série ; x Sans objet

Note : Voir les métadonnées détaillées sur : http://metalinks.oecd.org/isy/20170221/07de.

Autriche
Tableau 2. Nombre d'entreprises et d'employés

	2008	2009	2010	2011	2012	2013	2014	2015
2.1 Nombre d'entreprises								
Vie								
Entreprises nationales	3	3	3	3	3	3	7	7
Entreprises sous contrôle étranger	0	0	0	0	1	1	3	3
Succursales d'entreprises étrangères	0	0	0	0	0	0	0	0
Ensemble des entreprises	3	3	3	3	3	3	7	7
Non-vie								
Entreprises nationales	16	16	17	17	14	14	12	12
Entreprises sous contrôle étranger	9	8	9	8	7	7	8	8
Succursales d'entreprises étrangères	2	2	1	1	1	1	1	1
Ensemble des entreprises	18	18	18	18	15	15	13	13
Mixtes								
Entreprises nationales	28	28	28	28	27	26	21	20
Entreprises sous contrôle étranger	9	9	10	10	10	9	6	5
Succursales d'entreprises étrangères	0	0	0	0	0	0	0	0
Ensemble des entreprises	28	28	28	28	27	26	21	20
Réassurance								
Entreprises nationales	3	3	3	3	3	3	3	2
Entreprises sous contrôle étranger	2	2	2	2	2	1	2	1
Succursales d'entreprises étrangères	0	0	0	0	0	0	0	0
Ensemble des entreprises	3	3	3	3	3	3	3	2
Total								
Entreprises nationales	50	50	51	51	47	46	43	41
Entreprises sous contrôle étranger	20	19	21	20	20	18	19	17
Succursales d'entreprises étrangères	2	2	1	1	1	1	1	1
Ensemble des entreprises	52	52	52	52	48	47	44	42
2.2 Nombre d'employés								
Entreprises d'assurance	27 524	27 896	27 755	27 671	27 430	27 738	27 791	27 911
Intermédiaires	..	..	..	9 839	9 255	..	x	..
Total	..	..	..	27 671	27 430	27 738	27 791	27 911

.. Non disponible ; x Sans objet

Note : Voir les métadonnées détaillées sur : http://metalinks.oecd.org/isy/20170221/07de.

Belgique
Tableau 1. Agrégats sélectionnés

Millions EUR

	2008	2009	2010	2011	2012	2013	2014	2015
1.1 Opérations d'assurance conclues dans le pays déclarant								
1.1.1 Opérations d'assurance, par intérêt								
Primes brutes								
Entreprises nationales	29 224	28 488	29 575	29 363	32 640	28 251	28 863	25 860
Entreprises sous contrôle étranger	..	..	..	..	..	..	..	..
Succursales d'entreprises étrangères	..	..	..	..	..	..	..	..
Ensemble des entreprises	29 224	28 488	29 575	29 363	32 640	28 251	28 863	25 860
Primes cédées								
Entreprises nationales	1 566	1 645	1 773	1 441	2 417	2 474	3 251	3 183
Entreprises sous contrôle étranger	..	..	..	..	..	..	..	..
Succursales d'entreprises étrangères	..	..	..	..	..	..	..	..
Ensemble des entreprises	..	1 645	1 773	1 441	2 417	2 474	3 251	3 183
Primes nettes émises								
Entreprises nationales	27 658	26 843	27 802	27 922	30 223	25 777	25 612	22 677
Entreprises sous contrôle étranger	..	..	..	..	..	..	..	..
Succursales d'entreprises étrangères	..	..	..	..	..	..	..	..
Ensemble des entreprises	..	26 843	27 802	27 922	30 223	25 777	25 612	22 677
1.1.2 Opérations d'assurance par risque à l'étranger, primes brutes								
Vie	..	..	..	..	31	25	15	24
Non-vie	..	..	..	..	242	268	563	-1 416
Mixtes	..	..	..	..	230	218	223	321
dont :								
Vie	..	..	..	..	77	53	39	38
Non-vie	..	..	..	..	153	165	184	282
Total	..	..	..	..	502	511	801	-1 071
1.1.3 Paiement par catégories d'assurance, primes brutes (vie)								
Rentes	..	..	..	..	..	..	..	..
Unit linked	1 930	1 664	2 049	2 142	4 844	2 743	2 524	3 008
Autre assurance vie	17 520	16 740	17 092	16 324	16 235	13 501	13 723	12 302
Total Assurance Vie	19 450	18 404	19 141	18 467	21 078	16 244	16 247	15 310
dont : Contrats de retraite	..	..	..	..	..	..	..	..
1.1.4 Paiement par catégories d'assurance, primes brutes (non-vie)								
L'assurance automobile	..	..	..	..	3 459	3 487	3 542	3 579
Les assurances transport (y compris maritime et aérien)	..	..	..	..	78	71	69	79
L'assurance de fret	..	..	..	..	116	104	100	73
L'assurance incendie et des dommages aux bien	..	..	..	..	2 573	2 696	2 755	2 707
L'assurance des pertes pécuniaires	..	..	..	..	407	404	725	-1 253
L'assurance de la responsabilité civile générale	..	..	..	..	780	770	785	739
Les assurances accidents et maladie	..	..	..	..	3 361	3 592	3 695	3 582
dont : Maladie	..	..	..	..	1 517	1 618	1 708	1 841
Autres assurances non-vie	..	..	..	..	737	825	885	990
Réassurance obligatoire	..	..	..	..	7	..	..	..
Total assurance non-vie	..	..	..	..	11 516	11 949	12 556	10 497
1.2 Paiements bruts des sinistres								
Vie								
Entreprises nationales	15 239	1 207 |	514	547	592	528	626	469
Entreprises sous contrôle étranger	..	..	..	..	..	..	..	..
Succursales d'entreprises étrangères	..	..	..	..	..	..	..	..
Ensemble des entreprises	15 239	..	..	..	592	528	626	469
Non-vie								
Entreprises nationales	5 269	1 120 |	1 496	1 512	1 898	1 960	2 272	2 361
Entreprises sous contrôle étranger	..	..	..	..	..	..	..	..
Succursales d'entreprises étrangères	..	..	..	..	..	..	..	..
Ensemble des entreprises	5 269	..	..	..	1 898	1 960	2 272	2 361
Mixtes								
Entreprises nationales	..	16 620 |	17 461	20 798	23 438	23 890	24 323	25 926
Entreprises sous contrôle étranger	..	..	..	..	..	..	..	..
Succursales d'entreprises étrangères	..	..	..	..	..	..	..	..
Ensemble des entreprises	..	..	..	..	23 438	23 890	24 323	25 926
dont :								
Vie	..	..	..	..	17 427	17 746	17 418	19 244
Entreprises nationales	..	11 992 |	12 194	15 232	17 427	17 746	17 418	19 244
Entreprises sous contrôle étranger	..	..	..	..	..	..	..	..
Succursales d'entreprises étrangères	..	..	..	..	..	..	..	..
Ensemble des entreprises	..	..	..	..	17 427	17 746	17 418	19 244
Non-vie	..	..	..	..	6 010	6 144	6 905	6 682
Entreprises nationales	..	4 628 |	5 267	5 566	6 010	6 144	6 905	6 682
Entreprises sous contrôle étranger	..	..	..	..	..	..	..	..
Succursales d'entreprises étrangères	..	..	..	..	..	..	..	..
Ensemble des entreprises	..	..	..	..	6 010	6 144	6 905	6 682
Total								
Entreprises nationales	20 508	18 947	19 470	22 857	25 928	26 378	27 222	28 755
Entreprises sous contrôle étranger	..	..	..	..	..	..	..	..
Succursales d'entreprises étrangères	..	..	..	..	..	..	..	..
Ensemble des entreprises	20 508	..	..	..	25 928	26 378	27 222	28 755

Belgique
Tableau 1. Agrégats sélectionnés *(suite)*

Millions EUR

	2008	2009	2010	2011	2012	2013	2014	2015
1.3 Commissions								
Vie								
Entreprises nationales	868	140 |	74	54	59	55	45	47
Entreprises sous contrôle étranger	..	..	..	..	..	..	..	..
Succursales d'entreprises étrangères	..	..	..	..	..	..	..	..
Ensemble des entreprises	868	..	..	..	59	55	45	47
Non-vie								
Entreprises nationales	1 376	207 |	340	318	394	391	450	549
Entreprises sous contrôle étranger	..	..	..	..	..	..	..	..
Succursales d'entreprises étrangères	..	..	..	..	..	..	..	..
Ensemble des entreprises	1 376	..	..	..	394	391	450	549
Mixtes								
Entreprises nationales	..	1 926 |	2 118	2 209	2 397	2 446	2 478	2 493
Entreprises sous contrôle étranger	..	..	..	..	..	..	..	..
Succursales d'entreprises étrangères	..	..	..	..	..	..	..	..
Ensemble des entreprises	..	..	..	..	2 397	2 446	2 478	2 493
dont :								
Vie	..	..	..	..	905	875	852	833
Entreprises nationales	..	695 |	808	826	905	875	852	833
Entreprises sous contrôle étranger	..	..	..	..	..	..	..	..
Succursales d'entreprises étrangères	..	..	..	..	..	..	..	..
Ensemble des entreprises	..	..	..	..	905	875	852	833
Non-vie	..	..	..	..	1 493	1 572	1 626	1 660
Entreprises nationales	..	1 231 |	1 310	1 382	1 493	1 572	1 626	1 660
Entreprises sous contrôle étranger	..	..	..	..	..	..	..	..
Succursales d'entreprises étrangères	..	..	..	..	..	..	..	..
Ensemble des entreprises	..	..	..	..	1 493	1 572	1 626	1 660
Total								
Entreprises nationales	2 243	2 273	2 531	2 581	2 851	2 892	2 973	3 089
Entreprises sous contrôle étranger	..	..	..	..	..	..	..	..
Succursales d'entreprises étrangères	..	..	..	..	..	..	..	..
Ensemble des entreprises	2 243	..	..	..	2 851	2 892	2 973	3 089
1.4 Dépenses brutes d'exploitation								
Vie								
Entreprises nationales	1 713	219 |	135	115	118	58	41	45
Entreprises sous contrôle étranger	..	..	..	..	..	..	..	..
Succursales d'entreprises étrangères	..	..	..	..	..	..	..	..
Ensemble des entreprises	1 713	..	..	..	118	58	41	45
Non-vie								
Entreprises nationales	2 653	451 |	648	621	806	386	643	617
Entreprises sous contrôle étranger	..	..	..	..	..	..	..	..
Succursales d'entreprises étrangères	..	..	..	..	..	..	..	..
Ensemble des entreprises	2 653	..	..	..	806	386	643	617
Mixtes								
Entreprises nationales	..	3 645 |	4 007	4 176	4 401	2 084	2 197	2 205
Entreprises sous contrôle étranger	..	..	..	..	..	..	..	..
Succursales d'entreprises étrangères	..	..	..	..	..	..	..	..
Ensemble des entreprises	..	..	..	..	4 401	2 084	2 197	2 205
dont :								
Vie	..	..	..	..	1 702	830	833	824
Entreprises nationales	..	1 407 |	1 560	1 597	1 702	830	833	824
Entreprises sous contrôle étranger	..	..	..	..	..	..	..	..
Succursales d'entreprises étrangères	..	..	..	..	..	..	..	..
Ensemble des entreprises	..	..	..	..	1 702	830	833	824
Non-vie	..	..	..	..	2 699	1 254	1 364	1 382
Entreprises nationales	..	2 238 |	2 446	2 579	2 699	1 254	1 364	1 382
Entreprises sous contrôle étranger	..	..	..	..	..	..	..	..
Succursales d'entreprises étrangères	..	..	..	..	..	..	..	..
Ensemble des entreprises	..	..	..	..	2 699	1 254	1 364	1 382
Total								
Entreprises nationales	4 366	4 315	4 790	4 912	5 325	2 528	2 881	2 868
Entreprises sous contrôle étranger	..	..	..	..	..	..	..	..
Succursales d'entreprises étrangères	..	..	..	..	..	..	..	..
Ensemble des entreprises	4 366	..	..	..	5 325	2 528	2 881	2 868

Belgique
Tableau 1. Agrégats sélectionnés *(suite)*

Millions EUR

	2008	2009	2010	2011	2012	2013	2014	2015
1.5 Opérations à l'étranger par succursale, primes brutes								
Vie								
Succursales et agences	..	..	..	..	2	2	2	0
Filiales	..	..	..	..	..	..	..	..
Total	..	..	..	..	2	2	2	..
Non-vie								
Succursales et agences	..	..	..	..	698	727	1 572	3 783
Filiales	..	..	..	..	..	..	..	..
Total	..	..	..	..	698	727	1 572	3 783
Mixtes								
Succursales et agences	..	..	..	..	442	448	1 121	1 156
Filiales	..	..	..	..	..	..	..	..
Total	..	..	..	..	442	448	1 121	1 156
dont :								
Vie	..	..	..	..	32	28	16	16
Succursales et agences	..	..	..	..	32	28	16	16
Filiales	..	..	..	..	..	..	..	..
Total	..	..	..	..	32	28	16	16
Non-vie	..	..	..	..	409	421	1 105	1 141
Succursales et agences	..	..	..	..	409	421	1 105	1 141
Filiales	..	..	..	..	..	..	..	..
Total	..	..	..	..	409	421	1 105	1 141
Total								
Succursales et agences	..	..	..	..	1 142	1 178	2 696	4 940
Filiales	..	..	..	..	..	..	..	..
Total	..	..	..	..	1 142	1 178	2 696	4 940

.. Non disponible ; | Rupture de série

Note : Voir les métadonnées détaillées sur : http://metalinks.oecd.org/isy/20170221/b105.

Belgique
Tableau 2. Nombre d'entreprises et d'employés

	2008	2009	2010	2011	2012	2013	2014	2015
2.1 Nombre d'entreprises								
Vie								
Entreprises nationales	22	21	20	18	17	16	15	15
Entreprises sous contrôle étranger	..	..	..	..	..	..	..	..
Succursales d'entreprises étrangères	8	8	8	8	7	7	8	8
Ensemble des entreprises	30	29	28	26	24	23	23	23
Non-vie								
Entreprises nationales	57	54	54	53	49	44	42	41
Entreprises sous contrôle étranger	..	..	..	..	..	..	..	..
Succursales d'entreprises étrangères	42	41	40	44	36	36	36	32
Ensemble des entreprises	99	95	94	97	85	80	78	73
Mixtes								
Entreprises nationales	21	21	23	24	23	23	23	23
Entreprises sous contrôle étranger	..	..	..	..	..	..	..	..
Succursales d'entreprises étrangères	1	2	2	2	2	2	2	2
Ensemble des entreprises	22	23	25	26	25	25	25	25
Réassurance								
Entreprises nationales	..	1	2	2	1	1	1	1
Entreprises sous contrôle étranger	..	..	..	..	..	..	..	..
Succursales d'entreprises étrangères	..	0	0	0	1	1	1	1
Ensemble des entreprises	..	1	2	2	2	2	2	2
Total								
Entreprises nationales	100	97	99	97	90	84	81	80
Entreprises sous contrôle étranger	..	..	..	..	..	..	..	..
Succursales d'entreprises étrangères	51	51	50	54	46	46	47	43
Ensemble des entreprises	151	148	149	151	136	130	128	123
2.2 Nombre d'employés								
Entreprises d'assurance	24 422	23 588	23 833	25 083	..	..	..	..
Intermédiaires	22 901	20 897	18 075	..	..	..	..	..
Total	47 323	44 485	41 908	..	..	..	..	..

.. Non disponible

Note : Voir les métadonnées détaillées sur : http://metalinks.oecd.org/isy/20170221/b105.

Canada
Tableau 1. Agrégats sélectionnés

Millions CAD

	2008	2009	2010	2011	2012	2013	2014	2015
1.1 Opérations d'assurance conclues dans le pays déclarant								
1.1.1 Opérations d'assurance, par intérêt								
Primes brutes								
Entreprises nationales	108 700	77 487	78 875	83 513	87 337	91 830	81 347	86 082
Entreprises sous contrôle étranger	25 807	11 354	11 288	11 273	11 465	11 237	18 957	17 321
Succursales d'entreprises étrangères	12 632	8 730	9 464	9 502	9 621	9 651	21 604	20 840
Ensemble des entreprises	121 332	86 217	88 339	93 014	96 958	101 481	102 951	106 922
Primes cédées								
Entreprises nationales	15 029	16 856	16 638	21 174	23 483	25 176	22 771	25 855
Entreprises sous contrôle étranger	7 344	2 227	2 465	2 550	2 413	2 504	5 070	4 912
Succursales d'entreprises étrangères	3 242	1 791	2 014	1 923	2 405	2 094	4 469	4 735
Ensemble des entreprises	18 271	18 648	18 651	23 097	25 888	27 270	27 240	30 590
Primes nettes émises								
Entreprises nationales	93 671	60 631	62 237	62 338	63 854	66 655	58 576	60 227
Entreprises sous contrôle étranger	18 463	9 127	8 823	8 723	9 052	8 733	13 888	12 410
Succursales d'entreprises étrangères	9 390	6 939	7 450	7 579	7 216	7 557	17 135	16 104
Ensemble des entreprises	103 061	67 570	69 687	69 917	71 070	74 212	75 710	76 331
1.1.2 Opérations d'assurance par risque à l'étranger, primes brutes								
Vie	0	..	..	..	..	..	..	..
Non-vie	0	..	..	..	..	..	..	..
Mixtes	..	..	..	..	..	..	..	..
dont :								
Vie	..	..	..	..	..	..	..	..
Non-vie	..	..	..	..	..	..	..	..
Total	-	..	..	..	..	..	..	..
1.1.3 Paiement par catégories d'assurance, primes brutes (vie)								
Rentes	20 077	8 943	7 815	6 457	5 276	6 263	5 562	5 539
Unit linked	66	68	70	..	..	..	..	..
Autre assurance vie	17 915	18 483	19 212	..	..	..	..	..
Total Assurance Vie	38 058	38 923	39 093	..	..	..	..	..
dont : Contrats de retraite	1 794	1 837	1 598	..	..	..	..	..
1.1.4 Paiement par catégories d'assurance, primes brutes (non-vie)								
L'assurance automobile	20 622	17 993	18 191	20 277	21 805	22 857	21 007	21 426
Les assurances transport (y compris maritime et aérien)	667	628	650	656	672	630	773	716
L'assurance de fret	0	..	..	..	..	..	..	..
L'assurance incendie et des dommages aux bien	15 858	13 097	13 483	15 268	16 577	16 687	18 994	19 992
L'assurance des pertes pécuniaires	2 515	1 391	1 643	1 716	1 785	1 748	2 271	2 613
L'assurance de la responsabilité civile générale	5 147	4 766	4 797	5 054	5 197	5 267	5 830	6 289
Les assurances accidents et maladie	34 189	17 371	18 043	25 743	19 672	20 262	25 708	26 370
dont : Maladie	852	..	..	..	..	..	..	..
Autres assurances non-vie	341	12	6	8	14	32	138	275
Réassurance obligatoire	0	..	..	..	..	..	..	..
Total assurance non-vie	80 191	55 258	56 813	68 723	65 723	67 482	74 721	77 682
1.2 Paiements bruts des sinistres								
Vie								
Entreprises nationales	29 703	- |	0	0	0	0	0	0
Entreprises sous contrôle étranger	4 379	- |	0	0	0	0	0	0
Succursales d'entreprises étrangères	1 702	24 |	25	27	28	36	41	13
Ensemble des entreprises	31 405	24 |	25	27	28	36	41	13
Non-vie								
Entreprises nationales	52 305	22 318 |	21 444	23 354	24 435	28 506	25 194	25 500
Entreprises sous contrôle étranger	12 674	5 102 |	4 666	5 150	4 939	5 566	8 332	8 552
Succursales d'entreprises étrangères	6 515	4 531 |	5 971	5 840	4 875	5 242	5 901	4 694
Ensemble des entreprises	58 820	26 849 |	27 415	29 193	29 310	33 748	31 095	30 193
Mixtes								
Entreprises nationales	..	13 064 |	13 016	10 525	10 851	11 227	9 477	10 030
Entreprises sous contrôle étranger	..	742 |	773	666	731	736	881	303
Succursales d'entreprises étrangères	..	193 |	220	160	163	159	7 182	7 161
Ensemble des entreprises	..	13 257 |	13 236	10 685	11 014	11 386	16 659	17 190
dont :								
Vie	..	5 039 |	5 224	4 599	4 749	4 969	5 480	5 747
Entreprises nationales	..	4 931 |	5 096	4 523	4 650	4 869	3 858	4 186
Entreprises sous contrôle étranger	..	311 |	301	190	189	190	344	188
Succursales d'entreprises étrangères	..	108 |	128	76	99	99	1 622	1 561
Ensemble des entreprises	..	5 039 |	5 224	4 599	4 749	4 969	5 480	5 747
Non-vie	..	8 218 |	8 012	6 085	6 264	6 417	11 179	11 444
Entreprises nationales	..	8 133 |	7 920	6 002	6 201	6 357	5 620	5 844
Entreprises sous contrôle étranger	..	431 |	472	475	542	546	537	115
Succursales d'entreprises étrangères	..	85 |	92	83	63	60	5 560	5 600
Ensemble des entreprises	..	8 218 |	8 012	6 085	6 264	6 417	11 179	11 444
Total								
Entreprises nationales	82 008	35 381	34 460	33 879	35 286	39 733	34 671	35 529
Entreprises sous contrôle étranger	17 053	5 844	5 440	5 816	5 670	6 301	9 213	8 854
Succursales d'entreprises étrangères	8 217	4 748	6 216	6 026	5 066	5 437	13 124	11 867
Ensemble des entreprises	90 225	40 129	40 676	39 905	40 351	45 170	47 795	47 396

Canada
Tableau 1. Agrégats sélectionnés *(suite)*

Millions CAD

	2008	2009	2010	2011	2012	2013	2014	2015
1.3 Commissions								
Vie								
Entreprises nationales	3 183	- |	0	0	0	0	..	0
Entreprises sous contrôle étranger	361	- |	0	0	0	0	..	..
Succursales d'entreprises étrangères	121	- |	11	10	12	10	..	0
Ensemble des entreprises	3 304	- |	11	10	12	10	..	0
Non-vie								
Entreprises nationales	5 961	3 855 |	4 055	4 305	4 719	4 781	..	5 441
Entreprises sous contrôle étranger	2 294	934 |	932	91	1 115	1 092	..	1 882
Succursales d'entreprises étrangères	1 240	1 003 |	1 070	1 102	1 077	1 095	..	1 104
Ensemble des entreprises	7 201	4 858 |	5 125	5 407	5 796	5 876	..	6 545
Mixtes								
Entreprises nationales	..	2 654 |	5 232	5 539	5 505	5 558	..	4 787
Entreprises sous contrôle étranger	..	- |	377	377	258	239	..	97
Succursales d'entreprises étrangères	..	171 |	169	158	147	145	..	193
Ensemble des entreprises	..	2 825 |	5 401	5 697	5 652	5 703	..	4 980
dont :								
Vie	..	2 382 |	4 026	4 212	4 239	4 291	..	3 572
Entreprises nationales	..	2 276 |	3 920	4 115	4 150	4 213	..	3 457
Entreprises sous contrôle étranger	..	- |	273	285	172	173	..	65
Succursales d'entreprises étrangères	..	107 |	106	97	89	78	..	115
Ensemble des entreprises	..	2 382 |	4 026	4 212	4 239	4 291	..	3 572
Non-vie	..	443 |	1 375	1 485	1 413	1 412	..	1 408
Entreprises nationales	..	379 |	1 312	1 424	1 355	1 345	..	1 330
Entreprises sous contrôle étranger	..	- |	104	91	86	66	..	32
Succursales d'entreprises étrangères	..	64 |	63	61	58	67	..	78
Ensemble des entreprises	..	443 |	1 375	1 485	1 413	1 412	..	1 408
Total								
Entreprises nationales	9 144	6 509	9 287	9 844	10 224	10 339	..	10 228
Entreprises sous contrôle étranger	2 655	934	1 309	467	1 373	1 331	..	1 979
Succursales d'entreprises étrangères	1 361	1 174	1 250	1 270	1 235	1 249	..	1 298
Ensemble des entreprises	10 505	7 683	10 537	11 114	11 460	11 588	..	11 526
1.4 Dépenses brutes d'exploitation								
Vie								
Entreprises nationales	6 367	17 |	18	20	22	23	24	22
Entreprises sous contrôle étranger	739	- |	0	0	0	..	0	0
Succursales d'entreprises étrangères	156	30 |	27	29	32	27	28	15
Ensemble des entreprises	6 523	46 |	45	49	53	50	52	37
Non-vie								
Entreprises nationales	8 294	4 412 |	4 707	5 235	5 774	6 023	4 032	4 493
Entreprises sous contrôle étranger	2 457	1 282 |	1 310	1 385	1 465	1 409	1 385	1 488
Succursales d'entreprises étrangères	1 011	888 |	929	931	1 001	1 017	855	689
Ensemble des entreprises	9 305	5 300 |	5 636	6 166	6 775	7 040	4 887	5 182
Mixtes								
Entreprises nationales	..	12 118 |	13 129	10 675	12 274	13 728	12 612	14 400
Entreprises sous contrôle étranger	..	583 |	557	558	557	571	736	187
Succursales d'entreprises étrangères	..	127 |	124	119	110	117	206	272
Ensemble des entreprises	..	12 245 |	13 253	10 794	12 384	13 845	12 818	14 672
dont :								
Vie	..	..	..	..	..	..	..	..
Entreprises nationales	..	..	..	..	..	..	..	..
Entreprises sous contrôle étranger	..	..	..	..	..	..	..	..
Succursales d'entreprises étrangères	..	..	..	..	..	..	..	..
Ensemble des entreprises	..	..	..	..	..	..	..	..
Non-vie	..	..	..	..	..	..	..	..
Entreprises nationales	..	..	..	..	..	..	..	..
Entreprises sous contrôle étranger	..	..	..	..	..	..	..	..
Succursales d'entreprises étrangères	..	..	..	..	..	..	..	..
Ensemble des entreprises	..	..	..	..	..	..	..	..
Total								
Entreprises nationales	14 661	16 546	17 854	15 930	18 069	19 774	16 668	18 915
Entreprises sous contrôle étranger	3 196	1 864	1 868	1 943	2 021	1 981	2 121	1 675
Succursales d'entreprises étrangères	1 167	1 045	1 079	1 079	1 143	1 161	1 089	976
Ensemble des entreprises	15 828	17 591	18 933	17 009	19 212	20 934	17 757	19 891

Canada
Tableau 1. Agrégats sélectionnés *(suite)*

Millions CAD

	2008	2009	2010	2011	2012	2013	2014	2015
1.5 Opérations à l'étranger par succursale, primes brutes								
Vie								
Succursales et agences	4 855	..	..	..	..	..	..	..
Filiales	42 509	..	..	..	..	..	..	..
Total	47 364	- |	..	..	..	..	0	0
Non-vie								
Succursales et agences	1 584	..	..	..	..	..	..	..
Filiales	7 662	..	..	..	..	..	..	..
Total	9 246	325 |	250	545	548	1 018	1 320	1 500
Mixtes								
Succursales et agences	..	..	..	..	..	..	..	..
Filiales	..	..	..	..	..	..	..	..
Total	..	41 003 |	36 677	34 423	37 741	7 942	31 162	40 235
dont :								
Vie	..	..	..	..	..	..	27 224	..
Succursales et agences	..	..	..	..	..	..	..	..
Filiales	..	..	..	..	..	..	..	..
Total	..	..	..	..	..	..	27 224	..
Non-vie	..	..	..	..	..	..	3 939	..
Succursales et agences	..	..	..	..	..	..	..	..
Filiales	..	..	..	..	..	..	..	..
Total	..	..	..	..	..	..	3 939	..
Total								
Succursales et agences	6 439	..	..	..	..	..	..	..
Filiales	50 171	..	..	..	..	..	..	..
Total	56 610	41 328	36 927	34 968	38 289	8 959	32 482	41 736

.. Non disponible ; - Néant ; | Rupture de série

Note : Voir les métadonnées détaillées sur : http://metalinks.oecd.org/isy/20170221/5475.

Canada
Tableau 2. Nombre d'entreprises et d'employés

	2008	2009	2010	2011	2012	2013	2014	2015
2.1 Nombre d'entreprises								
Vie								
Entreprises nationales	76	1	1	1	1	1	1	1
Entreprises sous contrôle étranger	11	0	0	0	0	0	0	0
Succursales d'entreprises étrangères	35	9	7	5	5	5	5	5
Ensemble des entreprises	111	10	8	6	6	6	6	6
Non-vie								
Entreprises nationales	244	89	87	86	84	60	66	66
Entreprises sous contrôle étranger	38	24	23	23	23	22	28	28
Succursales d'entreprises étrangères	56	67	66	61	60	60	60	58
Ensemble des entreprises	300	156	153	147	144	120	126	124
Mixtes								
Entreprises nationales	1	46	44	43	43	34	34	33
Entreprises sous contrôle étranger	0	11	11	10	10	10	9	7
Succursales d'entreprises étrangères	4	27	26	26	21	26	23	22
Ensemble des entreprises	5	73	70	69	64	60	57	55
Réassurance								
Entreprises nationales	10	6	6	6	6	6	5	5
Entreprises sous contrôle étranger	5	5	5	6	6	6	5	5
Succursales d'entreprises étrangères	18	27	24	28	27	28	25	26
Ensemble des entreprises	28	33	30	34	33	34	30	31
Total								
Entreprises nationales	331	142	138	136	134	101	106	105
Entreprises sous contrôle étranger	54	40	39	39	39	38	42	40
Succursales d'entreprises étrangères	113	130	123	120	113	119	113	111
Ensemble des entreprises	444	272	261	256	247	220	219	216
2.2 Nombre d'employés								
Entreprises d'assurance	102 900	..	..	..	..	..	..	..
Intermédiaires	140 600	..	..	..	..	..	..	..
Total	243 500	..	..	..	..	..	..	..

.. Non disponible

Note : Voir les métadonnées détaillées sur : http://metalinks.oecd.org/isy/20170221/5475.

Chili
Tableau 1. Agrégats sélectionnés

Millions CLP

	2008	2009	2010	2011	2012	2013	2014	2015
1.1 Opérations d'assurance conclues dans le pays déclarant								
1.1.1 Opérations d'assurance, par intérêt								
Primes brutes								
Entreprises nationales	..	3 504 520	4 239 694	4 691 200	5 496 223	5 832 221	6 260 019	7 465 743
Entreprises sous contrôle étranger	..	2 056 579	2 335 007	2 270 671	2 821 041	3 056 166	3 211 682	3 614 011
Succursales d'entreprises étrangères	..	-	-	..	..	..	..	..
Ensemble des entreprises	..	3 504 520	4 239 694	4 691 200	5 496 223	5 832 221	6 260 019	7 465 743
Primes cédées								
Entreprises nationales	..	644 272	..	911 543	930 906	906 942	998 507	1 135 872
Entreprises sous contrôle étranger	..	486 353	..	648 512	671 333	647 814	676 439	749 522
Succursales d'entreprises étrangères	..	-	..	..	..	..	..	..
Ensemble des entreprises	..	644 272	..	911 543	930 906	906 942	998 507	1 135 872
Primes nettes émises								
Entreprises nationales	..	2 860 248	..	3 779 657	4 565 317	4 925 279	5 261 513	6 329 871
Entreprises sous contrôle étranger	..	1 570 226	..	1 622 159	2 149 709	2 408 352	2 535 243	2 864 489
Succursales d'entreprises étrangères	..	-	..	..	..	..	..	..
Ensemble des entreprises	..	2 860 248	..	3 779 657	4 565 317	4 925 279	5 261 513	6 329 871
1.1.2 Opérations d'assurance par risque à l'étranger, primes brutes								
Vie	..	..	..	0	..	..	..	..
Non-vie	..	..	..	0	..	..	..	..
Mixtes total	x	x	x	x	x	x	x	x
Total	..	..	..	-	..	..	..	..
1.1.3 Paiement par catégories d'assurance, primes brutes (vie)								
Rentes	..	808 248	1 067 841	1 105 236	1 623 894	1 729 819	1 692 693	2 343 736
Unit linked	..	201 107	196 316	201 183	213 028	318 975	475 508	613 110
Autre assurance vie	..	1 268 495	1 531 021	1 625 966	1 761 476	1 827 419	1 948 628	2 123 123
Total assurance vie	..	2 277 850	2 795 177	2 932 385	3 598 399	3 876 213	4 116 829	5 079 969
dont : Contrats de retraite	..	0	0	1 340 726	..	..	..	..
1.1.4 Paiement par catégories d'assurance, primes brutes (non-vie)								
L'assurance automobile	..	293 508	348 409	420 964	480 767	467 370	509 632	554 020
Les assurances transport (y compris maritime et aérien)	..	69 483	75 737	92 530	93 208	117 884	129 698	148 074
L'assurance de fret	..	0	0	0	0	0	0	0
L'assurance incendie et des dommages aux bien	..	439 527	539 516	663 739	726 707	711 066	788 536	901 636
L'assurance des pertes pécuniaires	..	44 298	49 420	58 737	62 661	55 877	62 708	73 291
L'assurance de la responsabilité civile générale	..	50 340	52 327	69 048	80 035	52 154	56 828	41 342
Les assurances accidents et maladie	..	121 524	123 267	115 563	117 127	25 789	30 296	46 180
dont : Maladie	..	195	571	943	1 362	1 349	6 186	2 268
Autres assurances non-vie	..	204 829	252 717	336 427	335 850	524 059	561 863	602 569
Réassurance obligatoire	..	0	0	0	0	0	0	0
Total assurance non-vie	..	1 223 509	1 441 393	1 757 008	1 896 354	1 954 198	2 139 562	2 367 113
1.2 Paiements bruts des sinistres								
Vie								
Entreprises nationales	..	2 771 258	2 989 991	2 914 714	3 393 850	3 714 398	4 027 828	2 853 170
Entreprises sous contrôle étranger	..	1 177 463	1 103 085	989 305	1 353 122	1 551 286	1 580 430	1 020 903
Succursales d'entreprises étrangères	..	0	0	0	..	..	..	..
Ensemble des entreprises	..	2 771 258	2 989 991	2 914 714	3 393 850	3 714 398	4 027 828	2 853 170
Non-vie								
Entreprises nationales	..	501 155	4 196 890	658 815	874 913	896 672	260 092	1 421 296
Entreprises sous contrôle étranger	..	300 774	3 421 645	420 283	524 939	541 982	157 970	889 183
Succursales d'entreprises étrangères	..	0	0	0	..	..	..	..
Ensemble des entreprises	..	501 155	4 196 890	658 815	874 913	896 672	260 092	1 421 296
Mixtes, ensemble des entreprises	x	x	x	x	x	x	x	x
Total								
Entreprises nationales	..	3 272 413	7 186 881	3 573 529	4 268 763	4 611 070	4 287 920	4 274 466
Entreprises sous contrôle étranger	..	1 478 237	4 524 730	1 409 588	1 878 061	2 093 268	1 738 400	1 910 087
Succursales d'entreprises étrangères	..	-	-	-	..	..	..	..
Ensemble des entreprises	..	3 272 413	7 186 881	3 573 529	4 268 763	4 611 070	4 287 920	4 274 466
1.3 Commissions								
Vie								
Entreprises nationales	..	153 504	183 002	182 335	228 573	248 645	263 060	301 418
Entreprises sous contrôle étranger	..	80 584	97 836	86 321	118 560	131 550	139 650	164 172
Succursales d'entreprises étrangères	..	0	0	0	..	..	..	..
Ensemble des entreprises	..	153 504	183 002	182 335	228 573	248 645	263 060	301 418
Non-vie								
Entreprises nationales	..	145 287	171 903	205 222	224 665	230 945	260 092	287 918
Entreprises sous contrôle étranger	..	98 178	114 424	134 674	142 291	140 238	157 970	171 469
Succursales d'entreprises étrangères	..	0	0	0	..	..	..	..
Ensemble des entreprises	..	145 287	171 903	205 222	224 665	230 945	260 092	287 918
Mixtes, ensemble des entreprises	x	x	x	x	x	x	x	x
Total								
Entreprises nationales	..	298 791	354 905	387 557	453 238	479 590	523 153	589 336
Entreprises sous contrôle étranger	..	178 762	212 260	220 996	260 851	271 787	297 621	335 641
Succursales d'entreprises étrangères	..	-	-	-	..	..	..	..
Ensemble des entreprises	..	298 791	354 905	387 557	453 238	479 590	523 153	589 336

Chili
Tableau 1. Agrégats sélectionnés *(suite)*

Millions CLP

	2008	2009	2010	2011	2012	2013	2014	2015
1.4 Dépenses brutes d'exploitation								
Vie								
Entreprises nationales	..	445 121	497 317	502 620	519 184	549 344	583 313	612 178
Entreprises sous contrôle étranger	..	238 613	271 689	242 660	250 271	268 515	284 692	308 320
Succursales d'entreprises étrangères	..	0	0	0	..	..	..	..
Ensemble des entreprises	..	445 121	497 317	502 620	519 184	549 344	583 313	612 178
Non-vie								
Entreprises nationales	..	263 732	290 845	331 560	339 044	359 066	382 886	412 676
Entreprises sous contrôle étranger	..	200 942	214 753	241 486	239 100	251 791	266 721	288 658
Succursales d'entreprises étrangères	..	0	0	0	..	..	..	..
Ensemble des entreprises	..	263 732	290 845	331 560	339 044	359 066	382 886	412 676
Mixtes, ensemble des entreprises	x	x	x	x	x	x	x	x
Total								
Entreprises nationales	..	708 853	788 162	834 180	858 228	908 410	966 199	1 024 854
Entreprises sous contrôle étranger	..	439 555	486 443	484 145	489 370	520 306	551 413	596 978
Succursales d'entreprises étrangères	..	-	-	-	..	..	..	..
Ensemble des entreprises	..	708 853	788 162	834 180	858 228	908 410	966 199	1 024 854
1.5 Opérations à l'étranger par succursale, primes brutes								
Vie								
Succursales et agences	..	..	..	0	..	..	..	..
Filiales	..	..	..	0	..	..	..	..
Total	..	..	..	0	..	..	..	..
Non-vie								
Succursales et agences	..	..	..	0	..	..	..	..
Filiales	..	..	..	0	..	..	..	..
Total	..	..	..	0	..	..	..	..
Mixtes total	x	x	x	x	x	x	x	x
Total								
Succursales et agences	..	..	..	-	..	..	..	..
Filiales	..	..	..	-	..	..	..	..
Total	..	..	..	-	..	..	..	..

.. Non disponible ; - Néant ; x Sans objet

Note : Voir les métadonnées détaillées sur : http://metalinks.oecd.org/isy/20170221/9d95.

Chili
Tableau 2. Nombre d'entreprises et d'employés

	2008	2009	2010	2011	2012	2013	2014	2015
2.1 Nombre d'entreprises								
Vie								
Entreprises nationales	..	30	31	30	32	33	34	36
Entreprises sous contrôle étranger	..	12	12	12	11	12	12	13
Succursales d'entreprises étrangères	..	0	0	0	..	..	..	..
Ensemble des entreprises	..	30	31	30	32	33	34	36
Non-vie								
Entreprises nationales	..	25	26	27	28	29	29	30
Entreprises sous contrôle étranger	..	14	15	16	16	18	17	18
Succursales d'entreprises étrangères	..	0	0	0	..	..	..	..
Ensemble des entreprises	..	25	26	27	28	29	29	30
Mixtes, ensemble des entreprises	-	-	-	-	-	-	-	-
Réassurance								
Entreprises nationales	..	1	1	1	1	1	1	1
Entreprises sous contrôle étranger	..	1	1	1	1	1	1	..
Succursales d'entreprises étrangères	..	0	0	0	..	..	..	..
Ensemble des entreprises	..	1	1	1	1	1	1	1
Total								
Entreprises nationales	..	56	58	58	61	63	64	67
Entreprises sous contrôle étranger	..	27	28	29	28	31	30	31
Succursales d'entreprises étrangères	..	0	0	0	..	..	..	..
Ensemble des entreprises	..	56	58	58	61	63	64	67
2.2 Nombre d'employés								
Entreprises d'assurance	..	13 236	13 554	14 366	16 304	16 686	17 039	15 368
Intermédiaires	..	6 492	6 828	7 211	6 828	7 046	6 959	7 499
Total	..	19 728	20 382	21 577	23 132	23 732	23 998	22 867

.. Non disponible ; - Néant

Note : Voir les métadonnées détaillées sur : http://metalinks.oecd.org/isy/20170221/9d95.

République tchèque
Tableau 1. Agrégats sélectionnés

Millions CZK

	2008	2009	2010	2011	2012	2013	2014	2015
1.1 Opérations d'assurance conclues dans le pays déclarant								
1.1.1 Opérations d'assurance, par intérêt								
Primes brutes								
Entreprises nationales	129 630	135 645	147 259	146 494	145 572	147 955	148 755	142 160
Entreprises sous contrôle étranger	121 743	126 354	136 170	134 999	134 114	135 671	137 200	125 565
Succursales d'entreprises étrangères	10 211	8 512	8 723	8 598	8 026	8 567	9 164	11 159
Ensemble des entreprises	139 841	144 157	155 981	155 092	153 597	156 522	157 919	153 319
Primes cédées								
Entreprises nationales	23 563	23 094	26 327	27 642	27 730	29 333	29 915	30 073
Entreprises sous contrôle étranger	22 762	21 993	23 843	24 903	24 826	26 054	26 601	26 490
Succursales d'entreprises étrangères	1 314	1 121	1 174	1 120	984	1 016	1 250	1 561
Ensemble des entreprises	24 877	24 215	27 502	28 762	28 714	30 349	31 165	31 634
Primes nettes émises								
Entreprises nationales	106 067	112 551	120 931	118 852	117 842	118 623	118 839	112 087
Entreprises sous contrôle étranger	98 981	104 361	112 327	110 096	109 288	109 617	110 598	99 074
Succursales d'entreprises étrangères	8 896	7 391	7 548	7 478	7 041	7 550	7 914	9 598
Ensemble des entreprises	114 963	119 942	128 480	126 330	124 884	126 173	126 754	121 685
1.1.2 Opérations d'assurance par risque à l'étranger, primes brutes								
Vie	2	3 626	..	2	3	0	0	0
Non-vie	1 867	86 665	..	814	931	741	993	524
Mixtes	..	..	..	1 553	1 681	1 780	2 121	1 867
dont :								
Vie	..	..	..	1	0	37	360	4
Non-vie	..	..	..	1 553	1 681	1 742	1 761	1 863
Total	1 869	90 291	..	2 370	2 614	2 521	3 113	2 390
1.1.3 Paiement par catégories d'assurance, primes brutes (vie)								
Rentes	2 439	2 314	2 082	1 881	1 810	1 775	1 505	1 413
Unit linked	21 591	24 126	33 956	36 584	37 799	34 764	37 632	35 125
Autre assurance vie	32 870	33 791	35 710	33 543	32 437	35 030	32 042	25 876
Total Assurance Vie	56 901	60 232	71 748	72 008	72 046	71 569	71 179	62 414
dont : Contrats de retraite	..	..	..	..	..	..	..	..
1.1.4 Paiement par catégories d'assurance, primes brutes (non-vie)								
L'assurance automobile	40 988	41 099	38 467	35 827	34 350	35 804	37 855	39 633
Les assurances transport (y compris maritime et aérien)	235	255	289	274	243	214	294	331
L'assurance de fret	471	376	378	385	336	393	461	466
L'assurance incendie et des dommages aux bien	18 835	19 847	20 151	20 586	20 832	21 442	21 687	22 655
L'assurance des pertes pécuniaires	4 530	3 873	5 047	5 413	5 190	5 920	4 933	5 243
L'assurance de la responsabilité civile générale	11 413	11 642	12 128	12 416	12 420	12 869	13 164	13 810
Les assurances accidents et maladie	4 100	4 628	5 491	5 708	5 523	5 482	5 342	5 393
dont : Maladie	0	0	0	0	0	0	0	0
Autres assurances non-vie	2 368	2 204	2 284	2 477	2 656	2 825	3 002	3 374
Réassurance obligatoire	0	0	0	0	0	0	0	0
Total assurance non-vie	82 940	83 925	84 234	83 084	81 550	84 950	86 738	90 903

République tchèque
Tableau 1. Agrégats sélectionnés *(suite)*

Millions CZK

	2008	2009	2010	2011	2012	2013	2014	2015
1.2 Paiements bruts des sinistres								
Vie								
Entreprises nationales	27 147	29 536	247	934	968	765	1 307	702
Entreprises sous contrôle étranger	26 391	28 702	247	934	968	765	1 307	702
Succursales d'entreprises étrangères	3 429	3 864	4 041	4 193	4 402	7 219	6 044	6 376
Ensemble des entreprises	30 576	33 400	4 287	5 127	5 370	7 984	7 352	7 077
Non-vie								
Entreprises nationales	37 999	41 439	3 939	2 981	3 594	5 208	6 045	6 460
Entreprises sous contrôle étranger	35 372	37 426	1 983	1 463	1 648	2 171	1 734	1 288
Succursales d'entreprises étrangères	644	903	1 001	922	746	1 184	1 353	1 216
Ensemble des entreprises	38 643	42 343	4 940	3 903	4 340	6 392	7 398	7 676
Mixtes								
Entreprises nationales	..	..	72 968	76 178	78 484	86 244	90 284	84 909
Entreprises sous contrôle étranger	..	..	69 071	72 105	74 012	81 355	84 712	79 681
Succursales d'entreprises étrangères	..	..	0	0	0	0	0	0
Ensemble des entreprises	..	..	72 968	76 178	78 484	86 244	90 284	84 909
dont :								
Vie	..	..	31 760	36 944	41 040	43 395	50 972	44 105
Entreprises nationales	..	..	31 760	36 944	41 040	43 395	50 972	44 105
Entreprises sous contrôle étranger	..	..	30 834	35 822	39 685	42 174	49 092	42 631
Succursales d'entreprises étrangères	..	..	0	0	0	0	0	0
Ensemble des entreprises	..	..	31 760	36 944	41 040	43 395	50 972	44 105
Non-vie	..	..	41 208	39 235	37 444	42 849	39 312	40 805
Entreprises nationales	..	..	41 208	39 235	37 444	42 849	39 312	40 805
Entreprises sous contrôle étranger	..	..	38 237	36 283	34 327	39 180	35 620	37 050
Succursales d'entreprises étrangères	..	..	0	0	0	0	0	0
Ensemble des entreprises	..	..	41 208	39 235	37 444	42 849	39 312	40 805
Total								
Entreprises nationales	65 146	70 975	77 154	80 094	83 046	92 217	97 636	92 071
Entreprises sous contrôle étranger	61 762	66 128	71 301	74 502	76 628	84 291	87 754	81 671
Succursales d'entreprises étrangères	4 074	4 768	5 041	5 116	5 148	8 403	7 397	7 592
Ensemble des entreprises	69 219	75 743	82 196	85 209	88 194	100 620	105 033	99 663
1.3 Commissions								
Vie								
Entreprises nationales	365	..	9	628	..	..	..	..
Entreprises sous contrôle étranger	364	..	9	628	..	..	..	..
Succursales d'entreprises étrangères	0	..	0	486	..	..	..	..
Ensemble des entreprises	365	..	9	1 114	..	..	..	..
Non-vie								
Entreprises nationales	5 102	..	313	466	..	..	..	..
Entreprises sous contrôle étranger	4 937	..	257	273	..	..	..	..
Succursales d'entreprises étrangères	260	..	214	418	..	..	..	..
Ensemble des entreprises	5 362	..	528	884	..	..	..	..
Mixtes								
Entreprises nationales	..	..	5 035	12 386	..	..	..	..
Entreprises sous contrôle étranger	..	..	4 607	11 419	..	..	..	..
Succursales d'entreprises étrangères	..	..	0	0	..	..	..	..
Ensemble des entreprises	..	..	5 035	12 386	..	..	..	..
dont :								
Vie	..	..	414	7 407	..	..	..	..
Entreprises nationales	..	..	414	7 407	..	..	..	..
Entreprises sous contrôle étranger	..	..	414	7 243	..	..	..	..
Succursales d'entreprises étrangères	..	..	0	0	..	..	..	..
Ensemble des entreprises	..	..	414	7 407	..	..	..	..
Non-vie	..	..	4 620	4 980	..	..	..	..
Entreprises nationales	..	..	4 620	4 980	..	..	..	..
Entreprises sous contrôle étranger	..	..	4 193	4 176	..	..	..	..
Succursales d'entreprises étrangères	..	..	0	0	..	..	..	..
Ensemble des entreprises	..	..	4 620	4 980	..	..	..	..
Total								
Entreprises nationales	5 467	..	5 357	13 481	..	..	..	..
Entreprises sous contrôle étranger	5 301	..	4 873	12 320	..	..	..	..
Succursales d'entreprises étrangères	260	..	214	904	..	..	..	..
Ensemble des entreprises	5 727	..	5 572	14 384	..	..	..	..

République tchèque
Tableau 1. Agrégats sélectionnés *(suite)*

Millions CZK

	2008	2009	2010	2011	2012	2013	2014	2015
1.4 Dépenses brutes d'exploitation								
Vie								
Entreprises nationales	11 748	12 964	1 060 |	1 085	1 132	748	759	739
Entreprises sous contrôle étranger	11 453	12 557	1 060 |	1 085	1 132	748	759	739
Succursales d'entreprises étrangères	1 672	1 387	1 440	1 617	1 659	1 587	1 459	1 997
Ensemble des entreprises	13 421	14 351	2 499 |	2 702	2 791	2 335	2 219	2 736
Non-vie								
Entreprises nationales	21 259	22 391	2 303 |	2 559	1 970	1 795	1 805	1 795
Entreprises sous contrôle étranger	19 100	19 946	1 446 |	1 509	1 152	987	937	883
Succursales d'entreprises étrangères	721	735	874	933	277	715	841	1 203
Ensemble des entreprises	21 980	23 126	3 177 |	3 491	2 247	2 510	2 646	2 998
Mixtes								
Entreprises nationales	..	..	31 688 |	33 219	21 405	21 863	22 207	20 341
Entreprises sous contrôle étranger	..	..	25 999 |	31 001	20 417	20 499	21 233	19 120
Succursales d'entreprises étrangères	..	..	0	0	0	0	0	0
Ensemble des entreprises	..	..	31 688 |	33 219	21 405	21 863	22 207	20 341
dont :								
Vie	..	..	12 087 |	13 363	12 009	11 670	11 475	9 613
Entreprises nationales	..	..	12 087 |	13 363	12 009	11 670	11 475	9 613
Entreprises sous contrôle étranger	..	..	11 605 |	12 861	11 604	11 231	11 050	9 059
Succursales d'entreprises étrangères	..	..	0	0	0	0	0	0
Ensemble des entreprises	..	..	12 087 |	13 363	12 009	11 670	11 475	9 613
Non-vie	..	..	19 601 |	19 856	9 396	10 193	10 733	10 728
Entreprises nationales	..	..	19 601 |	19 856	9 396	10 193	10 733	10 728
Entreprises sous contrôle étranger	..	..	17 994 |	18 140	8 814	9 268	10 184	10 061
Succursales d'entreprises étrangères	..	..	0	0	0	0	0	0
Ensemble des entreprises	..	..	19 601 |	19 856	9 396	10 193	10 733	10 728
Total								
Entreprises nationales	33 007	35 356	35 050	36 863	24 507	24 407	24 772	22 875
Entreprises sous contrôle étranger	30 553	32 503	28 505	33 595	22 701	22 234	22 929	20 742
Succursales d'entreprises étrangères	2 393	2 122	2 314	2 550	1 936	2 302	2 301	3 200
Ensemble des entreprises	35 400	37 477	37 364	39 413	26 443	26 708	27 072	26 074
1.5 Opérations à l'étranger par succursale, primes brutes								
Vie								
Succursales et agences	612	1 077	- |	0	0	0	0	0
Filiales	..	..	..	..	..	..	..	..
Total	612	1 077	- |	0	0	0	0	0
Non-vie								
Succursales et agences	20	421	437 |	318	307	323	313	351
Filiales	..	..	..	..	..	..	..	..
Total	20	421	437 |	318	307	323	313	351
Mixtes								
Succursales et agences	..	..	1 264 |	1 294	1 359	3 714	4 528	5 164
Filiales	..	..	..	..	..	..	..	..
Total	..	..	1 264 |	1 294	1 359	3 714	4 528	5 164
dont :								
Vie	..	..	1 254 |	1 244	1 317	1 737	1 434	1 460
Succursales et agences	..	..	1 254 |	1 244	1 317	1 737	1 434	1 460
Filiales	..	..	..	..	..	..	..	..
Total	..	..	1 254 |	1 244	1 317	1 737	1 434	1 460
Non-vie	..	..	10 |	49	42	1 977	3 095	3 704
Succursales et agences	..	..	10 |	49	42	1 977	3 095	3 704
Filiales	..	..	..	..	..	..	..	..
Total	..	..	10 |	49	42	1 977	3 095	3 704
Total								
Succursales et agences	632	1 498	1 701	1 612	1 666	4 037	4 841	5 516
Filiales	..	..	..	..	..	..	..	..
Total	632	1 498	1 701	1 612	1 666	4 037	4 841	5 516

.. Non disponible ; - Néant ; | Rupture de série

Note : Voir les métadonnées détaillées sur : http://metalinks.oecd.org/isy/20170221/7a48.

République tchèque
Tableau 2. Nombre d'entreprises et d'employés

	2008	2009	2010	2011	2012	2013	2014	2015
2.1 Nombre d'entreprises								
Vie								
Entreprises nationales	3	3	3	3	3	2	2	2
Entreprises sous contrôle étranger	3	3	3	3	3	2	2	2
Succursales d'entreprises étrangères	4	4	4	4	3	3	4	5
Ensemble des entreprises	7	7	7	7	6	5	6	7
Non-vie								
Entreprises nationales	17	17	17	17	16	16	15	15
Entreprises sous contrôle étranger	9	9	9	9	8	8	7	5
Succursales d'entreprises étrangères	12	12	13	14	15	15	16	18
Ensemble des entreprises	29	29	30	31	31	31	31	33
Mixtes								
Entreprises nationales	15	15	15	15	15	15	15	14
Entreprises sous contrôle étranger	12	12	12	12	12	12	12	11
Succursales d'entreprises étrangères	2	1	0	0	0	0	0	0
Ensemble des entreprises	17	16	15	15	15	15	15	14
Réassurance								
Entreprises nationales	1	1	1	1	1	1	1	1
Entreprises sous contrôle étranger	1	1	1	1	1	1	1	1
Succursales d'entreprises étrangères	0	0	0	..	..	..	..	..
Ensemble des entreprises	1	1	1	1	1	1	1	1
Total								
Entreprises nationales	36	36	36	36	35	34	33	32
Entreprises sous contrôle étranger	25	25	25	25	24	23	22	19
Succursales d'entreprises étrangères	18	17	17	18	18	18	20	23
Ensemble des entreprises	54	53	53	54	53	52	53	55
2.2 Nombre d'employés								
Entreprises d'assurance	14 770	14 594	..	..	..	..	..	..
Intermédiaires	78 980	96 957	..	..	..	..	..	..
Total	93 750	111 551	..	..	..	..	..	..

.. Non disponible

Note : Voir les métadonnées détaillées sur : http://metalinks.oecd.org/isy/20170221/7a48.

Danemark
Tableau 1. Agrégats sélectionnés

Millions DKK

	2008	2009	2010	2011	2012	2013	2014	2015
1.1 Opérations d'assurance conclues dans le pays déclarant								
1.1.1 Opérations d'assurance, par intérêt								
Primes brutes								
Entreprises nationales	165 712	161 090	171 554	181 700	189 673	1 268 025	208 213	215 276
Entreprises sous contrôle étranger	28 089	25 454	27 763	34 560	34 996	39 736	46 022	46 192
Succursales d'entreprises étrangères	-	..	..	..	..	..	..	..
Ensemble des entreprises	165 712	..	..	181 700	189 673	1 268 025	208 213	215 276
Primes cédées								
Entreprises nationales	3 809	4 213	6 015	7 676	7 009	7 417	5 875	6 309
Entreprises sous contrôle étranger	668	706	1 456	3 427	3 293	3 199	2 080	2 462
Succursales d'entreprises étrangères	..	..	..	..	..	..	..	..
Ensemble des entreprises	..	..	..	7 676	7 009	7 417	5 875	6 309
Primes nettes émises								
Entreprises nationales	161 253	156 877	165 540	174 024	182 664	1 260 608	202 338	208 966
Entreprises sous contrôle étranger	27 216	24 748	26 307	31 132	31 703	36 537	43 942	43 730
Succursales d'entreprises étrangères	-	..	..	..	..	..	..	..
Ensemble des entreprises	..	..	..	174 024	182 664	1 260 608	202 338	208 966
1.1.2 Opérations d'assurance par risque à l'étranger, primes brutes								
Vie	..	..	..	3 099	3 530	1 125	631	631
Non-vie	..	..	..	13 950	14 359	14 611	23 099	22 611
Mixtes total	x	x	x	x	x	x	x	x
Total	..	..	..	17 050	17 889	15 737	23 730	23 242
1.1.3 Paiement par catégories d'assurance, primes brutes (vie)								
Rentes	88 863	..	..	..	..	..	..	..
Unit linked	19 479	..	..	..	..	..	..	..
Autre assurance vie	0	..	..	..	..	..	..	..
Total assurance vie	108 342	..	..	..	129 477	133 294	140 314	147 662
dont : Contrats de retraite	..	..	..	..	..	..	..	..
1.1.4 Paiement par catégories d'assurance, primes brutes (non-vie)								
L'assurance automobile	..	..	..	16 520	16 511	16 304	19 310	19 146
Les assurances transport (y compris maritime et aérien)	..	..	..	1 328	1 397	1 263	1 174	1 105
L'assurance de fret	..	..	..	..	..	..	..	0
L'assurance incendie et des dommages aux bien	..	..	..	15 003	20 461	20 737	22 855	22 642
L'assurance des pertes pécuniaires	..	..	..	336	359	372	402	417
L'assurance de la responsabilité civile générale	..	..	..	1 857	2 023	2 061	2 377	2 314
Les assurances accidents et maladie	..	..	..	13 403	13 553	12 611	15 063	15 282
dont : Maladie	..	..	..	900	1 013	1 051	1 265	1 337
Autres assurances non-vie	..	..	..	3 983	4 465	4 659	5 156	5 052
Réassurance obligatoire	..	..	..	451	638	653	867	937
Total assurance non-vie	..	..	..	52 882	59 407	58 661	67 204	66 895
1.2 Paiements bruts des sinistres								
Vie								
Entreprises nationales	69 915	69 241	77 577	86 498	92 230	111 119	124 323	98 376
Entreprises sous contrôle étranger	14 555	13 699	16 488	20 780	22 286	24 154	24 385	20 765
Succursales d'entreprises étrangères	..	..	..	..	..	..	..	..
Ensemble des entreprises	..	82 940	77 577	86 498	92 230	111 119	124 323	98 376
Non-vie								
Entreprises nationales	37 672	39 988	42 282	45 935	40 906	43 547	46 601	47 833
Entreprises sous contrôle étranger	5 673	6 018	6 002	7 484	6 308	6 731	13 007	13 316
Succursales d'entreprises étrangères	..	..	..	..	..	..	..	..
Ensemble des entreprises	..	46 006	42 282	45 935	40 906	43 547	46 601	47 833
Mixtes, ensemble des entreprises	x	x	x	x	x	x	x	x
Total								
Entreprises nationales	107 587	109 229	119 859	132 433	133 136	154 666	170 924	146 209
Entreprises sous contrôle étranger	20 227	19 716	22 490	28 264	28 594	30 885	37 392	34 081
Succursales d'entreprises étrangères	..	..	..	..	..	..	..	..
Ensemble des entreprises	..	128 945	119 859	132 433	133 136	154 666	170 924	146 209

Danemark
Tableau 1. Agrégats sélectionnés *(suite)*

Millions DKK

	2008	2009	2010	2011	2012	2013	2014	2015
1.3 Commissions								
Vie								
Entreprises nationales	697	493	226	235	194	182	195	199
Entreprises sous contrôle étranger	193	98	97	77	59	43	60	36
Succursales d'entreprises étrangères	..	..	..	..	..	..	..	..
Ensemble des entreprises	..	..	..	235	194	182	195	199
Non-vie								
Entreprises nationales	1 158	1 194	1 309	1 257	1 434	1 380	1 613	1 879
Entreprises sous contrôle étranger	171	230	292	257	367	361	579	891
Succursales d'entreprises étrangères	..	..	..	..	..	..	..	..
Ensemble des entreprises	..	..	..	1 257	1 434	1 380	1 613	1 879
Mixtes, ensemble des entreprises	x	x	x	x	x	x	x	x
Total								
Entreprises nationales	1 855	1 687	1 535	1 492	1 629	1 562	1 808	2 079
Entreprises sous contrôle étranger	364	328	389	334	426	405	639	927
Succursales d'entreprises étrangères	..	..	..	..	..	..	..	..
Ensemble des entreprises	..	..	..	1 492	1 629	1 562	1 808	2 079
1.4 Dépenses brutes d'exploitation								
Vie								
Entreprises nationales	5 152	4 930	4 685	5 136	5 088	4 954	4 887	4 570
Entreprises sous contrôle étranger	1 334	1 385	1 340	1 325	1 316	1 326	1 377	1 284
Succursales d'entreprises étrangères	..	..	..	..	..	..	..	..
Ensemble des entreprises	..	6 315	4 685	5 136	5 088	4 954	4 887	4 570
Non-vie								
Entreprises nationales	9 383	9 179	9 713	10 241	10 292	10 391	11 564	11 856
Entreprises sous contrôle étranger	1 624	1 688	1 577	1 940	2 124	2 200	3 867	4 065
Succursales d'entreprises étrangères	..	..	..	..	..	..	..	..
Ensemble des entreprises	..	10 867	9 713	10 241	10 292	10 391	11 564	11 856
Mixtes, ensemble des entreprises	x	x	x	x	x	x	x	x
Total								
Entreprises nationales	14 535	14 109	14 398	15 377	15 380	15 345	16 451	16 426
Entreprises sous contrôle étranger	2 958	3 073	2 917	3 265	3 440	3 526	5 244	5 349
Succursales d'entreprises étrangères	..	..	..	..	..	..	..	..
Ensemble des entreprises	..	17 182	14 398	15 377	15 380	15 345	16 451	16 426
1.5 Opérations à l'étranger par succursale, primes brutes								
Vie								
Succursales et agences	..	478	423	353	..	..	..	..
Filiales	..	..	..	..	..	..	..	..
Total	..	..	..	353	..	..	..	..
Non-vie								
Succursales et agences	9 626	647	8 805	9 995	10 646	10 031	9 286	8 607
Filiales	..	..	..	..	..	..	..	..
Total	..	..	..	9 995	10 646	10 031	9 286	8 607
Mixtes total	x	x	x	x	x	x	x	x
Total								
Succursales et agences	9 626	1 126	9 227	10 348	10 646	10 031	9 286	8 607
Filiales	..	..	..	..	..	..	..	..
Total	..	..	..	10 348	10 646	10 031	9 286	8 607

.. Non disponible ; - Néant ; x Sans objet

Note : Voir les métadonnées détaillées sur : http://metalinks.oecd.org/isy/20170221/46bc.

Danemark
Tableau 2. Nombre d'entreprises et d'employés

	2008	2009	2010	2011	2012	2013	2014	2015
2.1 Nombre d'entreprises								
Vie								
Entreprises nationales	63	59	55	55	47	39	37	33
Entreprises sous contrôle étranger	9	8	8	8	7	5	4	4
Succursales d'entreprises étrangères	..	4	4	6	6	1	1	1
Ensemble des entreprises	..	71	59	61	53	40	38	34
Non-vie								
Entreprises nationales	113	100	87	85	76	77	63	63
Entreprises sous contrôle étranger	11	10	8	8	6	6	6	6
Succursales d'entreprises étrangères	..	10	45	41	38	48	49	49
Ensemble des entreprises	..	120	132	126	114	125	112	112
Mixtes, ensemble des entreprises	-	-	-	-	-	-	-	-
Réassurance								
Entreprises nationales	12	10	9	9	9	7	7	7
Entreprises sous contrôle étranger	..	1	0	0	..	..	..	..
Succursales d'entreprises étrangères	..	..	..	..	..	..	..	..
Ensemble des entreprises	..	11	..	9	9	7	7	7
Total								
Entreprises nationales	..	169	..	149	132	123	107	103
Entreprises sous contrôle étranger	..	19	..	16	13	11	10	10
Succursales d'entreprises étrangères	..	14	..	47	44	49	50	50
Ensemble des entreprises	..	202	..	196	176	172	157	153
2.2 Nombre d'employés								
Entreprises d'assurance	16 274	16 455	16 051	16 130	15 835	15 377	17 057	16 472
Intermédiaires	..	..	..	..	..	..	..	..
Total	..	..	..	16 130	15 835	15 377	17 057	16 472

.. Non disponible ; - Néant

Note : Voir les métadonnées détaillées sur : http://metalinks.oecd.org/isy/20170221/46bc.

Estonie
Tableau 1. Agrégats sélectionnés

Millions EUR

	2008	2009	2010	2011	2012	2013	2014	2015
1.1 Opérations d'assurance conclues dans le pays déclarant								
1.1.1 Opérations d'assurance, par intérêt								
Primes brutes								
Entreprises nationales	..	281	427	403	430	523	561	619
Entreprises sous contrôle étranger	..	188	406	380	407	499	539	596
Succursales d'entreprises étrangères	..	41	-	-	51	60	70	70
Ensemble des entreprises	..	247	427	403	480	583	631	689
Primes cédées								
Entreprises nationales	..	25	20	20	..	27	28	29
Entreprises sous contrôle étranger	..	10	13	11	..	18	2	20
Succursales d'entreprises étrangères	..	..	-	-	..	..	..	..
Ensemble des entreprises	..	..	20	20	..	..	..	..
Primes nettes émises								
Entreprises nationales	..	256	406	383	..	496	534	590
Entreprises sous contrôle étranger	..	178	393	368	..	481	217	576
Succursales d'entreprises étrangères	..	..	-	-	..	..	..	..
Ensemble des entreprises	..	..	406	383	..	..	..	..
1.1.2 Opérations d'assurance par risque à l'étranger, primes brutes								
Vie	..	..	96	90	..	..	..	..
Non-vie	..	..	62	68	..	..	..	..
Mixtes total	x	x	x	x	x	x	x	x
Total	..	..	158	158	..	..	..	..
1.1.3 Paiement par catégories d'assurance, primes brutes (vie)								
Rentes	..	6	8	9	10	17	19	24
Unit linked	..	33	104	84	27	87	109	118
Autre assurance vie	..	37	61	67	30	66	63	72
Total assurance vie	..	76	173	160	68	171	191	215
dont : Contrats de retraite	..	-	1	26	30	33	37	36
1.1.4 Paiement par catégories d'assurance, primes brutes (non-vie)								
L'assurance automobile	..	161	148	142	143	229	244	259
Les assurances transport (y compris maritime et aérien)	..	1	1	1	3	2	2	2
L'assurance de fret	..	1	2	2	..	3	4	4
L'assurance incendie et des dommages aux bien	..	56	63	63	59	99	107	115
L'assurance des pertes pécuniaires	..	12	4	5	5	8	9	9
L'assurance de la responsabilité civile générale	..	5	8	9	6	15	16	19
Les assurances accidents et maladie	..	7	28	30	15	40	42	42
dont : Maladie	..	..	..	..	..	9	..	x
Autres assurances non-vie	..	0	1	1	1	9	16	23
Réassurance obligatoire	..	..	0	0	..	8	..	..
Total assurance non-vie	..	242	254	253	231	412	440	474
1.2 Paiements bruts des sinistres								
Vie								
Entreprises nationales	..	44	82	115	112	101	..	97
Entreprises sous contrôle étranger	..	16	82	115	112	101	..	97
Succursales d'entreprises étrangères	..	..	-	0	..	..	..	..
Ensemble des entreprises	..	44	82	115	112	101	..	97
Non-vie								
Entreprises nationales	..	121	153	154	147	197	..	230
Entreprises sous contrôle étranger	..	86	139	141	134	184	..	217
Succursales d'entreprises étrangères	..	28	-	0	..	33	..	40
Ensemble des entreprises	..	149	153	154	147	230	246	271
Mixtes, ensemble des entreprises	x	x	x	x	x	x	x	x
Total								
Entreprises nationales	..	165	235	270	259	298	..	328
Entreprises sous contrôle étranger	..	102	221	256	246	285	..	314
Succursales d'entreprises étrangères	..	28	-	-	..	33	..	40
Ensemble des entreprises	..	193	235	270	259	331	246	368
1.3 Commissions								
Vie								
Entreprises nationales	..	..	3	8	9	19	21	23
Entreprises sous contrôle étranger	..	..	3	8	9	19	21	23
Succursales d'entreprises étrangères	..	..	-	0	..	..	..	..
Ensemble des entreprises	..	..	3	8	9	19	..	23
Non-vie								
Entreprises nationales	..	..	17	17	4	72	73	78
Entreprises sous contrôle étranger	..	..	16	15	2	67	69	73
Succursales d'entreprises étrangères	..	..	-	0	..	..	..	..
Ensemble des entreprises	..	..	17	17	4	72	..	78
Mixtes, ensemble des entreprises	x	x	x	x	x	x	x	x
Total								
Entreprises nationales	..	..	20	25	13	90	94	101
Entreprises sous contrôle étranger	..	..	18	23	11	86	89	95
Succursales d'entreprises étrangères	..	..	-	-	..	..	..	..
Ensemble des entreprises	..	..	20	25	13	90	..	101

Estonie
Tableau 1. Agrégats sélectionnés *(suite)*

Millions EUR

	2008	2009	2010	2011	2012	2013	2014	2015
1.4 Dépenses brutes d'exploitation								
Vie								
Entreprises nationales	..	..	21	24	23	9	9	11
Entreprises sous contrôle étranger	..	..	21	24	23	9	9	11
Succursales d'entreprises étrangères	..	..	-	0	..	..	..	..
Ensemble des entreprises	..	..	21	24	23	9	..	11
Non-vie								
Entreprises nationales	..	..	71	74	73	27	30	27
Entreprises sous contrôle étranger	..	..	64	67	67	25	29	26
Succursales d'entreprises étrangères	..	..	-	0	..	..	..	..
Ensemble des entreprises	..	..	71	74	73	27	..	27
Mixtes, ensemble des entreprises	x	x	x	x	x	x	x	x
Total								
Entreprises nationales	..	..	92	98	96	37	40	38
Entreprises sous contrôle étranger	..	..	85	91	90	35	38	36
Succursales d'entreprises étrangères	..	..	-	-	..	..	..	..
Ensemble des entreprises	..	..	92	98	96	37	..	38
1.5 Opérations à l'étranger par succursale, primes brutes								
Vie								
Succursales et agences	..	47	96	90	85	94	114	130
Filiales	..	..	-	0	..	..	..	..
Total	..	47	96	90	85	94	114	130
Non-vie								
Succursales et agences	..	28	62	68	96	170	174	190
Filiales	..	..	-	0	..	..	..	..
Total	..	28	62	68	96	170	174	190
Mixtes total	x	x	x	x	x	x	x	x
Total								
Succursales et agences	..	75	158	158	181	264	288	320
Filiales	..	..	-	-	..	..	..	..
Total	..	75	158	158	181	264	288	320

.. Non disponible ; - Néant ; x Sans objet

Note : Voir les métadonnées détaillées sur : http://metalinks.oecd.org/isy/20170221/f459.

Estonie
Tableau 2. Nombre d'entreprises et d'employés

	2008	2009	2010	2011	2012	2013	2014	2015
2.1 Nombre d'entreprises								
Vie								
Entreprises nationales	..	5	5	4	4	4	4	4
Entreprises sous contrôle étranger	..	4	5	4	4	4	4	4
Succursales d'entreprises étrangères	..	0	0	0	1	1	1	1
Ensemble des entreprises	..	5	5	4	5	5	5	5
Non-vie								
Entreprises nationales	..	7	8	8	8	8	8	8
Entreprises sous contrôle étranger	..	4	5	5	5	5	5	5
Succursales d'entreprises étrangères	..	5	0	0	4	4	4	3
Ensemble des entreprises	..	12	8	8	12	12	12	11
Mixtes, ensemble des entreprises	-	-	-	-	-	-	-	-
Réassurance								
Entreprises nationales	..	..	0	0	..	0	0	0
Entreprises sous contrôle étranger	..	..	0	0	..	0	0	0
Succursales d'entreprises étrangères	..	..	0	0	..	..	..	0
Ensemble des entreprises	..	..	0	0	..	..	..	0
Total								
Entreprises nationales	..	..	13	12	12	12	12	12
Entreprises sous contrôle étranger	..	..	10	9	9	9	9	9
Succursales d'entreprises étrangères	..	..	0	0	5	5	5	4
Ensemble des entreprises	..	..	13	12	17	17	17	16
2.2 Nombre d'employés								
Entreprises d'assurance	..	1 737	2 702	1 867	1 903	2 596	2 561	2 581
Intermédiaires	..	..	..	814	849	1 271	1 217	1 232
Total	..	1 737	..	2 681	2 752	3 867	3 778	3 813

.. Non disponible ; - Néant

Note : Voir les métadonnées détaillées sur : http://metalinks.oecd.org/isy/20170221/f459.

Finlande
Tableau 1. Agrégats sélectionnés

Millions EUR

	2008	2009	2010	2011	2012	2013	2014	2015
1.1 Opérations d'assurance conclues dans le pays déclarant								
1.1.1 Opérations d'assurance, par intérêt								
Primes brutes								
Entreprises nationales	6 207	6 817	8 770	7 279	7 279	9 834	10 632	10 741
Entreprises sous contrôle étranger	..	2 053	..	..	2 317	3 357	3 698	6 892
Succursales d'entreprises étrangères	..	..	..	..	..	..	..	..
Ensemble des entreprises	6 203	6 817	8 770	7 279	7 279	9 834	10 632	10 741
Primes cédées								
Entreprises nationales	251	245	242	240	240	257	259	246
Entreprises sous contrôle étranger	..	28	..	..	20	19	15	217
Succursales d'entreprises étrangères	..	..	..	..	..	..	..	..
Ensemble des entreprises	251	245	242	240	240	257	259	246
Primes nettes émises								
Entreprises nationales	5 956	6 781	8 528	7 039	7 039	9 577	10 373	10 495
Entreprises sous contrôle étranger	..	2 053	..	..	2 297	3 338	3 683	6 675
Succursales d'entreprises étrangères	..	..	..	..	..	..	..	..
Ensemble des entreprises	5 956	6 781	8 528	7 039	7 039	9 577	10 373	10 495
1.1.2 Opérations d'assurance par risque à l'étranger, primes brutes								
Vie	2	..	..	..	..	..	..	..
Non-vie	61	..	..	..	..	..	..	..
Mixtes total	..	..	..	..	..	..	..	..
Total	64	..	..	..	..	..	..	..
1.1.3 Paiement par catégories d'assurance, primes brutes (vie)								
Rentes	1 659	1 127	2 798	1 988	1 988	2 458	2 544	2 287
Unit linked	829	2 114	1 297	1 255	1 255	2 509	2 929	3 224
Autre assurance vie	319	104	1 120	505	505	614	619	745
Total assurance vie	2 808	3 345	5 215	3 749	3 749	5 581	6 092	6 256
dont : Contrats de retraite	1 022	949	1 491	828	828	819	756	597
1.1.4 Paiement par catégories d'assurance, primes brutes (non-vie)								
L'assurance automobile	1 236	1 292	1 282	1 389	1 474	1 520	1 591	1 639
Les assurances transport (y compris maritime et aérien)	55	57	60	64	68	70	70	68
L'assurance de fret	59	54	49	50	53	55	56	52
L'assurance incendie et des dommages aux bien	726	765	750	828	864	929	985	1 030
L'assurance des pertes pécuniaires	31	36	41	38	33	33	30	28
L'assurance de la responsabilité civile générale	176	167	169	191	191	239	392	385
Les assurances accidents et maladie	863	852	846	938	1 024	1 048	1 060	1 058
dont : Maladie	161	176	191	218	245	264	299	290
Autres assurances non-vie	113	115	117	129	131	144	152	88
Réassurance obligatoire	134	..	122	132	149	149	135	135
Total assurance non-vie	3 394	3 467	3 435	3 759	3 986	4 187	4 471	4 483
1.2 Paiements bruts des sinistres								
Vie								
Entreprises nationales	3 493	2 855	3 919	3 592	3 917	3 927	3 871	3 957
Entreprises sous contrôle étranger	..	..	..	1 013	1 479	1 399	1 160	1 124
Succursales d'entreprises étrangères	..	..	..	..	..	..	..	..
Ensemble des entreprises	3 493	2 855	3 919	3 592	3 917	3 927	3 871	3 957
Non-vie								
Entreprises nationales	2 350	2 345	2 568	2 706	2 873	2 858	2 939	2 872
Entreprises sous contrôle étranger	..	..	..	676	696	741	724	2 872
Succursales d'entreprises étrangères	..	..	..	..	..	..	..	..
Ensemble des entreprises	2 350	2 345	2 568	2 706	2 873	2 858	2 939	2 872
Mixtes, ensemble des entreprises	..	..	..	..	..	..	..	..
Total								
Entreprises nationales	5 843	5 201	6 487	6 298	6 790	6 785	6 810	6 829
Entreprises sous contrôle étranger	..	..	..	1 689	2 175	2 140	1 884	3 996
Succursales d'entreprises étrangères	..	..	..	..	..	..	..	..
Ensemble des entreprises	5 843	5 201	6 487	6 298	6 790	6 785	6 810	6 829

Finlande
Tableau 1. Agrégats sélectionnés *(suite)*

Millions EUR

	2008	2009	2010	2011	2012	2013	2014	2015
1.3 Commissions								
Vie								
Entreprises nationales	54	54	64	81	68	90	-83	101
Entreprises sous contrôle étranger	..	..	..	7	6	9	-10	15
Succursales d'entreprises étrangères	..	..	..	..	..	..	..	..
Ensemble des entreprises	54	54	64	81	68	90	-83	101
Non-vie								
Entreprises nationales	75	68	99	90	102	58	-142	113
Entreprises sous contrôle étranger	..	..	..	13	16	21	-18	23
Succursales d'entreprises étrangères	..	..	..	..	..	..	..	..
Ensemble des entreprises	75	68	99	90	102	58	-142	113
Mixtes, ensemble des entreprises	..	..	..	..	..	..	..	..
Total								
Entreprises nationales	130	122	163	171	170	148	-225	214
Entreprises sous contrôle étranger	..	..	..	21	22	30	-28	38
Succursales d'entreprises étrangères	..	..	..	..	..	..	..	..
Ensemble des entreprises	130	122	163	171	170	148	-225	214
1.4 Dépenses brutes d'exploitation								
Vie								
Entreprises nationales	216	230	255	275	283	302	317	316
Entreprises sous contrôle étranger	..	..	..	39	36	34	36	34
Succursales d'entreprises étrangères	..	..	..	..	..	..	..	..
Ensemble des entreprises	216	230	255	275	283	302	317	316
Non-vie								
Entreprises nationales	670	690	699	738	778	827	844	847
Entreprises sous contrôle étranger	..	..	..	138	143	161	158	847
Succursales d'entreprises étrangères	..	..	..	..	..	..	..	..
Ensemble des entreprises	670	690	699	738	778	827	844	847
Mixtes, ensemble des entreprises	..	..	..	..	..	..	..	..
Total								
Entreprises nationales	886	921	954	1 013	1 061	1 129	1 161	1 163
Entreprises sous contrôle étranger	..	..	..	177	179	195	194	881
Succursales d'entreprises étrangères	..	..	..	..	..	..	..	..
Ensemble des entreprises	886	921	954	1 013	1 061	1 129	1 161	1 163
1.5 Opérations à l'étranger par succursale, primes brutes								
Vie								
Succursales et agences	380	480	598	614	203	162	107	17
Filiales	..	..	..	..	..	..	..	..
Total	377	480	598	614	203	162	107	17
Non-vie								
Succursales et agences	61	9	..	..	..	..	..	..
Filiales	..	..	..	..	..	..	..	..
Total	..	9	..	..	..	..	..	..
Mixtes total	..	..	..	..	..	..	..	..
Total								
Succursales et agences	441	490	598	614	203	162	107	17
Filiales	..	..	..	..	..	..	..	..
Total	377	490	598	614	203	162	107	17

.. Non disponible

Note : Voir les métadonnées détaillées sur : http://metalinks.oecd.org/isy/20170221/2cc5.

Finlande
Tableau 2. Nombre d'entreprises et d'employés

	2008	2009	2010	2011	2012	2013	2014	2015
2.1 Nombre d'entreprises								
Vie								
Entreprises nationales	12	12	11	11	13	13	13	13
Entreprises sous contrôle étranger	..	..	..	1	1	1	1	1
Succursales d'entreprises étrangères	..	..	..	..	..	..	..	..
Ensemble des entreprises	12	12	11	11	13	13	13	13
Non-vie								
Entreprises nationales	104	103	79	78	42	42	38	38
Entreprises sous contrôle étranger	..	..	..	1	1	1	1	1
Succursales d'entreprises étrangères	..	..	..	..	..	..	..	..
Ensemble des entreprises	104	103	79	78	42	42	38	38
Mixtes, ensemble des entreprises	..	..	..	..	..	..	..	..
Réassurance								
Entreprises nationales	2	2	2	2	..	..	..	..
Entreprises sous contrôle étranger	..	..	..	..	..	..	..	..
Succursales d'entreprises étrangères	..	..	..	..	..	..	..	..
Ensemble des entreprises	2	2	2	2	..	..	..	..
Total								
Entreprises nationales	118	117	92	91	55	55	51	51
Entreprises sous contrôle étranger	..	..	..	2	2	2	2	2
Succursales d'entreprises étrangères	..	..	..	..	..	..	..	..
Ensemble des entreprises	118	117	92	91	55	55	51	51
2.2 Nombre d'employés								
Entreprises d'assurance	9 268	9 316	9 221	9 321	9 321	9 231	8 980	8 750
Intermédiaires	330	331	331	338	342	203	216	221
Total	9 598	9 647	9 552	9 659	9 663	9 434	9 196	8 971

.. Non disponible

Note : Voir les métadonnées détaillées sur : http://metalinks.oecd.org/isy/20170221/2cc5.

France
Tableau 1. Agrégats sélectionnés

Millions EUR

	2008	2009	2010	2011	2012	2013	2014	2015
1.1 Opérations d'assurance conclues dans le pays déclarant								
1.1.1 Opérations d'assurance, par intérêt								
Primes brutes								
Entreprises nationales	197 407	216 463	224 190	207 586	201 207	207 521	221 223	226 000
Entreprises sous contrôle étranger	..	..	..	..	..	..	..	..
Succursales d'entreprises étrangères	190	190	84	95	104	103	103	111
Ensemble des entreprises	190 005	216 654	224 274	207 680	201 310	207 624	221 327	226 111
Primes cédées								
Entreprises nationales	19 742	18 050	19 192	20 994	21 638	22 115	19 932	25 840
Entreprises sous contrôle étranger	..	..	..	..	..	..	..	..
Succursales d'entreprises étrangères	16	17	18	19	18	19	22	21
Ensemble des entreprises	19 758	18 067	19 210	21 013	21 657	22 135	19 954	25 861
Primes nettes émises								
Entreprises nationales	177 666	198 413	204 998	186 592	179 568	185 406	201 291	200 160
Entreprises sous contrôle étranger	..	..	..	..	..	..	..	..
Succursales d'entreprises étrangères	174	178	66	76	85	84	82	90
Ensemble des entreprises	170 371	198 591	205 064	186 668	179 654	185 490	201 373	200 250
1.1.2 Opérations d'assurance par risque à l'étranger, primes brutes								
Vie	188	430	429	107	83	259	73	60
Non-vie	455	367	391	1 592	1 589	1 735	1 876	2 188
Mixtes	..	..	..	227	206	636	468	485
dont :								
Vie	..	..	..	226	206	167	456	482
Non-vie	..	..	..	1	1	469	12	3
Total	644	797	821	1 926	1 879	2 631	2 416	2 734
1.1.3 Paiement par catégories d'assurance, primes brutes (vie)								
Rentes	..	..	..	..	..	..	..	..
Unit linked	..	46 699	220 612	..	..	..	..	..
Autre assurance vie	..	..	..	..	..	..	..	..
Total Assurance Vie	..	..	..	..	..	..	..	..
dont : Contrats de retraite	..	..	..	..	..	..	..	..
1.1.4 Paiement par catégories d'assurance, primes brutes (non-vie)								
L'assurance automobile	..	..	..	..	..	..	..	..
Les assurances transport (y compris maritime et aérien)	..	..	..	..	..	..	..	..
L'assurance de fret	..	..	..	..	..	..	..	..
L'assurance incendie et des dommages aux bien	..	..	..	..	..	..	..	..
L'assurance des pertes pécuniaires	..	..	..	..	..	..	..	..
L'assurance de la responsabilité civile générale	..	..	..	..	..	..	..	..
Les assurances accidents et maladie	..	..	..	..	..	..	..	..
dont : Maladie	..	..	..	..	..	..	..	..
Autres assurances non-vie	..	..	..	..	..	..	..	..
Réassurance obligatoire	..	..	..	..	..	..	..	..
Total assurance non-vie	67 702	68 945	71 329	71 324	76 295	..	..	..
1.2 Paiements bruts des sinistres								
Vie								
Entreprises nationales	97 535	21 613 |	22 766	30 961	31 131	25 663	26 144	26 794
Entreprises sous contrôle étranger	..	..	..	..	..	..	..	..
Succursales d'entreprises étrangères	..	..	..	..	..	..	..	..
Ensemble des entreprises	97 535	21 613 |	22 766	30 961	31 131	25 663	26 144	26 794
Non-vie								
Entreprises nationales	42 247	43 467 |	49 368	48 584	50 472	45 317	61 895	63 029
Entreprises sous contrôle étranger	..	..	..	..	..	..	..	..
Succursales d'entreprises étrangères	88	95	44	51	59	59	52	51
Ensemble des entreprises	42 514	43 562 |	49 412	48 635	50 531	45 376	61 947	63 080
Mixtes								
Entreprises nationales	..	75 111 |	73 529	93 502	98 016	97 287	86 518	91 862
Entreprises sous contrôle étranger	..	..	..	..	..	..	..	..
Succursales d'entreprises étrangères	..	..	..	..	..	..	..	..
Ensemble des entreprises	..	75 111 |	73 529	93 502	98 016	97 287	86 518	91 862
dont :								
Vie	..	..	..	..	..	88 620	..	..
Entreprises nationales	..	..	..	..	..	88 620	..	..
Entreprises sous contrôle étranger	..	..	..	..	..	..	..	..
Succursales d'entreprises étrangères	..	..	..	..	..	..	..	..
Ensemble des entreprises	..	..	..	..	..	88 620	..	..
Non-vie	..	..	..	..	..	8 667	..	..
Entreprises nationales	..	..	..	..	..	8 667	..	..
Entreprises sous contrôle étranger	..	..	..	..	..	..	..	..
Succursales d'entreprises étrangères	..	..	..	..	..	..	..	..
Ensemble des entreprises	..	..	..	..	..	8 667	..	..
Total								
Entreprises nationales	139 781	140 191	145 663	173 047	179 619	168 267	174 557	181 685
Entreprises sous contrôle étranger	..	..	..	..	..	..	..	..
Succursales d'entreprises étrangères	88	95	44	51	59	59	52	51
Ensemble des entreprises	140 049	140 286	145 707	173 098	179 678	168 326	174 608	181 736

France
Tableau 1. Agrégats sélectionnés *(suite)*

Millions EUR

	2008	2009	2010	2011	2012	2013	2014	2015
1.3 Commissions								
Vie								
Entreprises nationales	6 222	6 323	1 323 |	1 682	1 705	..	..	..
Entreprises sous contrôle étranger	..	..	..	..	..	..	..	..
Succursales d'entreprises étrangères	..	..	..	..	..	..	..	..
Ensemble des entreprises	6 222	6 323	1 323 |	1 682	1 705	..	..	..
Non-vie								
Entreprises nationales	9 569	9 983	10 198 |	10 449	10 610	..	..	..
Entreprises sous contrôle étranger	..	..	..	..	..	..	..	..
Succursales d'entreprises étrangères	61	66	18	19	22	..	..	..
Ensemble des entreprises	9 630	10 048	10 215 |	10 468	10 633	..	..	..
Mixtes								
Entreprises nationales	..	..	5 201 |	5 915	5 717	..	..	..
Entreprises sous contrôle étranger	..	..	..	..	..	..	..	..
Succursales d'entreprises étrangères	..	..	..	..	..	..	..	..
Ensemble des entreprises	..	..	5 201 |	5 915	5 717	..	..	..
dont :								
Vie	..	..	.. |	4 985	4 677	..	..	..
Entreprises nationales	..	..	.. |	4 985	4 677	..	..	..
Entreprises sous contrôle étranger	..	..	..	..	..	..	..	..
Succursales d'entreprises étrangères	..	..	..	..	..	..	..	..
Ensemble des entreprises	..	..	.. |	4 985	4 677	..	..	..
Non-vie	..	..	.. |	930	1 041	..	..	..
Entreprises nationales	..	..	.. |	930	1 041	..	..	..
Entreprises sous contrôle étranger	..	..	..	..	..	..	..	..
Succursales d'entreprises étrangères	..	..	..	..	..	..	..	..
Ensemble des entreprises	..	..	.. |	930	1 041	..	..	..
Total								
Entreprises nationales	15 791	16 306	16 722	18 046	18 033	..	..	..
Entreprises sous contrôle étranger	..	..	..	..	..	..	..	..
Succursales d'entreprises étrangères	61	66	18	19	22	..	..	..
Ensemble des entreprises	15 852	16 371	16 739	18 065	18 055	..	..	..
1.4 Dépenses brutes d'exploitation								
Vie								
Entreprises nationales	4 825	2 481 |	719	842	2 982	2 828	2 893	2 914
Entreprises sous contrôle étranger	..	..	..	..	..	..	..	..
Succursales d'entreprises étrangères	..	..	..	..	..	..	..	..
Ensemble des entreprises	4 825	2 481 |	719	842	2 982	2 828	2 893	2 914
Non-vie								
Entreprises nationales	5 406	14 448 |	5 842	5 487	15 726	15 969	16 156	15 936
Entreprises sous contrôle étranger	..	..	..	..	..	..	..	..
Succursales d'entreprises étrangères	16	17	8	10	9	..	8	..
Ensemble des entreprises	5 421	14 465 |	5 849	5 497	15 726	15 969	16 164	15 936
Mixtes								
Entreprises nationales	..	11 460 |	4 505	4 937	12 392	12 957	13 439	14 727
Entreprises sous contrôle étranger	..	..	..	..	..	..	..	..
Succursales d'entreprises étrangères	..	..	..	..	..	..	..	..
Ensemble des entreprises	..	11 460 |	4 505	4 937	12 392	12 957	13 439	14 727
dont :								
Vie	..	..	..	..	..	10 533	10 808	11 414
Entreprises nationales	..	..	..	..	..	10 533	..	..
Entreprises sous contrôle étranger	..	..	..	..	..	..	..	..
Succursales d'entreprises étrangères	..	..	..	..	..	..	..	..
Ensemble des entreprises	..	..	..	..	..	10 533	10 808	11 414
Non-vie	..	..	..	..	..	2 424	2 631	3 313
Entreprises nationales	..	..	..	..	..	2 424	..	..
Entreprises sous contrôle étranger	..	..	..	..	..	..	..	..
Succursales d'entreprises étrangères	..	..	..	..	..	..	..	..
Ensemble des entreprises	..	..	..	..	..	2 424	2 631	3 313
Total								
Entreprises nationales	10 230	28 389	11 066	11 266	31 100	31 754	32 488	33 578
Entreprises sous contrôle étranger	..	..	..	..	..	..	..	..
Succursales d'entreprises étrangères	16	17	8	10	9	..	8	..
Ensemble des entreprises	10 246	28 406	11 074	11 276	31 100	31 754	32 497	33 578

France
Tableau 1. Agrégats sélectionnés *(suite)*

Millions EUR

	2008	2009	2010	2011	2012	2013	2014	2015
1.5 Opérations à l'étranger par succursale, primes brutes								
Vie								
Succursales et agences	908	1 205	1 761	1 929	1 895	2 691	2 860	3 373
Filiales	..	..	..	..	..	..	..	..
Total	908	1 205	1 761	1 929	1 895	2 691	2 860	3 373
Non-vie								
Succursales et agences	3 929	4 191	5 111	5 592	4 107	4 176	4 960	5 460
Filiales	..	..	..	..	..	..	..	..
Total	3 928	4 191	5 111	5 592	4 107	4 176	4 960	5 460
Mixtes								
Succursales et agences	..	..	..	..	..	..	..	..
Filiales	..	..	..	..	..	..	..	..
Total	..	..	..	..	..	..	..	..
dont :								
Vie	..	..	..	..	..	..	..	..
Succursales et agences	..	..	..	..	..	..	..	..
Filiales	..	..	..	..	..	..	..	..
Total	..	..	..	..	..	..	..	..
Non-vie	..	..	..	..	..	..	..	..
Succursales et agences	..	..	..	..	..	..	..	..
Filiales	..	..	..	..	..	..	..	..
Total	..	..	..	..	..	..	..	..
Total								
Succursales et agences	4 837	5 396	6 872	7 521	6 001	6 867	7 820	8 834
Filiales	..	..	..	..	..	..	..	..
Total	4 836	5 396	6 872	7 521	6 001	6 867	7 820	8 834

.. Non disponible ; | Rupture de série

Note : Voir les métadonnées détaillées sur : http://metalinks.oecd.org/isy/20170221/fc52.

France
Tableau 2. Nombre d'entreprises et d'employés

	2008	2009	2010	2011	2012	2013	2014	2015
2.1 Nombre d'entreprises								
Vie								
Entreprises nationales	64	63	61	61	62	59	55	51
Entreprises sous contrôle étranger	0	..	..	..	..	..	..	..
Succursales d'entreprises étrangères	..	..	..	..	..	..	..	..
Ensemble des entreprises	64	63	61	61	62	59	55	51
Non-vie								
Entreprises nationales	226	259	257	250	221	212	206	191
Entreprises sous contrôle étranger	10	9	8	7	5	..	..	..
Succursales d'entreprises étrangères	..	..	..	..	..	4	4	4
Ensemble des entreprises	236	259	257	250	221	216	210	195
Mixtes								
Entreprises nationales	43	38	39	40	40	38	38	39
Entreprises sous contrôle étranger	..	..	..	..	..	..	..	..
Succursales d'entreprises étrangères	..	..	..	..	..	..	..	..
Ensemble des entreprises	43	38	39	40	40	38	38	39
Réassurance								
Entreprises nationales	26	26	24	20	16	16	15	16
Entreprises sous contrôle étranger	..	..	..	..	..	..	..	..
Succursales d'entreprises étrangères	..	..	..	..	..	..	..	..
Ensemble des entreprises	26	26	24	20	16	16	15	16
Total								
Entreprises nationales	359	386	381	371	339	325	314	297
Entreprises sous contrôle étranger	10	..	..	7	5	..	..	..
Succursales d'entreprises étrangères	..	..	..	..	..	4	4	4
Ensemble des entreprises	369	386	381	371	339	329	318	301
2.2 Nombre d'employés								
Entreprises d'assurance	..	..	..	..	..	..	..	..
Intermédiaires	..	..	..	..	..	..	..	..
Total	..	..	..	..	..	..	..	..

.. Non disponible

Note : Voir les métadonnées détaillées sur : http://metalinks.oecd.org/isy/20170221/fc52.

Allemagne
Tableau 1. Agrégats sélectionnés

Millions EUR

	2008	2009	2010	2011	2012	2013	2014	2015
1.1 Opérations d'assurance conclues dans le pays déclarant								
1.1.1 Opérations d'assurance, par intérêt								
Primes brutes								
Entreprises nationales	203 214	174 647	180 083	178 145	233 661	243 304	246 201	254 407
Entreprises sous contrôle étranger	40 241	35 702	37 912	35 602	37 194	39 396	38 694	39 170
Succursales d'entreprises étrangères	3 000	3 000	1 744	5 560	8 062	7 963	8 796	9 751
Ensemble des entreprises	206 214	177 647	181 828	183 705	235 634	251 267	254 997	264 158
Primes cédées								
Entreprises nationales	22 757	15 976	14 656	15 996	23 045	25 709	27 853	32 499
Entreprises sous contrôle étranger	5 838	3 899	3 414	3 905	3 947	4 645	4 615	4 593
Succursales d'entreprises étrangères	362	..	..	..	100	108	103	114
Ensemble des entreprises	23 119	..	..	..	23 145	25 817	27 956	32 613
Primes nettes émises								
Entreprises nationales	180 457	158 671	165 427	162 149	210 616	217 596	218 348	221 907
Entreprises sous contrôle étranger	34 403	31 804	34 499	31 696	33 247	34 751	34 078	34 577
Succursales d'entreprises étrangères	2 639	..	..	..	1 873	7 854	8 693	9 637
Ensemble des entreprises	183 096	..	..	..	212 489	225 450	227 041	231 545
1.1.2 Opérations d'assurance par risque à l'étranger, primes brutes								
Vie	..	..	..	..	..	..	..	..
Non-vie	..	..	..	..	..	..	..	..
Mixtes total	x	x	x	x	x	x	x	x
Total	..	..	..	..	..	..	..	..
1.1.3 Paiement par catégories d'assurance, primes brutes (vie)								
Rentes	18 333	23 949	27 898	27 237	29 443	32 863	34 019	31 782
Unit linked	11 051	12 113	13 466	12 808	12 721	12 919	13 863	13 863
Autre assurance vie	45 885	44 304	44 734	40 660	40 822	41 934	40 891	41 214
Total assurance vie	75 269	80 365	86 098	80 705	82 986	87 716	88 774	86 859
dont : Contrats de retraite	..	..	..	..	..	..	..	..
1.1.4 Paiement par catégories d'assurance, primes brutes (non-vie)								
L'assurance automobile	26 110	25 745	24 680	26 350	27 577	28 592	31 425	32 589
Les assurances transport (y compris maritime et aérien)	4 701	4 689	4 535	4 156	4 537	4 476	4 379	5 116
L'assurance de fret	..	..	..	..	..	..	..	..
L'assurance incendie et des dommages aux bien	30 254	32 555	33 154	36 611	34 420	36 832	35 422	38 830
L'assurance des pertes pécuniaires	2 484	1 245	2 910	2 979	2 754	2 815	2 088	2 197
L'assurance de la responsabilité civile générale	11 801	11 887	11 648	12 321	12 623	13 265	14 213	15 425
Les assurances accidents et maladie	39 990	50 621	45 055	47 235	48 823	49 395	48 811	49 176
dont : Maladie	32 225	33 350	37 290	39 555	41 036	41 747	40 924	41 627
Autres assurances non-vie	4 147	3 819	4 195	4 316	4 794	4 841	4 865	31 030
Réassurance obligatoire	..	..	..	..	..	..	..	..
Total assurance non-vie	119 487	130 561	126 177	133 968	135 526	140 215	141 203	174 363
1.2 Paiements bruts des sinistres								
Vie								
Entreprises nationales	69 881	62 837	71 181	85 244	66 288	69 267	74 625	73 307
Entreprises sous contrôle étranger	15 304	..	..	..	15 284	17 017	17 510	17 929
Succursales d'entreprises étrangères	..	..	..	..	..	..	..	..
Ensemble des entreprises	69 881	62 837	71 181	85 244	66 288	69 267	74 625	73 307
Non-vie								
Entreprises nationales	79 917	91 083	84 864	93 574	101 839	113 293	72 709	77 667
Entreprises sous contrôle étranger	9 337	..	..	..	12 192	12 402	8 955	3 653
Succursales d'entreprises étrangères	..	..	..	..	..	..	..	..
Ensemble des entreprises	79 917	91 083	84 864	93 574	101 839	113 293	72 709	77 667
Mixtes, ensemble des entreprises	x	x	x	x	x	x	x	x
Total								
Entreprises nationales	149 797	153 920	156 045	178 818	168 127	182 560	147 334	150 974
Entreprises sous contrôle étranger	24 641	..	..	..	27 475	29 419	26 465	21 581
Succursales d'entreprises étrangères	..	..	..	..	..	..	..	..
Ensemble des entreprises	149 797	153 920	156 045	178 818	168 127	182 560	147 334	150 974
1.3 Commissions								
Vie								
Entreprises nationales	5 229	5 514	5 875	6 312	6 005	5 367	5 583	5 069
Entreprises sous contrôle étranger	1 929	..	..	..	1 771	1 604	1 533	1 488
Succursales d'entreprises étrangères	..	..	..	..	..	..	..	..
Ensemble des entreprises	5 229	5 514	5 875	6 312	6 005	5 367	5 583	5 069
Non-vie								
Entreprises nationales	9 369	9 904	9 627	9 908	10 069	10 048	10 221	10 740
Entreprises sous contrôle étranger	2 005	..	..	..	1 985	1 720	1 626	257
Succursales d'entreprises étrangères	..	..	..	..	..	..	..	..
Ensemble des entreprises	9 369	9 904	9 627	9 908	10 069	10 048	10 221	10 740
Mixtes, ensemble des entreprises	x	x	x	x	x	x	x	x
Total								
Entreprises nationales	14 598	15 419	15 502	16 220	16 074	15 416	15 805	15 810
Entreprises sous contrôle étranger	3 934	..	..	..	3 756	3 323	3 159	1 745
Succursales d'entreprises étrangères	..	..	..	..	..	..	..	..
Ensemble des entreprises	14 598	15 419	15 502	16 220	16 074	15 416	15 805	15 810

Allemagne
Tableau 1. Agrégats sélectionnés *(suite)*

Millions EUR

	2008	2009	2010	2011	2012	2013	2014	2015
1.4 Dépenses brutes d'exploitation								
Vie								
Entreprises nationales	13 339	9 827	14 203	14 545	4 051	3 954	3 963	4 008
Entreprises sous contrôle étranger	3 214	..	..	..	925	921	894	1 036
Succursales d'entreprises étrangères	..	..	..	..	..	..	..	..
Ensemble des entreprises	13 339	9 827	14 203	14 545	4 051	3 954	3 963	4 008
Non-vie								
Entreprises nationales	26 694	30 298	27 565	28 382	11 593	11 599	10 296	10 627
Entreprises sous contrôle étranger	3 664	..	..	..	1 528	1 400	1 187	324
Succursales d'entreprises étrangères	..	..	..	..	..	..	..	..
Ensemble des entreprises	26 694	30 298	27 565	28 382	11 593	11 599	10 296	10 627
Mixtes, ensemble des entreprises	x	x	x	x	x	x	x	x
Total								
Entreprises nationales	40 034	40 125	41 768	42 927	15 644	15 553	14 259	14 635
Entreprises sous contrôle étranger	6 878	..	..	..	2 453	2 321	2 081	1 361
Succursales d'entreprises étrangères	..	..	..	..	..	..	..	..
Ensemble des entreprises	40 034	40 125	41 768	42 927	15 644	15 553	14 259	14 635
1.5 Opérations à l'étranger par succursale, primes brutes								
Vie								
Succursales et agences	160	142	..	..	..	..	..	..
Filiales	..	..	..	..	..	..	..	..
Total	160	142	..	..	..	..	..	..
Non-vie								
Succursales et agences	991	988	..	..	..	..	..	..
Filiales	..	..	..	..	..	..	..	..
Total	991	988	..	..	..	..	..	..
Mixtes total	x	x	x	x	x	x	x	x
Total								
Succursales et agences	1 151	1 129	..	..	..	..	..	..
Filiales	..	..	..	..	..	..	..	..
Total	1 151	1 129	..	..	..	..	..	..

.. Non disponible ; x Sans objet

Note : Voir les métadonnées détaillées sur : http://metalinks.oecd.org/isy/20170221/485f.

Allemagne
Tableau 2. Nombre d'entreprises et d'employés

	2008	2009	2010	2011	2012	2013	2014	2015
2.1 Nombre d'entreprises								
Vie								
Entreprises nationales	100	96	96	95	90	91	91	85
Entreprises sous contrôle étranger	21	22	19	20	19	17	17	14
Succursales d'entreprises étrangères	24	21	21	20	19	2	2	2
Ensemble des entreprises	124	117	117	115	109	93	93	87
Non-vie								
Entreprises nationales	278	266	261	265	256	259	255	257
Entreprises sous contrôle étranger	32	27	25	25	25	23	21	22
Succursales d'entreprises étrangères	68	64	72	69	62	3	3	3
Ensemble des entreprises	346	330	333	334	318	262	258	260
Mixtes, ensemble des entreprises	-	-	-	-	-	-	-	-
Réassurance								
Entreprises nationales	41	38	35	33	30	29	27	27
Entreprises sous contrôle étranger	10	5	5	5	6	4	3	3
Succursales d'entreprises étrangères	0	0	7	7	7	1	1	1
Ensemble des entreprises	41	38	42	40	37	30	28	28
Total								
Entreprises nationales	419	400	392	393	376	379	373	369
Entreprises sous contrôle étranger	63	54	49	50	50	44	41	39
Succursales d'entreprises étrangères	92	85	100	96	88	6	6	6
Ensemble des entreprises	511	485	492	489	464	385	379	375
2.2 Nombre d'employés								
Entreprises d'assurance	128 180	140 609	123 595	125 783	126 625	128 755	126 755	128 784
Intermédiaires	29 991	8 120	27 927	27 952	27 407	27 331	26 982	25 917
Total	158 171	148 729	151 522	153 735	154 032	156 086	153 737	154 701

- Néant

Note : Voir les métadonnées détaillées sur : http://metalinks.oecd.org/isy/20170221/485f.

Grèce
Tableau 1. Agrégats sélectionnés

Millions EUR

	2008	2009	2010	2011	2012	2013	2014	2015
1.1 Opérations d'assurance conclues dans le pays déclarant								
1.1.1 Opérations d'assurance, par intérêt								
Primes brutes								
Entreprises nationales	4 851	2 354	4 818	4 691	4 289	4 071	3 806	3 573
Entreprises sous contrôle étranger	..	1 208	1 877	2 130	2 071	1 730	1 696	1 766
Succursales d'entreprises étrangères	460	481	427	261	211	0	0	0
Ensemble des entreprises	5 311	5 194	5 246	4 952	4 499	4 071	3 806	3 573
Primes cédées								
Entreprises nationales	528	193	523	737	534	824	471	459
Entreprises sous contrôle étranger	..	96	226	439	235	214	206	201
Succursales d'entreprises étrangères	106	116	96	90	0	0	0	-
Ensemble des entreprises	633	310	619	827	534	824	471	459
Primes nettes émises								
Entreprises nationales	4 323	2 161	4 295	3 954	3 754	3 247	3 334	3 114
Entreprises sous contrôle étranger	..	1 111	1 651	1 691	1 836	1 516	1 490	1 565
Succursales d'entreprises étrangères	354	365	332	171	211	0	0	0
Ensemble des entreprises	4 678	2 526	4 627	4 125	3 965	3 247	3 335	3 114
1.1.2 Opérations d'assurance par risque à l'étranger, primes brutes								
Vie	..	..	..	..	..	..	..	..
Non-vie	..	..	..	..	..	..	..	..
Mixtes	..	..	..	..	..	..	..	..
dont :								
Vie	..	..	..	..	..	..	..	..
Non-vie	..	..	..	..	..	..	..	..
Total	..	..	..	..	..	..	..	..
1.1.3 Paiement par catégories d'assurance, primes brutes (vie)								
Rentes	180	..	..	..	165	142	129	125
Unit linked	560	..	..	..	368	240	396	326
Autre assurance vie	1 756	..	..	..	1 406	1 299	1 353	1 348
Total Assurance Vie	2 496	..	..	..	1 939	1 681	1 879	1 799
dont : Contrats de retraite	237	..	..	..	205	143	151	156
1.1.4 Paiement par catégories d'assurance, primes brutes (non-vie)								
L'assurance automobile	1 691	1 713	1 965	1 840	1 569	1 417	1 154	1 006
Les assurances transport (y compris maritime et aérien)	36	33	28	25	21	19	19	20
L'assurance de fret	51	37	33	27	24	24	21	21
L'assurance incendie et des dommages aux bien	603	604	576	529	538	529	448	440
L'assurance des pertes pécuniaires	75	81	65	69	78	69	30	30
L'assurance de la responsabilité civile générale	82	86	81	73	78	76	67	68
Les assurances accidents et maladie	82	79	76	76	68	64	57	57
dont : Maladie	11	20	18	19	20	0	0	..
Autres assurances non-vie	189	181	153	146	179	188	128	129
Réassurance obligatoire	0	..	0	0	0	0	0	..
Total assurance non-vie	2 809	2 814	2 995	2 786	2 556	2 386	1 924	1 770

Grèce
Tableau 1. Agrégats sélectionnés (*suite*)

Millions EUR

	2008	2009	2010	2011	2012	2013	2014	2015
1.2 Paiements bruts des sinistres								
Vie								
Entreprises nationales	1 289	655	692	822	1 300	1 072	900	744
Entreprises sous contrôle étranger	..	524	506	591	1 017	707	1	502
Succursales d'entreprises étrangères	183	240	269	263	0	0	0	0
Ensemble des entreprises	1 471	894	961	1 085	1 300	1 072	900	744
Non-vie								
Entreprises nationales	1 285	540	550	501	431	373	355	314
Entreprises sous contrôle étranger	..	139	144	146	142	121	224	109
Succursales d'entreprises étrangères	57	70	35	47	0	1	1	0
Ensemble des entreprises	1 342	610	586	549	431	375	356	314
Mixtes								
Entreprises nationales	..	1 270	1 317	1 408	1 291	1 096	1 018	931
Entreprises sous contrôle étranger	..	399	422	430	441	364	412	347
Succursales d'entreprises étrangères	..	..	0	0	0	0	0	0
Ensemble des entreprises	..	1 270	1 317	1 408	1 291	1 096	1 018	931
dont :								
Vie	..	648	703	866	791	669	613	573
Entreprises nationales	..	648	703	866	791	669	613	573
Entreprises sous contrôle étranger	..	194	255	285	282	226	7	220
Succursales d'entreprises étrangères	..	..	0	0	0	0	0	0
Ensemble des entreprises	..	648	703	866	791	669	613	573
Non-vie	..	622	614	541	501	426	405	358
Entreprises nationales	..	622	614	541	501	426	405	358
Entreprises sous contrôle étranger	..	205	166	145	159	138	405	126
Succursales d'entreprises étrangères	..	..	0	0	0	0	0	0
Ensemble des entreprises	..	622	614	541	501	426	405	358
Total								
Entreprises nationales	2 574	2 464	2 559	2 731	3 022	2 541	2 273	1 989
Entreprises sous contrôle étranger	..	1 061	1 072	1 167	1 600	1 192	637	957
Succursales d'entreprises étrangères	239	310	304	310	0	1	1	0
Ensemble des entreprises	2 813	2 774	2 864	3 042	3 022	2 542	2 274	1 989
1.3 Commissions								
Vie								
Entreprises nationales	267	..	..	..	..	..	95	91
Entreprises sous contrôle étranger	139	..	..	..	..	..	70	70
Succursales d'entreprises étrangères	42	..	..	..	..	..	0	0
Ensemble des entreprises	309	..	..	..	..	..	95	91
Non-vie								
Entreprises nationales	425	..	..	..	..	..	161	158
Entreprises sous contrôle étranger	121	..	..	..	..	..	63	66
Succursales d'entreprises étrangères	37	..	..	..	..	..	0	0
Ensemble des entreprises	462	..	..	..	..	..	162	158
Mixtes								
Entreprises nationales	..	..	..	..	..	..	276	709
Entreprises sous contrôle étranger	..	..	..	..	..	..	115	115
Succursales d'entreprises étrangères	..	..	..	..	..	..	0	0
Ensemble des entreprises	..	..	..	..	..	..	276	709
dont :								
Vie	..	..	..	..	..	..	102	544
Entreprises nationales	..	..	..	..	..	..	102	544
Entreprises sous contrôle étranger	..	..	..	..	..	..	39	40
Succursales d'entreprises étrangères	..	..	..	..	..	..	0	0
Ensemble des entreprises	..	..	..	..	..	..	102	544
Non-vie	..	..	..	..	..	..	174	164
Entreprises nationales	..	..	..	..	..	..	174	164
Entreprises sous contrôle étranger	..	..	..	..	..	..	76	75
Succursales d'entreprises étrangères	..	..	..	..	..	..	0	0
Ensemble des entreprises	..	..	..	..	..	..	174	164
Total								
Entreprises nationales	692	..	..	..	..	..	532	957
Entreprises sous contrôle étranger	259	..	..	..	..	..	248	251
Succursales d'entreprises étrangères	79	..	..	..	..	..	0	0
Ensemble des entreprises	771	..	..	..	..	..	532	957

Grèce
Tableau 1. Agrégats sélectionnés *(suite)*

Millions EUR

	2008	2009	2010	2011	2012	2013	2014	2015
1.4 Dépenses brutes d'exploitation								
Vie								
Entreprises nationales	305	192 |	177	182	82	79	176	163
Entreprises sous contrôle étranger	168	163 |	137	139	75	66	141	132
Succursales d'entreprises étrangères	32	62	59	57	0	0	0	..
Ensemble des entreprises	336	254 |	236	239	82	79	176	163
Non-vie								
Entreprises nationales	412	342 |	395	373	104	124	264	247
Entreprises sous contrôle étranger	113	113 |	135	137	59	61	115	116
Succursales d'entreprises étrangères	18	64	53	60	1	0	0	0
Ensemble des entreprises	430	406 |	448	432	106	124	264	247
Mixtes								
Entreprises nationales	..	509 |	608	543	67	169	404	371
Entreprises sous contrôle étranger	..	158 |	189	191	16	57	154	150
Succursales d'entreprises étrangères	..	..	0	0	0	0	0	..
Ensemble des entreprises	..	509 |	608	543	67	169	404	371
dont :								
Vie	..	157 |	195	176	36	53	144	145
Entreprises nationales	..	157 |	195	176	36	53	144	145
Entreprises sous contrôle étranger	..	51 |	70	69	11	21	53	52
Succursales d'entreprises étrangères	..	..	0	0	0	0	0	..
Ensemble des entreprises	..	157 |	195	176	36	53	144	145
Non-vie	..	352 |	413	368	31	116	260	226
Entreprises nationales	..	352 |	413	368	31	116	260	226
Entreprises sous contrôle étranger	..	106 |	119	122	4	36	101	98
Succursales d'entreprises étrangères	..	..	0	0	0	0	0	..
Ensemble des entreprises	..	352 |	413	368	31	116	260	226
Total								
Entreprises nationales	717	1 043	1 179	1 098	253	372	844	781
Entreprises sous contrôle étranger	282	434	461	467	150	184	410	398
Succursales d'entreprises étrangères	49	125	112	117	1	0	0	0
Ensemble des entreprises	766	1 169	1 291	1 215	254	372	844	781
1.5 Opérations à l'étranger par succursale, primes brutes								
Vie								
Succursales et agences	9	3	16	0	..	..	..	..
Filiales	..	..	..	..	..	..	..	..
Total	9	..	16	0	..	..	..	..
Non-vie								
Succursales et agences	3	2	14	0	..	..	..	..
Filiales	..	..	..	..	..	..	..	..
Total	3	..	14	0	..	..	..	..
Mixtes								
Succursales et agences	..	..	..	..	..	..	..	..
Filiales	..	..	..	..	..	..	..	..
Total	..	..	..	..	..	..	..	..
dont :								
Vie	..	..	..	..	..	..	..	..
Succursales et agences	..	..	..	..	..	..	..	..
Filiales	..	..	..	..	..	..	..	..
Total	..	..	..	..	..	..	..	..
Non-vie	..	..	..	..	..	..	..	..
Succursales et agences	..	..	..	..	..	..	..	..
Filiales	..	..	..	..	..	..	..	..
Total	..	..	..	..	..	..	..	..
Total								
Succursales et agences	12	6	30	-	..	..	..	..
Filiales	..	..	..	..	..	..	..	..
Total	12	..	30	-	..	..	..	..

.. Non disponible ; - Néant ; | Rupture de série

Note : Voir les métadonnées détaillées sur : http://metalinks.oecd.org/isy/20170221/05f4.

Grèce
Tableau 2. Nombre d'entreprises et d'employés

	2008	2009	2010	2011	2012	2013	2014	2015
2.1 Nombre d'entreprises								
Vie								
Entreprises nationales	14	14	11	10	11	11	11	11
Entreprises sous contrôle étranger	9	9	6	6	7	7	7	7
Succursales d'entreprises étrangères	3	3	1	1	0	0	0	0
Ensemble des entreprises	26	17	12	11	11	11	11	11
Non-vie								
Entreprises nationales	42	30	32	31	31	28	24	24
Entreprises sous contrôle étranger	12	10	7	7	7	7	6	5
Succursales d'entreprises étrangères	18	17	2	2	2	2	2	2
Ensemble des entreprises	72	47	34	33	33	30	26	26
Mixtes								
Entreprises nationales	12	11	12	11	11	11	11	11
Entreprises sous contrôle étranger	3	4	4	4	4	4	4	4
Succursales d'entreprises étrangères	0	..	0	0	0	0	0	0
Ensemble des entreprises	15	11	12	11	11	11	11	11
Réassurance								
Entreprises nationales	0	..	0	0	0	0	0	0
Entreprises sous contrôle étranger	0	..	0	0	0	0	0	0
Succursales d'entreprises étrangères	0	..	0	0	0	0	0	0
Ensemble des entreprises	0	..	0	0	0	0	0	0
Total								
Entreprises nationales	68	55	55	52	53	50	46	46
Entreprises sous contrôle étranger	24	..	17	17	18	18	17	16
Succursales d'entreprises étrangères	21	20	3	3	2	2	2	2
Ensemble des entreprises	113	75	58	55	55	52	48	48
2.2 Nombre d'employés								
Entreprises d'assurance	8 653	..	..	..	..	..	..	..
Intermédiaires	18 915	..	..	..	..	..	..	..
Total	27 568	..	..	..	..	..	..	..

.. Non disponible

Note : Voir les métadonnées détaillées sur : http://metalinks.oecd.org/isy/20170221/05f4.

Hongrie
Tableau 1. Agrégats sélectionnés

Millions HUF

	2008	2009	2010	2011	2012	2013	2014	2015
1.1 Opérations d'assurance conclues dans le pays déclarant								
1.1.1 Opérations d'assurance, par intérêt								
Primes brutes								
Entreprises nationales	885 590	825 793	842 781	815 038	760 249	801 210	833 664	835 428
Entreprises sous contrôle étranger	774 940	788 388	802 202	770 794	718 932	763 286	796 332	788 248
Succursales d'entreprises étrangères	..	..	..	..	..	..	..	..
Ensemble des entreprises	885 590	825 793	842 781	815 038	760 249	801 210	833 664	835 428
Primes cédées								
Entreprises nationales	110 046	131 366	134 572	131 231	127 261	111 755	116 117	115 801
Entreprises sous contrôle étranger	98 068	121 701	123 702	120 088	118 373	104 254	108 557	104 464
Succursales d'entreprises étrangères	..	..	..	..	..	..	..	..
Ensemble des entreprises	110 046	131 366	134 572	131 231	127 261	111 755	116 117	115 801
Primes nettes émises								
Entreprises nationales	775 544	694 427	708 209	683 807	632 989	689 455	717 547	719 627
Entreprises sous contrôle étranger	676 872	666 687	678 500	650 706	600 559	659 032	687 774	683 784
Succursales d'entreprises étrangères	..	..	..	..	..	..	..	..
Ensemble des entreprises	775 544	694 427	708 209	683 807	632 989	689 455	717 547	719 627
1.1.2 Opérations d'assurance par risque à l'étranger, primes brutes								
Vie	964	1 831 |	2 501	30 145	3 284	3 358	3 533	4 234
Non-vie	7 168	1 243 |	1 568	2 165	1 257	1 840	1 923	1 052
Mixtes	..	3 701 |	5 030	5 326	7 943	4 500	2 829	4 368
dont :								
Vie	..	39 |	64	80	279	781	228	216
Non-vie	..	3 662 |	4 965	5 246	7 665	3 719	2 602	4 152
Total	8 132	6 775	9 099	37 636	12 484	9 698	8 285	9 654
1.1.3 Paiement par catégories d'assurance, primes brutes (vie)								
Rentes	9 843	6 234	4 459	4 247	3 529	2 975	3 147	3 479
Unit linked	289 155	253 623	295 752	298 106	261 098	286 919	282 059	266 857
Autre assurance vie	165 725	155 725	147 947	142 599	138 251	146 439	171 738	156 617
Total Assurance Vie	464 724	415 582	448 159	444 952	402 878	436 333	456 944	426 953
dont : Contrats de retraite	85	68	51	37	..	19	..	10
1.1.4 Paiement par catégories d'assurance, primes brutes (non-vie)								
L'assurance automobile	228 627	219 468	200 559	164 432	147 428	144 515	152 283	175 045
Les assurances transport (y compris maritime et aérien)	742	1 080	1 098	933	663	661	793	879
L'assurance de fret	3 008	2 615	2 798	3 082	2 405	2 552	2 856	3 165
L'assurance incendie et des dommages aux bien	137 801	138 136	140 943	147 551	152 904	159 562	158 219	161 160
L'assurance des pertes pécuniaires	4 633	4 387	3 829	4 922	2 930	3 739	3 672	4 822
L'assurance de la responsabilité civile générale	18 806	18 556	17 560	17 956	18 856	20 074	21 904	23 585
Les assurances accidents et maladie	20 215	19 161	20 323	22 596	23 361	25 922	28 358	29 859
dont : Maladie	8 238	7 593	7 599	5 929	7 128	8 559	9 558	8 668
Autres assurances non-vie	7 009	6 780	7 479	8 811	8 758	7 781	8 557	9 909
Réassurance obligatoire	0	..	..	..	..	..	..	..
Total assurance non-vie	420 840	410 183	394 588	370 284	357 305	364 806	376 641	408 424

Hongrie
Tableau 1. Agrégats sélectionnés *(suite)*

Millions HUF

	2008	2009	2010	2011	2012	2013	2014	2015
1.2 Paiements bruts des sinistres								
Vie								
Entreprises nationales	303 727	132 391	142 272	170 016	153 649	139 994	130 633	150 198
Entreprises sous contrôle étranger	261 985	124 751	131 643	158 484	150 320	129 594	121 318	139 595
Succursales d'entreprises étrangères	..	..	..	..	..	..	..	..
Ensemble des entreprises	303 727	132 391	142 272	170 016	153 649	139 994	130 633	150 198
Non-vie								
Entreprises nationales	217 975	18 943	19 173	18 824	22 516	25 692	27 416	30 571
Entreprises sous contrôle étranger	191 543	9 618	12 193	11 865	11 387	12 611	13 973	14 605
Succursales d'entreprises étrangères	..	..	..	..	..	..	..	..
Ensemble des entreprises	217 975	18 943	19 173	18 824	22 516	25 692	27 416	30 571
Mixtes								
Entreprises nationales	..	359 394	441 811	411 093	413 298	422 789	379 879	356 926
Entreprises sous contrôle étranger	..	359 394	441 811	411 093	413 298	422 789	379 879	356 926
Succursales d'entreprises étrangères	..	..	..	..	..	..	..	..
Ensemble des entreprises	..	359 394	441 811	411 093	413 298	422 789	379 879	356 926
dont :								
Vie	..	176 947	228 884	236 953	240 059	242 802	212 244	180 098
Entreprises nationales	..	176 947	228 884	236 953	240 059	242 802	212 244	180 098
Entreprises sous contrôle étranger	..	176 947	228 884	236 953	240 059	242 802	212 244	180 098
Succursales d'entreprises étrangères	..	..	..	..	..	..	..	..
Ensemble des entreprises	..	176 947	228 884	236 953	240 059	242 802	212 244	180 098
Non-vie	..	182 447	212 928	174 139	173 240	179 988	167 635	176 829
Entreprises nationales	..	182 447	212 928	174 139	173 240	179 988	167 635	176 829
Entreprises sous contrôle étranger	..	182 447	212 928	174 139	173 240	179 988	167 635	176 829
Succursales d'entreprises étrangères	..	..	..	..	..	..	..	..
Ensemble des entreprises	..	182 447	212 928	174 139	173 240	179 988	167 635	176 829
Total								
Entreprises nationales	521 702	510 729	603 256	599 932	589 464	588 475	537 928	537 695
Entreprises sous contrôle étranger	453 528	493 763	585 648	581 441	575 006	564 995	515 171	511 127
Succursales d'entreprises étrangères	..	..	..	..	..	..	..	..
Ensemble des entreprises	521 702	510 729	603 256	599 932	589 464	588 475	537 928	537 695
1.3 Commissions								
Vie								
Entreprises nationales	55 718	21 500	23 836	23 907	20 760	14 900	14 024	13 526
Entreprises sous contrôle étranger	51 963	16 617	13 107	13 391	14 215	11 559	11 559	11 089
Succursales d'entreprises étrangères	..	..	..	..	..	..	..	..
Ensemble des entreprises	55 718	21 500	23 836	23 907	20 760	14 900	14 024	13 526
Non-vie								
Entreprises nationales	52 409	5 302	5 722	6 479	6 319	7 349	7 243	9 161
Entreprises sous contrôle étranger	45 215	2 933	5 088	5 335	4 457	4 813	4 948	5 986
Succursales d'entreprises étrangères	..	..	..	..	..	..	..	..
Ensemble des entreprises	52 409	5 302	5 722	6 479	6 319	7 349	7 243	9 161
Mixtes								
Entreprises nationales	..	72 427	74 369	74 891	69 058	75 007	72 592	79 086
Entreprises sous contrôle étranger	..	72 427	74 369	74 891	69 058	75 007	72 592	79 086
Succursales d'entreprises étrangères	..	..	..	..	..	..	..	..
Ensemble des entreprises	..	72 427	74 369	74 891	69 058	75 007	72 592	79 086
dont :								
Vie	..	27 160	28 121	30 426	26 909	29 847	30 235	29 116
Entreprises nationales	..	27 160	28 121	30 426	26 909	29 847	30 235	29 116
Entreprises sous contrôle étranger	..	27 160	28 121	30 426	26 909	29 847	30 235	29 116
Succursales d'entreprises étrangères	..	..	..	..	..	..	..	..
Ensemble des entreprises	..	27 160	28 121	30 426	26 909	29 847	30 235	29 116
Non-vie	..	45 267	46 248	44 465	42 148	45 160	42 357	49 970
Entreprises nationales	..	45 267	46 248	44 465	42 148	45 160	42 357	49 970
Entreprises sous contrôle étranger	..	45 267	46 248	44 465	42 148	45 160	42 357	49 970
Succursales d'entreprises étrangères	..	..	..	..	..	..	..	..
Ensemble des entreprises	..	45 267	46 248	44 465	42 148	45 160	42 357	49 970
Total								
Entreprises nationales	108 127	99 230	103 927	105 277	96 136	97 256	93 859	101 773
Entreprises sous contrôle étranger	97 179	91 977	92 564	93 617	87 729	91 380	89 099	96 162
Succursales d'entreprises étrangères	..	..	..	..	..	..	..	..
Ensemble des entreprises	108 127	99 230	103 927	105 277	96 136	97 256	93 859	101 773

Hongrie
Tableau 1. Agrégats sélectionnés *(suite)*

Millions HUF

	2008	2009	2010	2011	2012	2013	2014	2015
1.4 Dépenses brutes d'exploitation								
Vie								
Entreprises nationales	105 164	42 768 |	56 566	52 633	37 846	32 595	35 399	32 897
Entreprises sous contrôle étranger	92 507	15 559 |	37 256	36 587	32 963	27 473	30 053	29 279
Succursales d'entreprises étrangères	..	..	..	..	..	..	..	..
Ensemble des entreprises	105 164	42 768 |	56 566	52 633	37 846	32 595	35 399	32 897
Non-vie								
Entreprises nationales	132 374	14 175 |	15 324	17 229	16 277	17 413	17 638	20 337
Entreprises sous contrôle étranger	106 404	7 192 |	11 678	12 859	10 465	11 126	11 890	14 690
Succursales d'entreprises étrangères	..	..	..	..	..	..	..	..
Ensemble des entreprises	132 374	14 175 |	15 324	17 229	16 277	17 413	17 638	20 337
Mixtes								
Entreprises nationales	..	160 403 |	175 554	170 062	155 577	172 680	181 142	167 842
Entreprises sous contrôle étranger	..	160 403 |	175 554	170 062	155 577	172 680	181 142	167 842
Succursales d'entreprises étrangères	..	..	..	..	..	..	..	..
Ensemble des entreprises	..	160 403 |	175 554	170 062	155 577	172 680	181 142	167 842
dont :								
Vie	..	47 882 |	65 371	68 791	55 125	56 633	70 675	55 349
Entreprises nationales	..	47 882 |	65 371	68 791	55 125	56 633	70 675	55 349
Entreprises sous contrôle étranger	..	47 882 |	65 371	68 791	55 125	56 633	70 675	55 349
Succursales d'entreprises étrangères	..	..	..	..	..	..	..	..
Ensemble des entreprises	..	47 882 |	65 371	68 791	55 125	56 633	70 675	55 349
Non-vie	..	112 521 |	110 183	101 271	100 451	116 047	110 467	112 493
Entreprises nationales	..	112 521 |	110 183	101 271	100 451	116 047	110 467	112 493
Entreprises sous contrôle étranger	..	112 521 |	110 183	101 271	100 451	116 047	110 467	112 493
Succursales d'entreprises étrangères	..	..	..	..	..	..	..	..
Ensemble des entreprises	..	112 521 |	110 183	101 271	100 451	116 047	110 467	112 493
Total								
Entreprises nationales	237 538	217 346	247 444	239 924	209 699	222 687	234 179	221 076
Entreprises sous contrôle étranger	198 911	183 154	224 487	219 509	199 004	211 279	223 085	211 811
Succursales d'entreprises étrangères	..	..	..	..	..	..	..	..
Ensemble des entreprises	237 538	217 346	247 444	239 924	209 699	222 687	234 179	221 076
1.5 Opérations à l'étranger par succursale, primes brutes								
Vie								
Succursales et agences	..	..	..	..	..	..	..	..
Filiales	..	..	..	..	..	..	..	..
Total	..	..	..	..	..	..	..	..
Non-vie								
Succursales et agences	..	..	..	..	..	..	..	..
Filiales	..	..	..	..	..	..	..	..
Total	..	..	..	..	..	..	..	..
Mixtes								
Succursales et agences	..	..	..	..	..	..	..	..
Filiales	..	..	..	..	..	..	..	..
Total	..	..	..	..	..	..	..	..
dont :								
Vie	..	..	..	..	..	..	..	..
Succursales et agences	..	..	..	..	..	..	..	..
Filiales	..	..	..	..	..	..	..	..
Total	..	..	..	..	..	..	..	..
Non-vie	..	..	..	..	..	..	..	..
Succursales et agences	..	..	..	..	..	..	..	..
Filiales	..	..	..	..	..	..	..	..
Total	..	..	..	..	..	..	..	..
Total								
Succursales et agences	..	..	..	..	..	..	..	..
Filiales	..	..	..	..	..	..	..	..
Total	..	..	..	..	..	..	..	..

.. Non disponible ; | Rupture de série

Note : Voir les métadonnées détaillées sur : http://metalinks.oecd.org/isy/20170221/b1f4.

Hongrie
Tableau 2. Nombre d'entreprises et d'employés

	2008	2009	2010	2011	2012	2013	2014	2015
2.1 Nombre d'entreprises								
Vie								
Entreprises nationales	11	12	12	12	12	10	10	10
Entreprises sous contrôle étranger	8	9	9	9	9	7	7	7
Succursales d'entreprises étrangères	0	0	0	..	..	..	..	0
Ensemble des entreprises	11	12	12	12	12	10	10	10
Non-vie								
Entreprises nationales	13	15	15	15	13	12	12	11
Entreprises sous contrôle étranger	7	7	9	9	7	6	6	6
Succursales d'entreprises étrangères	11	11	14	12	14	14	14	13
Ensemble des entreprises	24	26	29	27	27	26	26	24
Mixtes								
Entreprises nationales	11	10	10	10	10	10	10	9
Entreprises sous contrôle étranger	10	10	10	10	10	10	10	9
Succursales d'entreprises étrangères	1	1	0	1	1	1	1	2
Ensemble des entreprises	12	11	10	11	11	11	11	11
Réassurance								
Entreprises nationales	0	..	..	..	..	..	..	..
Entreprises sous contrôle étranger	0	..	..	..	..	..	..	..
Succursales d'entreprises étrangères	0	..	..	..	..	..	..	..
Ensemble des entreprises	0	..	..	..	..	..	..	..
Total								
Entreprises nationales	35	37	37	37	35	32	32	30
Entreprises sous contrôle étranger	25	26	28	28	26	23	23	22
Succursales d'entreprises étrangères	12	12	14	13	15	15	15	15
Ensemble des entreprises	47	49	51	50	50	47	47	45
2.2 Nombre d'employés								
Entreprises d'assurance	14 467	..	10 547	9 580	9 701	9 363	9 229	8 728
Intermédiaires	15 384	..	17 067	16 950	13 572	13 083	12 768	11 392
Total	29 851	..	27 615	26 530	23 273	22 445	21 997	20 121

.. Non disponible

Note : Voir les métadonnées détaillées sur : http://metalinks.oecd.org/isy/20170221/b1f4.

Islande
Tableau 1. Agrégats sélectionnés

Millions ISK

	2008	2009	2010	2011	2012	2013	2014	2015
1.1 Opérations d'assurance conclues dans le pays déclarant								
1.1.1 Opérations d'assurance, par intérêt								
Primes brutes								
Entreprises nationales	41 724	34 293	46 636	48 117	50 490	51 142	51 849	55 346
Entreprises sous contrôle étranger	-	3 732	4 082	4 464	4 788	5 088	5 401	6 010
Succursales d'entreprises étrangères	-	-	-	-	..	..	..	..
Ensemble des entreprises	41 721	34 293	46 636	48 117	50 490	51 142	51 849	55 346
Primes cédées								
Entreprises nationales	3 061	2 546	3 621	3 425	3 371	3 136	2 918	2 882
Entreprises sous contrôle étranger	-	260	476	328	318	310	310	272
Succursales d'entreprises étrangères	-	-	-	-	..	..	..	..
Ensemble des entreprises	3 061	2 546	3 621	3 425	3 371	3 136	2 918	2 882
Primes nettes émises								
Entreprises nationales	38 663	31 747	43 015	44 692	47 118	48 005	48 931	52 465
Entreprises sous contrôle étranger	-	3 472	3 606	4 136	4 470	4 779	5 091	5 737
Succursales d'entreprises étrangères	-	-	-	-	..	..	..	..
Ensemble des entreprises	38 674	31 747	43 015	44 692	47 118	48 005	48 931	52 465
1.1.2 Opérations d'assurance par risque à l'étranger, primes brutes								
Vie	0	6 786	3 510	0	0	0	0	0
Non-vie	2 215	41 886	43 506	2 528	2 632	2 156	2 563	3 018
Mixtes total	x	x	x	x	x	x	x	x
Total	2 215	48 673	47 016	2 528	2 632	2 156	2 563	3 018
1.1.3 Paiement par catégories d'assurance, primes brutes (vie)								
Rentes	0	47	65	57	61	61	111	473
Unit linked	185	108	104	110	87	86	87	91
Autre assurance vie	2 867	3 118	3 216	3 227	3 532	3 913	4 042	4 087
Total assurance vie	3 052	3 273	3 385	3 395	3 680	4 061	4 240	4 651
dont : Contrats de retraite	..	0	0	0	0	0	0	0
1.1.4 Paiement par catégories d'assurance, primes brutes (non-vie)								
L'assurance automobile	19 153	20 424	20 479	20 205	21 226	21 522	22 084	23 952
Les assurances transport (y compris maritime et aérien)	2 691	2 204	2 483	2 629	2 746	3 372	3 419	3 690
L'assurance de fret	703	577	602	632	667	638	646	751
L'assurance incendie et des dommages aux bien	8 182	11 557	12 193	12 838	14 028	13 816	13 903	13 911
L'assurance des pertes pécuniaires	164	58	77	100	77	45	23	27
L'assurance de la responsabilité civile générale	2 316	2 452	2 372	2 782	2 932	2 556	2 565	2 672
Les assurances accidents et maladie	4 141	4 707	5 012	5 318	5 108	5 102	4 947	5 646
dont : Maladie	1 912	717	..	..	..	..	..	..
Autres assurances non-vie	0	0	12	27	27	30	22	42
Réassurance obligatoire	0	0	0	0	0	0	0	0
Total assurance non-vie	39 262	41 980	43 230	44 530	46 809	47 081	47 608	50 690
1.2 Paiements bruts des sinistres								
Vie								
Entreprises nationales	1 003	1 101	882	1 139	1 434	1 381	1 529	1 325
Entreprises sous contrôle étranger	0	26	15	21	56	47	30	58
Succursales d'entreprises étrangères	0	..	0	..	..	..	..	..
Ensemble des entreprises	1 003	1 101	882	1 139	1 434	1 381	1 529	1 325
Non-vie								
Entreprises nationales	29 986	33 871	27 092	28 721	30 190	31 417	32 554	36 082
Entreprises sous contrôle étranger	0	2 858	2 859	3 132	2 931	3 412	3 520	4 169
Succursales d'entreprises étrangères	0	0	0	..	..	..	..	..
Ensemble des entreprises	29 986	33 871	27 092	28 721	30 190	31 417	32 554	36 082
Mixtes, ensemble des entreprises	**x**	**x**	**x**	**x**	**x**	**x**	**x**	**x**
Total								
Entreprises nationales	30 989	34 972	27 974	29 861	31 624	32 798	34 083	37 407
Entreprises sous contrôle étranger	-	2 884	2 874	3 152	2 987	3 459	3 550	4 227
Succursales d'entreprises étrangères	-	-	-	..	..	..	..	..
Ensemble des entreprises	30 989	34 972	27 974	29 861	31 624	32 798	34 083	37 407

Islande
Tableau 1. Agrégats sélectionnés *(suite)*

Millions ISK

	2008	2009	2010	2011	2012	2013	2014	2015
1.3 Commissions								
Vie								
Entreprises nationales	47	57	41	74	71	66	118	90
Entreprises sous contrôle étranger	0	4	6	4	12	20	42	3
Succursales d'entreprises étrangères	0	..	0	..	..	..	..	..
Ensemble des entreprises	47	57	41	74	71	66	118	90
Non-vie								
Entreprises nationales	125	168	121	101	122	102	39	36
Entreprises sous contrôle étranger	0	20	0	0	0	0	0	0
Succursales d'entreprises étrangères	0	0	0	..	..	..	..	..
Ensemble des entreprises	125	168	121	101	122	102	39	36
Mixtes, ensemble des entreprises	x	x	x	x	x	x	x	x
Total								
Entreprises nationales	172	224	162	175	193	168	157	126
Entreprises sous contrôle étranger	-	24	6	4	12	20	42	3
Succursales d'entreprises étrangères	-	-	-	..	..	..	..	..
Ensemble des entreprises	172	224	162	175	193	168	157	126
1.4 Dépenses brutes d'exploitation								
Vie								
Entreprises nationales	873	782	851	945	1 119	1 384	1 098	1 498
Entreprises sous contrôle étranger	0	43	52	57	77	90	18	161
Succursales d'entreprises étrangères	0	..	0	..	..	..	..	..
Ensemble des entreprises	873	782	851	945	1 119	1 384	1 098	1 498
Non-vie								
Entreprises nationales	7 224	7 646	8 563	9 081	9 987	9 860	9 680	4 314
Entreprises sous contrôle étranger	0	785	859	965	996	1 084	1 086	1 225
Succursales d'entreprises étrangères	0	0	0	..	..	..	..	..
Ensemble des entreprises	7 224	7 646	8 563	9 081	9 987	9 860	9 680	4 314
Mixtes, ensemble des entreprises	x	x	x	x	x	x	x	x
Total								
Entreprises nationales	8 098	8 428	9 414	10 027	11 106	11 244	10 778	5 812
Entreprises sous contrôle étranger	-	828	911	1 022	1 072	1 173	1 104	1 387
Succursales d'entreprises étrangères	-	-	-	..	..	..	..	..
Ensemble des entreprises	8 098	8 428	9 414	10 027	11 106	11 244	10 778	5 812
1.5 Opérations à l'étranger par succursale, primes brutes								
Vie								
Succursales et agences	0	0	0	0	0	..	..	..
Filiales	..	0	0	0	0	..	..	..
Total	..	0	0	0	0	..	..	..
Non-vie								
Succursales et agences	0	0	277	551	914	..	..	..
Filiales	..	0	0	0	0	..	..	..
Total	..	0	277	551	914	..	..	..
Mixtes total	x	x	x	x	x	x	x	x
Total								
Succursales et agences	-	-	277	551	914	..	..	..
Filiales	..	-	-	-	-	..	..	..
Total	..	-	277	551	914	..	..	..

.. Non disponible ; - Néant ; x Sans objet

Note : Voir les métadonnées détaillées sur : http://metalinks.oecd.org/isy/20170221/e4d2.

Islande
Tableau 2. Nombre d'entreprises et d'employés

	2008	2009	2010	2011	2012	2013	2014	2015
2.1 Nombre d'entreprises								
Vie								
Entreprises nationales	4	5	5	5	5	5	5	5
Entreprises sous contrôle étranger	0	1	1	1	1	1	1	1
Succursales d'entreprises étrangères	1	0	0	0	1	1	1	1
Ensemble des entreprises	5	5	5	5	6	6	6	6
Non-vie								
Entreprises nationales	7	6	6	6	6	5	5	5
Entreprises sous contrôle étranger	0	1	1	1	1	1	1	1
Succursales d'entreprises étrangères	0	0	0	0	1	1	1	1
Ensemble des entreprises	7	6	6	6	7	6	6	6
Mixtes, ensemble des entreprises	-	-	-	-	-	-	-	-
Réassurance								
Entreprises nationales	1	2	2	2	2	2	2	2
Entreprises sous contrôle étranger	0	0	0	0	0	..	..	..
Succursales d'entreprises étrangères	0	0	0	0	0	..	..	..
Ensemble des entreprises	1	2	2	2	2	2	2	2
Total								
Entreprises nationales	12	13	13	13	13	12	12	12
Entreprises sous contrôle étranger	0	2	2	2	2	2	2	2
Succursales d'entreprises étrangères	1	0	0	0	2	2	2	2
Ensemble des entreprises	13	13	13	13	15	14	14	14
2.2 Nombre d'employés								
Entreprises d'assurance	596	615	617	652	641	614	..	582
Intermédiaires	..	..	..	0	..	..	592	..
Total	..	617	617	652	..	614	592	582

.. Non disponible ; - Néant

Note : Voir les métadonnées détaillées sur : http://metalinks.oecd.org/isy/20170221/e4d2.

Irlande
Tableau 1. Agrégats sélectionnés

Millions EUR

	2008	2009	2010	2011	2012	2013	2014	2015
1.1 Opérations d'assurance conclues dans le pays déclarant								
1.1.1 Opérations d'assurance, par intérêt								
Primes brutes								
Entreprises nationales	57 485	32 162	31 340	30 304	33 133	31 818	36 377	40 340
Entreprises sous contrôle étranger	..	..	-	..	..	..	..	..
Succursales d'entreprises étrangères	1 901	1 425	2 840	1 731	2 348	2 301	3 184	3 645
Ensemble des entreprises	59 376	33 587	34 180	32 035	35 481	34 119	39 561	43 985
Primes cédées								
Entreprises nationales	8 965	3 068	2 950	3 478	3 755	3 908	3 891	4 933
Entreprises sous contrôle étranger	..	..	-	..	..	..	..	..
Succursales d'entreprises étrangères	370	283	800	772	356	268	371	359
Ensemble des entreprises	9 335	3 351	3 750	4 250	4 111	4 176	4 262	5 292
Primes nettes émises								
Entreprises nationales	48 520	29 094	28 390	26 826	29 379	27 910	32 486	35 407
Entreprises sous contrôle étranger	..	..	-	..	..	..	..	..
Succursales d'entreprises étrangères	1 531	1 142	2 040	960	1 992	2 033	2 813	3 286
Ensemble des entreprises	34 630	30 236	30 430	27 786	31 371	29 943	35 299	38 693
1.1.2 Opérations d'assurance par risque à l'étranger, primes brutes								
Vie	16 045	14 534	15 779	15 627	15 038	16 125	21 410	23 192
Non-vie	3 540	2 868	3 016	3 195	3 676	3 826	3 960	4 263
Mixtes total	x	x	x	x	x	x	x	x
Total	19 585	17 402	18 796	18 821	18 714	19 951	25 370	27 455
1.1.3 Paiement par catégories d'assurance, primes brutes (vie)								
Rentes	..	..	..	..	..	..	..	..
Unit linked	..	..	..	..	..	..	..	..
Autre assurance vie	..	..	..	..	..	..	..	..
Total assurance vie	..	..	..	..	28 140	27 207	32 171	34 587
dont : Contrats de retraite	..	..	..	..	..	..	..	..
1.1.4 Paiement par catégories d'assurance, primes brutes (non-vie)								
L'assurance automobile	2 036	1 687	1 649	1 423	1 486	1 435	1 599	1 795
Les assurances transport (y compris maritime et aérien)	205	175	204	237	243	183	143	163
L'assurance de fret	..	..	..	0	..	..	..	..
L'assurance incendie et des dommages aux bien	1 757	1 667	1 785	1 728	1 906	1 763	1 758	1 768
L'assurance des pertes pécuniaires	109	91	47	67	..	105	124	92
L'assurance de la responsabilité civile générale	1 348	1 133	1 108	1 072	1 147	1 127	1 301	1 400
Les assurances accidents et maladie	1 254	1 278	1 267	1 432	1 288	1 171	1 235	2 750
dont : Maladie	..	..	..	..	..	..	..	..
Autres assurances non-vie	563	474	518	485	563	504	494	585
Réassurance obligatoire	4 836	137	168	284	374	330	373	414
Total assurance non-vie	12 108	6 642	6 745	6 729	7 007	6 618	7 027	8 967
1.2 Paiements bruts des sinistres								
Vie								
Entreprises nationales	18 876	16 760	21 393	..	27 921	28 263	27 434	28 474
Entreprises sous contrôle étranger	..	..	0	..	..	..	x	..
Succursales d'entreprises étrangères	1 333	1 095	626	..	..	1 235	1 114	1 356
Ensemble des entreprises	20 209	17 855	22 019	..	27 921	29 498	28 548	29 830
Non-vie								
Entreprises nationales	5 051	4 196	4 438	4 938	4 842	4 369	3 853	5 343
Entreprises sous contrôle étranger	..	..	0	..	..	..	x	..
Succursales d'entreprises étrangères	531	38	474	1 023	983	677	1 177	1 179
Ensemble des entreprises	5 582	4 234	4 912	5 961	5 825	5 046	5 030	6 522
Mixtes, ensemble des entreprises	x	x	x	x	x	x	x	x
Total								
Entreprises nationales	23 927	20 956	25 831	4 938	32 763	32 632	31 287	43 278
Entreprises sous contrôle étranger	..	..	-	..	..	..	..	..
Succursales d'entreprises étrangères	1 864	1 133	1 099	1 023	983	1 912	2 291	2 535
Ensemble des entreprises	25 791	22 089	26 931	5 961	33 746	34 544	33 578	45 813
1.3 Commissions								
Vie								
Entreprises nationales	..	1 371	1 310	..	1 593	1 844	2 051	2 281
Entreprises sous contrôle étranger	..	..	0	..	..	..	x	..
Succursales d'entreprises étrangères	..	37	25	..	..	43	64	59
Ensemble des entreprises	..	1 408	1 335	..	1 593	1 887	2 115	2 340
Non-vie								
Entreprises nationales	..	857	767	764	657	737	764	896
Entreprises sous contrôle étranger	..	..	0	..	..	..	x	..
Succursales d'entreprises étrangères	..	120	130	104	171	130	248	299
Ensemble des entreprises	..	977	897	868	828	867	1 012	1 195
Mixtes, ensemble des entreprises	x	x	x	x	x	x	x	x
Total								
Entreprises nationales	..	2 228	2 077	764	2 250	2 581	2 815	3 177
Entreprises sous contrôle étranger	..	..	-	..	..	..	..	..
Succursales d'entreprises étrangères	..	157	155	104	171	173	312	358
Ensemble des entreprises	..	2 385	2 232	868	2 420	2 754	3 127	3 535

Irlande
Tableau 1. Agrégats sélectionnés *(suite)*

Millions EUR

	2008	2009	2010	2011	2012	2013	2014	2015
1.4 Dépenses brutes d'exploitation								
Vie								
Entreprises nationales	1 170	1 152	1 127	..	1 268	1 346	1 429	1 437
Entreprises sous contrôle étranger	..	..	0	..	..	..	x	..
Succursales d'entreprises étrangères	101	99	68	..	..	154	657	158
Ensemble des entreprises	1 254	1 251	1 195	..	1 268	1 500	2 086	1 595
Non-vie								
Entreprises nationales	761	668	726	688	622	650	589	484
Entreprises sous contrôle étranger	..	..	0	..	..	..	x	..
Succursales d'entreprises étrangères	150	72	79	186	295	159	223	224
Ensemble des entreprises	911	740	805	874	917	809	812	708
Mixtes, ensemble des entreprises	x	x	x	x	x	x	x	x
Total								
Entreprises nationales	1 931	1 820	1 853	688	1 891	1 996	2 018	2 952
Entreprises sous contrôle étranger	..	..	-	..	..	..	..	..
Succursales d'entreprises étrangères	251	171	147	186	295	313	880	382
Ensemble des entreprises	2 165	1 991	2 000	874	2 185	2 309	2 898	3 334
1.5 Opérations à l'étranger par succursale, primes brutes								
Vie								
Succursales et agences	5 810	3 026	3 701	2 434	3 422	5 563	5 970	6 234
Filiales	..	..	0	..	..	..	..	..
Total	5 810	3 026	3 701	2 434	3 422	5 563	5 970	6 234
Non-vie								
Succursales et agences	2 487	5 322	8 628	9 626	9 599	9 228	9 640	9 835
Filiales	..	..	0	..	..	..	..	..
Total	2 486	5 322	8 628	9 626	9 599	9 228	9 640	9 835
Mixtes total	x	x	x	x	x	x	x	x
Total								
Succursales et agences	8 297	8 348	12 329	12 060	13 021	14 791	15 610	16 069
Filiales	..	..	-	..	..	..	..	..
Total	8 296	8 348	12 329	12 060	13 021	14 791	15 610	16 069

.. Non disponible ; - Néant ; x Sans objet

Note : Voir les métadonnées détaillées sur : http://metalinks.oecd.org/isy/20170221/9483.

Irlande
Tableau 2. Nombre d'entreprises et d'employés

	2008	2009	2010	2011	2012	2013	2014	2015
2.1 Nombre d'entreprises								
Vie								
Entreprises nationales	59	59	61	62	55	53	51	48
Entreprises sous contrôle étranger	..	..	0	0	0	..	x	x
Succursales d'entreprises étrangères	12	10	10	9	8	8	8	11
Ensemble des entreprises	71	69	71	71	63	61	59	59
Non-vie								
Entreprises nationales	133	129	123	121	111	104	102	101
Entreprises sous contrôle étranger	..	..	0	0	0	..	x	x
Succursales d'entreprises étrangères	32	29	30	28	28	27	30	32
Ensemble des entreprises	165	158	153	149	139	131	132	133
Mixtes, ensemble des entreprises	-	-	-	-	-	-	-	-
Réassurance								
Entreprises nationales	119	120	115	102	87	77	75	67
Entreprises sous contrôle étranger	..	..	0	0	0	..	x	x
Succursales d'entreprises étrangères	3	0	3	0	0	0	0	0
Ensemble des entreprises	119	120	118	102	87	77	75	67
Total								
Entreprises nationales	311	..	299	285	253	234	228	216
Entreprises sous contrôle étranger	..	..	0	..	..	..	x	x
Succursales d'entreprises étrangères	44	..	43	37	36	35	38	43
Ensemble des entreprises	355	..	342	322	289	269	266	259
2.2 Nombre d'employés								
Entreprises d'assurance	13 021	11 476	10 626	9 696	8 682	8 887	8 095	9 404
Intermédiaires	..	..	..	..	..	..	..	..
Total	..	..	..	9 696	8 682	8 887	..	..

.. Non disponible ; - Néant ; x Sans objet

Note : Voir les métadonnées détaillées sur : http://metalinks.oecd.org/isy/20170221/9483.

Israël
Tableau 1. Agrégats sélectionnés

Millions ILS

	2008	2009	2010	2011	2012	2013	2014	2015
1.1 Opérations d'assurance conclues dans le pays déclarant								
1.1.1 Opérations d'assurance, par intérêt								
Primes brutes								
Entreprises nationales	38 666	40 320	42 003	45 317	48 086	50 339	51 400	54 869
Entreprises sous contrôle étranger	8 294	8 397	8 903	9 663	840	889	953	1 135
Succursales d'entreprises étrangères	..	-	-	..	..	..	..	..
Ensemble des entreprises	38 666	40 320	42 003	45 317	48 086	50 339	51 400	54 869
Primes cédées								
Entreprises nationales	5 179	6 367	5 868	6 529	6 877	6 418	5 934	6 356
Entreprises sous contrôle étranger	730	..	816	894	185	164	162	232
Succursales d'entreprises étrangères	..	..	..	..	..	..	..	..
Ensemble des entreprises	5 179	6 367	5 868	6 529	6 877	6 418	5 934	6 356
Primes nettes émises								
Entreprises nationales	33 487	33 953	36 135	38 788	41 209	43 921	45 466	48 512
Entreprises sous contrôle étranger	7 564	8 397	8 087	8 769	656	726	791	903
Succursales d'entreprises étrangères	..	-	..	..	..	..	..	..
Ensemble des entreprises	33 487	33 953	36 135	38 788	41 209	43 921	45 466	48 512
1.1.2 Opérations d'assurance par risque à l'étranger, primes brutes								
Vie	0	- |	..	..	..	..	..	..
Non-vie	15	2 234 |	..	..	..	..	..	..
Mixtes	..	38 085 |	..	3	..	..	..	..
dont :								
Vie	..	19 785 |	..	..	..	..	..	..
Non-vie	..	18 300 |	..	3	..	..	..	..
Total	15	40 320	..	3	..	..	..	..
1.1.3 Paiement par catégories d'assurance, primes brutes (vie)								
Rentes	1 630	1 445	1 772	1 593	1 542	1 361	1 194	1 084
Unit linked	10 763	13 950	14 974	16 662	17 673	18 557	18 236	20 266
Autre assurance vie	6 948	4 373	4 911	5 654	6 242	6 709	7 141	8 066
Total Assurance Vie	19 341	19 768	21 656	23 909	25 458	26 627	26 571	29 416
dont : Contrats de retraite	..	13 512	14 762	..	..	..	..	..
1.1.4 Paiement par catégories d'assurance, primes brutes (non-vie)								
L'assurance automobile	9 928	10 201	9 867	10 358	10 673	11 040	11 439	11 775
Les assurances transport (y compris maritime et aérien)	40	44	43	41	41	38	38	39
L'assurance de fret	167	156	160	173	180	169	170	174
L'assurance incendie et des dommages aux bien	3 097	3 256	3 326	3 475	4 082	4 283	4 292	4 238
L'assurance des pertes pécuniaires	84	209	226	0	277	284	278	307
L'assurance de la responsabilité civile générale	2 144	2 343	2 353	2 354	2 487	2 575	2 697	2 814
Les assurances accidents et maladie	3 008	3 402	3 607	3 950	4 396	4 869	5 425	5 678
dont : Maladie	2 671	2 930	3 066	..	3 580	3 859	4 189	4 203
Autres assurances non-vie	858	927	766	1 056	492	452	492	426
Réassurance obligatoire	..	0	0	..	..	..	0	0
Total assurance non-vie	19 325	20 538	20 347	21 408	22 628	23 712	24 830	25 452

Israël
Tableau 1. Agrégats sélectionnés *(suite)*

Millions ILS

	2008	2009	2010	2011	2012	2013	2014	2015
1.2 Paiements bruts des sinistres								
Vie								
Entreprises nationales	8 567	..	..	..	..	0	3	6
Entreprises sous contrôle étranger	2 639	..	0	..	..	..	..	..
Succursales d'entreprises étrangères	..	..	..	..	..	..	..	..
Ensemble des entreprises	8 567	..	0	..	..	0	3	6
Non-vie								
Entreprises nationales	14 109	1 082 |	1 138	1 303	1 395	2 013	2 470	2 589
Entreprises sous contrôle étranger	1 490	12 |	0	..	..	..	..	39
Succursales d'entreprises étrangères	..	..	..	..	..	..	..	..
Ensemble des entreprises	14 109	1 082 |	1 138	1 303	1 395	2 013	2 470	2 589
Mixtes								
Entreprises nationales	..	21 015 |	22 199	24 636	25 830	24 594	27 644	30 828
Entreprises sous contrôle étranger	..	4 256 |	4 398	5 004	393	280	462	640
Succursales d'entreprises étrangères	..	..	..	..	..	..	..	..
Ensemble des entreprises	..	21 015 |	22 199	24 636	25 830	24 594	27 644	30 828
dont :								
Vie	..	9 208 |	10 349	11 651	12 472	12 644	13 825	15 363
Entreprises nationales	..	9 208 |	10 349	11 651	12 472	12 644	13 825	15 363
Entreprises sous contrôle étranger	..	2 716 |	3 054	3 564	27	18	26	39
Succursales d'entreprises étrangères	..	..	..	..	..	..	..	..
Ensemble des entreprises	..	9 208 |	10 349	11 651	12 472	12 644	13 825	15 363
Non-vie	..	11 807 |	11 849	12 985	13 358	11 949	13 819	15 465
Entreprises nationales	..	11 807 |	11 849	12 985	13 358	11 949	13 819	15 465
Entreprises sous contrôle étranger	..	1 540 |	1 344	1 440	366	262	436	600
Succursales d'entreprises étrangères	..	..	..	..	..	..	..	..
Ensemble des entreprises	..	11 807 |	11 849	12 985	13 358	11 949	13 819	15 465
Total								
Entreprises nationales	22 676	22 096	23 337	25 939	27 225	26 607	30 117	33 422
Entreprises sous contrôle étranger	4 129	4 268	4 398	5 004	393	280	462	679
Succursales d'entreprises étrangères	..	..	..	..	..	..	..	..
Ensemble des entreprises	22 676	22 096	23 337	25 939	27 225	26 607	30 117	33 422
1.3 Commissions								
Vie								
Entreprises nationales	1 989	..	0	..	..	0	6	15
Entreprises sous contrôle étranger	574	..	0	..	..	..	..	..
Succursales d'entreprises étrangères	..	..	..	..	..	..	..	..
Ensemble des entreprises	1 989	..	0	..	..	0	6	15
Non-vie								
Entreprises nationales	2 584	143 |	1 138	159	175	248	281	317
Entreprises sous contrôle étranger	283	- |	0	..	..	..	..	0
Succursales d'entreprises étrangères	..	..	..	..	..	..	..	..
Ensemble des entreprises	2 584	143 |	1 138	159	175	248	281	317
Mixtes								
Entreprises nationales	..	4 497 |	4 783	5 070	5 512	5 688	5 940	6 296
Entreprises sous contrôle étranger	..	844 |	897	947	41	39	..	42
Succursales d'entreprises étrangères	..	..	..	..	..	..	..	..
Ensemble des entreprises	..	4 497 |	4 783	5 070	5 512	5 688	5 940	6 296
dont :								
Vie	..	2 011 |	2 201	2 328	2 577	2 571	2 639	2 912
Entreprises nationales	..	2 011 |	2 201	2 328	2 577	2 571	2 639	2 912
Entreprises sous contrôle étranger	..	571 |	614	635	1	1	1	1
Succursales d'entreprises étrangères	..	..	..	..	..	..	..	..
Ensemble des entreprises	..	2 011 |	2 201	2 328	2 577	2 571	2 639	2 912
Non-vie	..	2 486 |	2 583	2 742	2 936	3 118	3 300	3 384
Entreprises nationales	..	2 486 |	2 583	2 742	2 936	3 118	3 300	3 384
Entreprises sous contrôle étranger	..	273 |	283	312	40	38	38	41
Succursales d'entreprises étrangères	..	..	..	..	..	..	..	..
Ensemble des entreprises	..	2 486 |	2 583	2 742	2 936	3 118	3 300	3 384
Total								
Entreprises nationales	4 574	4 640	5 921	5 229	5 688	5 936	6 226	6 628
Entreprises sous contrôle étranger	857	844	897	947	41	39	..	42
Succursales d'entreprises étrangères	..	..	..	..	..	..	..	..
Ensemble des entreprises	4 574	4 640	5 921	5 229	5 688	5 936	6 226	6 628

Israël
Tableau 1. Agrégats sélectionnés *(suite)*

Millions ILS

	2008	2009	2010	2011	2012	2013	2014	2015
1.4 Dépenses brutes d'exploitation								
Vie								
Entreprises nationales	..	..	0	..	..	1	10	32
Entreprises sous contrôle étranger	..	..	0	..	..	..	..	..
Succursales d'entreprises étrangères	..	..	..	..	..	..	..	..
Ensemble des entreprises	..	..	0	..	..	1	10	32
Non-vie								
Entreprises nationales	..	250 |	184	306	305	449	322	402
Entreprises sous contrôle étranger	..	24 |	0	..	..	..	..	30
Succursales d'entreprises étrangères	..	..	..	..	..	..	..	..
Ensemble des entreprises	..	250 |	184	306	305	449	322	402
Mixtes								
Entreprises nationales	..	3 798 |	4 136	5 198	5 270	5 285	5 169	5 719
Entreprises sous contrôle étranger	..	812 |	881	1 158	260	272	276	282
Succursales d'entreprises étrangères	..	..	..	..	..	..	..	..
Ensemble des entreprises	..	3 798 |	4 136	5 198	5 270	5 285	5 169	5 719
dont :								
Vie	..	1 784 |	1 965	2 104	2 323	2 542	2 608	2 790
Entreprises nationales	..	1 784 |	1 965	2 104	2 323	2 542	2 608	2 790
Entreprises sous contrôle étranger	..	465 |	521	565	53	61	56	54
Succursales d'entreprises étrangères	..	..	..	..	..	..	..	..
Ensemble des entreprises	..	1 784 |	1 965	2 104	2 323	2 542	2 608	2 790
Non-vie	..	2 014 |	2 172	2 445	2 373	2 502	2 561	2 721
Entreprises nationales	..	2 014 |	2 172	2 445	2 373	2 502	2 561	2 721
Entreprises sous contrôle étranger	..	347 |	360	368	208	212	220	228
Succursales d'entreprises étrangères	..	..	..	..	..	..	..	..
Ensemble des entreprises	..	2 014 |	2 172	2 445	2 373	2 502	2 561	2 721
Total								
Entreprises nationales	180	4 048	4 321	5 504	5 574	5 736	5 501	6 153
Entreprises sous contrôle étranger	2 086	836	881	1 158	260	272	276	312
Succursales d'entreprises étrangères	501	..	..	..	..	..	..	..
Ensemble des entreprises	..	4 048	4 321	5 504	5 574	5 736	5 501	6 153
1.5 Opérations à l'étranger par succursale, primes brutes								
Vie								
Succursales et agences	0	..	..	..	..	..	..	..
Filiales	0	..	..	..	..	..	..	..
Total	0	..	..	..	..	..	..	..
Non-vie								
Succursales et agences	0	..	..	..	..	..	..	..
Filiales	0	..	..	..	..	..	..	..
Total	0	..	..	..	..	..	..	..
Mixtes								
Succursales et agences	..	..	..	..	..	..	..	..
Filiales	..	..	..	..	..	..	..	..
Total	..	..	..	..	..	..	..	..
dont :								
Vie	..	..	..	..	..	..	..	..
Succursales et agences	..	..	..	..	..	..	..	..
Filiales	..	..	..	..	..	..	..	..
Total	..	..	..	..	..	..	..	..
Non-vie	..	..	..	..	..	..	..	..
Succursales et agences	..	..	..	..	..	..	..	..
Filiales	..	..	..	..	..	..	..	..
Total	..	..	..	..	..	..	..	..
Total								
Succursales et agences	-	..	..	..	..	..	..	..
Filiales	-	..	..	..	..	..	..	..
Total	-	..	..	..	..	..	..	..

.. Non disponible ; - Néant ; | Rupture de série

Note : Voir les métadonnées détaillées sur : http://metalinks.oecd.org/isy/20170221/f6b3..

Les données statistiques concernant Israël sont fournies par et sous la responsabilité des autorités israéliennes compétentes. L'utilisation de ces données par l'OCDE est sans préjudice du statut des hauteurs du Golan, de Jérusalem Est et des colonies de peuplement israéliennes en Cisjordanie aux termes du droit international.

Israël
Tableau 2. Nombre d'entreprises et d'employés

	2008	2009	2010	2011	2012	2013	2014	2015
2.1 Nombre d'entreprises								
Vie								
Entreprises nationales	0	0	..	..	..	1	1	2
Entreprises sous contrôle étranger	0	..	..	..	..	..	..	0
Succursales d'entreprises étrangères	0	..	..	..	..	..	..	0
Ensemble des entreprises	0	..	0	..	..	1	1	2
Non-vie								
Entreprises nationales	11	11	11	10	10	12	12	10
Entreprises sous contrôle étranger	2	1	..	..	..	..	..	1
Succursales d'entreprises étrangères	2	2	2	..	2	2	3	3
Ensemble des entreprises	13	13	13	10	12	14	15	13
Mixtes								
Entreprises nationales	13	13	13	13	13	10	10	11
Entreprises sous contrôle étranger	1	2	3	2	1	1	1	1
Succursales d'entreprises étrangères	0	..	..	2	..	..	..	0
Ensemble des entreprises	13	..	13	15	13	10	10	11
Réassurance								
Entreprises nationales	0	0	0	..	..	..	..	0
Entreprises sous contrôle étranger	0	..	..	..	..	..	..	0
Succursales d'entreprises étrangères	0	..	..	..	..	..	..	0
Ensemble des entreprises	0	..	0	..	..	..	0	0
Total								
Entreprises nationales	24	24	24	23	23	23	23	23
Entreprises sous contrôle étranger	3	3	3	2	1	1	1	2
Succursales d'entreprises étrangères	2	2	2	2	2	2	3	3
Ensemble des entreprises	26	13	26	25	25	25	26	26
2.2 Nombre d'employés								
Entreprises d'assurance	12 630	..	..	..	..	..	..	..
Intermédiaires	11 553	..	..	..	..	..	..	..
Total	24 183	..	..	..	..	..	..	..

.. Non disponible

Note : Voir les métadonnées détaillées sur : http://metalinks.oecd.org/isy/20170221/f6b3..

Les données statistiques concernant Israël sont fournies par et sous la responsabilité des autorités israéliennes compétentes. L'utilisation de ces données par l'OCDE est sans préjudice du statut des hauteurs du Golan, de Jérusalem Est et des colonies de peuplement israéliennes en Cisjordanie aux termes du droit international.

Italie
Tableau 1. Agrégats sélectionnés

Millions EUR

	2008	2009	2010	2011	2012	2013	2014	2015
1.1 Opérations d'assurance conclues dans le pays déclarant								
1.1.1 Opérations d'assurance, par intérêt								
Primes brutes								
Entreprises nationales	92 648	118 279	127 810	112 362	107 192	120 973	145 244	149 011
Entreprises sous contrôle étranger	26 017	34 921	37 340	32 577	29 138	34 302	44 419	45 694
Succursales d'entreprises étrangères	5 376	1 818	355	416	399	373	375	473
Ensemble des entreprises	98 024	120 097	128 165	112 778	107 591	121 345	145 619	149 484
Primes cédées								
Entreprises nationales	5 481	5 436	5 257	5 043	5 178	4 513	4 203	4 079
Entreprises sous contrôle étranger	1 644	669	1 624	1 166	1 392	1 116	991	983
Succursales d'entreprises étrangères	101	92	52	57	45	49	58	53
Ensemble des entreprises	5 581	5 528	5 308	5 099	5 223	4 563	4 262	4 132
Primes nettes émises								
Entreprises nationales	87 167	112 843	122 553	107 319	102 014	116 459	141 041	144 932
Entreprises sous contrôle étranger	24 372	34 251	35 715	31 411	27 746	33 186	43 428	44 711
Succursales d'entreprises étrangères	5 276	1 726	304	359	354	323	317	420
Ensemble des entreprises	92 443	114 569	122 857	107 678	102 368	116 782	141 358	145 352
1.1.2 Opérations d'assurance par risque à l'étranger, primes brutes								
Vie	990	8	6	1	0	1	1	1
Non-vie	451	79	88	60	50	53	59	54
Mixtes	..	1 356	1 554	1 608	1 935	2 044	1 904	2 016
dont :								
Vie	..	1 020	1 216	1 213	1 327	1 232	1 073	1 166
Non-vie	..	336	339	395	607	811	831	849
Total	1 441	1 442	1 648	1 670	1 984	2 098	1 963	2 071
1.1.3 Paiement par catégories d'assurance, primes brutes (vie)								
Rentes	1 324	1 253	1 077	1 309	1 243	1 012	956	737
Unit linked	10 442	9 732	15 409	12 496	13 800	15 497	21 829	31 884
Autre assurance vie	42 799	70 130	73 627	60 064	54 597	68 501	87 639	82 220
Total Assurance Vie	54 565	81 116	90 114	73 869	69 639	85 010	110 424	114 842
dont : Contrats de retraite	3 227	3 548	4 026	4 116	4 296	3 825	4 873	5 492
1.1.4 Paiement par catégories d'assurance, primes brutes (non-vie)								
L'assurance automobile	20 858	20 169	19 886	20 815	20 247	18 661	17 468	16 590
Les assurances transport (y compris maritime et aérien)	460	473	461	432	366	327	334	326
L'assurance de fret	291	243	225	234	227	208	212	204
L'assurance incendie et des dommages aux bien	5 226	5 184	5 090	5 127	5 056	5 269	5 611	5 544
L'assurance des pertes pécuniaires	1 490	1 434	1 319	1 223	961	967	1 018	1 034
L'assurance de la responsabilité civile générale	3 349	3 384	3 006	2 979	2 972	2 905	2 879	2 952
Les assurances accidents et maladie	5 400	5 428	5 281	5 306	5 151	5 144	5 221	5 415
dont : Maladie	2 190	2 230	2 210	2 229	2 150	2 114	2 149	2 323
Autres assurances non-vie	880	922	897	944	698	1 163	988	1 082
Réassurance obligatoire	266	227	240	275	417	0	0	0
Total assurance non-vie	38 219	37 463	36 405	37 333	36 095	34 646	33 730	33 147

Italie
Tableau 1. Agrégats sélectionnés *(suite)*

Millions EUR

	2008	2009	2010	2011	2012	2013	2014	2015
1.2 Paiements bruts des sinistres								
Vie								
Entreprises nationales	66 127	21 489	28 862	31 179	29 764	23 754	22 852	22 955
Entreprises sous contrôle étranger	22 354	8 319	9 213	14 849	14 078	11 058	10 413	12 229
Succursales d'entreprises étrangères	0	0	0	0	0	0	0	0
Ensemble des entreprises	66 127	21 489	28 862	31 179	29 764	23 754	22 852	22 955
Non-vie								
Entreprises nationales	27 361	5 736	5 907	5 191	5 084	5 061	5 016	4 931
Entreprises sous contrôle étranger	6 857	1 892	1 767	1 748	1 802	1 758	1 853	2 005
Succursales d'entreprises étrangères	1 133	1 319	217	249	257	231	257	308
Ensemble des entreprises	28 494	7 055	6 124	5 440	5 341	5 292	5 273	5 240
Mixtes								
Entreprises nationales	..	58 580	59 344	66 523	67 451	64 138	61 204	65 892
Entreprises sous contrôle étranger	..	16 313	16 318	17 536	16 282	16 899	14 972	16 842
Succursales d'entreprises étrangères	..	0	0	0	0	0	0	0
Ensemble des entreprises	..	58 580	59 344	66 523	67 451	64 138	61 204	65 892
dont :								
Vie	..	36 286	37 621	45 192	47 143	44 754	43 279	48 546
Entreprises nationales	..	36 286	37 621	45 192	47 143	44 754	43 279	48 546
Entreprises sous contrôle étranger	..	10 864	11 065	12 633	11 858	12 685	11 217	12 693
Succursales d'entreprises étrangères	..	0	0	0	0	0	0	0
Ensemble des entreprises	..	36 286	37 621	45 192	47 143	44 754	43 279	48 546
Non-vie	..	22 294	21 723	21 330	20 308	19 384	17 925	17 346
Entreprises nationales	..	22 294	21 723	21 330	20 308	19 384	17 925	17 346
Entreprises sous contrôle étranger	..	5 448	217	4 903	4 424	4 215	3 754	4 149
Succursales d'entreprises étrangères	..	0	0	0	0	0	0	0
Ensemble des entreprises	..	22 294	21 723	21 330	20 308	19 384	17 925	17 346
Total								
Entreprises nationales	93 487	85 805	94 113	102 893	102 298	92 953	89 071	93 778
Entreprises sous contrôle étranger	29 211	26 524	27 298	34 132	32 162	29 715	27 238	31 075
Succursales d'entreprises étrangères	1 133	1 319	217	249	257	231	257	308
Ensemble des entreprises	94 620	87 124	94 331	103 141	102 555	93 185	89 328	94 087
1.3 Commissions								
Vie								
Entreprises nationales	3 065	886	988	727	601	576	650	641
Entreprises sous contrôle étranger	1 159	565	607	532	405	384	430	436
Succursales d'entreprises étrangères	0	0	0	0	0	0	0	0
Ensemble des entreprises	3 065	886	988	727	601	576	650	641
Non-vie								
Entreprises nationales	6 925	1 777	1 932	1 721	1 620	1 576	1 656	1 706
Entreprises sous contrôle étranger	1 900	628	655	629	560	548	608	734
Succursales d'entreprises étrangères	319	336	72	82	78	73	72	93
Ensemble des entreprises	7 244	2 113	2 004	1 803	1 698	1 649	1 729	1 799
Mixtes								
Entreprises nationales	..	7 468	7 578	7 516	7 101	7 278	7 573	7 699
Entreprises sous contrôle étranger	..	2 094	2 041	1 916	1 778	1 830	1 978	2 106
Succursales d'entreprises étrangères	..	0	0	0	0	0	0	0
Ensemble des entreprises	..	7 468	7 578	7 516	7 101	7 278	7 573	7 699
dont :								
Vie	..	2 313	2 384	2 187	1 868	2 088	2 273	2 447
Entreprises nationales	..	2 313	2 384	2 187	1 868	2 088	2 273	2 447
Entreprises sous contrôle étranger	..	746	696	560	413	450	510	542
Succursales d'entreprises étrangères	..	0	0	0	0	0	0	0
Ensemble des entreprises	..	2 313	2 384	2 187	1 868	2 088	2 273	2 447
Non-vie	..	5 155	5 194	5 329	5 232	5 190	5 300	5 251
Entreprises nationales	..	5 155	5 194	5 329	5 232	5 190	5 300	5 251
Entreprises sous contrôle étranger	..	1 348	1 346	1 356	1 366	1 380	1 468	1 564
Succursales d'entreprises étrangères	..	0	0	0	0	0	0	0
Ensemble des entreprises	..	5 155	5 194	5 329	5 232	5 190	5 300	5 251
Total								
Entreprises nationales	9 990	10 131	10 498	9 964	9 322	9 431	9 879	10 046
Entreprises sous contrôle étranger	3 058	3 288	3 304	3 078	2 743	2 763	3 015	3 277
Succursales d'entreprises étrangères	319	336	72	82	78	73	72	93
Ensemble des entreprises	10 309	10 466	10 570	10 046	9 399	9 504	9 952	10 139

Italie
Tableau 1. Agrégats sélectionnés *(suite)*

Millions EUR

	2008	2009	2010	2011	2012	2013	2014	2015
1.4 Dépenses brutes d'exploitation								
Vie								
Entreprises nationales	918	1 172 |	1 310	1 033	912	876	953	948
Entreprises sous contrôle étranger	313	724 |	778	734	600	570	622	634
Succursales d'entreprises étrangères	0	0	0	0	0	0	0	0
Ensemble des entreprises	918	1 172 |	1 310	1 033	912	876	953	948
Non-vie								
Entreprises nationales	1 696	2 410 |	2 443	2 324	2 168	2 154	2 252	2 332
Entreprises sous contrôle étranger	505	874 |	884	873	750	794	818	968
Succursales d'entreprises étrangères	128	512	109	119	115	112	110	144
Ensemble des entreprises	1 823	2 922 |	2 552	2 442	2 283	2 266	2 362	2 476
Mixtes								
Entreprises nationales	..	9 289 |	9 367	9 381	9 321	9 490	9 686	9 829
Entreprises sous contrôle étranger	..	2 533 |	2 485	2 363	2 304	2 294	2 443	2 632
Succursales d'entreprises étrangères	..	0	0	0	0	0	0	0
Ensemble des entreprises	..	9 289 |	9 367	9 381	9 321	9 490	9 686	9 829
dont :								
Vie	..	3 006 |	3 069	2 867	2 788	2 970	3 109	3 292
Entreprises nationales	..	3 006 |	3 069	2 867	2 788	2 970	3 109	3 292
Entreprises sous contrôle étranger	..	905 |	857	724	635	628	696	743
Succursales d'entreprises étrangères	..	0	0	0	0	0	0	0
Ensemble des entreprises	..	3 006 |	3 069	2 867	2 788	2 970	3 109	3 292
Non-vie	..	6 284 |	6 299	6 514	6 532	6 520	6 577	6 537
Entreprises nationales	..	6 284 |	6 299	6 514	6 532	6 520	6 577	6 537
Entreprises sous contrôle étranger	..	1 629 |	1 628	1 639	1 669	1 667	1 747	1 889
Succursales d'entreprises étrangères	..	0	0	0	0	0	0	0
Ensemble des entreprises	..	6 284 |	6 299	6 514	6 532	6 520	6 577	6 537
Total								
Entreprises nationales	2 613	12 871	13 121	12 737	12 401	12 520	12 891	13 109
Entreprises sous contrôle étranger	818	4 131	4 147	3 971	3 653	3 658	3 883	4 234
Succursales d'entreprises étrangères	128	512	109	119	115	112	110	144
Ensemble des entreprises	2 741	13 384	13 229	12 856	12 516	12 633	13 001	13 253
1.5 Opérations à l'étranger par succursale, primes brutes								
Vie								
Succursales et agences	79	0 |	0	0	0	0	1	1
Filiales	39 277	1 175 |	1 327	1 938	2 813	3 333	3 469	4 224
Total	39 356	1 175 |	1 327	1 938	2 813	3 333	3 469	4 226
Non-vie								
Succursales et agences	542	28 |	22	24	9	12	12	9
Filiales	16 952	- |	29	0	0	0	0	0
Total	17 494	28 |	51	24	9	12	12	9
Mixtes								
Succursales et agences	..	603 |	667	717	762	823	892	868
Filiales	..	57 773 |	58 418	56 657	57 155	56 340	54 902	58 541
Total	..	58 376 |	59 085	57 375	57 917	57 163	55 795	59 409
dont :								
Vie	..	40 905 |	41 238	38 781	39 265	39 445	39 878	42 059
Succursales et agences	..	83 |	88	106	127	154	175	235
Filiales	..	40 821 |	41 151	38 675	39 138	39 291	39 703	41 824
Total	..	40 905 |	41 238	38 781	39 265	39 445	39 878	42 059
Non-vie	..	17 471 |	17 847	18 593	18 652	17 718	15 917	17 350
Succursales et agences	..	520 |	579	611	634	668	718	633
Filiales	..	16 952 |	17 268	17 982	18 018	17 049	15 199	16 717
Total	..	17 471 |	17 847	18 593	18 652	17 718	15 917	17 350
Total								
Succursales et agences	622	631	689	741	771	835	905	878
Filiales	56 229	58 948	59 775	58 596	59 968	59 673	58 371	62 765
Total	56 850	59 579	60 464	59 337	60 739	60 508	59 276	63 643

.. Non disponible ; - Néant ; | Rupture de série

Note : Voir les métadonnées détaillées sur : http://metalinks.oecd.org/isy/20170221/bc63.

Italie
Tableau 2. Nombre d'entreprises et d'employés

	2008	2009	2010	2011	2012	2013	2014	2015
2.1 Nombre d'entreprises								
Vie								
Entreprises nationales	65	48	45	43	41	41	38	35
Entreprises sous contrôle étranger	30	25	23	24	23	23	20	19
Succursales d'entreprises étrangères	14	16	20	21	20	17	19	20
Ensemble des entreprises	79	64	65	64	61	58	57	55
Non-vie								
Entreprises nationales	80	77	76	71	69	67	63	58
Entreprises sous contrôle étranger	29	29	25	24	21	20	18	19
Succursales d'entreprises étrangères	54	53	55	59	61	65	60	65
Ensemble des entreprises	134	130	131	130	130	132	123	123
Mixtes								
Entreprises nationales	17	31	30	28	25	23	21	21
Entreprises sous contrôle étranger	4	10	10	11	9	8	8	9
Succursales d'entreprises étrangères	9	9	9	9	12	13	14	14
Ensemble des entreprises	26	40	39	37	37	36	35	35
Réassurance								
Entreprises nationales	1	0	0	0	0	0	0	0
Entreprises sous contrôle étranger	1	0	0	0	0	0	0	0
Succursales d'entreprises étrangères	7	7	7	8	7	7	7	7
Ensemble des entreprises	8	7	7	8	7	7	7	7
Total								
Entreprises nationales	163	156	151	142	135	131	122	114
Entreprises sous contrôle étranger	64	64	58	59	53	51	46	47
Succursales d'entreprises étrangères	84	85	91	97	100	102	100	106
Ensemble des entreprises	247	241	242	239	235	233	222	220
2.2 Nombre d'employés								
Entreprises d'assurance	39 233	41 549	41 234	40 817	40 798	39 887	40 259	40 588
Intermédiaires	217 180	220 903	221 417	226 235	220 130	227 444	220 288	220 850
Total	256 413	262 452	262 651	267 052	260 928	267 331	260 547	261 438

Note : Voir les métadonnées détaillées sur : http://metalinks.oecd.org/isy/20170221/bc63.

Japon
Tableau 1. Agrégats sélectionnés

Millions JPY

	2008	2009	2010	2011	2012	2013	2014	2015
1.1 Opérations d'assurance conclues dans le pays déclarant								
1.1.1 Opérations d'assurance, par intérêt								
Primes brutes								
Entreprises nationales	41 153 951	41 054 599	40 592 027	41 906 428	44 184 695	42 971 395	46 031 579	46 908 456
Entreprises sous contrôle étranger	4 570 251	4 138 808	3 937 600	4 089 357	6 746 278	6 184 716	6 724 592	7 046 820
Succursales d'entreprises étrangères	3 101 278	3 051 836	3 184 939	4 051 225	2 028 538	1 699 621	1 548 143	1 537 624
Ensemble des entreprises	44 255 229	44 106 435	43 776 966	45 360 413	37 140 563	34 738 150	37 222 352	37 748 110
Primes cédées								
Entreprises nationales	2 355 437	2 236 509	2 211 394	2 596 877	3 820 152	3 823 919	4 207 229	4 127 260
Entreprises sous contrôle étranger	959 460	852 369	827 426	1 012 341	2 083 368	1 802 239	2 084 233	1 890 218
Succursales d'entreprises étrangères	974 015	438 803	381 244	554 339	20 507	38 391	47 768	75 917
Ensemble des entreprises	3 329 452	2 675 312	2 592 633	3 041 779	2 188 965	1 780 848	2 129 106	2 022 086
Primes nettes émises								
Entreprises nationales	38 798 513	38 818 088	38 380 635	39 309 551	40 364 544	39 147 476	41 824 350	42 781 196
Entreprises sous contrôle étranger	3 610 791	3 286 440	3 080 177	3 077 014	4 662 910	4 382 477	4 640 359	5 156 602
Succursales d'entreprises étrangères	2 128 085	2 614 781	2 804 409	3 500 605	2 008 031	1 661 230	1 500 375	1 461 707
Ensemble des entreprises	40 926 598	41 432 869	41 185 044	42 322 354	34 951 598	32 957 302	35 093 246	35 726 024
1.1.2 Opérations d'assurance par risque à l'étranger, primes brutes								
Vie	0	..	..	..	..	..	..	..
Non-vie	..	..	..	..	..	..	..	..
Mixtes total	x	x	x	x	x	x	x	x
Total	-	..	..	..	..	..	..	..
1.1.3 Paiement par catégories d'assurance, primes brutes (vie)								
Rentes	..	..	..	..	4 374 166	4 312 468	5 154 122	4 729 892
Unit linked	..	..	..	..	..	..	..	..
Autre assurance vie	..	..	..	..	29 076 673	27 864 772	30 015 418	31 464 495
Total assurance vie	34 063 950	34 116 113	34 454 319	35 863 385	33 450 839	32 177 240	35 169 540	36 194 387
dont : Contrats de retraite	..	..	..	..	3 683 892	3 851 878	4 175 622	4 562 867
1.1.4 Paiement par catégories d'assurance, primes brutes (non-vie)								
L'assurance automobile	3 642 285	3 642 285	3 541 931	3 650 671	5 268 338	5 632 807	5 786 949	5 916 489
Les assurances transport (y compris maritime et aérien)	316 510	316 510	305 343	305 977	149 531	170 502	170 115	186 542
L'assurance de fret	76 230	76 230	64 556	67 288	217 090	242 939	248 817	242 488
L'assurance incendie et des dommages aux bien	1 560 319	1 560 319	1 619 666	1 762 054	1 787 943	1 983 049	2 104 111	2 228 178
L'assurance des pertes pécuniaires	..	..	..	..	216 797	266 835	299 082	342 570
L'assurance de la responsabilité civile générale	503 436	503 436	521 081	535 395	519 985	584 318	598 945	615 167
Les assurances accidents et maladie	857 015	857 015	1 211 200	1 262 653	780 078	897 507	979 477	982 614
dont : Maladie	..	..	..	..	-216	76	214	-152
Autres assurances non-vie	..	..	..	2 096 987	132 908	154 909	169 874	183 922
Réassurance obligatoire	..	..	..	..	..	..	..	..
Total assurance non-vie	9 048 425	9 049 235	7 263 777	9 730 581	9 072 670	9 932 866	10 357 370	10 697 970
1.2 Paiements bruts des sinistres								
Vie								
Entreprises nationales	33 689 120	33 689 120	30 677 277	29 178 265	31 012 138	33 069 327	34 214 304	31 685 988
Entreprises sous contrôle étranger	3 391 492	3 391 509	2 821 726	2 738 842	5 218 820	6 584 738	6 428 288	5 559 928
Succursales d'entreprises étrangères	2 129 021	2 129 021	1 372 136	1 583 330	673 623	709 471	738 243	768 206
Ensemble des entreprises	35 818 141	35 818 141	32 049 413	30 761 595	31 685 761	33 778 798	34 952 547	32 454 194
Non-vie								
Entreprises nationales	4 535 152	4 235 152	4 243 987	9 249 885	6 215 207	5 904 278	5 953 809	5 917 050
Entreprises sous contrôle étranger	137 240	137 240	218 720	400 264	251 245	341 353	373 601	366 795
Succursales d'entreprises étrangères	58 211	58 211	174 446	366 743	..	..	..	..
Ensemble des entreprises	4 593 363	4 293 363	4 418 433	9 616 628	..	..	..	..
Mixtes, ensemble des entreprises	x	x	x	x	x	x	x	x
Total								
Entreprises nationales	38 224 272	37 924 272	34 921 264	38 428 150	37 227 345	38 973 605	40 168 113	37 603 038
Entreprises sous contrôle étranger	3 528 732	3 528 749	3 040 446	3 139 106	5 470 065	6 926 091	6 801 889	5 926 723
Succursales d'entreprises étrangères	2 187 232	2 187 232	1 546 582	1 950 073	673 623	709 471	738 243	768 206
Ensemble des entreprises	40 411 504	40 111 504	36 467 846	40 378 223	31 685 761	33 778 798	34 952 547	32 454 194

Japon
Tableau 1. Agrégats sélectionnés *(suite)*

Millions JPY

	2008	2009	2010	2011	2012	2013	2014	2015
1.3 Commissions								
Vie								
Entreprises nationales	..	..	..	..	..	..	..	..
Entreprises sous contrôle étranger	..	..	..	..	..	..	..	..
Succursales d'entreprises étrangères	..	..	..	..	..	..	..	..
Ensemble des entreprises	..	..	..	..	..	..	..	..
Non-vie								
Entreprises nationales	1 248 888	1 248 888	1 190 122	1 241 891	1 141 653	1 149 357	1 229 205	1 273 631
Entreprises sous contrôle étranger	17 123	17 123	70 683	71 775	48 003	25 883	33 975	37 223
Succursales d'entreprises étrangères	64 076	64 076	64 395	67 079	..	..	..	..
Ensemble des entreprises	1 330 087	1 312 964	1 254 517	1 308 970	..	..	..	..
Mixtes, ensemble des entreprises	x	x	x	x	x	x	x	x
Total								
Entreprises nationales	1 248 888	1 248 888	1 190 122	1 241 891	1 141 653	1 149 357	1 229 205	1 273 631
Entreprises sous contrôle étranger	17 123	17 123	70 683	71 775	48 003	25 883	33 975	37 223
Succursales d'entreprises étrangères	64 076	64 076	64 395	67 079	..	..	..	..
Ensemble des entreprises	1 330 087	1 312 964	1 254 517	1 308 970	..	..	..	..
1.4 Dépenses brutes d'exploitation								
Vie								
Entreprises nationales	3 815 075	3 815 075	3 768 382	3 679 493	4 030 195	4 068 896	4 178 568	4 356 425
Entreprises sous contrôle étranger	565 470	567 522	529 937	494 700	838 416	862 622	893 811	945 921
Succursales d'entreprises étrangères	509 117	509 117	537 616	565 754	319 261	320 576	320 518	349 858
Ensemble des entreprises	4 324 192	4 324 192	4 305 998	4 245 247	4 349 456	4 389 472	4 499 086	4 706 283
Non-vie								
Entreprises nationales	1 744 828	1 744 828	1 637 090	1 688 096	1 229 758	3 034 716	3 189 416	3 275 358
Entreprises sous contrôle étranger	30 565	30 565	87 975	85 470	69 136	176 725	238 092	249 835
Succursales d'entreprises étrangères	112 093	112 093	114 656	124 057	..	..	..	..
Ensemble des entreprises	1 856 921	1 856 921	1 751 746	1 812 153	..	..	..	..
Mixtes, ensemble des entreprises	x	x	x	x	x	x	x	x
Total								
Entreprises nationales	5 559 903	5 559 903	5 405 472	5 367 589	5 259 953	7 103 612	7 367 984	7 631 783
Entreprises sous contrôle étranger	596 035	598 087	617 912	580 170	907 552	1 039 347	1 131 903	1 195 756
Succursales d'entreprises étrangères	621 210	621 210	652 272	689 811	319 261	320 576	320 518	349 858
Ensemble des entreprises	6 181 113	6 181 113	6 057 744	6 057 400	4 349 456	4 389 472	4 499 086	4 706 283
1.5 Opérations à l'étranger par succursale, primes brutes								
Vie								
Succursales et agences	0	..	..	..	..	..	..	..
Filiales	0	..	..	..	..	..	..	..
Total	0	..	..	..	..	..	..	..
Non-vie								
Succursales et agences	..	..	..	..	..	..	..	..
Filiales	..	..	..	..	..	..	..	..
Total	..	..	..	..	..	..	..	..
Mixtes total	x	x	x	x	x	x	x	x
Total								
Succursales et agences	-	..	..	..	..	..	..	..
Filiales	-	..	..	..	..	..	..	..
Total	-	..	..	..	..	..	..	..

.. Non disponible ; - Néant ; x Sans objet

Note : Voir les métadonnées détaillées sur : http://metalinks.oecd.org/isy/20170221/057a.

Japon
Tableau 2. Nombre d'entreprises et d'employés

	2008	2009	2010	2011	2012	2013	2014	2015
2.1 Nombre d'entreprises								
Vie								
Entreprises nationales	42	42	43	39	40	40	39	38
Entreprises sous contrôle étranger	13	15	15	14	15	15	13	13
Succursales d'entreprises étrangères	4	4	4	4	3	3	3	3
Ensemble des entreprises	46	46	47	43	43	43	42	41
Non-vie								
Entreprises nationales	27	30	28	29	30	30	30	30
Entreprises sous contrôle étranger	4	4	5	5	5	6	7	7
Succursales d'entreprises étrangères	18	21	22	23	23	22	22	22
Ensemble des entreprises	45	51	50	52	53	52	52	52
Mixtes, ensemble des entreprises	-	-	-	-	-	-	-	-
Réassurance								
Entreprises nationales	3	..	..	2	..	..	..	..
Entreprises sous contrôle étranger	0	..	..	0	..	..	..	..
Succursales d'entreprises étrangères	3	..	..	5	..	..	..	..
Ensemble des entreprises	6	..	..	7	..	..	..	..
Total								
Entreprises nationales	72	..	..	..	..	..	..	68
Entreprises sous contrôle étranger	17	..	..	..	..	..	..	20
Succursales d'entreprises étrangères	25	..	..	..	..	..	..	25
Ensemble des entreprises	97	..	..	..	..	..	..	93
2.2 Nombre d'employés								
Entreprises d'assurance	434 622	453 584	..	..	447 435	221 675	226 043	120 353
Intermédiaires	..	..	..	..	..	2 283 335	2 293 863	2 059 743
Total	..	..	..	..	..	2 505 010	2 519 906	2 080 096

.. Non disponible ; - Néant

Note : Voir les métadonnées détaillées sur : http://metalinks.oecd.org/isy/20170221/057a.

Corée
Tableau 1. Agrégats sélectionnés

Millions KRW

	2008	2009	2010	2011	2012	2013	2014	2015
1.1 Opérations d'assurance conclues dans le pays déclarant								
1.1.1 Opérations d'assurance, par intérêt								
Primes brutes								
Entreprises nationales	115 859 968	122 132 179	135 405 614	148 670 607	179 792 881	180 479 019	192 380 611	205 460 047
Entreprises sous contrôle étranger	13 480 118	14 088 283	14 764 615	15 090 753	16 543 211	15 928 630	13 324 532	15 765 302
Succursales d'entreprises étrangères	3 587 701	4 270 391	4 250 510	4 083 506	3 894 692	4 755 050	4 594 745	2 267 929
Ensemble des entreprises	116 577 984	126 402 570	139 656 124	152 754 113	183 687 573	185 234 069	196 975 356	207 727 976
Primes cédées								
Entreprises nationales	8 108 554	8 454 320	8 248 307	7 618 035	8 770 133	9 411 425	9 694 294	10 255 858
Entreprises sous contrôle étranger	320 610	546 607	529 774	322 429	581 696	538 227	478 174	638 961
Succursales d'entreprises étrangères	369 098	553 407	407 499	614 890	448 135	456 049	651 726	732 347
Ensemble des entreprises	8 477 652	9 007 727	8 655 806	8 232 925	9 218 268	9 867 474	10 346 020	10 988 205
Primes nettes émises								
Entreprises nationales	107 751 414	113 677 859	127 157 307	141 052 572	171 022 748	171 067 594	182 686 317	195 204 189
Entreprises sous contrôle étranger	13 159 509	13 541 676	14 234 841	14 768 324	15 961 515	15 390 403	12 846 358	15 126 341
Succursales d'entreprises étrangères	3 218 603	3 716 984	3 843 011	3 468 616	3 446 557	4 299 001	3 943 019	1 535 582
Ensemble des entreprises	110 970 018	117 394 843	131 000 318	144 521 188	174 469 305	175 366 595	186 629 336	196 739 771
1.1.2 Opérations d'assurance par risque à l'étranger, primes brutes								
Vie	..	..	..	..	..	..	..	..
Non-vie	1 221 109	8 061 186	1 393 220	..	..	..	..	..
Mixtes total	x	x	x	x	x	x	x	x
Total	1 221 109	8 061 186	1 393 220	..	..	..	..	..
1.1.3 Paiement par catégories d'assurance, primes brutes (vie)								
Rentes	..	14 516 005	16 493 331	17 029 899	29 118 668	25 867 249	23 905 884	24 586 649
Unit linked	..	16 767 780	18 570 246	21 278 374	21 003 522	21 073 957	20 670 949	20 643 073
Autre assurance vie	..	44 163 041	45 875 642	48 349 089	57 004 710	61 618 265	65 998 453	71 983 930
Total assurance vie	..	75 446 826	80 939 219	86 657 362	107 126 900	108 559 471	110 575 286	117 213 652
dont : Contrats de retraite	..	2 944 502	4 037 523	7 039 411	6 187 541	8 103 216	11 817 288	13 694 337
1.1.4 Paiement par catégories d'assurance, primes brutes (non-vie)								
L'assurance automobile	11 026 121	11 513 159	12 712 741	13 714 894	13 667 642	13 692 186	14 188 378	15 635 198
Les assurances transport (y compris maritime et aérien)	815 631	1 169 236	1 079 971	1 173 162	1 249 845	1 062 919	1 006 367	971 854
L'assurance de fret	..	..	..	..	..	0	0	..
L'assurance incendie et des dommages aux bien	290 036	481 100	343 250	433 977	509 590	515 217	484 799	472 624
L'assurance des pertes pécuniaires	1 114 250	1 293 541	1 367 999	1 551 994	1 697 064	1 637 782	1 601 517	1 672 799
L'assurance de la responsabilité civile générale	421 467	775 149	834 878	828 088	870 395	947 583	910 341	967 362
Les assurances accidents et maladie	10 859 083	12 398 730	14 665 164	16 518 450	18 558 162	49 501 658	24 196 315	39 104 233
dont : Maladie	8 388 970	4 921 216	5 877 040	6 537 864	7 171 480	83 983	10 090 810	11 740 294
Autres assurances non-vie	12 167 879	20 344 004	25 457 371	30 630 990	38 774 054	8 105 434	32 685 216	30 357 048
Réassurance obligatoire	..	..	..	..	..	0	0	..
Total assurance non-vie	..	47 974 919	56 461 374	64 851 555	75 326 752	75 462 779	85 163 744	89 181 118
1.2 Paiements bruts des sinistres								
Vie								
Entreprises nationales	45 144 764	46 039 241	50 304 985	50 774 694	50 571 293	51 098 146	61 070 702	65 751 692
Entreprises sous contrôle étranger	5 968 643	5 652 840	7 571 937	7 803 732	7 981 965	8 103 569	69 035 817	6 945 034
Succursales d'entreprises étrangères	1 991 711	1 180 688	1 268 464	1 295 108	1 251 467	1 252 924	1 292 842	1 333 124
Ensemble des entreprises	47 136 475	47 219 929	51 573 449	52 069 802	51 822 760	52 351 070	62 363 544	67 084 816
Non-vie								
Entreprises nationales	16 254 621	18 867 283	21 683 043	23 980 095	26 319 367	22 119 519	30 233 735	30 895 053
Entreprises sous contrôle étranger	0	580 375	664 566	620 798	833 963	516 770	844 722	843 763
Succursales d'entreprises étrangères	280 765	1 052 992	1 043 797	919 952	914 946	7 033 799	1 098 087	1 264 227
Ensemble des entreprises	16 535 386	19 920 275	22 726 840	24 900 047	27 234 313	29 153 318	31 331 823	32 159 280
Mixtes, ensemble des entreprises	x	x	x	x	x	x	x	x
Total								
Entreprises nationales	61 399 384	64 906 524	71 988 028	74 754 789	76 890 660	73 217 665	91 304 438	96 646 745
Entreprises sous contrôle étranger	5 968 643	6 233 215	8 236 503	8 424 530	8 815 928	8 620 339	69 880 539	7 788 797
Succursales d'entreprises étrangères	2 272 476	2 233 680	2 312 261	2 215 060	2 166 413	8 286 723	2 390 929	2 597 351
Ensemble des entreprises	63 671 861	67 140 204	74 300 289	76 969 849	79 057 073	81 504 388	93 695 367	99 244 096
1.3 Commissions								
Vie								
Entreprises nationales	16 027 714	8 315 606	4 774 647	..	..	..	..	..
Entreprises sous contrôle étranger	3 493 518	1 801 392	1 125 660	..	..	..	..	..
Succursales d'entreprises étrangères	842 042	324 907	43 548	..	..	..	..	..
Ensemble des entreprises	16 869 756	8 640 513	4 818 195	..	..	..	..	..
Non-vie								
Entreprises nationales	10 778 474	4 992 487	2 242 103	..	..	..	..	..
Entreprises sous contrôle étranger	0	1 697	162 058	..	..	..	..	..
Succursales d'entreprises étrangères	76 212	13 541	68 803	..	..	..	..	..
Ensemble des entreprises	10 854 686	5 006 028	2 310 906	..	..	..	..	..
Mixtes, ensemble des entreprises	x	x	x	x	x	x	x	x
Total								
Entreprises nationales	26 806 188	13 308 093	7 016 750	..	..	..	..	..
Entreprises sous contrôle étranger	3 493 518	1 803 089	1 287 718	..	..	..	..	..
Succursales d'entreprises étrangères	918 254	338 448	112 351	..	..	..	..	..
Ensemble des entreprises	27 724 442	13 646 541	7 129 101	..	..	..	..	..

Corée
Tableau 1. Agrégats sélectionnés *(suite)*

Millions KRW

	2008	2009	2010	2011	2012	2013	2014	2015
1.4 Dépenses brutes d'exploitation								
Vie								
Entreprises nationales	49 761 801	18 170 539	19 832 046	27 793 931	23 307 641	25 608 456	27 511 983	28 987 407
Entreprises sous contrôle étranger	7 628 903	4 094 498	4 698 261	7 229 266	5 189 114	5 278 175	806 034	756 903
Succursales d'entreprises étrangères	2 693 323	762 857	845 704	1 024 103	734 416	770 753	4 595 483	5 009 714
Ensemble des entreprises	52 455 124	18 933 396	20 677 750	28 818 034	24 042 057	26 379 209	32 107 466	33 997 121
Non-vie								
Entreprises nationales	21 485 231	9 308 928	9 722 605	9 820 687	11 569 785	11 294 192	16 760 436	13 511 865
Entreprises sous contrôle étranger	0	151 338	174 348	121 666	320 770	129 781	245 017	182 669
Succursales d'entreprises étrangères	509 523	492 471	479 237	428 369	331 833	1 592 503	1 116 586	405 386
Ensemble des entreprises	21 994 754	9 801 399	10 201 842	10 249 056	11 901 618	12 886 695	17 877 022	13 917 251
Mixtes, ensemble des entreprises	x	x	x	x	x	x	x	x
Total								
Entreprises nationales	71 247 032	27 479 467	29 554 651	37 614 618	34 877 426	36 902 648	44 272 419	42 499 272
Entreprises sous contrôle étranger	7 628 903	4 245 836	4 872 609	7 350 932	5 509 884	5 407 956	1 051 051	939 572
Succursales d'entreprises étrangères	3 202 846	1 255 328	1 324 941	1 452 472	1 066 249	2 363 256	5 712 069	5 415 100
Ensemble des entreprises	74 449 878	28 734 795	30 879 592	39 067 090	35 943 675	39 265 904	49 984 488	47 914 372
1.5 Opérations à l'étranger par succursale, primes brutes								
Vie								
Succursales et agences	..	..	..	..	..	..	..	..
Filiales	..	..	..	..	..	..	..	..
Total	..	..	..	..	..	..	..	..
Non-vie								
Succursales et agences	..	..	..	..	..	..	..	..
Filiales	..	..	..	..	..	..	..	..
Total	1 221 109	8 061 186	1 393 220	..	..	..	..	..
Mixtes total	x	x	x	x	x	x	x	x
Total								
Succursales et agences	..	..	..	..	..	..	..	..
Filiales	..	..	..	..	..	..	..	..
Total	1 221 109	8 061 186	1 393 220	..	..	..	..	..

.. Non disponible ; x Sans objet

Note : Voir les métadonnées détaillées sur : http://metalinks.oecd.org/isy/20170221/401e.

Corée
Tableau 2. Nombre d'entreprises et d'employés

	2008	2009	2010	2011	2012	2013	2014	2015
2.1 Nombre d'entreprises								
Vie								
Entreprises nationales	21	21	22	22	23	24	24	24
Entreprises sous contrôle étranger	7	8	8	8	8	8	7	7
Succursales d'entreprises étrangères	1	1	1	1	1	1	1	1
Ensemble des entreprises	22	22	23	23	24	25	25	25
Non-vie								
Entreprises nationales	15	15	15	15	16	16	17	17
Entreprises sous contrôle étranger	0	3	3	6	6	3	4	4
Succursales d'entreprises étrangères	8	8	8	8	8	8	5	5
Ensemble des entreprises	23	23	23	23	24	24	22	22
Mixtes, ensemble des entreprises	-	-	-	-	-	-	-	-
Réassurance								
Entreprises nationales	1	1	1	1	1	1	1	1
Entreprises sous contrôle étranger	0	0	0	0	..	..	0	0
Succursales d'entreprises étrangères	6	6	6	6	6	6	8	8
Ensemble des entreprises	7	7	7	7	7	7	9	9
Total								
Entreprises nationales	37	37	38	38	40	41	42	42
Entreprises sous contrôle étranger	7	11	11	14	14	11	11	11
Succursales d'entreprises étrangères	15	15	15	15	15	15	14	14
Ensemble des entreprises	52	52	53	53	55	56	56	56
2.2 Nombre d'employés								
Entreprises d'assurance	54 719	53 812	55 927	57 861	62 155	63 859	61 158	59 685
Intermédiaires	286 685	227 919	270 786	278 594	288 362	280 087	245 127	235 319
Total	341 404	281 731	326 713	336 455	350 517	343 946	306 285	295 004

.. Non disponible ; - Néant

Note : Voir les métadonnées détaillées sur : http://metalinks.oecd.org/isy/20170221/401e.

Lettonie
Tableau 1. Agrégats sélectionnés

Millions EUR

	2008	2009	2010	2011	2012	2013	2014	2015
1.1 Opérations d'assurance conclues dans le pays déclarant								
1.1.1 Opérations d'assurance, par intérêt								
Primes brutes								
Entreprises nationales	..	318	271	326	354	350	371	379
Entreprises sous contrôle étranger	..	173	164	137	155	150	151	188
Succursales d'entreprises étrangères	..	50	57	73	93	121	146	152
Ensemble des entreprises	..	368	328	399	447	471	517	531
Primes cédées								
Entreprises nationales	..	31	23	24	26	17	19	22
Entreprises sous contrôle étranger	..	12	9	6	5	4	4	7
Succursales d'entreprises étrangères	..	..	..	..	..	..	..	..
Ensemble des entreprises	..	31	23	24	26	17	19	22
Primes nettes émises								
Entreprises nationales	..	287	248	302	328	333	352	357
Entreprises sous contrôle étranger	..	161	155	131	150	146	147	182
Succursales d'entreprises étrangères	..	50	57	73	93	121	146	152
Ensemble des entreprises	..	338	305	375	421	454	498	509
1.1.2 Opérations d'assurance par risque à l'étranger, primes brutes								
Vie	..	..	..	..	..	..	..	..
Non-vie	..	..	..	..	..	..	..	..
Mixtes total	..	..	..	..	..	..	..	..
Total	..	..	..	..	..	..	..	..
1.1.3 Paiement par catégories d'assurance, primes brutes (vie)								
Rentes	..	3	3	0	0	0	0	0
Unit linked	..	14	28	23	21	23	34	43
Autre assurance vie	..	41	44	50	57	66	73	72
Total assurance vie	..	58	75	74	79	89	107	115
dont : Contrats de retraite	..	0	-	0	0	0	0	0
1.1.4 Paiement par catégories d'assurance, primes brutes (non-vie)								
L'assurance automobile	..	174	137	184	204	221	222	221
Les assurances transport (y compris maritime et aérien)	..	4	2	3	3	2	2	2
L'assurance de fret	..	2	2	5	6	5	3	3
L'assurance incendie et des dommages aux bien	..	46	47	55	63	67	86	84
L'assurance des pertes pécuniaires	..	7	7	12	12	11	13	14
L'assurance de la responsabilité civile générale	..	10	10	15	21	17	21	21
Les assurances accidents et maladie	..	56	36	41	50	46	52	58
dont : Maladie	..	45	31	34	42	38	42	48
Autres assurances non-vie	..	11	11	9	10	12	12	13
Réassurance obligatoire	..	-	-	-	-	-	0	0
Total assurance non-vie	..	310	252	325	368	382	411	416
1.2 Paiements bruts des sinistres								
Vie								
Entreprises nationales	..	31	21	15	19	31	26	29
Entreprises sous contrôle étranger	..	17	20	15	18	26	24	27
Succursales d'entreprises étrangères	..	9	11	26	27	31	31	34
Ensemble des entreprises	..	40	32	41	46	62	57	63
Non-vie								
Entreprises nationales	..	188	137	164	169	165	184	198
Entreprises sous contrôle étranger	..	104	79	78	75	68	77	92
Succursales d'entreprises étrangères	..	19	15	18	25	38	43	50
Ensemble des entreprises	..	207	152	182	194	204	226	248
Mixtes, ensemble des entreprises	..	..	..	..	..	..	..	..
Total								
Entreprises nationales	..	219	158	179	188	196	209	227
Entreprises sous contrôle étranger	..	122	99	92	93	94	102	119
Succursales d'entreprises étrangères	..	28	26	44	52	69	73	83
Ensemble des entreprises	..	247	184	223	240	265	283	311

Lettonie
Tableau 1. Agrégats sélectionnés *(suite)*

Millions EUR

	2008	2009	2010	2011	2012	2013	2014	2015
1.3 Commissions								
Vie								
Entreprises nationales	..	31	2	0	1	1	1	0
Entreprises sous contrôle étranger	..	..	2	0	1	1	1	1
Succursales d'entreprises étrangères	..	1	1	4	4	5	5	6
Ensemble des entreprises	..	32	3	4	5	5	6	6
Non-vie								
Entreprises nationales	..	188	19	33	38	32	45	34
Entreprises sous contrôle étranger	..	..	5	2	5	..	7	11
Succursales d'entreprises étrangères	..	2	1	2	4	10	12	13
Ensemble des entreprises	..	190	20	35	41	42	58	47
Mixtes, ensemble des entreprises	..	..	..	..	..	..	..	..
Total								
Entreprises nationales	..	219	21	33	38	33	46	34
Entreprises sous contrôle étranger	..	..	6	2	6	1	8	11
Succursales d'entreprises étrangères	..	3	2	6	8	15	17	19
Ensemble des entreprises	..	222	23	39	46	48	64	53
1.4 Dépenses brutes d'exploitation								
Vie								
Entreprises nationales	..	7	7	5	4	4	4	4
Entreprises sous contrôle étranger	..	2	6	4	4	4	4	4
Succursales d'entreprises étrangères	..	..	..	..	..	..	..	..
Ensemble des entreprises	..	7	7	5	4	4	4	4
Non-vie								
Entreprises nationales	..	109	88	100	110	102	108	109
Entreprises sous contrôle étranger	..	61	48	43	45	40	40	51
Succursales d'entreprises étrangères	..	..	..	..	..	..	..	..
Ensemble des entreprises	..	109	88	100	110	102	108	109
Mixtes, ensemble des entreprises	..	..	..	..	..	..	..	..
Total								
Entreprises nationales	..	116	95	104	115	106	112	113
Entreprises sous contrôle étranger	..	63	54	47	49	44	44	55
Succursales d'entreprises étrangères	..	..	..	..	..	..	..	..
Ensemble des entreprises	..	116	95	104	115	106	112	113
1.5 Opérations à l'étranger par succursale, primes brutes								
Vie								
Succursales et agences	..	-	-	-	-	-	0	0
Filiales	..	..	..	..	..	..	..	..
Total	..	-	-	-	-	-	0	0
Non-vie								
Succursales et agences	..	40	56	126	143	158	168	157
Filiales	..	..	..	..	..	..	..	..
Total	..	40	56	126	143	158	168	157
Mixtes total	..	..	..	..	..	..	..	..
Total								
Succursales et agences	..	40	56	126	143	158	168	157
Filiales	..	..	..	..	..	..	..	..
Total	..	40	56	126	143	158	168	157

.. Non disponible ; - Néant

Note : Voir les métadonnées détaillées sur : http://metalinks.oecd.org/isy/20170221/bd0b.

Lettonie
Tableau 2. Nombre d'entreprises et d'employés

	2008	2009	2010	2011	2012	2013	2014	2015
2.1 Nombre d'entreprises								
Vie								
Entreprises nationales	..	4	4	3	2	2	2	2
Entreprises sous contrôle étranger	..	1	2	1	1	1	1	1
Succursales d'entreprises étrangères	..	5	5	5	5	5	5	4
Ensemble des entreprises	..	9	9	8	7	7	7	6
Non-vie								
Entreprises nationales	..	10	9	9	7	5	5	6
Entreprises sous contrôle étranger	..	4	4	4	3	2	2	3
Succursales d'entreprises étrangères	..	6	6	5	8	7	9	10
Ensemble des entreprises	..	16	15	14	15	12	14	16
Mixtes, ensemble des entreprises	**..**	**0**	**..**	**0**	**0**	**0**	**0**	**0**
Réassurance								
Entreprises nationales	..	0	0	0	0	0	0	0
Entreprises sous contrôle étranger	..	0	0	0	0	0	0	0
Succursales d'entreprises étrangères	..	0	0	0	0	0	0	0
Ensemble des entreprises	..	0	..	0	0	0	0	0
Total								
Entreprises nationales	..	14	13	12	9	7	7	8
Entreprises sous contrôle étranger	..	5	6	5	4	3	3	4
Succursales d'entreprises étrangères	..	11	11	10	13	12	14	14
Ensemble des entreprises	..	25	24	22	22	19	21	22
2.2 Nombre d'employés								
Entreprises d'assurance	..	3 030	2 876	2 873	2 749	2 300	2 121	1 047
Intermédiaires	..	1 708	1 254	1 195	1 168	846	773	905
Total	..	4 738	4 130	4 068	3 917	3 146	2 894	1 952

.. Non disponible

Note : Voir les métadonnées détaillées sur : http://metalinks.oecd.org/isy/20170221/bd0b.

Luxembourg
Tableau 1. Agrégats sélectionnés

Millions EUR

	2008	2009	2010	2011	2012	2013	2014	2015
1.1 Opérations d'assurance conclues dans le pays déclarant								
1.1.1 Opérations d'assurance, par intérêt								
Primes brutes								
Entreprises nationales	10 702	16 437	20 584	13 626	19 445	18 410	21 712	19 100
Entreprises sous contrôle étranger	9 984	15 490	19 165	12 583	17 930	17 036	20 356	17 075
Succursales d'entreprises étrangères	144	165	133	150	144	191	76	78
Ensemble des entreprises	10 846	16 602	20 717	13 776	19 589	18 601	21 788	19 178
Primes cédées								
Entreprises nationales	2 362	4 425	5 362	2 935	6 109	4 624	6 122	3 030
Entreprises sous contrôle étranger	2 217	4 299	5 220	2 737	5 892	4 246	5 863	2 770
Succursales d'entreprises étrangères	42	34	37	37	40	37	33	26
Ensemble des entreprises	2 405	4 459	5 399	2 973	6 149	4 661	6 155	3 056
Primes nettes émises								
Entreprises nationales	8 340	12 012	15 222	10 691	13 336	13 787	15 590	16 070
Entreprises sous contrôle étranger	7 767	11 191	13 945	9 846	12 037	12 790	14 493	14 305
Succursales d'entreprises étrangères	102	131	96	113	104	153	43	52
Ensemble des entreprises	8 441	12 143	15 318	10 804	13 440	13 940	15 633	16 122
1.1.2 Opérations d'assurance par risque à l'étranger, primes brutes								
Vie	8 562	14 265	18 170	11 564	17 115	15 837	18 455	16 383
Non-vie	396	410	426	547	476	572	438	587
Mixtes	..	0	0	0	..	0	0	0
dont :								
Vie	..	0	0	0	..	0	0	0
Non-vie	..	0	0	0	..	0	0	0
Total	8 958	14 675	18 596	12 112	17 591	16 408	18 893	16 969
1.1.3 Paiement par catégories d'assurance, primes brutes (vie)								
Rentes	..	..	..	..	..	..	..	..
Unit linked	7 658	11 546	13 371	8 836	11 224	10 516	11 086	12 874
Autre assurance vie	..	..	..	3 382	6 826	6 413	9 103	4 685
Total Assurance Vie	9 744	15 464	19 392	12 218	18 050	16 929	20 190	17 559
dont : Contrats de retraite	..	..	19 392	..	..	..	..	..
1.1.4 Paiement par catégories d'assurance, primes brutes (non-vie)								
L'assurance automobile	..	..	..	426	..	..	..	..
Les assurances transport (y compris maritime et aérien)	..	..	..	0	..	..	..	..
L'assurance de fret	..	..	..	30	..	..	..	..
L'assurance incendie et des dommages aux bien	..	..	..	271	..	..	..	..
L'assurance des pertes pécuniaires	..	..	..	321	..	..	..	..
L'assurance de la responsabilité civile générale	..	..	..	106	..	..	..	..
Les assurances accidents et maladie	..	..	..	90	..	..	..	..
dont : Maladie	..	..	..	59	..	..	..	..
Autres assurances non-vie	..	..	..	53	..	..	..	..
Réassurance obligatoire	..	..	..	27	..	..	..	..
Total assurance non-vie	1 101	1 124	1 184	1 325	1 300	1 501	1 339	1 476
1.2 Paiements bruts des sinistres								
Vie								
Entreprises nationales	5 601	5 150	6 078	7 091	11 111	11 696	10 597	9 995
Entreprises sous contrôle étranger	5 424	5 052	5 827	6 863	10 823	11 179	10 214	9 032
Succursales d'entreprises étrangères	18	4	9	34	10	25	25	27
Ensemble des entreprises	5 619	5 154	6 087	7 125	11 122	11 721	10 622	10 023
Non-vie								
Entreprises nationales	1 284	496	731	606	623	1 105	809	900
Entreprises sous contrôle étranger	1 069	270	411	315	348	691	428	512
Succursales d'entreprises étrangères	68	25	27	31	27	39	36	18
Ensemble des entreprises	1 351	521	758	637	650	1 143	845	918
Mixtes								
Entreprises nationales	..	0	0	0	..	0	0	0
Entreprises sous contrôle étranger	..	0	0	0	..	0	0	0
Succursales d'entreprises étrangères	..	34	32	39	38	27	133	17
Ensemble des entreprises	..	34	32	39	38	27	133	17
dont :								
Vie	..	16	15	19	20	15	130	17
Entreprises nationales	..	0	0	0	..	0	0	0
Entreprises sous contrôle étranger	..	0	0	0	..	0	0	0
Succursales d'entreprises étrangères	..	16	15	19	20	15	130	17
Ensemble des entreprises	..	16	15	19	20	15	130	17
Non-vie	..	18	17	20	18	12	3	0
Entreprises nationales	..	0	0	0	..	0	0	0
Entreprises sous contrôle étranger	..	0	0	0	..	0	0	0
Succursales d'entreprises étrangères	..	18	17	20	18	12	3	0
Ensemble des entreprises	..	18	17	20	18	12	3	0
Total								
Entreprises nationales	6 884	5 646	6 809	7 697	11 734	12 801	11 406	10 896
Entreprises sous contrôle étranger	6 493	5 322	6 238	7 178	11 171	11 869	10 642	9 544
Succursales d'entreprises étrangères	85	63	68	104	76	90	195	62
Ensemble des entreprises	6 970	5 709	6 878	7 800	11 810	12 891	11 600	10 958

Luxembourg
Tableau 1. Agrégats sélectionnés *(suite)*

Millions EUR

	2008	2009	2010	2011	2012	2013	2014	2015
1.3 Commissions								
Vie								
Entreprises nationales	371	313	367	353	328	327	317	326
Entreprises sous contrôle étranger	357	299	351	..	328	309	297	289
Succursales d'entreprises étrangères	5	0 |	0	0	0	0	0	0
Ensemble des entreprises	376	314 |	367	353	328	328	317	326
Non-vie								
Entreprises nationales	192	382	206	217	205	217	211	237
Entreprises sous contrôle étranger	119	307	126	..	205	119	109	122
Succursales d'entreprises étrangères	16	9 |	11	12	11	12	9	9
Ensemble des entreprises	208	391 |	217	229	217	229	221	246
Mixtes								
Entreprises nationales	..	0	0	0	..	0	0	0
Entreprises sous contrôle étranger	..	0	0	..	..	0	0	0
Succursales d'entreprises étrangères	..	12 |	12	11	12	12	3	4
Ensemble des entreprises	..	12 |	12	11	12	12	3	4
dont :								
Vie	..	4 |	4	5	5	5	3	4
Entreprises nationales	..	0	0	0	..	0	0	0
Entreprises sous contrôle étranger	..	0	0	..	..	0	0	0
Succursales d'entreprises étrangères	..	4 |	4	5	5	5	3	4
Ensemble des entreprises	..	4 |	4	5	5	5	3	4
Non-vie	..	8 |	8	7	7	7	0	0
Entreprises nationales	..	0	0	0	..	0	0	0
Entreprises sous contrôle étranger	..	0	0	..	..	0	0	0
Succursales d'entreprises étrangères	..	8 |	8	7	7	7	0	0
Ensemble des entreprises	..	8 |	8	7	7	7	0	0
Total								
Entreprises nationales	563	695	573	570	533	544	528	563
Entreprises sous contrôle étranger	477	606	477	..	533	428	406	411
Succursales d'entreprises étrangères	21	21	23	23	24	25	13	14
Ensemble des entreprises	584	716	596	593	557	569	541	576
1.4 Dépenses brutes d'exploitation								
Vie								
Entreprises nationales	208	229	243	288	656	362	376	406
Entreprises sous contrôle étranger	197	218	231	274	622	347	358	374
Succursales d'entreprises étrangères	2	0 |	0	0	0	0	1	0
Ensemble des entreprises	209	229 |	243	288	656	362	376	406
Non-vie								
Entreprises nationales	71	49	54	53	270	66	72	82
Entreprises sous contrôle étranger	48	25	30	27	270	34	41	46
Succursales d'entreprises étrangères	7	3 |	14	3	14	3	2	2
Ensemble des entreprises	78	52 |	68	55	285	69	74	84
Mixtes								
Entreprises nationales	..	0	0	0	..	0	0	0
Entreprises sous contrôle étranger	..	0	0	0	..	0	0	0
Succursales d'entreprises étrangères	..	5 |	17	6	18	7	1	1
Ensemble des entreprises	..	5 |	17	6	18	7	1	1
dont :								
Vie	..	1 |	6	2	7	3	1	1
Entreprises nationales	..	0	0	0	..	0	0	0
Entreprises sous contrôle étranger	..	0	0	0	..	0	0	0
Succursales d'entreprises étrangères	..	1 |	6	2	7	3	1	1
Ensemble des entreprises	..	1 |	6	2	7	3	1	1
Non-vie	..	3 |	12	3	11	4	0	0
Entreprises nationales	..	0	0	0	..	0	0	0
Entreprises sous contrôle étranger	..	0	0	0	..	0	0	0
Succursales d'entreprises étrangères	..	3 |	12	3	11	4	0	0
Ensemble des entreprises	..	3 |	12	3	11	4	0	0
Total								
Entreprises nationales	279	278	297	341	926	429	448	488
Entreprises sous contrôle étranger	245	243	261	302	892	381	399	421
Succursales d'entreprises étrangères	9	8	31	8	33	9	4	3
Ensemble des entreprises	288	286	328	349	959	438	451	491

Luxembourg
Tableau 1. Agrégats sélectionnés *(suite)*

Millions EUR

	2008	2009	2010	2011	2012	2013	2014	2015
1.5 Opérations à l'étranger par succursale, primes brutes								
Vie								
Succursales et agences	1 059	2 355	2 830	2 161	2 619	2 648	3 250	3 552
Filiales	..	0	0	0	0	..	..	..
Total	..	2 355	2 830	2 161	2 619	2 648	3 250	3 552
Non-vie								
Succursales et agences	1 272	1 014	1 122	1 088	1 417	1 546	1 831	1 965
Filiales	..	0	0	0	0	..	..	..
Total	..	1 014	1 122	1 088	1 417	1 546	1 831	1 965
Mixtes								
Succursales et agences	..	0	0	0	..	0	0	0
Filiales	..	0	0	0	..	..	..	..
Total	..	0	0	0	..	0	0	0
dont :								
Vie	..	0	0	0	..	0	0	0
Succursales et agences	..	0	0	0	..	0	0	0
Filiales	..	0	0	0	..	..	..	..
Total	..	0	0	0	..	0	0	0
Non-vie	..	0	0	0	..	0	0	0
Succursales et agences	..	0	0	0	..	0	0	0
Filiales	..	0	0	0	..	..	..	..
Total	..	0	0	0	..	0	0	0
Total								
Succursales et agences	2 331	3 369	3 952	3 250	4 036	4 194	5 082	5 516
Filiales	..	-	-	-	-	..	..	..
Total	..	3 369	3 952	3 250	4 036	4 194	5 082	5 516

.. Non disponible ; - Néant ; | Rupture de série

Note : Voir les métadonnées détaillées sur : http://metalinks.oecd.org/isy/20170221/d581.

Luxembourg
Tableau 2. Nombre d'entreprises et d'employés

	2008	2009	2010	2011	2012	2013	2014	2015
2.1 Nombre d'entreprises								
Vie								
Entreprises nationales	47	47	46	45	43	42	44	43
Entreprises sous contrôle étranger	43	43	42	41	39	34	39	38
Succursales d'entreprises étrangères	2	2	2	2	1	2	2	2
Ensemble des entreprises	49	49	48	47	44	44	46	45
Non-vie								
Entreprises nationales	30	31	29	29	31	34	34	32
Entreprises sous contrôle étranger	26	27	25	25	27	27	8	21
Succursales d'entreprises étrangères	10	10	11	10	11	10	10	10
Ensemble des entreprises	40	41	40	39	42	44	44	42
Mixtes								
Entreprises nationales	0	0	0	0	0	0	0	0
Entreprises sous contrôle étranger	0	0	0	0	0	0	0	0
Succursales d'entreprises étrangères	3	3	3	3	3	3	3	3
Ensemble des entreprises	3	3	3	3	3	3	3	3
Réassurance								
Entreprises nationales	261	251	244	242	238	226	224	217
Entreprises sous contrôle étranger	238	234	225	222	219	207	205	204
Succursales d'entreprises étrangères	0	0	8	0	0	0	0	0
Ensemble des entreprises	261	251	252	242	238	226	224	217
Total								
Entreprises nationales	338	329	319	316	312	302	302	292
Entreprises sous contrôle étranger	307	304	292	288	285	268	252	263
Succursales d'entreprises étrangères	15	15	24	15	15	15	15	15
Ensemble des entreprises	353	344	343	331	327	317	317	307
2.2 Nombre d'employés								
Entreprises d'assurance	3 087	3 710	3 956	3 967	4 326	5 692	6 057	6 484
Intermédiaires	9 297	9 503	9 859	9 375	9 659	10 030	550	561
Total	12 384	13 213	13 815	13 342	13 985	15 722	6 607	7 045

Note : Voir les métadonnées détaillées sur : http://metalinks.oecd.org/isy/20170221/d581.

Mexique
Tableau 1. Agrégats sélectionnés

Millions MXN

	2008	2009	2010	2011	2012	2013	2014	2015
1.1 Opérations d'assurance conclues dans le pays déclarant								
1.1.1 Opérations d'assurance, par intérêt								
Primes brutes								
Entreprises nationales	209 851	236 860	247 010	281 792	310 747	347 196	363 530	395 083
Entreprises sous contrôle étranger	129 075	143 428	153 858	167 708	189 698	207 890	220 225	242 872
Succursales d'entreprises étrangères	..	..	..	..	..	..	..	..
Ensemble des entreprises	209 851	236 860	247 010	281 792	310 747	347 196	363 530	395 083
Primes cédées								
Entreprises nationales	30 100	42 795	36 018	49 771	50 188	60 551	58 378	67 135
Entreprises sous contrôle étranger	16 949	18 449	19 495	21 903	24 728	26 822	29 932	40 217
Succursales d'entreprises étrangères	..	..	..	..	..	..	..	..
Ensemble des entreprises	30 100	42 795	36 018	49 771	50 188	60 551	58 378	67 135
Primes nettes émises								
Entreprises nationales	179 751	194 065	210 991	232 021	260 559	286 645	305 152	327 947
Entreprises sous contrôle étranger	112 127	124 979	134 363	145 805	164 970	181 068	190 293	202 655
Succursales d'entreprises étrangères	..	..	..	..	..	..	..	..
Ensemble des entreprises	179 751	194 065	210 991	232 021	260 559	286 645	305 152	327 947
1.1.2 Opérations d'assurance par risque à l'étranger, primes brutes								
Vie	451	..	..	..	..	..	..	..
Non-vie	826	..	323	349	425	402	..	..
Mixtes	..	..	1 463	1 553	1 787	1 692	..	..
dont :								
Vie	..	407 |	..	..	..	..	..	..
Non-vie	..	1 052 |	..	..	..	..	..	..
Total	1 277	..	1 786	1 902	2 212	2 093	..	..
1.1.3 Paiement par catégories d'assurance, primes brutes (vie)								
Rentes	..	..	15 849	15 749	17 633	20 099	20 521	19 719
Unit linked	..	..	0	..	..	..	..	..
Autre assurance vie	..	..	97 352	109 511	125 175	138 959	148 624	162 199
Total Assurance Vie	92 688	103 431	113 201	125 260	142 808	159 058	169 145	181 918
dont : Contrats de retraite	7 728	8 756	0	..	..	..	..	..
1.1.4 Paiement par catégories d'assurance, primes brutes (non-vie)								
L'assurance automobile	47 419	46 947	50 357	56 099	62 944	66 562	68 735	75 858
Les assurances transport (y compris maritime et aérien)	5 226	5 951	5 765	7 049	7 691	7 851	9 356	11 007
L'assurance de fret	..	..	..	..	..	..	..	..
L'assurance incendie et des dommages aux bien	7 512	16 884	8 026	14 010	9 980	16 520	12 232	13 815
L'assurance des pertes pécuniaires	456	518	636	686	749	5 210	501	947
L'assurance de la responsabilité civile générale	4 362	5 265	5 185	5 914	6 920	7 341	7 201	9 099
Les assurances accidents et maladie	32 121	34 511	37 557	41 814	45 526	51 189	56 686	59 550
dont : Maladie	1 351	1 631	1 626	1 835	1 918	2 682	2 719	2 622
Autres assurances non-vie	19 246	22 314	24 316	30 214	33 390	32 581	38 511	42 081
Réassurance obligatoire	..	..	..	..	..	..	..	..
Total assurance non-vie	116 341	132 389	131 842	155 785	167 200	187 253	193 221	212 357
1.2 Paiements bruts des sinistres								
Vie								
Entreprises nationales	48 836	8 634 |	9 487	9 566	10 279	11 800	12 325	13 760
Entreprises sous contrôle étranger	31 235	3 784 |	4 314	4 663	..	..	5 875	6 443
Succursales d'entreprises étrangères	..	..	..	..	..	..	..	..
Ensemble des entreprises	48 836	8 634 |	9 487	9 566	10 279	11 800	12 325	13 760
Non-vie								
Entreprises nationales	57 896	13 280 |	14 463	14 750	14 874	21 716	17 912	19 552
Entreprises sous contrôle étranger	29 915	4 819 |	5 042	4 751	..	..	4 093	4 923
Succursales d'entreprises étrangères	..	..	..	..	..	..	..	..
Ensemble des entreprises	57 896	13 280 |	14 463	14 750	14 874	21 716	17 912	19 552
Mixtes								
Entreprises nationales	..	96 118 |	100 430	109 005	115 041	159 315	148 932	162 803
Entreprises sous contrôle étranger	..	62 564 |	67 094	70 654	..	..	104 822	109 465
Succursales d'entreprises étrangères	..	..	..	..	..	..	..	..
Ensemble des entreprises	..	96 118 |	100 430	109 005	115 041	159 315	148 932	162 803
dont :								
Vie	..	47 586 |	48 676	50 966	55 436	76 467	81 643	88 136
Entreprises nationales	..	47 586 |	48 676	50 966	55 436	76 467	81 643	88 136
Entreprises sous contrôle étranger	..	35 236 |	37 971	38 918	..	..	67 855	70 802
Succursales d'entreprises étrangères	..	..	..	..	..	..	..	..
Ensemble des entreprises	..	47 586 |	48 676	50 966	55 436	76 467	81 643	88 136
Non-vie	..	48 531 |	51 753	58 039	59 605	82 848	67 289	74 667
Entreprises nationales	..	48 531 |	51 753	58 039	59 605	82 848	67 289	74 667
Entreprises sous contrôle étranger	..	27 328 |	29 122	31 736	..	..	36 968	38 662
Succursales d'entreprises étrangères	..	..	..	..	..	..	..	..
Ensemble des entreprises	..	48 531 |	51 753	58 039	59 605	82 848	67 289	74 667
Total								
Entreprises nationales	106 731	118 032	124 380	133 321	140 195	192 832	179 169	196 115
Entreprises sous contrôle étranger	61 149	71 168	76 449	80 068	..	..	114 791	120 830
Succursales d'entreprises étrangères	..	..	..	..	..	..	..	..
Ensemble des entreprises	106 731	118 032	124 380	133 321	140 195	192 832	179 169	196 115

Mexique
Tableau 1. Agrégats sélectionnés *(suite)*

Millions MXN

	2008	2009	2010	2011	2012	2013	2014	2015
1.3 Commissions								
Vie								
Entreprises nationales	11 668	1 053 |	976	1 257	1 133	1 075	749	1 045
Entreprises sous contrôle étranger	7 652	324 |	234	268	277	251	74	192
Succursales d'entreprises étrangères	..	..	..	..	..	..	..	..
Ensemble des entreprises	11 668	1 053 |	976	1 257	1 133	1 075	749	1 045
Non-vie								
Entreprises nationales	17 707	4 811 |	5 078	5 935	6 911	8 410	9 458	7 257
Entreprises sous contrôle étranger	17 707	2 073 |	2 230	2 373	2 721	3 523	3 808	1 888
Succursales d'entreprises étrangères	..	..	..	..	..	..	..	..
Ensemble des entreprises	17 707	4 811 |	5 078	5 935	6 911	8 410	9 458	7 257
Mixtes								
Entreprises nationales	..	31 881 |	34 055	38 671	44 178	46 777	49 973	48 713
Entreprises sous contrôle étranger	..	20 206 |	21 885	24 611	28 060	29 464	31 616	30 146
Succursales d'entreprises étrangères	..	..	..	..	..	..	..	..
Ensemble des entreprises	..	31 881 |	34 055	38 671	44 178	46 777	49 973	48 713
dont :								
Vie	..	12 184 |	13 741	15 773	18 508	19 316	21 023	22 507
Entreprises nationales	..	12 184 |	13 741	15 773	18 508	19 316	21 023	22 507
Entreprises sous contrôle étranger	..	8 294 |	9 518	10 807	12 501	12 940	17 514	14 838
Succursales d'entreprises étrangères	..	..	..	..	..	..	..	..
Ensemble des entreprises	..	12 184 |	13 741	15 773	18 508	19 316	21 023	22 507
Non-vie	..	19 698 |	20 315	22 898	25 670	27 462	28 950	26 206
Entreprises nationales	..	19 698 |	20 315	22 898	25 670	27 462	28 950	26 206
Entreprises sous contrôle étranger	..	11 694 |	12 367	13 803	15 559	16 524	14 103	15 308
Succursales d'entreprises étrangères	..	..	..	..	..	..	..	..
Ensemble des entreprises	..	19 698 |	20 315	22 898	25 670	27 462	28 950	26 206
Total								
Entreprises nationales	29 375	37 746	40 110	45 863	52 222	56 263	60 180	57 016
Entreprises sous contrôle étranger	25 359	22 603	24 349	27 251	31 058	33 239	35 498	32 226
Succursales d'entreprises étrangères	..	..	..	..	..	..	..	..
Ensemble des entreprises	29 375	37 746	40 110	45 863	52 222	56 263	60 180	57 016
1.4 Dépenses brutes d'exploitation								
Vie								
Entreprises nationales	6 208	634 |	942	1 095	1 313	1 486	1 156	1 336
Entreprises sous contrôle étranger	4 524	305 |	530	675	..	..	570	661
Succursales d'entreprises étrangères	..	..	..	..	..	..	..	..
Ensemble des entreprises	6 208	634 |	942	1 095	1 313	1 486	1 156	1 336
Non-vie								
Entreprises nationales	10 271	2 656 |	2 353	2 337	2 968	3 545	4 198	4 924
Entreprises sous contrôle étranger	5 334	1 290 |	1 220	1 402	..	..	2 010	3 137
Succursales d'entreprises étrangères	..	..	..	..	..	..	..	..
Ensemble des entreprises	10 271	2 656 |	2 353	2 337	2 968	3 545	4 198	4 924
Mixtes								
Entreprises nationales	..	12 630 |	14 102	14 115	14 382	16 389	16 621	18 736
Entreprises sous contrôle étranger	..	8 263 |	9 018	8 627	..	..	10 470	12 270
Succursales d'entreprises étrangères	..	..	..	..	..	..	..	..
Ensemble des entreprises	..	12 630 |	14 102	14 115	14 382	16 389	16 621	18 736
dont :								
Vie	..	5 917 |	6 925	6 838	7 085	8 530	8 486	9 990
Entreprises nationales	..	5 917 |	6 925	6 838	7 085	8 530	8 486	9 990
Entreprises sous contrôle étranger	..	4 573 |	5 339	5 052	..	..	6 273	7 388
Succursales d'entreprises étrangères	..	..	..	..	..	..	..	..
Ensemble des entreprises	..	5 917 |	6 925	6 838	7 085	8 530	8 486	9 990
Non-vie	..	6 714 |	7 178	7 277	7 298	7 859	8 135	8 746
Entreprises nationales	..	6 714 |	7 178	7 277	7 298	7 859	8 135	8 746
Entreprises sous contrôle étranger	..	3 674 |	3 679	3 575	..	..	4 198	4 882
Succursales d'entreprises étrangères	..	..	..	..	..	..	..	..
Ensemble des entreprises	..	6 714 |	7 178	7 277	7 298	7 859	8 135	8 746
Total								
Entreprises nationales	16 479	15 920	17 398	17 548	18 662	21 420	21 974	24 996
Entreprises sous contrôle étranger	9 858	9 859	10 768	10 704	..	..	13 050	16 068
Succursales d'entreprises étrangères	..	..	..	..	..	..	..	..
Ensemble des entreprises	16 479	15 920	17 398	17 548	18 662	21 420	21 974	24 996

Mexique
Tableau 1. Agrégats sélectionnés *(suite)*

Millions MXN

	2008	2009	2010	2011	2012	2013	2014	2015
1.5 Opérations à l'étranger par succursale, primes brutes								
Vie								
Succursales et agences	..	..	..	..	..	..	..	..
Filiales	..	..	..	..	..	..	..	..
Total	..	..	..	..	..	..	..	..
Non-vie								
Succursales et agences	..	..	..	..	..	..	..	..
Filiales	..	..	..	..	..	..	..	..
Total	..	..	..	..	..	..	..	..
Mixtes								
Succursales et agences	..	..	..	..	..	..	..	..
Filiales	..	..	..	..	..	..	..	..
Total	..	..	..	..	..	..	..	..
dont :								
Vie	..	..	..	..	..	..	..	..
Succursales et agences	..	..	..	..	..	..	..	..
Filiales	..	..	..	..	..	..	..	..
Total	..	..	..	..	..	..	..	..
Non-vie	..	..	..	..	..	..	..	..
Succursales et agences	..	..	..	..	..	..	..	..
Filiales	..	..	..	..	..	..	..	..
Total	..	..	..	..	..	..	..	..
Total								
Succursales et agences	..	..	..	..	..	..	..	..
Filiales	..	..	..	..	..	..	..	..
Total	..	..	..	..	..	..	..	..

.. Non disponible ; | Rupture de série

Note : Voir les métadonnées détaillées sur : http://metalinks.oecd.org/isy/20170221/67a3.

Mexique
Tableau 2. Nombre d'entreprises et d'employés

	2008	2009	2010	2011	2012	2013	2014	2015
2.1 Nombre d'entreprises								
Vie								
Entreprises nationales	20	20	21	21	20	20	16	16
Entreprises sous contrôle étranger	12	11	12	12	11	11	9	9
Succursales d'entreprises étrangères	..	..	..	..	..	..	x	x
Ensemble des entreprises	20	20	21	21	20	20	16	16
Non-vie								
Entreprises nationales	45	43	42	44	47	45	49	46
Entreprises sous contrôle étranger	27	26	25	27	27	27	26	23
Succursales d'entreprises étrangères	..	..	..	..	..	..	x	x
Ensemble des entreprises	45	43	42	44	47	45	49	46
Mixtes								
Entreprises nationales	33	33	34	35	35	37	38	37
Entreprises sous contrôle étranger	20	20	21	20	21	21	22	21
Succursales d'entreprises étrangères	..	..	..	..	..	..	x	x
Ensemble des entreprises	33	33	34	35	35	37	38	37
Réassurance								
Entreprises nationales	2	2	2	2	2	2	2	3
Entreprises sous contrôle étranger	0	0	0	..	0	0	0	0
Succursales d'entreprises étrangères	..	..	..	..	..	..	x	x
Ensemble des entreprises	2	2	2	2	2	2	2	3
Total								
Entreprises nationales	100	98	99	102	104	104	105	102
Entreprises sous contrôle étranger	59	57	58	59	59	59	57	53
Succursales d'entreprises étrangères	..	..	..	..	..	..	x	x
Ensemble des entreprises	100	98	99	102	104	104	105	102
2.2 Nombre d'employés								
Entreprises d'assurance	14 044	14 064	14 133	14 487	14 491	14 500	14 799	19 168
Intermédiaires	31 497	33 186	34 265	35 173	36 190	46 712	51 780	55 005
Total	45 541	47 250	48 398	49 660	50 681	61 212	66 579	74 173

.. Non disponible ; x Sans objet

Note : Voir les métadonnées détaillées sur : http://metalinks.oecd.org/isy/20170221/67a3.

Pays-Bas
Tableau 1. Agrégats sélectionnés

Millions EUR

	2008	2009	2010	2011	2012	2013	2014	2015
1.1 Opérations d'assurance conclues dans le pays déclarant								
1.1.1 Opérations d'assurance, par intérêt								
Primes brutes								
Entreprises nationales	47 671	47 256	38 602	41 183	39 012	38 077	36 523	33 708
Entreprises sous contrôle étranger	9 299	8 469	7 430	9 625	9 255	7 674	2 969	5 812
Succursales d'entreprises étrangères	1 207	1 093	961	955	891	430	62	-
Ensemble des entreprises	48 879	48 349	39 564	42 138	39 903	38 507	36 585	33 708
Primes cédées								
Entreprises nationales	3 683	3 619	3 407	5 720	3 109	2 951	3 880	2 814
Entreprises sous contrôle étranger	1 081	1 055	995	1 701	1 706	1 484	1 615	1 365
Succursales d'entreprises étrangères	41	48	42	116	79	20	-	-
Ensemble des entreprises	3 724	3 667	3 449	5 836	3 188	2 971	3 880	2 814
Primes nettes émises								
Entreprises nationales	43 988	43 637	35 195	35 463	35 903	35 126	32 643	30 894
Entreprises sous contrôle étranger	8 218	7 414	6 434	7 923	7 549	6 190	1 354	4 447
Succursales d'entreprises étrangères	1 167	1 045	919	839	812	410	62	-
Ensemble des entreprises	45 155	44 682	36 115	36 302	36 715	35 536	32 705	30 894
1.1.2 Opérations d'assurance par risque à l'étranger, primes brutes								
Vie	..	..	..	..	..	..	..	..
Non-vie	..	..	..	..	..	..	..	..
Mixtes total	x	x	x	x	x	x	x	x
Total	..	..	..	..	..	..	..	..
1.1.3 Paiement par catégories d'assurance, primes brutes (vie)								
Rentes	15 911	12 960	12 058	12 001	10 892	10 998	10 806	9 035
Unit linked	10 233	8 474	7 758	9 332	7 836	7 086	6 504	5 533
Autre assurance vie	469	398	355	329	247	188	150	122
Total assurance vie	26 613	21 832	20 171	21 662	18 975	18 272	17 460	14 690
dont : Contrats de retraite	9 178	6 410	6 941	6 887	6 034	5 810	5 552	5 208
1.1.4 Paiement par catégories d'assurance, primes brutes (non-vie)								
L'assurance automobile	4 853	4 539	4 635	4 587	4 500	4 376	3 934	3 884
Les assurances transport (y compris maritime et aérien)	556	559	543	563	596	525	435	404
L'assurance de fret	376	299	275	291	263	256	231	191
L'assurance incendie et des dommages aux bien	3 913	3 675	3 732	3 515	3 698	3 664	3 449	3 456
L'assurance des pertes pécuniaires	498	428	1 192	309	278	206	164	176
L'assurance de la responsabilité civile générale	1 361	1 158	1 140	1 045	1 116	1 125	1 064	1 033
Les assurances accidents et maladie	8 373	8 156	8 285	8 585	8 560	8 167	7 867	7 851
dont : Maladie	..	..	..	..	..	..	..	..
Autres assurances non-vie	2 277	2 132	1 419	2 027	1 907	1 919	1 976	2 016
Réassurance obligatoire	..	..	..	..	..	..	..	..
Total assurance non-vie	22 207	20 946	21 221	20 923	20 918	20 238	19 120	19 011
1.2 Paiements bruts des sinistres								
Vie								
Entreprises nationales	23 203	21 698	21 020	23 689	25 331	24 085	25 487	22 576
Entreprises sous contrôle étranger	3 124	3 178	3 870	3 206	3 538	3 205	1 136	4 504
Succursales d'entreprises étrangères	89	74	3 281	378	401	420	0	0
Ensemble des entreprises	23 292	21 772	24 301	24 067	25 732	24 505	25 487	22 576
Non-vie								
Entreprises nationales	13 727	13 994	13 434	13 957	13 999	14 304	13 666	13 806
Entreprises sous contrôle étranger	1 847	3 292	2 046	2 840	2 870	2 915	867	1 937
Succursales d'entreprises étrangères	165	72	305	42	41	41	149	0
Ensemble des entreprises	13 892	14 066	13 739	13 999	14 040	14 345	13 815	13 806
Mixtes, ensemble des entreprises	x	x	x	x	x	x	x	x
Total								
Entreprises nationales	36 930	35 692	34 454	37 646	39 330	38 389	39 153	36 382
Entreprises sous contrôle étranger	4 971	6 470	5 916	6 046	6 408	6 120	2 003	6 441
Succursales d'entreprises étrangères	254	146	3 586	420	442	461	149	-
Ensemble des entreprises	37 184	35 838	38 040	38 066	39 772	38 850	39 302	37 092
1.3 Commissions								
Vie								
Entreprises nationales	956	825	605	614	473	243	190	158
Entreprises sous contrôle étranger	331	379	342	325	196	64	17	49
Succursales d'entreprises étrangères	4	3	62	14	17	12	0	0
Ensemble des entreprises	960	828	667	628	490	255	190	158
Non-vie								
Entreprises nationales	3 055	3 054	2 999	3 070	3 197	2 891	2 713	2 663
Entreprises sous contrôle étranger	668	579	682	851	833	734	282	464
Succursales d'entreprises étrangères	120	133	24	23	22	22	21	0
Ensemble des entreprises	3 175	3 187	3 023	3 093	3 219	2 913	2 734	2 663
Mixtes, ensemble des entreprises	x	x	x	x	x	x	x	x
Total								
Entreprises nationales	4 011	3 879	3 604	3 684	3 670	3 134	2 903	2 821
Entreprises sous contrôle étranger	999	958	1 024	1 176	1 029	798	299	513
Succursales d'entreprises étrangères	124	136	86	37	39	34	21	-
Ensemble des entreprises	4 135	4 015	3 690	3 721	3 709	3 168	2 924	2 821

Pays-Bas
Tableau 1. Agrégats sélectionnés *(suite)*

Millions EUR

	2008	2009	2010	2011	2012	2013	2014	2015
1.4 Dépenses brutes d'exploitation								
Vie								
Entreprises nationales	4 092	3 461	2 642	2 768	2 827	2 266	2 497	2 072
Entreprises sous contrôle étranger	715	473	646	349	342	297	113	378
Succursales d'entreprises étrangères	10	8	488	59	37	44	0	0
Ensemble des entreprises	4 102	3 469	3 130	2 827	2 864	2 310	2 497	2 072
Non-vie								
Entreprises nationales	6 175	5 278	4 775	4 863	4 933	4 809	4 635	4 485
Entreprises sous contrôle étranger	876	690	845	1 244	1 181	1 136	373	771
Succursales d'entreprises étrangères	160	146	26	25	24	25	23	0
Ensemble des entreprises	6 335	5 424	4 801	4 888	4 957	4 834	4 658	4 485
Mixtes, ensemble des entreprises	x	x	x	x	x	x	x	x
Total								
Entreprises nationales	10 267	8 739	7 417	7 631	7 759	7 075	7 132	6 557
Entreprises sous contrôle étranger	1 591	1 163	1 491	1 593	1 523	1 433	486	1 149
Succursales d'entreprises étrangères	170	154	514	84	61	69	23	-
Ensemble des entreprises	10 437	8 893	7 931	7 715	7 820	7 144	7 155	6 639
1.5 Opérations à l'étranger par succursale, primes brutes								
Vie								
Succursales et agences	636	..	621	662	540	370	276	..
Filiales	..	..	..	..	..	..	..	..
Total	636	..	621	662	540	370	276	267
Non-vie								
Succursales et agences	1 785	1 684	1 789	1 067	1 276	1 132	1 289	..
Filiales	..	..	..	..	..	..	..	..
Total	1 785	..	1 789	1 067	1 276	1 132	1 289	1 487
Mixtes total	x	x	x	x	x	x	x	x
Total								
Succursales et agences	2 421	1 684	2 410	1 729	1 816	1 502	1 565	..
Filiales	..	..	..	..	..	..	..	..
Total	2 421	..	2 410	1 729	1 816	1 502	1 565	1 754

.. Non disponible ; - Néant ; x Sans objet

Note : Voir les métadonnées détaillées sur : http://metalinks.oecd.org/isy/20170221/3865.

Pays-Bas
Tableau 2. Nombre d'entreprises et d'employés

	2008	2009	2010	2011	2012	2013	2014	2015
2.1 Nombre d'entreprises								
Vie								
Entreprises nationales	64	64	49	52	41	36	38	..
Entreprises sous contrôle étranger	12	12	8	8	6	6	7	..
Succursales d'entreprises étrangères	1	1	1	1	4	4	0	..
Ensemble des entreprises	65	65	50	53	45	40	38	..
Non-vie								
Entreprises nationales	217	205	193	174	158	316	136	..
Entreprises sous contrôle étranger	18	17	14	5	15	14	8	..
Succursales d'entreprises étrangères	7	6	4	4	2	1	2	..
Ensemble des entreprises	224	211	197	178	160	317	138	..
Mixtes, ensemble des entreprises	-	-	-	-	-	-	-	-
Réassurance								
Entreprises nationales	..	6	14	16	15	11	10	..
Entreprises sous contrôle étranger	..	0	2	1	1	0	0	..
Succursales d'entreprises étrangères	..	..	..	..	0	0	0	..
Ensemble des entreprises	..	6	14	16	15	11	10	..
Total								
Entreprises nationales	281	275	256	242	214	363	184	..
Entreprises sous contrôle étranger	30	29	24	14	22	20	15	..
Succursales d'entreprises étrangères	8	7	5	5	6	5	2	..
Ensemble des entreprises	289	282	261	247	220	368	186	..
2.2 Nombre d'employés								
Entreprises d'assurance	..	..	..	..	..	..	..	..
Intermédiaires	..	..	..	..	..	..	..	..
Total	..	..	..	..	..	..	..	..

.. Non disponible ; - Néant

Note : Voir les métadonnées détaillées sur : http://metalinks.oecd.org/isy/20170221/3865.

Nouvelle-Zélande
Tableau 1. Agrégats sélectionnés

Millions NZD

	2008	2009	2010	2011	2012	2013	2014	2015
1.1 Opérations d'assurance conclues dans le pays déclarant								
1.1.1 Opérations d'assurance, par intérêt								
Primes brutes								
Entreprises nationales	..	..	..	..	..	..	..	..
Entreprises sous contrôle étranger	..	..	..	..	..	..	..	..
Succursales d'entreprises étrangères	..	..	..	..	..	..	..	..
Ensemble des entreprises	4 480	4 719	4 680	..	5 665	6 266	6 460	6 678
Primes cédées								
Entreprises nationales	..	..	..	..	..	..	..	..
Entreprises sous contrôle étranger	..	..	..	..	..	..	..	..
Succursales d'entreprises étrangères	..	..	..	..	..	..	..	..
Ensemble des entreprises	528	610	610	..	1 207	1 412	1 292	1 305
Primes nettes émises								
Entreprises nationales	..	..	..	..	..	..	..	..
Entreprises sous contrôle étranger	..	..	..	..	..	..	..	..
Succursales d'entreprises étrangères	..	..	..	..	..	..	..	..
Ensemble des entreprises	5 170	5 365	5 730	..	6 365	6 758	7 186	7 523
1.1.2 Opérations d'assurance par risque à l'étranger, primes brutes								
Vie	..	..	..	..	..	..	..	..
Non-vie	..	..	..	..	..	..	..	..
Mixtes	..	..	..	..	..	..	..	..
dont :								
Vie	..	..	..	..	..	..	..	..
Non-vie	..	..	..	..	..	..	..	..
Total	..	..	..	..	..	..	..	..
1.1.3 Paiement par catégories d'assurance, primes brutes (vie)								
Rentes	..	..	..	..	..	..	..	..
Unit linked	..	..	..	..	..	..	..	..
Autre assurance vie	..	..	..	..	..	..	..	..
Total Assurance Vie	..	..	..	..	..	..	..	..
dont : Contrats de retraite	..	..	..	..	..	..	..	..
1.1.4 Paiement par catégories d'assurance, primes brutes (non-vie)								
L'assurance automobile	..	..	..	..	..	..	..	..
Les assurances transport (y compris maritime et aérien)	..	..	..	..	..	..	..	..
L'assurance de fret	..	..	..	..	..	..	..	..
L'assurance incendie et des dommages aux bien	..	..	..	..	..	..	..	..
L'assurance des pertes pécuniaires	..	..	..	..	..	..	..	..
L'assurance de la responsabilité civile générale	..	..	..	..	..	..	..	..
Les assurances accidents et maladie	..	..	..	..	..	..	..	..
dont : Maladie	..	..	..	..	..	..	..	..
Autres assurances non-vie	..	..	..	..	..	..	..	..
Réassurance obligatoire	..	..	..	..	..	..	..	..
Total assurance non-vie	4 480	4 719	4 680	..	5 665	6 266	6 460	6 678

Nouvelle-Zélande
Tableau 1. Agrégats sélectionnés *(suite)*

Millions NZD

	2008	2009	2010	2011	2012	2013	2014	2015
1.2 Paiements bruts des sinistres								
Vie								
Entreprises nationales	..	..	..	..	..	..	..	..
Entreprises sous contrôle étranger	..	..	..	..	..	..	..	..
Succursales d'entreprises étrangères	..	..	..	..	..	..	..	..
Ensemble des entreprises	837	895	1 437	..	1 360	1 303	1 399	1 544
Non-vie								
Entreprises nationales	..	..	..	..	..	..	..	..
Entreprises sous contrôle étranger	..	..	..	..	..	..	..	..
Succursales d'entreprises étrangères	..	..	..	..	..	..	..	..
Ensemble des entreprises	2 821	2 925	2 802	..	9 531	4 539	5 642	6 302
Mixtes								
Entreprises nationales	..	..	..	..	..	..	..	..
Entreprises sous contrôle étranger	..	..	..	..	..	..	..	..
Succursales d'entreprises étrangères	..	..	..	..	..	..	..	..
Ensemble des entreprises	..	..	..	..	..	..	..	..
dont :								
Vie	..	..	..	..	..	..	..	..
Entreprises nationales	..	..	..	..	..	..	..	..
Entreprises sous contrôle étranger	..	..	..	..	..	..	..	..
Succursales d'entreprises étrangères	..	..	..	..	..	..	..	..
Ensemble des entreprises	..	..	..	..	..	..	..	..
Non-vie	..	..	..	..	..	..	..	..
Entreprises nationales	..	..	..	..	..	..	..	..
Entreprises sous contrôle étranger	..	..	..	..	..	..	..	..
Succursales d'entreprises étrangères	..	..	..	..	..	..	..	..
Ensemble des entreprises	..	..	..	..	..	..	..	..
Total								
Entreprises nationales	..	..	..	..	..	..	..	..
Entreprises sous contrôle étranger	..	..	..	..	..	..	..	..
Succursales d'entreprises étrangères	..	..	..	..	..	..	..	..
Ensemble des entreprises	3 658	3 820	4 239	..	10 891	5 842	7 041	7 846
1.3 Commissions								
Vie								
Entreprises nationales	..	..	..	..	..	..	..	..
Entreprises sous contrôle étranger	..	..	..	..	..	..	..	..
Succursales d'entreprises étrangères	..	..	..	..	..	..	..	..
Ensemble des entreprises	..	..	..	..	..	..	..	..
Non-vie								
Entreprises nationales	..	..	..	..	..	..	..	..
Entreprises sous contrôle étranger	..	..	..	..	..	..	..	..
Succursales d'entreprises étrangères	..	..	..	..	..	..	..	..
Ensemble des entreprises	..	..	..	..	..	..	..	..
Mixtes								
Entreprises nationales	..	..	..	..	..	..	..	..
Entreprises sous contrôle étranger	..	..	..	..	..	..	..	..
Succursales d'entreprises étrangères	..	..	..	..	..	..	..	..
Ensemble des entreprises	..	..	..	..	..	..	..	..
dont :								
Vie	..	..	..	..	..	..	..	..
Entreprises nationales	..	..	..	..	..	..	..	..
Entreprises sous contrôle étranger	..	..	..	..	..	..	..	..
Succursales d'entreprises étrangères	..	..	..	..	..	..	..	..
Ensemble des entreprises	..	..	..	..	..	..	..	..
Non-vie	..	..	..	..	..	..	..	..
Entreprises nationales	..	..	..	..	..	..	..	..
Entreprises sous contrôle étranger	..	..	..	..	..	..	..	..
Succursales d'entreprises étrangères	..	..	..	..	..	..	..	..
Ensemble des entreprises	..	..	..	..	..	..	..	..
Total								
Entreprises nationales	..	..	..	..	..	..	..	..
Entreprises sous contrôle étranger	..	..	..	..	..	..	..	..
Succursales d'entreprises étrangères	..	..	..	..	..	..	..	..
Ensemble des entreprises	..	..	..	..	..	..	..	..

Nouvelle-Zélande
Tableau 1. Agrégats sélectionnés *(suite)*

Millions NZD

	2008	2009	2010	2011	2012	2013	2014	2015
1.4 Dépenses brutes d'exploitation								
Vie								
Entreprises nationales	..	..	..	..	..	..	..	..
Entreprises sous contrôle étranger	..	..	..	..	..	..	..	..
Succursales d'entreprises étrangères	..	..	..	..	..	..	..	..
Ensemble des entreprises	2 052	2 161	2 403	..	2 169	2 151	2 384	2 323
Non-vie								
Entreprises nationales	..	..	..	..	..	..	..	..
Entreprises sous contrôle étranger	..	..	..	..	..	..	..	..
Succursales d'entreprises étrangères	..	..	..	..	..	..	..	..
Ensemble des entreprises	4 044	4 202	4 213	..	12 070	6 102	7 490	8 472
Mixtes								
Entreprises nationales	..	..	..	..	..	..	..	..
Entreprises sous contrôle étranger	..	..	..	..	..	..	..	..
Succursales d'entreprises étrangères	..	..	..	..	..	..	..	..
Ensemble des entreprises	..	..	..	..	..	..	..	..
dont :								
Vie								
Entreprises nationales	..	..	..	..	..	..	..	..
Entreprises sous contrôle étranger	..	..	..	..	..	..	..	..
Succursales d'entreprises étrangères	..	..	..	..	..	..	..	..
Ensemble des entreprises	..	..	..	..	..	..	..	..
Non-vie	..	..	..	..	..	..	..	..
Entreprises nationales	..	..	..	..	..	..	..	..
Entreprises sous contrôle étranger	..	..	..	..	..	..	..	..
Succursales d'entreprises étrangères	..	..	..	..	..	..	..	..
Ensemble des entreprises	..	..	..	..	..	..	..	..
Total								
Entreprises nationales	..	..	..	..	..	..	..	..
Entreprises sous contrôle étranger	..	..	..	..	..	..	..	..
Succursales d'entreprises étrangères	..	..	..	..	..	..	..	..
Ensemble des entreprises	6 096	6 364	6 616	..	14 239	8 253	9 874	10 795
1.5 Opérations à l'étranger par succursale, primes brutes								
Vie								
Succursales et agences	..	..	..	..	..	..	..	..
Filiales	..	..	..	..	..	..	..	..
Total	..	..	..	..	..	..	..	..
Non-vie								
Succursales et agences	..	..	..	..	..	..	..	..
Filiales	..	..	..	..	..	..	..	..
Total	..	..	..	..	..	..	..	..
Mixtes								
Succursales et agences	..	..	..	..	..	..	..	..
Filiales	..	..	..	..	..	..	..	..
Total	..	..	..	..	..	..	..	..
dont :								
Vie	..	..	..	..	..	..	..	..
Succursales et agences	..	..	..	..	..	..	..	..
Filiales	..	..	..	..	..	..	..	..
Total	..	..	..	..	..	..	..	..
Non-vie	..	..	..	..	..	..	..	..
Succursales et agences	..	..	..	..	..	..	..	..
Filiales	..	..	..	..	..	..	..	..
Total	..	..	..	..	..	..	..	..
Total								
Succursales et agences	..	..	..	..	..	..	..	..
Filiales	..	..	..	..	..	..	..	..
Total	..	..	..	..	..	..	..	..

.. Non disponible

Note : Voir les métadonnées détaillées sur : http://metalinks.oecd.org/isy/20170221/2f28.

Nouvelle-Zélande
Tableau 2. Nombre d'entreprises et d'employés

	2008	2009	2010	2011	2012	2013	2014	2015
2.1 Nombre d'entreprises								
Vie								
Entreprises nationales	..	..	..	..	..	..	..	..
Entreprises sous contrôle étranger	..	..	..	..	..	..	..	..
Succursales d'entreprises étrangères	..	..	..	..	..	..	..	..
Ensemble des entreprises	43	42	42	..	43	37	43	30
Non-vie								
Entreprises nationales	..	..	..	..	..	..	..	..
Entreprises sous contrôle étranger	..	..	..	..	..	..	..	..
Succursales d'entreprises étrangères	..	..	..	..	..	..	..	..
Ensemble des entreprises	165	152	147	..	142	130	145	102
Mixtes								
Entreprises nationales	..	..	..	..	..	..	..	..
Entreprises sous contrôle étranger	..	..	..	..	..	..	..	..
Succursales d'entreprises étrangères	..	..	..	..	..	..	..	..
Ensemble des entreprises	..	..	..	..	..	..	..	..
Réassurance								
Entreprises nationales	..	..	..	..	..	..	..	..
Entreprises sous contrôle étranger	..	..	..	..	..	..	..	..
Succursales d'entreprises étrangères	..	..	..	..	..	..	..	..
Ensemble des entreprises	..	..	..	..	..	..	..	..
Total								
Entreprises nationales	..	..	..	..	..	..	..	..
Entreprises sous contrôle étranger	..	..	..	..	..	..	..	..
Succursales d'entreprises étrangères	..	..	..	..	..	..	..	..
Ensemble des entreprises	208	194	189	..	185	167	188	132
2.2 Nombre d'employés								
Entreprises d'assurance	..	..	..	..	..	10 780	10 720	10 680
Intermédiaires	..	..	..	..	..	..	..	..
Total	9 320	9 550	9 650	..	10 640	10 780	..	..

.. Non disponible

Note : Voir les métadonnées détaillées sur : http://metalinks.oecd.org/isy/20170221/2f28.

Norvège
Tableau 1. Agrégats sélectionnés

Millions NOK

	2008	2009	2010	2011	2012	2013	2014	2015
1.1 Opérations d'assurance conclues dans le pays déclarant								
1.1.1 Opérations d'assurance, par intérêt								
Primes brutes								
Entreprises nationales	111 714	34 066	99 610	106 973	119 751	119 149	134 884	135 864
Entreprises sous contrôle étranger	7 568	943	6 299	6 388	8 589	8 948	11 029	13 195
Succursales d'entreprises étrangères	24 690	24 349	24 719	26 383	30 039	30 872	31 867	30 638
Ensemble des entreprises	136 405	58 415	124 329	133 356	149 790	150 021	166 751	166 502
Primes cédées								
Entreprises nationales	6 381	6 897	..	..	6 252	6 396	6 891	7 973
Entreprises sous contrôle étranger	760	170	..	..	316	173	198	218
Succursales d'entreprises étrangères	1 811	1 647	..	..	4 290	4 219	4 653	4 976
Ensemble des entreprises	8 193	8 544	..	..	10 542	10 614	11 544	12 950
Primes nettes émises								
Entreprises nationales	105 333	27 169	..	..	113 499	112 754	127 993	127 890
Entreprises sous contrôle étranger	6 808	774	..	..	8 273	8 775	10 832	12 978
Succursales d'entreprises étrangères	22 879	22 702	..	..	25 749	26 653	27 213	25 662
Ensemble des entreprises	128 212	49 871	..	..	139 248	139 407	155 206	153 552
1.1.2 Opérations d'assurance par risque à l'étranger, primes brutes								
Vie	..	..	..	..	31	..	..	9
Non-vie	2 964	3 711	2 779	1 556	7 352	6 202	11 468	11 250
Mixtes total	x	x	x	x	x	x	x	x
Total	2 964	3 711	2 779	1 556	7 383	6 202	11 468	11 260
1.1.3 Paiement par catégories d'assurance, primes brutes (vie)								
Rentes	..	..	..	..	..	..	..	..
Unit linked	..	..	..	..	..	..	..	..
Autre assurance vie	..	..	..	..	..	..	..	..
Total assurance vie	..	75 256	66 586	71 577	81 742	81 299	92 185	91 794
dont : Contrats de retraite	..	..	..	..	69 652	66 873	..	..
1.1.4 Paiement par catégories d'assurance, primes brutes (non-vie)								
L'assurance automobile	14 969	8 855	10 409	10 787	19 403	..	20 378	20 706
Les assurances transport (y compris maritime et aérien)	5 672	8 752	3 974	4 009	9 581	..	6 574	5 201
L'assurance de fret	..	..	..	..	..	..	x	x
L'assurance incendie et des dommages aux bien	13 339	7 903	9 470	10 811	17 738	..	18 195	19 041
L'assurance des pertes pécuniaires	57	72	119	125	585	..	127	97
L'assurance de la responsabilité civile générale	1 149	578	647	686	1 755	..	1 695	1 637
Les assurances accidents et maladie	5 567	3 084	3 205	3 229	6 111	..	5 608	5 553
dont : Maladie	..	..	..	..	..	..	x	x
Autres assurances non-vie	4 359	2 988	5 993	5 967	12 875	..	21 989	13 048
Réassurance obligatoire	169	2 988	..	..	..	..	x	x
Total assurance non-vie	45 281	..	33 817	35 615	68 048	..	74 566	65 283
1.2 Paiements bruts des sinistres								
Vie								
Entreprises nationales	64 231	45 863	40 443	40 252	45 033	45 143	45 742	49 007
Entreprises sous contrôle étranger	5 436	3 530	3 309	2 723	3 120	3 186	3 150	4 796
Succursales d'entreprises étrangères	498	671	405	494	482	692	476	235
Ensemble des entreprises	64 729	46 534	40 848	40 746	45 515	45 835	46 218	49 242
Non-vie								
Entreprises nationales	20 197	21 538	21 364	26 292	28 356	23 486	30 742	34 587
Entreprises sous contrôle étranger	1 238	931	441	342	542	.. c	.. c	.. c
Succursales d'entreprises étrangères	16 241	16 567	16 445	17 552	24 549	20 026	22 287	21 584
Ensemble des entreprises	36 438	38 105	37 809	43 844	52 905	43 512	53 030	56 170
Mixtes, ensemble des entreprises	x	x	x	x	x	x	x	x
Total								
Entreprises nationales	84 428	67 401	61 807	66 544	73 389	68 629	76 485	83 593
Entreprises sous contrôle étranger	6 674	4 461	3 750	3 065	3 662	3 186	3 150	4 796
Succursales d'entreprises étrangères	16 739	17 238	16 850	18 046	25 031	20 718	22 763	21 819
Ensemble des entreprises	101 167	84 639	78 657	84 590	98 420	89 347	99 248	105 413

Norvège
Tableau 1. Agrégats sélectionnés *(suite)*

Millions NOK

	2008	2009	2010	2011	2012	2013	2014	2015
1.3 Commissions								
Vie								
Entreprises nationales	2 166	..	..	..	692	774	839	916
Entreprises sous contrôle étranger	49	..	..	..	152	179	202	227
Succursales d'entreprises étrangères	32	..	..	..	0	0	0	x
Ensemble des entreprises	2 198	..	..	..	692	774	839	916
Non-vie								
Entreprises nationales	554	..	..	..	1 507	1 536	2 204	2 119
Entreprises sous contrôle étranger	110	..	..	..	35	.. c	.. c	..
Succursales d'entreprises étrangères	366	..	..	..	1 101	1 084	1 099	1 107
Ensemble des entreprises	920	..	..	..	2 608	2 619	3 303	3 226
Mixtes, ensemble des entreprises	x	x	x	x	x	x	x	x
Total								
Entreprises nationales	2 720	..	..	..	2 199	2 310	3 043	3 035
Entreprises sous contrôle étranger	159	..	..	..	187	179	202	227
Succursales d'entreprises étrangères	398	..	..	..	1 101	1 084	1 099	1 107
Ensemble des entreprises	3 118	..	..	..	3 300	3 393	4 142	4 142
1.4 Dépenses brutes d'exploitation								
Vie								
Entreprises nationales	5 713	6 636	6 839	5 818	7 019	6 688	7 205	7 383
Entreprises sous contrôle étranger	596	622	646	688	692	185	807	765
Succursales d'entreprises étrangères	341	132	151	144	0	126	162	..
Ensemble des entreprises	6 054	6 768	6 990	5 962	7 019	6 814	7 367	7 383
Non-vie								
Entreprises nationales	4 723	5 501	5 703	6 155	5 527	5 925	6 585	6 138
Entreprises sous contrôle étranger	108	149	141	76	48	.. c	.. c	.. c
Succursales d'entreprises étrangères	5 261	5 495	5 451	5 121	4 765	4 203	5 318	5 574
Ensemble des entreprises	9 984	10 996	11 154	11 276	10 292	10 128	11 903	11 712
Mixtes, ensemble des entreprises	x	x	x	x	x	x	x	x
Total								
Entreprises nationales	10 436	12 137	12 542	11 973	12 546	12 613	13 790	13 521
Entreprises sous contrôle étranger	704	771	787	764	740	185	807	765
Succursales d'entreprises étrangères	5 602	5 627	5 602	5 265	4 765	4 329	5 480	5 574
Ensemble des entreprises	16 038	17 764	18 144	17 238	17 311	16 942	19 270	19 095
1.5 Opérations à l'étranger par succursale, primes brutes								
Vie								
Succursales et agences	..	..	89	..	..	.. c	..	..
Filiales	..	..	..	..	..	..	..	..
Total	..	..	89	..	..	.. c	..	..
Non-vie								
Succursales et agences	..	2 446	2 977	2 476	2 454	1 134	4 636	1 569
Filiales	..	..	..	..	..	.. c	.. c	x
Total	..	2 446	2 977	2 476	2 454	1 134	4 636	1 569
Mixtes total	x	x	x	x	x	x	x	x
Total								
Succursales et agences	..	2 446	3 066	2 476	2 454	1 134	4 636	1 569
Filiales	..	..	..	..	..	..	..	..
Total	..	2 446	3 066	2 476	2 454	1 134	4 636	1 569

.. Non disponible ; c Donnée confidentielle ; x Sans objet

Note : Voir les métadonnées détaillées sur : http://metalinks.oecd.org/isy/20170221/279e.

Norvège
Tableau 2. Nombre d'entreprises et d'employés

	2008	2009	2010	2011	2012	2013	2014	2015
2.1 Nombre d'entreprises								
Vie								
Entreprises nationales	11	..	12	12	10	12	10	10
Entreprises sous contrôle étranger	2	..	2	2	2	2	2	2
Succursales d'entreprises étrangères	9	..	10	10	9	9	7	7
Ensemble des entreprises	20	..	22	22	19	21	17	17
Non-vie								
Entreprises nationales	78	78	77	76	63	59	59	58
Entreprises sous contrôle étranger	2	2	1	1	1	1	1	2
Succursales d'entreprises étrangères	28	28	24	21	25	25	22	21
Ensemble des entreprises	106	106	101	97	88	84	81	79
Mixtes, ensemble des entreprises	-	-	-	-	-	-	-	-
Réassurance								
Entreprises nationales	1	1	..	..	..	..	..	..
Entreprises sous contrôle étranger	0	0	..	..	..	..	..	..
Succursales d'entreprises étrangères	0	0	..	..	..	..	..	..
Ensemble des entreprises	1	1	..	..	..	..	..	..
Total								
Entreprises nationales	..	..	89	88	73	71	69	68
Entreprises sous contrôle étranger	..	..	3	3	3	3	3	4
Succursales d'entreprises étrangères	..	..	34	31	34	34	29	28
Ensemble des entreprises	..	..	123	119	107	105	98	96
2.2 Nombre d'employés								
Entreprises d'assurance	..	..	9 753	..	..	..	..	..
Intermédiaires	..	..	..	..	..	..	..	..
Total	..	..	9 753	..	..	..	..	..

.. Non disponible ; - Néant

Note : Voir les métadonnées détaillées sur : http://metalinks.oecd.org/isy/20170221/279e.

Pologne
Tableau 1. Agrégats sélectionnés

Millions PLN

	2008	2009	2010	2011	2012	2013	2014	2015
1.1 Opérations d'assurance conclues dans le pays déclarant								
1.1.1 Opérations d'assurance, par intérêt								
Primes brutes								
Entreprises nationales	59 292	51 343	54 164	57 151	62 627	57 863	54 927	54 804
Entreprises sous contrôle étranger	30 567	26 758	29 135	31 683	35 100	31 562	30 425	30 801
Succursales d'entreprises étrangères	75	62	..	..	..	..	..	..
Ensemble des entreprises	59 367	51 405	54 164	57 151	62 627	57 863	54 927	54 804
Primes cédées								
Entreprises nationales	1 826	2 406	3 393	3 852	4 598	4 214	4 170	5 197
Entreprises sous contrôle étranger	1 515	1 687	2 043	4 647	4 224	3 664	3 533	4 355
Succursales d'entreprises étrangères	0	0	..	..	..	..	..	..
Ensemble des entreprises	1 826	2 406	3 393	3 852	4 598	4 214	4 170	5 197
Primes nettes émises								
Entreprises nationales	57 466	48 937	50 771	53 299	58 029	53 649	50 757	49 606
Entreprises sous contrôle étranger	29 052	25 071	27 092	27 036	30 876	27 898	26 892	26 446
Succursales d'entreprises étrangères	75	62	..	..	..	..	..	..
Ensemble des entreprises	57 541	48 999	50 771	53 299	58 029	53 649	50 757	49 606
1.1.2 Opérations d'assurance par risque à l'étranger, primes brutes								
Vie	12	..	0	..	..	..	..	..
Non-vie	11	..	202	..	..	..	..	..
Mixtes total	x	x	x	x	x	x	x	x
Total	23	..	203	..	..	..	..	..
1.1.3 Paiement par catégories d'assurance, primes brutes (vie)								
Rentes	62	71	83	98	99	107	114	131
Unit linked	6 289	6 458	8 120	10 307	12 046	13 052	12 600	12 996
Autre assurance vie	32 587	23 685	23 150	21 415	24 203	18 082	15 933	14 377
Total assurance vie	38 938	30 214	31 354	31 820	36 348	31 241	28 646	27 505
dont : Contrats de retraite	303	294	329	376	371	396	356	356
1.1.4 Paiement par catégories d'assurance, primes brutes (non-vie)								
L'assurance automobile	12 488	12 209	12 932	14 543	14 780	13 945	13 397	13 910
Les assurances transport (y compris maritime et aérien)	150	171	163	232	256	267	275	210
L'assurance de fret	113	92	96	107	119	117	126	116
L'assurance incendie et des dommages aux bien	3 428	3 892	4 334	5 056	5 441	5 973	5 715	5 938
L'assurance des pertes pécuniaires	1 290	1 617	1 593	1 631	1 526	1 858	2 149	1 893
L'assurance de la responsabilité civile générale	987	1 129	1 302	1 459	1 773	1 891	1 964	2 134
Les assurances accidents et maladie	1 551	1 510	1 621	1 688	1 801	1 926	2 007	2 273
dont : Maladie	297	279	1 269	1 245	513	612	656	613
Autres assurances non-vie	338	452	698	575	554	622	627	804
Réassurance obligatoire	0	0	0	..	..	..	..	..
Total assurance non-vie	20 641	21 073	22 739	25 291	26 250	26 599	26 260	27 278
1.2 Paiements bruts des sinistres								
Vie								
Entreprises nationales	19 360	27 702	22 585	26 069	25 917	23 087	20 360	19 358
Entreprises sous contrôle étranger	9 713	12 880	10 545	12 116	13 331	10 927	9 783	8 795
Succursales d'entreprises étrangères	0	0	..	..	..	..	..	..
Ensemble des entreprises	19 360	27 702	22 585	26 069	25 917	23 087	20 360	19 358
Non-vie								
Entreprises nationales	10 233	12 471	14 169	13 738	14 046	13 711	13 811	15 488
Entreprises sous contrôle étranger	4 901	6 690	8 017	8 128	8 890	8 434	8 579	9 515
Succursales d'entreprises étrangères	37	37	..	..	..	..	..	..
Ensemble des entreprises	10 270	12 508	14 169	13 738	14 046	13 711	13 811	15 488
Mixtes, ensemble des entreprises	x	x	x	x	x	x	x	x
Total								
Entreprises nationales	29 593	40 172	36 754	39 807	39 963	36 798	34 171	34 846
Entreprises sous contrôle étranger	14 614	19 570	18 562	20 244	22 221	19 362	18 363	18 310
Succursales d'entreprises étrangères	37	37	..	..	..	..	..	..
Ensemble des entreprises	29 630	40 209	36 754	39 807	39 963	36 798	34 171	34 846
1.3 Commissions								
Vie								
Entreprises nationales	206	44	3 006	3 245	70	93	203	231
Entreprises sous contrôle étranger	163	48	2 485	2 591	69	70	191	223
Succursales d'entreprises étrangères	0	0	..	..	..	..	..	..
Ensemble des entreprises	206	44	3 006	3 245	70	93	203	231
Non-vie								
Entreprises nationales	421	434	3 490	4 015	657	740	651	719
Entreprises sous contrôle étranger	290	347	2 202	2 659	648	606	594	657
Succursales d'entreprises étrangères	0	0	..	..	..	..	..	..
Ensemble des entreprises	421	434	3 490	4 015	657	740	651	719
Mixtes, ensemble des entreprises	x	x	x	x	x	x	x	x
Total								
Entreprises nationales	628	478	6 496	7 260	727	833	854	950
Entreprises sous contrôle étranger	453	395	4 688	5 250	717	676	785	880
Succursales d'entreprises étrangères	-	0	..	..	..	..	..	..
Ensemble des entreprises	628	478	6 496	7 260	727	833	854	950

Pologne
Tableau 1. Agrégats sélectionnés (*suite*)

Millions PLN

	2008	2009	2010	2011	2012	2013	2014	2015
1.4 Dépenses brutes d'exploitation								
Vie								
Entreprises nationales	13 631	6 554	5 295	5 605	6 416	6 146	6 588	6 476
Entreprises sous contrôle étranger	11 188	4 669	3 777	3 944	4 244	3 831	4 369	4 182
Succursales d'entreprises étrangères	0	0	..	..	..	..	..	..
Ensemble des entreprises	13 631	6 554	5 295	5 605	6 416	6 146	6 588	6 476
Non-vie								
Entreprises nationales	8 491	8 816	6 791	7 276	7 733	7 775	8 018	8 335
Entreprises sous contrôle étranger	4 390	4 874	3 958	4 549	5 225	5 090	5 135	5 569
Succursales d'entreprises étrangères	28	27	..	..	..	..	..	..
Ensemble des entreprises	8 520	8 843	6 791	7 276	7 733	7 775	8 018	8 335
Mixtes, ensemble des entreprises	x	x	x	x	x	x	x	x
Total								
Entreprises nationales	22 122	15 369	12 086	12 882	14 149	13 921	14 606	14 811
Entreprises sous contrôle étranger	15 578	9 543	7 734	8 493	9 469	8 921	9 504	9 751
Succursales d'entreprises étrangères	28	27	..	..	..	..	..	..
Ensemble des entreprises	22 151	15 397	12 086	12 882	14 149	13 921	14 606	14 811
1.5 Opérations à l'étranger par succursale, primes brutes								
Vie								
Succursales et agences	0	..	14	19	26	..	79	92
Filiales	0	..	..	..	..	..	..	..
Total	0	..	14	19	26	..	79	92
Non-vie								
Succursales et agences	0	..	14	62	53	..	98	116
Filiales	0	..	..	49	..	..	..	..
Total	0	..	14	111	53	..	98	116
Mixtes total	x	x	x	x	x	x	x	x
Total								
Succursales et agences	-	..	29	82	79	..	177	208
Filiales	-	..	..	49	..	..	..	..
Total	-	..	29	130	79	..	177	208

.. Non disponible ; - Néant ; x Sans objet

Note : Voir les métadonnées détaillées sur : http://metalinks.oecd.org/isy/20170221/31f8.

Pologne
Tableau 2. Nombre d'entreprises et d'employés

	2008	2009	2010	2011	2012	2013	2014	2015
2.1 Nombre d'entreprises								
Vie								
Entreprises nationales	31	31	30	28	28	27	26	28
Entreprises sous contrôle étranger	24	22	23	22	23	21	19	21
Succursales d'entreprises étrangères	0	0	..	2	..	..	..	..
Ensemble des entreprises	31	31	30	30	28	27	26	28
Non-vie								
Entreprises nationales	35	33	32	32	30	30	30	32
Entreprises sous contrôle étranger	25	22	21	22	21	19	19	22
Succursales d'entreprises étrangères	1	1	..	11	..	..	..	..
Ensemble des entreprises	36	34	32	43	30	30	30	32
Mixtes, ensemble des entreprises	-	-	-	-	-	-	-	-
Réassurance								
Entreprises nationales	1	1	1	1	1	1	1	1
Entreprises sous contrôle étranger	0	0	1	1	1	1	1	1
Succursales d'entreprises étrangères	0	0	..	..	..	..	..	..
Ensemble des entreprises	1	1	1	1	1	1	1	1
Total								
Entreprises nationales	67	65	63	61	59	58	57	61
Entreprises sous contrôle étranger	49	44	45	45	45	41	39	44
Succursales d'entreprises étrangères	1	1	..	13	..	..	..	..
Ensemble des entreprises	68	66	63	74	59	58	57	61
2.2 Nombre d'employés								
Entreprises d'assurance	36 062	36 877	35 803	37 239	37 205	37 187	35 922	35 282
Intermédiaires	58 240	60 789	62 347	68 168	58 879	69 621	58 004	49 126
Total	94 302	97 666	98 150	105 407	96 083	106 808	93 926	84 408

.. Non disponible ; - Néant

Note : Voir les métadonnées détaillées sur : http://metalinks.oecd.org/isy/20170221/31f8.

Portugal
Tableau 1. Agrégats sélectionnés

Millions EUR

	2008	2009	2010	2011	2012	2013	2014	2015
1.1 Opérations d'assurance conclues dans le pays déclarant								
1.1.1 Opérations d'assurance, par intérêt								
Primes brutes								
Entreprises nationales	15 283	14 111	15 816	11 165	10 553	12 802	14 051	12 568
Entreprises sous contrôle étranger	2 033	2 067	1 758	1 676	1 553	1 617	8 737	8 890
Succursales d'entreprises étrangères	88	89	75	73	-	-	-	-
Ensemble des entreprises	15 369	14 200	15 891	11 238	10 553	12 802	14 051	12 568
Primes cédées								
Entreprises nationales	1 006	992	1 013	982	1 096	1 144	1 118	1 194
Entreprises sous contrôle étranger	187	189	80	153	130	140	836	924
Succursales d'entreprises étrangères	23	28	26	23	-	-	-	-
Ensemble des entreprises	1 029	1 020	1 039	1 005	1 096	1 144	1 118	1 194
Primes nettes émises								
Entreprises nationales	14 278	7 184	14 802	10 183	9 457	11 658	12 933	11 374
Entreprises sous contrôle étranger	1 846	1 806	1 678	1 523	1 423	1 477	7 902	7 966
Succursales d'entreprises étrangères	65	61	49	50	-	-	-	-
Ensemble des entreprises	14 343	7 245	14 851	10 232	9 457	11 658	12 933	11 374
1.1.2 Opérations d'assurance par risque à l'étranger, primes brutes								
Vie	0	5	0	0	2	3	13	8
Non-vie	4	5	1	2	15	14	13	13
Mixtes	..	76	0	0	54	64	92	107
dont :								
Vie	..	38	0	0	27	27	53	63
Non-vie	..	38	0	0	27	38	39	44
Total	4	85	1	2	72	81	118	129
1.1.3 Paiement par catégories d'assurance, primes brutes (vie)								
Rentes	92	37	33	19	46	79	64	109
Unit linked	4 586	2 908	2 389	1 954	1 999	1 851	1 966	2 119
Autre assurance vie	6 237	7 094	9 414	5 240	4 633	7 094	8 220	6 254
Total Assurance Vie	10 915	10 039	11 835	7 213	6 678	9 023	10 249	8 481
dont : Contrats de retraite	..	..	..	..	..	..	..	..
1.1.4 Paiement par catégories d'assurance, primes brutes (non-vie)								
L'assurance automobile	1 769	1 563	1 454	1 447	1 353	1 277	1 256	1 316
Les assurances transport (y compris maritime et aérien)	44	44	37	35	35	33	29	28
L'assurance de fret	32	26	26	26	25	25	24	23
L'assurance incendie et des dommages aux bien	690	684	657	686	702	700	699	745
L'assurance des pertes pécuniaires	70	66	53	54	63	69	70	73
L'assurance de la responsabilité civile générale	97	95	93	90	89	84	87	94
Les assurances accidents et maladie	1 611	1 522	1 504	1 480	1 430	1 413	1 452	1 602
dont : Maladie	729	756	806	820	838	862	896	973
Autres assurances non-vie	142	150	165	170	177	178	183	205
Réassurance obligatoire	0	0	0	0	0	0	0	0
Total assurance non-vie	4 454	4 149	3 988	3 988	3 874	3 778	3 802	4 086

Portugal
Tableau 1. Agrégats sélectionnés *(suite)*

Millions EUR

	2008	2009	2010	2011	2012	2013	2014	2015
1.2 Paiements bruts des sinistres								
Vie								
Entreprises nationales	9 939	4 687	3 782	6 935	4 875	4 518	5 254	6 133
Entreprises sous contrôle étranger	580	410	457	505	461	374	2 667	2 724
Succursales d'entreprises étrangères	92	-	0	0	0	0	0	0
Ensemble des entreprises	10 031	4 687	3 782	6 935	4 875	4 518	5 254	6 133
Non-vie								
Entreprises nationales	2 953	1 636	1 628	1 588	1 471	1 446	1 407	1 520
Entreprises sous contrôle étranger	903	678	518	424	385	376	1 174	1 278
Succursales d'entreprises étrangères	17	15	0	0	0	0	0	0
Ensemble des entreprises	2 970	1 652	1 628	1 588	1 471	1 446	1 407	1 520
Mixtes								
Entreprises nationales	..	4 859	7 074	7 987	5 927	5 427	5 201	5 128
Entreprises sous contrôle étranger	..	415	474	517	541	562	3 991	3 922
Succursales d'entreprises étrangères	..	57	43	43	0	0	0	0
Ensemble des entreprises	..	4 916	7 116	8 030	5 927	5 427	5 201	5 128
dont :								
Vie	..	3 598	5 828	6 661	4 616	4 067	3 895	3 840
Entreprises nationales	..	3 542	5 787	6 621	4 616	4 067	3 895	3 840
Entreprises sous contrôle étranger	..	129	151	173	184	167	2 904	2 839
Succursales d'entreprises étrangères	..	55	41	41	0	0	0	0
Ensemble des entreprises	..	3 598	5 828	6 661	4 616	4 067	3 895	3 840
Non-vie	..	1 319	1 288	1 369	1 311	1 360	1 306	1 288
Entreprises nationales	..	1 317	1 286	1 367	1 311	1 360	1 306	1 288
Entreprises sous contrôle étranger	..	286	323	344	357	395	1 087	1 083
Succursales d'entreprises étrangères	..	2	2	2	0	0	0	0
Ensemble des entreprises	..	1 319	1 288	1 369	1 311	1 360	1 306	1 288
Total								
Entreprises nationales	12 892	11 183	12 485	16 510	12 274	11 391	11 861	12 782
Entreprises sous contrôle étranger	1 483	1 503	1 449	1 446	1 387	1 312	7 832	7 923
Succursales d'entreprises étrangères	109	72	43	43	-	-	-	-
Ensemble des entreprises	13 001	11 255	12 527	16 553	12 274	11 391	11 861	12 782
1.3 Commissions								
Vie								
Entreprises nationales	170	61	69	38	47	144	40	77
Entreprises sous contrôle étranger	12	11	9	9	7	7	15	41
Succursales d'entreprises étrangères	21	-	0	0	0	0	0	0
Ensemble des entreprises	191	61	69	38	47	144	40	77
Non-vie								
Entreprises nationales	367	188	179	155	157	156	153	178
Entreprises sous contrôle étranger	127	91	58	44	40	38	117	133
Succursales d'entreprises étrangères	2	0	0	0	0	0	0	0
Ensemble des entreprises	368	188	179	155	157	156	153	178
Mixtes								
Entreprises nationales	..	259	256	273	272	291	301	295
Entreprises sous contrôle étranger	..	57	63	76	81	99	208	222
Succursales d'entreprises étrangères	..	23	22	20	0	0	0	0
Ensemble des entreprises	..	282	277	293	272	291	301	295
dont :								
Vie	..	124	119	114	87	98	100	82
Entreprises nationales	..	103	99	96	87	98	100	82
Entreprises sous contrôle étranger	..	20	19	20	21	28	42	44
Succursales d'entreprises étrangères	..	22	20	18	0	0	0	0
Ensemble des entreprises	..	124	119	114	87	98	100	82
Non-vie	..	158	158	179	185	193	201	214
Entreprises nationales	..	156	157	177	185	193	201	214
Entreprises sous contrôle étranger	..	37	44	56	60	71	165	178
Succursales d'entreprises étrangères	..	2	2	2	0	0	0	0
Ensemble des entreprises	..	158	158	179	185	193	201	214
Total								
Entreprises nationales	537	508	504	466	476	591	493	550
Entreprises sous contrôle étranger	139	159	131	130	128	144	339	396
Succursales d'entreprises étrangères	22	23	22	20	-	-	-	-
Ensemble des entreprises	559	532	525	486	476	591	493	550

Portugal
Tableau 1. Agrégats sélectionnés *(suite)*

Millions EUR

	2008	2009	2010	2011	2012	2013	2014	2015
1.4 Dépenses brutes d'exploitation								
Vie								
Entreprises nationales	442	241 |	234	202	206	314	212	244
Entreprises sous contrôle étranger	74	32 |	37	37	36	33	136	163
Succursales d'entreprises étrangères	28	- |	0	0	0	0	0	0
Ensemble des entreprises	470	241 |	234	202	206	314	212	244
Non-vie								
Entreprises nationales	1 133	568 |	555	528	511	496	495	550
Entreprises sous contrôle étranger	384	253 |	179	155	144	133	398	441
Succursales d'entreprises étrangères	10	2 |	0	0	0	0	0	0
Ensemble des entreprises	1 143	570 |	555	528	511	496	495	550
Mixtes								
Entreprises nationales	..	739 |	689	710	723	715	717	720
Entreprises sous contrôle étranger	..	185 |	163	190	200	198	541	571
Succursales d'entreprises étrangères	..	36 |	38	39	0	0	0	0
Ensemble des entreprises	..	775 |	727	750	723	715	717	720
dont :								
Vie	..	271 |	270	258	221	234	230	222
Entreprises nationales	..	240 |	238	226	221	234	230	222
Entreprises sous contrôle étranger	..	49 |	45	48	49	48	125	145
Succursales d'entreprises étrangères	..	31 |	32	32	0	0	0	0
Ensemble des entreprises	..	271 |	270	258	221	234	230	222
Non-vie	..	504 |	457	492	502	481	487	497
Entreprises nationales	..	499 |	451	484	502	481	487	497
Entreprises sous contrôle étranger	..	136 |	118	142	151	151	416	427
Succursales d'entreprises étrangères	..	5 |	6	7	0	0	0	0
Ensemble des entreprises	..	504 |	457	492	502	481	487	497
Total								
Entreprises nationales	1 575	1 547	1 478	1 440	1 440	1 525	1 425	1 513
Entreprises sous contrôle étranger	458	471	379	381	380	364	1 076	1 176
Succursales d'entreprises étrangères	37	39	38	39	-	-	-	-
Ensemble des entreprises	1 612	1 586	1 516	1 480	1 440	1 525	1 425	1 513
1.5 Opérations à l'étranger par succursale, primes brutes								
Vie								
Succursales et agences	57	5 |	4	6	2	3	13	8
Filiales	0	0	0	0	0	0	0	0
Total	57	5 |	4	6	2	3	13	8
Non-vie								
Succursales et agences	49	5 |	7	8	14	12	12	12
Filiales	0	0	0	0	0	0	0	0
Total	48	5 |	7	8	14	12	12	12
Mixtes								
Succursales et agences	..	76 |	79	55	54	64	92	107
Filiales	..	0	0	0	0	0	0	0
Total	..	76 |	79	55	54	64	92	107
dont :								
Vie	..	38 |	40	28	27	27	53	63
Succursales et agences	..	38 |	40	28	27	27	53	63
Filiales	..	0	0	0	0	0	0	0
Total	..	38 |	40	28	27	27	53	63
Non-vie	..	38 |	39	27	27	38	39	44
Succursales et agences	..	38 |	39	27	27	38	39	44
Filiales	..	0	0	0	0	0	0	0
Total	..	38 |	39	27	27	38	39	44
Total								
Succursales et agences	106	85	89	69	70	79	117	128
Filiales	-	-	-	-	-	-	-	-
Total	105	85	89	69	70	79	117	128

.. Non disponible ; - Néant ; | Rupture de série

Note : Voir les métadonnées détaillées sur : http://metalinks.oecd.org/isy/20170221/ac2f.

Portugal
Tableau 2. Nombre d'entreprises et d'employés

	2008	2009	2010	2011	2012	2013	2014	2015
2.1 Nombre d'entreprises								
Vie								
Entreprises nationales	15	15	15	14	14	14	16	16
Entreprises sous contrôle étranger	5	5	6	5	5	5	10	10
Succursales d'entreprises étrangères	7	6	6	6	6	5	5	5
Ensemble des entreprises	22	21	21	20	20	19	21	21
Non-vie								
Entreprises nationales	26	24	23	21	21	21	21	24
Entreprises sous contrôle étranger	7	7	6	5	4	4	15	16
Succursales d'entreprises étrangères	23	27	26	24	25	24	23	21
Ensemble des entreprises	49	51	49	45	46	45	44	45
Mixtes								
Entreprises nationales	6	6	7	7	6	6	5	5
Entreprises sous contrôle étranger	2	2	2	2	2	2	3	3
Succursales d'entreprises étrangères	5	7	5	5	5	6	6	7
Ensemble des entreprises	11	13	12	12	11	12	11	12
Réassurance								
Entreprises nationales	1	1	1	1	1	1	1	1
Entreprises sous contrôle étranger	0	0	0	0	0	0	1	1
Succursales d'entreprises étrangères	0	0	0	0	0	0	0	0
Ensemble des entreprises	1	1	1	1	1	1	1	1
Total								
Entreprises nationales	48	46	46	43	42	42	43	46
Entreprises sous contrôle étranger	14	14	14	12	11	11	29	30
Succursales d'entreprises étrangères	35	40	37	35	36	35	34	33
Ensemble des entreprises	83	86	83	78	78	77	77	79
2.2 Nombre d'employés								
Entreprises d'assurance	11 525	10 300	10 565	10 937	8 807	9 224	9 252	9 441
Intermédiaires	27 424	27 139	25 897	25 397	24 624	24 207	23 465	22 738
Total	38 949	37 439	36 462	36 334	33 431	33 431	32 717	32 179

Note : Voir les métadonnées détaillées sur : http://metalinks.oecd.org/isy/20170221/ac2f.

République slovaque
Tableau 1. Agrégats sélectionnés

Millions EUR

	2008	2009	2010	2011	2012	2013	2014	2015
1.1 Opérations d'assurance conclues dans le pays déclarant								
1.1.1 Opérations d'assurance, par intérêt								
Primes brutes								
Entreprises nationales	2 046	1 985	2 015	2 040	2 036	2 082	2 106	2 020
Entreprises sous contrôle étranger	1 895	1 846	1 861	1 875	1 863	1 901	1 918	1 827
Succursales d'entreprises étrangères	..	93	109	114	121	146	142	143
Ensemble des entreprises	2 046	2 078	2 124	2 154	2 157	2 228	2 248	2 163
Primes cédées								
Entreprises nationales	259	244	263	294	294	298	314	319
Entreprises sous contrôle étranger	240	228	241	268	267	268	283	287
Succursales d'entreprises étrangères	..	15	16	17	17	19	17	17
Ensemble des entreprises	259	259	279	312	311	316	331	336
Primes nettes émises								
Entreprises nationales	1 787	1 741	1 752	1 746	1 742	1 785	1 792	1 701
Entreprises sous contrôle étranger	1 654	1 618	1 607	1 606	1 596	1 633	1 635	1 540
Succursales d'entreprises étrangères	..	78	93	96	104	127	126	126
Ensemble des entreprises	1 787	1 819	1 845	1 842	1 846	1 912	1 917	1 827
1.1.2 Opérations d'assurance par risque à l'étranger, primes brutes								
Vie	..	..	..	..	..	..	..	..
Non-vie	..	..	..	..	..	..	..	..
Mixtes	..	..	..	..	..	..	..	..
dont :								
Vie	..	..	..	..	..	..	..	..
Non-vie	..	..	..	..	..	..	..	..
Total	..	..	..	..	..	..	..	..
1.1.3 Paiement par catégories d'assurance, primes brutes (vie)								
Rentes	629	623	637	619	607	649	623	586
Unit linked	336	284	315	338	409	423	417	351
Autre assurance vie	105	122	128	137	146	164	180	171
Total Assurance Vie	1 071	1 029	1 079	1 094	1 162	1 236	1 220	1 108
dont : Contrats de retraite	20	19	16	15	13	12	12	12
1.1.4 Paiement par catégories d'assurance, primes brutes (non-vie)								
L'assurance automobile	612	578	579	568	548	528	532	547
Les assurances transport (y compris maritime et aérien)	8	6	6	6	7	6	6	6
L'assurance de fret	10	9	8	8	8	8	8	8
L'assurance incendie et des dommages aux bien	214	227	235	248	247	250	257	257
L'assurance des pertes pécuniaires	12	13	23	25	24	27	33	34
L'assurance de la responsabilité civile générale	57	52	67	65	68	73	78	78
Les assurances accidents et maladie	31	32	40	38	40	45	49	44
dont : Maladie	2	2	2	2	2	2	2	3
Autres assurances non-vie	28	27	29	31	32	34	35	39
Réassurance obligatoire	5	12	12	19	21	21	32	42
Total assurance non-vie	975	956	997	1 009	996	992	1 028	1 055

République slovaque
Tableau 1. Agrégats sélectionnés *(suite)*

Millions EUR

	2008	2009	2010	2011	2012	2013	2014	2015
1.2 Paiements bruts des sinistres								
Vie								
Entreprises nationales	451	73 |	84	97	93	91	107	98
Entreprises sous contrôle étranger	380	73 |	84	97	93	91	107	98
Succursales d'entreprises étrangères	..	2	1	0	0	0	0	2
Ensemble des entreprises	451	75 |	85	97	93	91	108	100
Non-vie								
Entreprises nationales	488	4 |	5	5	1	0	0	0
Entreprises sous contrôle étranger	456	4 |	5	5	1	0	0	0
Succursales d'entreprises étrangères	..	15	27	24	44	27	29	32
Ensemble des entreprises	488	19 |	32	29	45	27	29	32
Mixtes								
Entreprises nationales	..	957 |	1 043	1 075	1 083	1 117	1 084	1 057
Entreprises sous contrôle étranger	..	850 |	922	945	948	979	948	911
Succursales d'entreprises étrangères	..	3	3	5	12	14	16	16
Ensemble des entreprises	..	959 |	1 046	1 079	1 094	1 131	1 099	1 073
dont :								
Vie	..	480 |	528	566	640	658	646	575
Entreprises nationales	..	478 |	525	562	632	647	634	563
Entreprises sous contrôle étranger	..	400 |	431	463	527	544	533	457
Succursales d'entreprises étrangères	..	1	3	4	8	11	12	12
Ensemble des entreprises	..	480 |	528	566	640	658	646	575
Non-vie	..	480 |	518	513	455	473	453	497
Entreprises nationales	..	479 |	518	513	451	470	450	494
Entreprises sous contrôle étranger	..	449 |	490	483	421	435	415	454
Succursales d'entreprises étrangères	..	1	0	0	4	4	3	3
Ensemble des entreprises	..	480 |	518	513	455	473	453	497
Total								
Entreprises nationales	939	1 034	1 132	1 177	1 176	1 208	1 191	1 155
Entreprises sous contrôle étranger	836	927	1 010	1 047	1 042	1 070	1 055	1 010
Succursales d'entreprises étrangères	..	20	30	30	55	42	44	49
Ensemble des entreprises	939	1 054	1 162	1 206	1 232	1 249	1 236	1 205
1.3 Commissions								
Vie								
Entreprises nationales	96	25 |	22	26	28	29	33	37
Entreprises sous contrôle étranger	90	25 |	22	26	28	29	33	37
Succursales d'entreprises étrangères	..	0	0	1	1	1	1	2
Ensemble des entreprises	96	25 |	22	27	29	30	34	39
Non-vie								
Entreprises nationales	135	1 |	1	2	1	0	0	0
Entreprises sous contrôle étranger	128	1 |	1	2	1	0	0	0
Succursales d'entreprises étrangères	..	6	9	9	11	13	15	18
Ensemble des entreprises	135	8 |	10	11	12	13	15	18
Mixtes								
Entreprises nationales	..	218 |	221	230	238	251	259	250
Entreprises sous contrôle étranger	..	210 |	210	219	225	238	244	233
Succursales d'entreprises étrangères	..	21	18	17	17	18	4	16
Ensemble des entreprises	..	238 |	239	247	255	269	264	266
dont :								
Vie	..	107 |	98	97	102	107	95	89
Entreprises nationales	..	86 |	80	82	86	93	95	77
Entreprises sous contrôle étranger	..	85 |	77	79	81	90	91	73
Succursales d'entreprises étrangères	..	20	17	16	16	14	0	12
Ensemble des entreprises	..	107 |	98	97	102	107	95	89
Non-vie	..	132 |	141	149	154	162	168	177
Entreprises nationales	..	131 |	141	149	152	158	164	173
Entreprises sous contrôle étranger	..	125 |	133	141	143	149	153	160
Succursales d'entreprises étrangères	..	1	1	1	2	4	4	5
Ensemble des entreprises	..	132 |	141	149	154	162	168	177
Total								
Entreprises nationales	231	244	244	258	266	279	292	287
Entreprises sous contrôle étranger	218	236	233	247	253	267	277	270
Succursales d'entreprises étrangères	..	27	27	27	30	32	21	36
Ensemble des entreprises	231	271	271	285	296	311	313	323

République slovaque
Tableau 1. Agrégats sélectionnés *(suite)*

Millions EUR

	2008	2009	2010	2011	2012	2013	2014	2015
1.4 Dépenses brutes d'exploitation								
Vie								
Entreprises nationales	263	52 |	50	58	58	57	63	72
Entreprises sous contrôle étranger	249	52 |	50	58	58	57	63	72
Succursales d'entreprises étrangères	..	1	1	2	3	2	2	3
Ensemble des entreprises	263	53 |	51	60	60	59	65	75
Non-vie								
Entreprises nationales	308	6 |	6	6	2	0	0	0
Entreprises sous contrôle étranger	291	6 |	6	6	2	0	0	0
Succursales d'entreprises étrangères	..	18	20	23	26	30	31	32
Ensemble des entreprises	308	24 |	26	29	28	30	31	32
Mixtes								
Entreprises nationales	..	488 |	488	492	510	522	529	505
Entreprises sous contrôle étranger	..	468 |	463	465	481	492	498	472
Succursales d'entreprises étrangères	..	27	45	23	29	28	7	25
Ensemble des entreprises	..	515 |	532	515	539	549	536	531
dont :								
Vie	..	230 |	219	212	231	228	212	187
Entreprises nationales	..	205 |	196	190	207	207	212	170
Entreprises sous contrôle étranger	..	199 |	184	180	195	197	202	160
Succursales d'entreprises étrangères	..	25	24	22	24	21	1	17
Ensemble des entreprises	..	230 |	219	212	231	228	212	187
Non-vie	..	285 |	313	302	308	321	324	344
Entreprises nationales	..	283 |	292	301	303	314	317	336
Entreprises sous contrôle étranger	..	269 |	279	285	286	295	295	312
Succursales d'entreprises étrangères	..	2	21	1	5	7	6	8
Ensemble des entreprises	..	285 |	313	302	308	321	324	344
Total								
Entreprises nationales	571	546	543	555	569	578	592	578
Entreprises sous contrôle étranger	540	526	518	529	541	549	561	544
Succursales d'entreprises étrangères	..	46	66	48	57	60	40	60
Ensemble des entreprises	571	592	610	603	627	639	632	638
1.5 Opérations à l'étranger par succursale, primes brutes								
Vie								
Succursales et agences	0	- |	0	0	0	0	0	1
Filiales	-	- |	0	0	0	0	1	5
Total	0	- |	0	0	0	0	1	6
Non-vie								
Succursales et agences	9	- |	0	0	0	0	0	0
Filiales	3	- |	0	0	0	0	0	0
Total	13	- |	0	0	0	0	0	0
Mixtes								
Succursales et agences	..	1 |	0	0	1	1	2	2
Filiales	..	4 |	4	4	3	3	4	6
Total	..	4 |	4	4	4	5	6	8
dont :								
Vie	..	- |	0	0	0	0	0	0
Succursales et agences	..	- |	0	0	0	0	0	0
Filiales	..	- |	0	0	0	0	0	0
Total	..	- |	0	0	0	0	0	0
Non-vie	..	4 |	4	4	4	5	6	8
Succursales et agences	..	1 |	0	0	1	1	2	2
Filiales	..	4 |	4	4	3	3	4	6
Total	..	4 |	4	4	4	5	6	8
Total								
Succursales et agences	9	1	-	-	1	1	2	3
Filiales	3	4	4	4	3	3	5	10
Total	13	4	4	4	4	5	7	14

.. Non disponible ; - Néant ; | Rupture de série

Note : Voir les métadonnées détaillées sur : http://metalinks.oecd.org/isy/20170221/8d80.

République slovaque
Tableau 2. Nombre d'entreprises et d'employés

	2008	2009	2010	2011	2012	2013	2014	2015
2.1 Nombre d'entreprises								
Vie								
Entreprises nationales	6	6	6	6	5	5	5	5
Entreprises sous contrôle étranger	6	6	6	6	5	5	5	5
Succursales d'entreprises étrangères	2	2	2	2	1	1	1	1
Ensemble des entreprises	8	8	8	8	6	6	6	6
Non-vie								
Entreprises nationales	4	2	2	2	1	0	0	0
Entreprises sous contrôle étranger	4	2	2	2	1	0	0	0
Succursales d'entreprises étrangères	9	10	12	13	16	17	17	17
Ensemble des entreprises	13	12	14	15	17	17	17	17
Mixtes								
Entreprises nationales	13	12	12	12	12	12	12	12
Entreprises sous contrôle étranger	10	10	10	10	10	10	10	10
Succursales d'entreprises étrangères	1	2	1	2	2	2	2	2
Ensemble des entreprises	14	14	13	14	14	14	14	14
Réassurance								
Entreprises nationales	0	0	0	0	0	0	0	0
Entreprises sous contrôle étranger	0	0	0	0	0	0	0	0
Succursales d'entreprises étrangères	0	0	1	1	1	1	1	1
Ensemble des entreprises	0	0	1	1	1	1	1	1
Total								
Entreprises nationales	23	20	20	20	18	17	17	17
Entreprises sous contrôle étranger	20	18	18	18	16	15	15	15
Succursales d'entreprises étrangères	12	14	16	18	20	21	21	21
Ensemble des entreprises	35	34	36	38	38	38	38	38
2.2 Nombre d'employés								
Entreprises d'assurance	6 386	6 359	6 213	6 087	5 878	5 778	5 937	..
Intermédiaires	951	1 268	962	1 020	1 373	..	1 358	..
Total	..	7 627	7 175	7 107	7 251	..	7 295	..

.. Non disponible

Note : Voir les métadonnées détaillées sur : http://metalinks.oecd.org/isy/20170221/8d80.

Slovénie
Tableau 1. Agrégats sélectionnés

Millions EUR

	2008	2009	2010	2011	2012	2013	2014	2015
1.1 Opérations d'assurance conclues dans le pays déclarant								
1.1.1 Opérations d'assurance, par intérêt								
Primes brutes								
Entreprises nationales	2 017	2 174	2 178	2 184	2 192	2 114	2 095	2 150
Entreprises sous contrôle étranger	173	151	164	169	166	166	166	172
Succursales d'entreprises étrangères	1	..	..	..	..	..	..	..
Ensemble des entreprises	1 947	2 174	2 178	2 184	2 192	2 114	2 095	2 150
Primes cédées								
Entreprises nationales	191	294	277	279	283	258	274	256
Entreprises sous contrôle étranger	10	36	41	40	27	27	28	33
Succursales d'entreprises étrangères	-	..	..	..	..	..	..	..
Ensemble des entreprises	191	294	277	279	283	258	274	256
Primes nettes émises								
Entreprises nationales	1 827	1 880	1 901	1 905	1 909	1 856	1 821	1 894
Entreprises sous contrôle étranger	163	115	123	128	139	140	137	139
Succursales d'entreprises étrangères	1	..	..	..	..	..	..	..
Ensemble des entreprises	1 828	1 880	1 901	1 905	1 909	1 856	1 821	1 894
1.1.2 Opérations d'assurance par risque à l'étranger, primes brutes								
Vie	1	1 |	0	0	0	..	..	..
Non-vie	1	- |	..	..	..	0	0	0
Mixtes	..	1 |	0	0	2	2	1	1
dont :								
Vie	..	- |	..	..	..	0	0	1
Non-vie	..	1 |	0	0	2	1	1	0
Total	2	1	1	0	2	2	2	2
1.1.3 Paiement par catégories d'assurance, primes brutes (vie)								
Rentes	7	..	..	..	..	..	..	..
Unit linked	377	219	231	228	219	201	195	215
Autre assurance vie	258	258	254	252	266	273	284	283
Total Assurance Vie	642	477	485	479	485	473	479	498
dont : Contrats de retraite	164	120	52	51	65	45	37	37
1.1.4 Paiement par catégories d'assurance, primes brutes (non-vie)								
L'assurance automobile	555	646	627	601	559	513	495	484
Les assurances transport (y compris maritime et aérien)	8	15	14	15	18	15	16	18
L'assurance de fret	8	13	15	15	15	14	13	15
L'assurance incendie et des dommages aux bien	198	366	377	389	396	370	372	393
L'assurance des pertes pécuniaires	48	43	51	50	48	49	56	62
L'assurance de la responsabilité civile générale	48	54	54	58	61	63	65	64
Les assurances accidents et maladie	501	538	528	544	580	585	574	591
dont : Maladie	390	415	409	428	467	480	470	484
Autres assurances non-vie	10	22	25	32	30	31	24	25
Réassurance obligatoire	..	..	0	0	0	..	0	0
Total assurance non-vie	1 376	1 697	1 691	1 704	1 706	1 641	1 616	1 652

Slovénie
Tableau 1. Agrégats sélectionnés *(suite)*

Millions EUR

	2008	2009	2010	2011	2012	2013	2014	2015
1.2 Paiements bruts des sinistres								
Vie								
Entreprises nationales	178	15	22	35	40	31	36	52
Entreprises sous contrôle étranger	31	0	0	0	0	0	1	0
Succursales d'entreprises étrangères	0	..	..	..	..	..	..	..
Ensemble des entreprises	178	15	22	35	40	31	36	52
Non-vie								
Entreprises nationales	1 027	452	456	443	463	482	449	499
Entreprises sous contrôle étranger	33	0	0	0	..	..	..	1
Succursales d'entreprises étrangères	0	..	..	..	..	..	..	..
Ensemble des entreprises	1 027	452	456	443	463	482	449	499
Mixtes								
Entreprises nationales	..	942	889	878	902	951	941	911
Entreprises sous contrôle étranger	..	62	72	77	84	93	90	91
Succursales d'entreprises étrangères	..	..	..	..	..	..	..	..
Ensemble des entreprises	..	942	889	878	902	951	941	911
dont :								
Vie	..	148	186	229	259	299	304	305
Entreprises nationales	..	148	186	229	259	299	304	305
Entreprises sous contrôle étranger	..	28	35	41	47	51	50	51
Succursales d'entreprises étrangères	..	..	..	..	..	..	..	..
Ensemble des entreprises	..	148	186	229	259	299	304	305
Non-vie	..	794	704	649	642	651	637	606
Entreprises nationales	..	794	704	649	642	651	637	606
Entreprises sous contrôle étranger	..	35	37	36	38	42	41	40
Succursales d'entreprises étrangères	..	..	..	..	..	..	..	..
Ensemble des entreprises	..	794	704	649	642	651	637	606
Total								
Entreprises nationales	1 205	1 408	1 368	1 355	1 404	1 464	1 426	1 461
Entreprises sous contrôle étranger	64	63	72	78	85	93	91	91
Succursales d'entreprises étrangères	-	..	..	..	..	..	..	..
Ensemble des entreprises	1 205	1 408	1 368	1 355	1 404	1 464	1 426	1 461
1.3 Commissions								
Vie								
Entreprises nationales	48	11	8	7	6	3	3	3
Entreprises sous contrôle étranger	11	0	0	0	0	0	0	0
Succursales d'entreprises étrangères	0	..	..	..	..	..	..	..
Ensemble des entreprises	48	11	8	7	6	3	3	3
Non-vie								
Entreprises nationales	38	2	2	2	2	4	7	8
Entreprises sous contrôle étranger	5	0	0	0	..	..	..	0
Succursales d'entreprises étrangères	0	..	..	..	..	..	..	..
Ensemble des entreprises	38	2	2	2	2	4	7	8
Mixtes								
Entreprises nationales	..	63	70	90	80	84	86	89
Entreprises sous contrôle étranger	..	15	17	19	19	19	20	21
Succursales d'entreprises étrangères	..	..	..	..	..	..	..	..
Ensemble des entreprises	..	63	70	90	80	84	86	89
dont :								
Vie	..	22	26	36	27	32	32	34
Entreprises nationales	..	22	26	36	27	32	32	34
Entreprises sous contrôle étranger	..	8	8	9	10	10	10	10
Succursales d'entreprises étrangères	..	..	..	..	..	..	..	..
Ensemble des entreprises	..	22	26	36	27	32	32	34
Non-vie	..	42	44	53	53	52	54	56
Entreprises nationales	..	42	44	53	53	52	54	56
Entreprises sous contrôle étranger	..	7	9	9	9	9	10	11
Succursales d'entreprises étrangères	..	..	..	..	..	..	..	..
Ensemble des entreprises	..	42	44	53	53	52	54	56
Total								
Entreprises nationales	86	76	80	99	89	91	96	100
Entreprises sous contrôle étranger	16	16	17	19	20	19	20	21
Succursales d'entreprises étrangères	-	..	..	..	..	..	..	..
Ensemble des entreprises	86	76	80	99	89	91	96	100

Slovénie
Tableau 1. Agrégats sélectionnés *(suite)*

Millions EUR

	2008	2009	2010	2011	2012	2013	2014	2015
1.4 Dépenses brutes d'exploitation								
Vie								
Entreprises nationales	115	31 |	27	26	28	14	15	16
Entreprises sous contrôle étranger	25	1 |	2	1	2	2	1	1
Succursales d'entreprises étrangères	0	..	..	..	..	..	..	..
Ensemble des entreprises	115	31 |	27	26	28	14	15	16
Non-vie								
Entreprises nationales	266	84 |	80	74	80	81	86	90
Entreprises sous contrôle étranger	12	1 |	1	1	..	..	..	0
Succursales d'entreprises étrangères	0	..	..	..	..	..	..	..
Ensemble des entreprises	266	84 |	80	74	80	81	86	90
Mixtes								
Entreprises nationales	..	302 |	354	356	361	366	362	368
Entreprises sous contrôle étranger	..	44 |	31	52	56	47	57	60
Succursales d'entreprises étrangères	..	..	..	..	..	..	..	..
Ensemble des entreprises	..	302 |	354	356	361	366	362	368
dont :								
Vie	..	47 |	86	91	93	104	99	100
Entreprises nationales	..	47 |	86	91	93	104	99	100
Entreprises sous contrôle étranger	..	23 |	20	26	28	26	27	28
Succursales d'entreprises étrangères	..	..	..	..	..	..	..	..
Ensemble des entreprises	..	47 |	86	91	93	104	99	100
Non-vie	..	256 |	267	265	269	263	263	268
Entreprises nationales	..	256 |	267	265	269	263	263	268
Entreprises sous contrôle étranger	..	20 |	11	26	28	21	30	32
Succursales d'entreprises étrangères	..	..	..	..	..	..	..	..
Ensemble des entreprises	..	256 |	267	265	269	263	263	268
Total								
Entreprises nationales	381	417	460	456	469	461	462	474
Entreprises sous contrôle étranger	37	46	34	55	57	49	59	62
Succursales d'entreprises étrangères	-	..	..	..	..	..	..	..
Ensemble des entreprises	381	417	460	456	469	461	462	474
1.5 Opérations à l'étranger par succursale, primes brutes								
Vie								
Succursales et agences	1	1 |	0	0	..	..	..	..
Filiales	..	0	..	..	..	..	..	..
Total	1	1 |	0	0	..	..	..	..
Non-vie								
Succursales et agences	1	..	..	..	..	..	..	..
Filiales	..	0	..	..	..	..	..	..
Total	1	..	..	..	..	..	..	..
Mixtes								
Succursales et agences	..	1 |	0	0	..	..	..	2
Filiales	..	0	..	..	..	..	..	..
Total	..	1 |	0	0	..	..	..	2
dont :								
Vie	..	..	..	..	..	..	..	2
Succursales et agences	..	..	..	..	..	..	..	2
Filiales	..	0	..	..	..	..	..	..
Total	..	..	..	..	..	..	..	2
Non-vie	..	1 |	0	0	..	..	..	0
Succursales et agences	..	1 |	0	0	..	..	..	0
Filiales	..	0	..	..	..	..	..	..
Total	..	1 |	0	0	..	..	..	0
Total								
Succursales et agences	2	1	0	0	..	..	..	2
Filiales	..	-	..	..	..	..	..	..
Total	2	1	0	0	..	..	..	2

.. Non disponible ; - Néant ; | Rupture de série

Note : Voir les métadonnées détaillées sur : http://metalinks.oecd.org/isy/20170221/3801.

Slovénie
Tableau 2. Nombre d'entreprises et d'employés

	2008	2009	2010	2011	2012	2013	2014	2015
2.1 Nombre d'entreprises								
Vie								
Entreprises nationales	4	3	3	4	4	3	3	3
Entreprises sous contrôle étranger	0	1	1	1	1	1	1	1
Succursales d'entreprises étrangères	0	0	0	0	0	0	0	0
Ensemble des entreprises	4	3	3	4	4	3	3	3
Non-vie								
Entreprises nationales	4	4	4	4	3	3	3	4
Entreprises sous contrôle étranger	1	1	1	1	0	0	0	0
Succursales d'entreprises étrangères	0	1	1	1	3	4	4	4
Ensemble des entreprises	4	5	5	5	6	7	7	8
Mixtes								
Entreprises nationales	8	8	8	8	8	8	8	8
Entreprises sous contrôle étranger	4	3	3	3	3	3	3	3
Succursales d'entreprises étrangères	3	2	2	2	2	2	2	2
Ensemble des entreprises	11	10	10	10	10	10	10	10
Réassurance								
Entreprises nationales	2	2	2	2	2	2	2	2
Entreprises sous contrôle étranger	0	0	0	0	0	0	0	0
Succursales d'entreprises étrangères	0	0	0	0	0	0	0	0
Ensemble des entreprises	2	2	2	2	2	2	2	2
Total								
Entreprises nationales	18	17	17	18	17	16	16	17
Entreprises sous contrôle étranger	5	5	5	5	4	4	4	4
Succursales d'entreprises étrangères	3	3	3	3	5	6	6	6
Ensemble des entreprises	21	20	20	21	22	22	22	23
2.2 Nombre d'employés								
Entreprises d'assurance	6 331	6 306	..	..	..	..	..	..
Intermédiaires	4 726	6 230	..	..	..	..	..	..
Total	11 057	12 536	..	..	..	..	..	..

.. Non disponible

Note : Voir les métadonnées détaillées sur : http://metalinks.oecd.org/isy/20170221/3801.

Espagne
Tableau 1. Agrégats sélectionnés

Millions EUR

	2008	2009	2010	2011	2012	2013	2014	2015
1.1 Opérations d'assurance conclues dans le pays déclarant								
1.1.1 Opérations d'assurance, par intérêt								
Primes brutes								
Entreprises nationales	62 614	61 178	57 485	61 922	56 608	58 110	57 662	59 048
Entreprises sous contrôle étranger	8 880	9 940	8 322	8 045	14 689	12 578	12 542	11 038
Succursales d'entreprises étrangères	143	127	135	133	117	-	-	-
Ensemble des entreprises	62 420	61 305	57 620	62 055	56 725	58 110	57 662	59 048
Primes cédées								
Entreprises nationales	5 871	4 886	4 333	4 305	4 235	5 831	5 019	5 161
Entreprises sous contrôle étranger	1 635	1 590	482	793	1 094	1 058	923	736
Succursales d'entreprises étrangères	53	42	44	44	42	-	-	-
Ensemble des entreprises	5 924	4 928	4 377	4 349	4 277	5 831	5 019	5 161
Primes nettes émises								
Entreprises nationales	56 743	56 292	53 154	57 617	52 373	52 279	52 643	53 886
Entreprises sous contrôle étranger	7 245	8 349	7 576	7 252	13 594	11 520	11 620	10 301
Succursales d'entreprises étrangères	90	86	91	89	75	-	-	-
Ensemble des entreprises	56 833	56 377	53 245	57 706	52 448	52 279	52 643	53 886
1.1.2 Opérations d'assurance par risque à l'étranger, primes brutes								
Vie	..	..	..	1	16	22	7	11
Non-vie	..	..	..	73	138	79	73	59
Mixtes	..	..	..	79	54	52	44	61
dont :								
Vie	..	..	..	42	39	42	34	46
Non-vie	..	..	..	36	16	10	9	15
Total	..	..	..	153	209	153	123	130
1.1.3 Paiement par catégories d'assurance, primes brutes (vie)								
Rentes	..	0	6 097	8 992	7 052	7 946	6 406	5 881
Unit linked	5 469	4 340	4 760	4 077	3 748	3 062	2 816	2 721
Autre assurance vie	22 020	24 811	16 510	16 704	15 828	14 865	16 021	17 128
Total Assurance Vie	27 489	29 151	27 367	29 773	26 629	25 873	25 244	25 730
dont : Contrats de retraite	..	0	..	..	..	..	..	..
1.1.4 Paiement par catégories d'assurance, primes brutes (non-vie)								
L'assurance automobile	12 228	11 451	10 731	10 698	9 961	9 610	9 445	9 695
Les assurances transport (y compris maritime et aérien)	410	389	356	480	329	390	361	369
L'assurance de fret	392	216	194	268	194	294	268	261
L'assurance incendie et des dommages aux bien	2 727	1 298	1 147	2 701	913	2 246	2 315	2 610
L'assurance des pertes pécuniaires	415	338	298	359	311	175	178	208
L'assurance de la responsabilité civile générale	1 955	1 623	1 283	1 274	1 096	1 077	1 009	1 011
Les assurances accidents et maladie	7 000	7 003	6 501	7 630	7 629	7 888	8 227	8 449
dont : Maladie	5 799	6 034	5 611	6 650	6 777	7 031	7 356	7 536
Autres assurances non-vie	9 804	9 789	9 709	10 410	10 502	10 531	10 558	10 729
Réassurance obligatoire	..	..	..	0	0	0	0	0
Total assurance non-vie	34 931	32 107	30 219	33 820	30 933	32 211	32 362	33 332

Espagne
Tableau 1. Agrégats sélectionnés *(suite)*

Millions EUR

	2008	2009	2010	2011	2012	2013	2014	2015
1.2 Paiements bruts des sinistres								
Vie								
Entreprises nationales	26 044	6 202 |	6 082	12 763	15 189	14 147	16 777	18 872
Entreprises sous contrôle étranger	3 003	1 425 |	1 414	1 996	2 127	1 814	1 688	1 582
Succursales d'entreprises étrangères	55	- |	0	0	0	0	0	0
Ensemble des entreprises	26 099	6 202 |	6 082	12 763	15 189	14 147	16 777	18 872
Non-vie								
Entreprises nationales	21 983	10 761 |	7 982	9 573	9 489	9 463	9 250	9 593
Entreprises sous contrôle étranger	4 633	2 988 |	1 406	4 025	3 926	3 947	3 890	2 592
Succursales d'entreprises étrangères	7	- |	0	0	0	0	0	0
Ensemble des entreprises	21 990	10 761 |	7 982	9 573	9 489	9 463	9 250	9 593
Mixtes								
Entreprises nationales	..	30 439 |	32 008	23 611	22 204	21 477	21 596	20 659
Entreprises sous contrôle étranger	..	3 594 |	3 607	5 663	6 495	5 208	5 230	5 136
Succursales d'entreprises étrangères	..	52 |	55	63	49	0	0	0
Ensemble des entreprises	..	30 491 |	32 063	23 674	22 252	21 477	21 596	20 659
dont :								
Vie	..	18 600 |	19 737	11 327	11 547	9 702	9 986	8 948
Entreprises nationales	..	18 559 |	19 702	11 288	11 511	9 702	9 986	8 948
Entreprises sous contrôle étranger	..	1 255 |	1 286	2 437	3 836	2 320	2 497	2 292
Succursales d'entreprises étrangères	..	41 |	35	38	36	0	0	0
Ensemble des entreprises	..	18 600 |	19 737	11 327	11 547	9 702	9 986	8 948
Non-vie	..	11 890 |	12 326	12 347	10 705	11 775	11 610	11 711
Entreprises nationales	..	11 880 |	12 306	12 323	10 693	11 775	11 610	11 711
Entreprises sous contrôle étranger	..	2 339 |	1 321	3 226	2 659	2 888	2 733	2 843
Succursales d'entreprises étrangères	..	10 |	20	24	12	0	0	0
Ensemble des entreprises	..	11 890 |	12 326	12 347	10 705	11 775	11 610	11 711
Total								
Entreprises nationales	48 027	47 402	46 072	45 947	46 882	45 088	47 622	49 125
Entreprises sous contrôle étranger	7 636	8 007	6 427	11 684	12 548	10 968	10 809	9 310
Succursales d'entreprises étrangères	62	52	55	63	49	-	-	-
Ensemble des entreprises	48 089	47 454	46 127	46 009	46 930	45 088	47 622	49 125
1.3 Commissions								
Vie								
Entreprises nationales	..	..	..	..	..	..	660	712
Entreprises sous contrôle étranger	..	..	..	..	..	..	86	71
Succursales d'entreprises étrangères	..	..	..	..	..	..	0	0
Ensemble des entreprises	..	..	..	..	..	..	660	712
Non-vie								
Entreprises nationales	..	..	..	..	..	..	1 472	1 436
Entreprises sous contrôle étranger	..	..	..	..	..	..	642	517
Succursales d'entreprises étrangères	..	..	..	..	..	..	0	0
Ensemble des entreprises	..	..	..	..	..	..	1 472	1 436
Mixtes								
Entreprises nationales	..	..	..	..	..	..	2 270	2 635
Entreprises sous contrôle étranger	..	..	..	..	..	..	669	710
Succursales d'entreprises étrangères	..	..	..	..	..	..	0	0
Ensemble des entreprises	..	..	..	..	..	..	2 270	2 635
dont :								
Vie	..	..	..	..	..	..	418	379
Entreprises nationales	..	..	..	..	..	..	418	379
Entreprises sous contrôle étranger	..	..	..	..	..	..	94	103
Succursales d'entreprises étrangères	..	..	..	..	..	..	0	0
Ensemble des entreprises	..	..	..	..	..	..	418	379
Non-vie	..	..	..	..	..	..	1 852	2 255
Entreprises nationales	..	..	..	..	..	..	1 852	2 255
Entreprises sous contrôle étranger	..	..	..	..	..	..	576	607
Succursales d'entreprises étrangères	..	..	..	..	..	..	0	0
Ensemble des entreprises	..	..	..	..	..	..	1 852	2 255
Total								
Entreprises nationales	..	..	..	..	..	..	4 403	4 782
Entreprises sous contrôle étranger	..	..	..	..	..	..	1 398	1 298
Succursales d'entreprises étrangères	..	..	..	..	..	..	-	-
Ensemble des entreprises	..	..	..	..	..	..	4 403	4 782

Espagne
Tableau 1. Agrégats sélectionnés *(suite)*

Millions EUR

	2008	2009	2010	2011	2012	2013	2014	2015
1.4 Dépenses brutes d'exploitation								
Vie								
Entreprises nationales	2 015	473 |	1 778	171	220	968	994	1 075
Entreprises sous contrôle étranger	341	185 |	207	42	39	201	190	192
Succursales d'entreprises étrangères	33	- |	31	0	0	0	..	..
Ensemble des entreprises	2 048	473 |	1 809	171	220	968	994	1 075
Non-vie								
Entreprises nationales	8 583	3 441 |	6 317	487	491	3 046	2 880	2 832
Entreprises sous contrôle étranger	1 929	1 024 |	517	254	242	1 272	1 289	947
Succursales d'entreprises étrangères	29	1 |	41	0	0	0	..	..
Ensemble des entreprises	8 612	3 442 |	6 358	487	491	3 046	2 880	2 832
Mixtes								
Entreprises nationales	..	16 805 |	..	622	564	5 322	5 034	5 250
Entreprises sous contrôle étranger	..	3 132 |	..	140	120	1 152	1 070	1 100
Succursales d'entreprises étrangères	..	39 |	..	6	5	1	..	4
Ensemble des entreprises	..	16 844 |	..	628	569	5 323	5 034	5 254
dont :								
Vie	..	1 380 |	..	119	87	809	797	729
Entreprises nationales	..	1 354 |	..	117	85	809	797	729
Entreprises sous contrôle étranger	..	122 |	..	25	26	162	178	186
Succursales d'entreprises étrangères	..	26 |	..	2	2	0	..	..
Ensemble des entreprises	..	1 380 |	..	119	87	809	797	729
Non-vie	..	15 464 |	..	509	482	4 515	4 237	4 525
Entreprises nationales	..	15 451 |	..	506	479	4 514	4 237	4 521
Entreprises sous contrôle étranger	..	3 010 |	..	116	94	990	892	913
Succursales d'entreprises étrangères	..	13 |	..	4	3	1	0	4
Ensemble des entreprises	..	15 464 |	..	509	482	4 515	4 237	4 525
Total								
Entreprises nationales	10 598	20 719	8 095	1 280	1 275	9 337	8 907	9 157
Entreprises sous contrôle étranger	2 270	4 341	724	436	401	2 625	2 549	2 239
Succursales d'entreprises étrangères	62	40	72	6	5	1	..	4
Ensemble des entreprises	10 660	20 759	8 167	1 286	1 280	9 338	8 907	9 161
1.5 Opérations à l'étranger par succursale, primes brutes								
Vie								
Succursales et agences	357	..	..	938	323	274	0	0
Filiales	..	..	..	..	..	..	..	..
Total	357	..	..	..	..	..	..	..
Non-vie								
Succursales et agences	616	..	..	296	419	592	654	701
Filiales	..	..	..	..	..	..	..	..
Total	616	..	..	..	..	..	..	..
Mixtes								
Succursales et agences	..	..	..	759	135	885	1 286	1 361
Filiales	..	..	..	..	..	..	..	..
Total	..	..	..	..	..	..	..	..
dont :								
Vie	..	..	..	..	..	..	..	..
Succursales et agences	..	..	..	157	23	212	559	694
Filiales	..	..	..	..	..	..	..	..
Total	..	..	..	..	..	..	..	..
Non-vie	..	..	..	..	..	..	..	..
Succursales et agences	..	..	..	602	113	673	728	667
Filiales	..	..	..	..	..	..	..	..
Total	..	..	..	..	..	..	..	..
Total								
Succursales et agences	973	..	..	1 994	878	1 751	1 940	2 062
Filiales	..	..	..	..	..	..	..	..
Total	973	..	..	..	..	..	..	..

.. Non disponible ; - Néant ; | Rupture de série

Note : Voir les métadonnées détaillées sur : http://metalinks.oecd.org/isy/20170221/f841.

Espagne
Tableau 2. Nombre d'entreprises et d'employés

	2008	2009	2010	2011	2012	2013	2014	2015
2.1 Nombre d'entreprises								
Vie								
Entreprises nationales	90	89	93	89	84	83	79	78
Entreprises sous contrôle étranger	6	7	6	11	10	10	9	8
Succursales d'entreprises étrangères	0	0	0	0	0	0	0	0
Ensemble des entreprises	90	89	93	89	84	83	79	78
Non-vie								
Entreprises nationales	151	149	141	140	136	132	127	118
Entreprises sous contrôle étranger	16	15	14	19	18	19	19	17
Succursales d'entreprises étrangères	0	0	1	0	0	0	0	1
Ensemble des entreprises	151	149	142	140	136	132	127	119
Mixtes								
Entreprises nationales	50	56	51	47	46	47	45	41
Entreprises sous contrôle étranger	9	9	8	10	10	8	8	8
Succursales d'entreprises étrangères	2	2	1	2	2	1	1	0
Ensemble des entreprises	52	58	52	49	48	48	46	41
Réassurance								
Entreprises nationales	2	0	0	2	2	2	3	3
Entreprises sous contrôle étranger	0	0	0	..	0	0	0	0
Succursales d'entreprises étrangères	0	0	0	0	0	0	0	0
Ensemble des entreprises	2	0	0	2	2	2	3	3
Total								
Entreprises nationales	293	294	285	278	268	264	254	240
Entreprises sous contrôle étranger	31	31	28	40	38	37	36	33
Succursales d'entreprises étrangères	2	2	2	2	2	1	1	1
Ensemble des entreprises	295	296	287	280	270	265	255	241
2.2 Nombre d'employés								
Entreprises d'assurance	49 203	48 203	48 116	46 557	46 439	46 324	45 535	45 218
Intermédiaires	3 013	3 015	3 006	..	..	121 427	129 549	..
Total	52 216	51 218	51 122	..	..	167 751	175 084	..

.. Non disponible

Note : Voir les métadonnées détaillées sur : http://metalinks.oecd.org/isy/20170221/f841.

Suède
Tableau 1. Agrégats sélectionnés

Millions SEK

	2008	2009	2010	2011	2012	2013	2014	2015
1.1 Opérations d'assurance conclues dans le pays déclarant								
1.1.1 Opérations d'assurance, par intérêt								
Primes brutes								
Entreprises nationales	196 465	194 904	184 684	182 225	167 132	177 197	332 028	339 533
Entreprises sous contrôle étranger	64 660	65 563	65 344	63 298	65 752	66 854	66 041	62 537
Succursales d'entreprises étrangères	10 725	..	..	..	..	..	10 260	..
Ensemble des entreprises	207 190	194 904	184 684	182 225	167 132	177 197	342 288	339 533
Primes cédées								
Entreprises nationales	14 732	14 966	13 654	12 870	13 068	12 967	15 157	10 306
Entreprises sous contrôle étranger	4 754	5 382	4 475	4 583	5 428	4 727	3 870	4 441
Succursales d'entreprises étrangères	..	..	..	..	..	..	..	..
Ensemble des entreprises	14 732	14 966	13 654	12 870	13 068	12 967	15 157	10 306
Primes nettes émises								
Entreprises nationales	181 735	179 938	171 029	169 355	154 064	164 230	316 871	329 227
Entreprises sous contrôle étranger	59 905	60 181	60 869	58 715	60 324	62 127	62 171	58 096
Succursales d'entreprises étrangères	10 725	..	..	..	..	..	10 260	..
Ensemble des entreprises	192 460	179 938	171 029	169 355	154 064	164 230	327 131	329 227
1.1.2 Opérations d'assurance par risque à l'étranger, primes brutes								
Vie	642	..	..	..	..	..	581	667
Non-vie	29 517	..	..	..	..	..	28 134	27 121
Mixtes total	x	x	x	x	x	x	x	x
Total	30 159	..	..	..	..	..	28 715	27 788
1.1.3 Paiement par catégories d'assurance, primes brutes (vie)								
Rentes	66 290	79 771	70 960	72 263	73 378	73 377	205 927	169 626
Unit linked	11 987	5 642	5 742	3 790	1 708	1 188	2 366	75 221
Autre assurance vie	12 743	12 579	12 610	13 615	13 229	13 591	29 900	3 957
Total assurance vie	91 020	97 992	89 312	89 668	88 315	88 156	238 192	248 804
dont : Contrats de retraite	..	..	..	..	..	..	..	..
1.1.4 Paiement par catégories d'assurance, primes brutes (non-vie)								
L'assurance automobile	..	..	..	..	..	..	30 360	21 348
Les assurances transport (y compris maritime et aérien)	..	..	..	..	..	..	2 627	749
L'assurance de fret	..	..	..	..	..	..	x	x
L'assurance incendie et des dommages aux bien	..	..	..	..	..	..	29 146	36 720
L'assurance des pertes pécuniaires	..	..	..	..	..	..	459	1 070
L'assurance de la responsabilité civile générale	..	..	..	..	..	..	4 045	4 119
Les assurances accidents et maladie	..	..	..	..	..	..	5 674	5 155
dont : Maladie	..	..	..	..	..	..	..	..
Autres assurances non-vie	..	..	..	..	..	..	9 165	21 483
Réassurance obligatoire	..	..	..	..	..	..	13 811	..
Total assurance non-vie	104 497	95 932	94 518	91 819	76 947	84 766	95 287	90 644
1.2 Paiements bruts des sinistres								
Vie								
Entreprises nationales	49 183	51 762	50 681	53 464	58 780	64 657	60 930	64 815
Entreprises sous contrôle étranger	9 015	9 493	7 837	7 533	3 499	6 337	6 055	5 719
Succursales d'entreprises étrangères	..	..	..	..	..	..	5 999	..
Ensemble des entreprises	49 183	61 255	50 681	53 464	58 780	64 657	66 929	64 815
Non-vie								
Entreprises nationales	66 492	69 046	67 685	68 400	69 882	69 100	75 805	64 537
Entreprises sous contrôle étranger	30 482	31 968	31 815	31 370	31 639	31 398	31 024	23 701
Succursales d'entreprises étrangères	3 417	..	..	..	..	..	5 328	..
Ensemble des entreprises	69 909	..	67 685	68 400	69 882	69 100	81 133	64 537
Mixtes, ensemble des entreprises	x	x	x	x	x	x	x	x
Total								
Entreprises nationales	115 675	120 808	118 366	121 864	128 662	133 757	136 735	129 352
Entreprises sous contrôle étranger	39 497	41 461	39 652	38 903	35 138	37 735	37 079	29 420
Succursales d'entreprises étrangères	3 417	..	..	..	..	..	11 327	..
Ensemble des entreprises	119 092	61 255	118 366	121 864	128 662	133 757	148 062	129 352

Suède
Tableau 1. Agrégats sélectionnés *(suite)*

Millions SEK

	2008	2009	2010	2011	2012	2013	2014	2015
1.3 Commissions								
Vie								
Entreprises nationales	3 652	..	..	..	..	..	4 167	3 782
Entreprises sous contrôle étranger	1 068	..	..	..	..	..	1 302	610
Succursales d'entreprises étrangères	..	..	..	..	..	..	121	..
Ensemble des entreprises	3 652	..	..	..	..	..	4 288	3 782
Non-vie								
Entreprises nationales	2 964	..	..	..	..	..	4 168	4 264
Entreprises sous contrôle étranger	1 585	..	..	..	..	..	2 049	2 589
Succursales d'entreprises étrangères	182	..	..	..	..	..	786	..
Ensemble des entreprises	3 146	..	..	..	..	..	4 954	4 264
Mixtes, ensemble des entreprises	x	x	x	x	x	x	x	x
Total								
Entreprises nationales	6 616	..	..	..	..	..	8 335	8 046
Entreprises sous contrôle étranger	2 653	..	..	..	..	..	3 351	3 199
Succursales d'entreprises étrangères	182	..	..	..	..	..	907	..
Ensemble des entreprises	6 798	..	..	..	..	..	9 242	8 046
1.4 Dépenses brutes d'exploitation								
Vie								
Entreprises nationales	10 640	10 158	10 514	10 785	11 509	12 115	12 738	13 573
Entreprises sous contrôle étranger	2 966	2 736	3 264	3 488	3 557	3 630	3 639	2 122
Succursales d'entreprises étrangères	..	..	..	..	..	..	..	..
Ensemble des entreprises	10 640	12 894	10 514	10 785	11 509	12 115	12 738	13 573
Non-vie								
Entreprises nationales	14 870	15 208	15 117	14 468	14 989	15 004	16 878	16 854
Entreprises sous contrôle étranger	7 795	8 235	8 189	7 262	7 138	7 248	8 238	7 704
Succursales d'entreprises étrangères	..	..	..	..	..	..	..	..
Ensemble des entreprises	14 870	23 443	15 117	14 468	14 989	15 004	16 878	16 854
Mixtes, ensemble des entreprises	x	x	x	x	x	x	x	x
Total								
Entreprises nationales	25 510	25 366	25 631	25 253	26 498	27 119	29 616	30 427
Entreprises sous contrôle étranger	10 761	10 971	11 453	10 750	10 695	10 878	11 877	9 826
Succursales d'entreprises étrangères	..	..	..	..	..	..	..	..
Ensemble des entreprises	25 510	36 337	25 631	25 253	26 498	27 119	29 616	30 427
1.5 Opérations à l'étranger par succursale, primes brutes								
Vie								
Succursales et agences	..	435	315	108	234	..	243	279
Filiales	..	..	..	..	..	..	..	..
Total	..	..	..	108	234	..	243	279
Non-vie								
Succursales et agences	..	19 022	19 011	18 526	18 948	..	18 630	18 207
Filiales	..	..	..	..	..	..	..	..
Total	..	..	..	18 526	18 948	..	18 630	18 207
Mixtes total	x	x	x	x	x	x	x	x
Total								
Succursales et agences	..	19 457	19 326	18 634	19 182	..	18 873	18 486
Filiales	..	..	..	..	..	..	..	..
Total	..	..	..	18 634	19 182	..	18 873	18 486

.. Non disponible ; x Sans objet

Note : Voir les métadonnées détaillées sur : http://metalinks.oecd.org/isy/20170221/7f19.

Suède
Tableau 2. Nombre d'entreprises et d'employés

	2008	2009	2010	2011	2012	2013	2014	2015
2.1 Nombre d'entreprises								
Vie								
Entreprises nationales	44	45	39	39	39	39	39	38
Entreprises sous contrôle étranger	9	9	7	8	9	8	8	8
Succursales d'entreprises étrangères	9	9	9	5	5	5	6	8
Ensemble des entreprises	53	54	48	44	44	44	45	46
Non-vie								
Entreprises nationales	141	149	150	139	131	130	130	127
Entreprises sous contrôle étranger	17	17	18	18	46	44	34	24
Succursales d'entreprises étrangères	37	37	39	31	32	32	28	33
Ensemble des entreprises	178	186	189	170	163	162	158	160
Mixtes, ensemble des entreprises	-	-	-	-	-	-	-	-
Réassurance								
Entreprises nationales	5	5	3	3	2	1	1	1
Entreprises sous contrôle étranger	1	1	1	2	0	0	0	1
Succursales d'entreprises étrangères	0	0	..	..	0	..	0	0
Ensemble des entreprises	5	5	3	3	2	1	1	1
Total								
Entreprises nationales	190	199	192	181	172	170	170	166
Entreprises sous contrôle étranger	27	27	26	28	55	52	42	33
Succursales d'entreprises étrangères	46	46	48	36	37	37	34	41
Ensemble des entreprises	236	245	240	217	209	207	204	207
2.2 Nombre d'employés								
Entreprises d'assurance	20 501	19 940	19 017	18 848	19 158	19 059	19 573	18 792
Intermédiaires	2 000	2 000	2 000	2 000	2 000	2 000	3 849	3 235
Total	22 501	21 940	21 017	20 848	21 158	21 059	23 422	22 027

.. Non disponible ; - Néant

Note : Voir les métadonnées détaillées sur : http://metalinks.oecd.org/isy/20170221/7f19.

Suisse
Tableau 1. Agrégats sélectionnés

Millions CHF

	2008	2009	2010	2011	2012	2013	2014	2015
1.1 Opérations d'assurance conclues dans le pays déclarant								
1.1.1 Opérations d'assurance, par intérêt								
Primes brutes								
Entreprises nationales	62 134	60 259	61 448	61 417	63 507	66 569	66 312	65 628
Entreprises sous contrôle étranger	..	..	13 162	13 600	14 322	15 423	14 214	13 846
Succursales d'entreprises étrangères	410	1 973	2 834	2 062	2 331	2 267	1 923	2 091
Ensemble des entreprises	61 787	62 232	64 282	63 479	65 838	68 836	68 235	67 720
Primes cédées								
Entreprises nationales	3 070	3 872	4 802	4 000	4 479	4 536	4 346	4 141
Entreprises sous contrôle étranger	..	..	1 289	1 024	1 219	963	831	731
Succursales d'entreprises étrangères	..	380	442	467	487	532	533	553
Ensemble des entreprises	3 070	4 252	5 244	4 467	4 965	5 068	4 879	4 694
Primes nettes émises								
Entreprises nationales	79 401	56 387	56 646	57 417	59 028	62 033	61 966	61 487
Entreprises sous contrôle étranger	..	..	11 873	12 577	13 102	14 460	13 383	13 115
Succursales d'entreprises étrangères	410	1 593	2 392	1 595	1 845	1 735	1 390	1 539
Ensemble des entreprises	32 062	57 980	59 038	59 012	60 873	63 768	63 356	63 026
1.1.2 Opérations d'assurance par risque à l'étranger, primes brutes								
Vie	2 408	..	..	..	..	..	..	..
Non-vie	10 485	..	..	..	..	..	..	..
Mixtes total	x	x	x	x	x	x	x	x
Total	12 893	..	..	..	..	..	..	..
1.1.3 Paiement par catégories d'assurance, primes brutes (vie)								
Rentes	1 192	1 254	873	737	677	564	441	495
Unit linked	2 665	2 797	3 052	2 423	2 637	2 403	1 730	1 755
Autre assurance vie	28 158	25 378	26 239	27 397	27 841	29 707	30 478	30 359
Total assurance vie	32 015	29 429	30 164	30 557	31 155	32 675	32 649	32 609
dont : Contrats de retraite	20 536	19 748	..	..	..	..	..	..
1.1.4 Paiement par catégories d'assurance, primes brutes (non-vie)								
L'assurance automobile	5 397	9 480	6 357	6 382	6 526	6 556	6 580	6 595
Les assurances transport (y compris maritime et aérien)	466	3 379	964	804	968	1 060	876	732
L'assurance de fret	..	..	..	..	..	..	..	..
L'assurance incendie et des dommages aux bien	3 547	15 102	7 335	7 457	8 150	8 206	8 123	7 909
L'assurance des pertes pécuniaires	277	1 293	885	832	932	1 042	1 096	897
L'assurance de la responsabilité civile générale	1 853	6 360	3 550	3 243	3 514	3 558	3 658	3 562
Les assurances accidents et maladie	13 549	12 789	12 540	12 551	13 093	13 889	13 414	13 387
dont : Maladie	10 731	9 019	9 182	9 383	9 656	9 911	9 934	10 266
Autres assurances non-vie	780	1 032	1 073	1 036	1 151	1 351	1 378	1 525
Réassurance obligatoire	4 304	4 816	..	..	..	..	..	..
Total assurance non-vie	30 173	54 251	32 704	32 306	34 334	35 661	35 125	34 607
1.2 Paiements bruts des sinistres								
Vie								
Entreprises nationales	31 104	28 255	25 420	27 182	25 817	27 624	27 943	27 794
Entreprises sous contrôle étranger	..	..	7 127	7 354	7 060	8 854	7 917	8 123
Succursales d'entreprises étrangères	14	19	44	104	186	306	3	3
Ensemble des entreprises	31 118	28 274	25 464	27 286	26 003	27 930	27 946	27 797
Non-vie								
Entreprises nationales	14 492	15 676	15 122	15 548	20 279	19 735	20 149	20 621
Entreprises sous contrôle étranger	..	..	1 962	1 974	2 292	2 171	2 281	2 671
Succursales d'entreprises étrangères	219	518	85	404	667	798	874	902
Ensemble des entreprises	14 711	16 194	15 207	15 952	20 946	20 533	21 023	21 523
Mixtes, ensemble des entreprises	x	x	x	x	x	x	x	x
Total								
Entreprises nationales	45 596	43 931	40 542	42 730	46 096	47 359	48 092	48 415
Entreprises sous contrôle étranger	..	..	9 090	9 328	9 352	11 025	10 198	10 794
Succursales d'entreprises étrangères	233	537	129	509	853	1 104	877	905
Ensemble des entreprises	45 829	44 468	40 671	43 238	46 949	48 463	48 969	49 320
1.3 Commissions								
Vie								
Entreprises nationales	949	947	906	848	875	904	920	856
Entreprises sous contrôle étranger	6	..	109	107	103	148	114	169
Succursales d'entreprises étrangères	303	3	9	8	8	11	0	0
Ensemble des entreprises	1 252	950	915	856	883	915	920	856
Non-vie								
Entreprises nationales	2 113	2 005	2 052	1 886	1 955	2 067	1 597	2 188
Entreprises sous contrôle étranger	73	..	471	450	442	372	381	441
Succursales d'entreprises étrangères	1 957	49	76	85	88	95	91	78
Ensemble des entreprises	4 070	2 054	2 128	1 970	2 043	2 162	1 688	2 266
Mixtes, ensemble des entreprises	x	x	x	x	x	x	x	x
Total								
Entreprises nationales	3 062	2 952	2 958	2 734	2 830	2 971	2 517	3 044
Entreprises sous contrôle étranger	79	..	581	557	545	520	495	610
Succursales d'entreprises étrangères	2 260	52	85	92	96	106	91	78
Ensemble des entreprises	5 322	3 004	3 043	2 826	2 926	3 077	2 608	3 122

Suisse
Tableau 1. Agrégats sélectionnés *(suite)*

Millions CHF

	2008	2009	2010	2011	2012	2013	2014	2015
1.4 Dépenses brutes d'exploitation								
Vie								
Entreprises nationales	2 330	2 505	2 382	2 444	1 390	1 289	1 364	1 078
Entreprises sous contrôle étranger	378	366	395	450	239	176	209	156
Succursales d'entreprises étrangères	6	6	12	11	4	4	2	1
Ensemble des entreprises	2 336	2 518	2 394	2 455	1 394	1 293	1 366	1 079
Non-vie								
Entreprises nationales	7 664	7 943	7 677	7 179	3 835	3 745	5 520	2 975
Entreprises sous contrôle étranger	1 062	1 088	1 063	1 039	371	416	420	341
Succursales d'entreprises étrangères	140	162	459	408	80	100	108	103
Ensemble des entreprises	7 804	8 267	8 136	7 588	3 915	3 845	5 628	3 078
Mixtes, ensemble des entreprises	x	x	x	x	x	x	x	x
Total								
Entreprises nationales	9 994	10 448	10 059	9 624	5 225	5 034	6 884	4 053
Entreprises sous contrôle étranger	1 440	1 454	1 458	1 489	610	592	629	497
Succursales d'entreprises étrangères	146	168	471	419	84	104	110	104
Ensemble des entreprises	10 140	10 785	10 530	10 043	5 309	5 138	6 994	4 157
1.5 Opérations à l'étranger par succursale, primes brutes								
Vie								
Succursales et agences	2 408	2 668	2 219	2 036	2 006	1 967	1 794	1 604
Filiales	..	..	..	..	..	..	..	..
Total	2 408	2 668	2 219	2 036	2 006	1 967	1 794	1 604
Non-vie								
Succursales et agences	10 485	18 286	16 881	13 446	15 417	15 563	15 331	14 100
Filiales	..	..	..	..	..	..	..	..
Total	10 485	18 286	16 881	13 446	15 417	15 563	15 331	14 100
Mixtes total	x	x	x	x	x	x	x	x
Total								
Succursales et agences	12 893	20 954	19 100	15 482	17 423	17 531	17 125	15 704
Filiales	..	..	..	..	..	..	..	..
Total	12 893	20 954	19 100	15 482	17 423	17 531	17 125	15 704

.. Non disponible ; x Sans objet

Note : Voir les métadonnées détaillées sur : http://metalinks.oecd.org/isy/20170221/74d1.

Suisse
Tableau 2. Nombre d'entreprises et d'employés

	2008	2009	2010	2011	2012	2013	2014	2015
2.1 Nombre d'entreprises								
Vie								
Entreprises nationales	22	21	21	20	19	19	18	17
Entreprises sous contrôle étranger	..	..	1	1	1	1	1	1
Succursales d'entreprises étrangères	4	4	4	4	4	4	3	3
Ensemble des entreprises	26	25	25	24	23	23	21	20
Non-vie								
Entreprises nationales	79	79	79	79	81	80	79	76
Entreprises sous contrôle étranger	..	..	6	6	6	6	6	6
Succursales d'entreprises étrangères	43	46	47	45	42	44	48	46
Ensemble des entreprises	122	125	126	124	123	124	127	122
Mixtes, ensemble des entreprises	-	-	-	-	-	-	-	-
Réassurance								
Entreprises nationales	70	68	62	62	61	62	62	59
Entreprises sous contrôle étranger	..	..	8	7	7	7	7	7
Succursales d'entreprises étrangères	..	..	..	..	..	..	..	..
Ensemble des entreprises	70	68	62	62	61	62	62	59
Total								
Entreprises nationales	171	168	162	161	161	161	159	152
Entreprises sous contrôle étranger	..	..	15	14	14	14	14	14
Succursales d'entreprises étrangères	47	50	51	49	46	48	51	49
Ensemble des entreprises	218	218	213	210	207	209	210	201
2.2 Nombre d'employés								
Entreprises d'assurance	39 001	41 130	..	..	..	..	..	..
Intermédiaires	..	..	..	..	..	..	..	..
Total	..	41 130	..	..	..	..	..	..

.. Non disponible ; - Néant

Note : Voir les métadonnées détaillées sur : http://metalinks.oecd.org/isy/20170221/74d1.

Turquie
Tableau 1. Agrégats sélectionnés

Millions TRY

	2008	2009	2010	2011	2012	2013	2014	2015
1.1 Opérations d'assurance conclues dans le pays déclarant								
1.1.1 Opérations d'assurance, par intérêt								
Primes brutes								
Entreprises nationales	11 775	13 097	14 958	17 131	20 427	25 084	26 872	31 903
Entreprises sous contrôle étranger	6 602	6 828	7 525	8 956	10 122	14 981	15 528	20 981
Succursales d'entreprises étrangères	4	8	27	32	46	68	77	126
Ensemble des entreprises	11 779	13 105	14 985	17 164	20 473	25 152	26 949	32 029
Primes cédées								
Entreprises nationales	3 236	3 412	3 443	4 287	4 483	6 077	6 686	7 984
Entreprises sous contrôle étranger	1 772	1 822	1 834	2 229	2 192	3 458	3 510	4 773
Succursales d'entreprises étrangères	3	6	21	22	33	49	57	74
Ensemble des entreprises	3 239	3 418	3 464	4 309	4 516	6 126	6 743	8 059
Primes nettes émises								
Entreprises nationales	8 539	9 685	11 515	12 845	15 944	19 006	20 186	23 919
Entreprises sous contrôle étranger	4 830	5 006	5 691	6 728	7 931	11 522	12 018	16 208
Succursales d'entreprises étrangères	1	2	6	10	13	20	20	52
Ensemble des entreprises	8 540	9 687	11 521	12 854	15 957	19 026	20 206	23 971
1.1.2 Opérations d'assurance par risque à l'étranger, primes brutes								
Vie	..	..	..	..	..	..	3 280	..
Non-vie	..	..	..	..	..	..	22 711	..
Mixtes	..	..	..	..	..	..	958	..
dont :								
Vie	..	..	..	..	..	..	24	..
Non-vie	..	..	..	..	..	..	934	..
Total	..	..	..	..	..	..	26 948	..
1.1.3 Paiement par catégories d'assurance, primes brutes (vie)								
Rentes	..	..	..	..	..	..	..	..
Unit linked	..	..	..	..	..	..	..	..
Autre assurance vie	..	..	..	..	..	..	..	..
Total Assurance Vie	..	..	2 576	3 087	3 107	3 354	3 895	3 720
dont : Contrats de retraite	..	..	..	..	..	..	..	..
1.1.4 Paiement par catégories d'assurance, primes brutes (non-vie)								
L'assurance automobile	4 913	5 058	5 867	6 761	8 091	10 411	10 648	13 102
Les assurances transport (y compris maritime et aérien)	163	245	185	268	263	253	321	423
L'assurance de fret	313	286	327	359	378	416	530	580
L'assurance incendie et des dommages aux bien	2 635	3 236	3 401	3 783	4 390	5 512	6 992	8 105
L'assurance des pertes pécuniaires	83	112	135	204	228	302	318	443
L'assurance de la responsabilité civile générale	233	265	407	386	420	508	679	811
Les assurances accidents et maladie	1 831	2 040	2 413	2 657	2 897	3 352	4 010	4 685
dont : Maladie	1 326	1 499	1 810	1 999	2 227	2 472	0	0
Autres assurances non-vie	32	37	44	77	61	74	147	99
Réassurance obligatoire	..	..	..	..	..	..	..	0
Total assurance non-vie	10 203	11 280	12 778	14 496	16 727	20 828	23 645	28 249

Turquie
Tableau 1. Agrégats sélectionnés *(suite)*

Millions TRY

	2008	2009	2010	2011	2012	2013	2014	2015
1.2 Paiements bruts des sinistres								
Vie								
Entreprises nationales	1 242	1 787 |	1 787	1 935	2 037	2 355	2 085	2 557
Entreprises sous contrôle étranger	461	817 |	817	582	483	1 128	760	1 194
Succursales d'entreprises étrangères	..	0	0	..	..	..	..	..
Ensemble des entreprises	1 242	1 787 |	1 787	1 935	2 037	2 355	2 085	2 557
Non-vie								
Entreprises nationales	5 782	5 960 |	6 142	7 968	9 163	9 440	11 314	13 322
Entreprises sous contrôle étranger	3 253	3 705 |	3 978	4 786	5 327	6 301	7 496	8 700
Succursales d'entreprises étrangères	1	10	0	2	3	11	10	34
Ensemble des entreprises	5 783	5 970 |	6 143	7 969	9 166	9 451	11 325	13 356
Mixtes								
Entreprises nationales	..	1 334 |	1 344	..	..	619	592	664
Entreprises sous contrôle étranger	..	69 |	82	..	..	..	..	..
Succursales d'entreprises étrangères	..	0	0	..	..	..	..	..
Ensemble des entreprises	..	1 334 |	1 344	0	721	619	592	664
dont :								
Vie	..	7 |	10	0	6	7	11	6
Entreprises nationales	..	7 |	10	..	..	7	11	6
Entreprises sous contrôle étranger	..	0 |	0	..	..	..	..	..
Succursales d'entreprises étrangères	..	0	0	..	..	..	..	..
Ensemble des entreprises	..	7 |	10	0	6	7	11	6
Non-vie	..	1 328 |	1 334	0	715	612	581	657
Entreprises nationales	..	1 328 |	1 334	..	..	612	581	657
Entreprises sous contrôle étranger	..	69 |	82	..	..	..	..	..
Succursales d'entreprises étrangères	..	0	0	..	..	..	..	..
Ensemble des entreprises	..	1 328 |	1 334	0	715	612	581	657
Total								
Entreprises nationales	7 024	9 081	9 273	9 903	11 200	12 413	13 991	16 543
Entreprises sous contrôle étranger	3 714	4 591	4 877	5 369	5 810	7 429	8 256	9 894
Succursales d'entreprises étrangères	1	10	0	2	3	11	10	34
Ensemble des entreprises	7 025	9 092	9 273	9 905	11 924	12 425	14 001	16 578
1.3 Commissions								
Vie								
Entreprises nationales	..	..	..	..	..	..	..	..
Entreprises sous contrôle étranger	..	..	..	..	..	..	..	..
Succursales d'entreprises étrangères	..	..	..	..	..	..	..	..
Ensemble des entreprises	..	..	..	..	..	..	..	..
Non-vie								
Entreprises nationales	..	..	..	..	..	..	..	..
Entreprises sous contrôle étranger	..	..	..	..	..	..	..	..
Succursales d'entreprises étrangères	..	..	..	..	..	..	..	..
Ensemble des entreprises	..	..	..	..	..	..	..	..
Mixtes								
Entreprises nationales	..	..	..	..	..	..	..	..
Entreprises sous contrôle étranger	..	..	..	..	..	..	..	..
Succursales d'entreprises étrangères	..	..	..	..	..	..	..	..
Ensemble des entreprises	..	..	..	..	..	..	..	..
dont :								
Vie	..	..	..	..	..	..	..	..
Entreprises nationales	..	..	..	..	..	..	..	..
Entreprises sous contrôle étranger	..	..	..	..	..	..	..	..
Succursales d'entreprises étrangères	..	..	..	..	..	..	..	..
Ensemble des entreprises	..	..	..	..	..	..	..	..
Non-vie	..	..	..	..	..	..	..	..
Entreprises nationales	..	..	..	..	..	..	..	..
Entreprises sous contrôle étranger	..	..	..	..	..	..	..	..
Succursales d'entreprises étrangères	..	..	..	..	..	..	..	..
Ensemble des entreprises	..	..	..	..	..	..	..	..
Total								
Entreprises nationales	..	..	..	..	..	..	..	..
Entreprises sous contrôle étranger	..	..	..	..	..	..	..	..
Succursales d'entreprises étrangères	..	..	..	..	..	..	..	..
Ensemble des entreprises	..	..	..	..	..	..	..	..

Turquie
Tableau 1. Agrégats sélectionnés *(suite)*

Millions TRY

	2008	2009	2010	2011	2012	2013	2014	2015
1.4 Dépenses brutes d'exploitation								
Vie								
Entreprises nationales	425	586 |	717	836	978	2 009	1 198	1 595
Entreprises sous contrôle étranger	170	273 |	287	361	422	1 242	765	1 033
Succursales d'entreprises étrangères	..	0	0	..	..	..	..	..
Ensemble des entreprises	425	586 |	717	836	978	2 009	1 198	1 595
Non-vie								
Entreprises nationales	1 629	1 975 |	2 336	2 859	3 230	3 726	4 309	4 648
Entreprises sous contrôle étranger	963	1 290 |	1 585	1 827	1 976	2 564	2 944	3 110
Succursales d'entreprises étrangères	2	4	4	8	12	19	20	24
Ensemble des entreprises	1 631	1 979 |	2 340	2 867	3 242	3 745	4 329	4 672
Mixtes								
Entreprises nationales	..	391 |	421	..	..	..	..	309
Entreprises sous contrôle étranger	..	19 |	16	..	..	..	..	..
Succursales d'entreprises étrangères	..	0	0	..	..	..	..	..
Ensemble des entreprises	..	391 |	421	0	285	294	289	309
dont :								
Vie	..	6 |	7	0	8	10	8	10
Entreprises nationales	..	6 |	7	..	..	..	..	10
Entreprises sous contrôle étranger	..	0 |	0	..	..	..	..	..
Succursales d'entreprises étrangères	..	0	0	..	..	..	..	..
Ensemble des entreprises	..	6 |	7	0	8	10	8	10
Non-vie	..	385 |	414	0	277	284	281	299
Entreprises nationales	..	385 |	414	..	..	..	..	299
Entreprises sous contrôle étranger	..	19 |	16	..	..	..	..	..
Succursales d'entreprises étrangères	..	0	0	..	..	..	..	..
Ensemble des entreprises	..	385 |	414	0	277	284	281	299
Total								
Entreprises nationales	2 054	2 952	3 473	3 694	4 209	5 735	5 507	6 552
Entreprises sous contrôle étranger	1 133	1 582	1 888	2 188	2 399	3 806	3 708	4 143
Succursales d'entreprises étrangères	2	4	4	8	12	19	20	24
Ensemble des entreprises	2 057	2 956	3 478	3 702	4 506	6 048	5 816	6 576
1.5 Opérations à l'étranger par succursale, primes brutes								
Vie								
Succursales et agences	..	..	..	..	..	..	..	..
Filiales	..	..	..	..	..	..	..	..
Total	..	..	..	..	..	..	..	..
Non-vie								
Succursales et agences	..	..	..	..	..	..	..	..
Filiales	..	..	..	..	..	..	..	..
Total	..	..	..	..	..	..	..	..
Mixtes								
Succursales et agences	..	..	..	..	..	..	..	..
Filiales	..	..	..	..	..	..	..	..
Total	..	..	..	..	..	..	..	..
dont :								
Vie	..	..	..	..	..	..	..	..
Succursales et agences	..	..	..	..	..	..	..	..
Filiales	..	..	..	..	..	..	..	..
Total	..	..	..	..	..	..	..	..
Non-vie	..	..	..	..	..	..	..	..
Succursales et agences	..	..	..	..	..	..	..	..
Filiales	..	..	..	..	..	..	..	..
Total	..	..	..	..	..	..	..	..
Total								
Succursales et agences	..	..	..	..	..	..	..	..
Filiales	..	..	..	..	..	..	..	..
Total	..	..	..	..	..	..	..	..

.. Non disponible ; | Rupture de série

Note : Voir les métadonnées détaillées sur : http://metalinks.oecd.org/isy/20170221/3dd3.

Turquie
Tableau 2. Nombre d'entreprises et d'employés

	2008	2009	2010	2011	2012	2013	2014	2015
2.1 Nombre d'entreprises								
Vie								
Entreprises nationales	22	21	23	24	23	24	25	23
Entreprises sous contrôle étranger	14	13	14	14	13	16	16	15
Succursales d'entreprises étrangères	0	0	0	..	0	..	0	..
Ensemble des entreprises	22	21	23	24	23	24	25	23
Non-vie								
Entreprises nationales	24	27	29	33	33	34	36	36
Entreprises sous contrôle étranger	15	17	19	23	22	22	24	22
Succursales d'entreprises étrangères	1	2	2	2	2	2	2	2
Ensemble des entreprises	25	29	31	35	35	36	38	38
Mixtes								
Entreprises nationales	5	3	3	..	0	..	0	..
Entreprises sous contrôle étranger	2	1	1	..	0	..	0	..
Succursales d'entreprises étrangères	0	0	0	..	0	..	0	..
Ensemble des entreprises	5	3	3	..	0	..	0	..
Réassurance								
Entreprises nationales	1	1	1	2	1	1	1	1
Entreprises sous contrôle étranger	0	0	0	..	0	..	0	..
Succursales d'entreprises étrangères	0	0	0	..	0	..	0	..
Ensemble des entreprises	1	1	1	2	1	1	1	1
Total								
Entreprises nationales	52	52	56	59	57	59	62	60
Entreprises sous contrôle étranger	31	31	34	37	35	38	40	37
Succursales d'entreprises étrangères	1	2	2	2	2	2	2	2
Ensemble des entreprises	53	54	58	61	59	61	64	62
2.2 Nombre d'employés								
Entreprises d'assurance	15 841	15 610	15 412	10 123	17 304	18 297	19 305	19 274
Intermédiaires	24 511	26 567	16 282	16 706	16 994	15 603	15 587	18 931
Total	40 352	42 177	31 694	26 829	34 298	33 900	34 892	38 205

.. Non disponible

Note : Voir les métadonnées détaillées sur : http://metalinks.oecd.org/isy/20170221/3dd3.

Royaume-Uni
Tableau 1. Agrégats sélectionnés

Millions GBP

	2008	2009	2010	2011	2012	2013	2014	2015
1.1 Opérations d'assurance conclues dans le pays déclarant								
1.1.1 Opérations d'assurance, par intérêt								
Primes brutes								
Entreprises nationales	235 382	216 268	206 167	208 608	230 559	215 494	219 832	217 673
Entreprises sous contrôle étranger	54 861	59 431	54 294	60 570	75 289	69 361	57 959	58 471
Succursales d'entreprises étrangères	11 941	3 659	4 258	3 204	2 735	2 237	2 407	2 741
Ensemble des entreprises	247 323	219 927	210 425	211 811	233 294	217 731	222 239	220 414
Primes cédées								
Entreprises nationales	24 289	20 851	21 397	24 305	28 545	27 456	33 780	24 299
Entreprises sous contrôle étranger	6 885	7 612	7 143	7 946	8 285	9 270	11 048	10 801
Succursales d'entreprises étrangères	438	407	403	356	179	53	47	52
Ensemble des entreprises	24 726	21 259	21 800	24 661	28 724	27 509	33 827	24 351
Primes nettes émises								
Entreprises nationales	211 094	195 417	184 770	184 303	202 014	188 038	186 052	193 374
Entreprises sous contrôle étranger	47 977	51 820	47 151	52 623	67 004	60 091	46 911	47 670
Succursales d'entreprises étrangères	11 503	3 252	3 855	2 847	2 555	2 184	2 361	2 689
Ensemble des entreprises	222 597	198 669	188 625	187 150	204 570	190 222	188 412	196 062
1.1.2 Opérations d'assurance par risque à l'étranger, primes brutes								
Vie	..	..	..	..	..	..	..	..
Non-vie	..	..	..	..	..	..	..	..
Mixtes	..	..	..	..	..	..	..	..
dont :								
Vie	..	..	..	..	..	..	..	..
Non-vie	..	..	..	..	..	..	..	..
Total	..	..	..	..	..	..	..	..
1.1.3 Paiement par catégories d'assurance, primes brutes (vie)								
Rentes	42 435	36 105	33 344	31 964	..	20 899	22 295	17 278
Unit linked	120 695	106 589	99 537	98 203	..	112 727	114 296	117 452
Autre assurance vie	23 205	19 124	16 864	14 777	..	9 393	11 834	10 622
Total Assurance Vie	186 336	161 818	149 745	144 943	163 481	143 018	148 425	145 353
dont : Contrats de retraite	144 750	135 559	126 173	125 482	143 813	104 333	132 542	128 601
1.1.4 Paiement par catégories d'assurance, primes brutes (non-vie)								
L'assurance automobile	12 615	10 929	12 112	12 786	12 643	12 133	12 069	12 883
Les assurances transport (y compris maritime et aérien)	3 215	3 049	3 351	3 513	3 634	3 805	3 098	2 604
L'assurance de fret	667	706	674	718	778	942	885	808
L'assurance incendie et des dommages aux bien	16 531	15 008	15 322	15 413	16 087	16 500	15 969	15 544
L'assurance des pertes pécuniaires	5 357	4 737	5 512	5 498	5 707	5 717	5 966	5 791
L'assurance de la responsabilité civile générale	10 854	8 732	8 747	8 561	8 750	10 218	10 593	10 308
Les assurances accidents et maladie	6 876	7 156	7 244	6 907	7 287	7 895	7 662	7 821
dont : Maladie	..	..	..	..	..	..	..	..
Autres assurances non-vie	2 564	2 523	2 486	2 815	2 442	2 859	2 962	3 177
Réassurance obligatoire	..	..	..	..	..	..	..	..
Total assurance non-vie	58 679	52 840	55 448	56 212	57 328	60 070	59 206	58 936

Royaume-Uni
Tableau 1. Agrégats sélectionnés *(suite)*

Millions GBP

	2008	2009	2010	2011	2012	2013	2014	2015
1.2 Paiements bruts des sinistres								
Vie								
Entreprises nationales	170 688	160 384	156 626	162 040	166 655	166 084	161 503	172 514
Entreprises sous contrôle étranger	36 812	39 273	35 287	36 240	51 269	42 535	26 653	29 078
Succursales d'entreprises étrangères	4	3	3	5	4	-1	4	5
Ensemble des entreprises	170 692	160 387	156 629	162 044	166 658	166 083	161 507	172 518
Non-vie								
Entreprises nationales	30 148	29 473	30 795	31 223	30 566	33 152	32 079	30 897
Entreprises sous contrôle étranger	11 471	12 349	14 747	15 499	16 160	17 593	17 062	16 387
Succursales d'entreprises étrangères	2 220	1 572	1 764	2 082	1 785	1 405	1 469	1 871
Ensemble des entreprises	32 368	31 045	32 560	33 305	32 351	34 557	33 548	32 768
Mixtes								
Entreprises nationales	21 287	18 478	18 662	19 413	20 735	21 625	22 527	23 077
Entreprises sous contrôle étranger	2 371	1 937	1 293	1 006	615	754	2 170	2 734
Succursales d'entreprises étrangères	13 435	2 979	2 272	880	1 729	0	0	0
Ensemble des entreprises	34 721	21 457	20 934	20 293	22 464	21 625	22 527	23 077
dont :								
Vie	33 367	20 265	19 734	19 063	21 386	20 366	21 254	21 794
Entreprises nationales	19 974	17 330	17 499	18 219	19 657	20 366	21 254	21 794
Entreprises sous contrôle étranger	1 930	1 666	1 040	721	342	326	1 876	2 413
Succursales d'entreprises étrangères	13 393	2 935	2 235	845	1 729	0	0	0
Ensemble des entreprises	33 367	20 265	19 734	19 063	21 386	20 366	21 254	21 794
Non-vie	1 354	1 192	1 200	1 229	1 077	1 259	1 273	1 283
Entreprises nationales	1 313	1 148	1 164	1 194	1 077	1 259	1 273	1 283
Entreprises sous contrôle étranger	441	272	253	284	273	428	294	321
Succursales d'entreprises étrangères	42	44	36	35	0	0	0	0
Ensemble des entreprises	1 354	1 192	1 200	1 229	1 077	1 259	1 273	1 283
Total								
Entreprises nationales	222 122	208 335	206 083	212 675	217 956	220 861	216 108	226 488
Entreprises sous contrôle étranger	50 654	53 560	51 327	52 744	68 043	60 882	45 885	48 198
Succursales d'entreprises étrangères	15 659	4 553	4 039	2 967	3 517	1 404	1 474	1 875
Ensemble des entreprises	237 781	212 889	210 122	215 642	221 473	222 265	217 582	228 363
1.3 Commissions								
Vie								
Entreprises nationales	..	..	..	..	..	..	..	..
Entreprises sous contrôle étranger	..	..	..	..	..	..	..	..
Succursales d'entreprises étrangères	..	..	..	..	..	..	..	..
Ensemble des entreprises	..	..	..	..	..	..	..	..
Non-vie								
Entreprises nationales	..	..	..	..	..	..	..	..
Entreprises sous contrôle étranger	..	..	..	..	..	..	..	..
Succursales d'entreprises étrangères	..	..	..	..	..	..	..	..
Ensemble des entreprises	..	..	..	..	..	..	..	..
Mixtes								
Entreprises nationales	..	..	..	..	..	..	..	..
Entreprises sous contrôle étranger	..	..	..	..	..	..	..	..
Succursales d'entreprises étrangères	..	..	..	..	..	..	..	..
Ensemble des entreprises	..	..	..	..	..	..	..	..
dont :								
Vie	..	..	..	..	..	..	..	..
Entreprises nationales	..	..	..	..	..	..	..	..
Entreprises sous contrôle étranger	..	..	..	..	..	..	..	..
Succursales d'entreprises étrangères	..	..	..	..	..	..	..	..
Ensemble des entreprises	..	..	..	..	..	..	..	..
Non-vie	..	..	..	..	..	..	..	..
Entreprises nationales	..	..	..	..	..	..	..	..
Entreprises sous contrôle étranger	..	..	..	..	..	..	..	..
Succursales d'entreprises étrangères	..	..	..	..	..	..	..	..
Ensemble des entreprises	..	..	..	..	..	..	..	..
Total								
Entreprises nationales	..	..	..	..	..	..	..	..
Entreprises sous contrôle étranger	..	..	..	..	..	..	..	..
Succursales d'entreprises étrangères	..	..	..	..	..	..	..	..
Ensemble des entreprises	..	..	..	..	..	..	..	..

Royaume-Uni
Tableau 1. Agrégats sélectionnés *(suite)*

Millions GBP

	2008	2009	2010	2011	2012	2013	2014	2015
1.4 Dépenses brutes d'exploitation								
Vie								
Entreprises nationales	6 540	6 397	6 464	6 488	6 511	6 453	6 694	6 794
Entreprises sous contrôle étranger	706	748	740	989	961	976	929	850
Succursales d'entreprises étrangères	2	1	1	1	1	0	1	1
Ensemble des entreprises	6 542	6 398	6 466	6 489	6 512	6 453	6 695	6 795
Non-vie								
Entreprises nationales	5 949	5 894	5 985	6 110	6 843	7 125	6 782	6 639
Entreprises sous contrôle étranger	2 281	2 702	2 892	2 921	3 168	3 589	3 549	3 562
Succursales d'entreprises étrangères	129	128	152	152	200	167	174	186
Ensemble des entreprises	6 078	6 022	6 137	6 262	7 044	7 292	6 956	6 825
Mixtes								
Entreprises nationales	2 055	1 644	1 701	1 936	1 856	1 978	2 127	2 325
Entreprises sous contrôle étranger	307	198	262	261	195	172	277	328
Succursales d'entreprises étrangères	77	73	77	79	22	0	0	0
Ensemble des entreprises	2 132	1 717	1 778	2 015	1 877	1 978	2 127	2 325
dont :								
Vie	1 852	1 549	1 542	1 751	1 637	1 736	1 874	2 038
Entreprises nationales	1 806	1 507	1 501	1 709	1 616	1 736	1 874	2 038
Entreprises sous contrôle étranger	158	164	163	156	102	91	185	211
Succursales d'entreprises étrangères	46	42	41	42	22	0	0	0
Ensemble des entreprises	1 852	1 549	1 542	1 751	1 637	1 736	1 874	2 038
Non-vie	280	168	236	264	240	242	252	287
Entreprises nationales	249	137	200	227	240	242	252	287
Entreprises sous contrôle étranger	149	34	98	105	94	82	92	117
Succursales d'entreprises étrangères	31	31	36	37	0	0	0	0
Ensemble des entreprises	280	168	236	264	240	242	252	287
Total								
Entreprises nationales	14 544	13 934	14 150	14 534	15 209	15 556	15 602	15 759
Entreprises sous contrôle étranger	3 294	3 648	3 893	4 171	4 324	4 737	4 754	4 740
Succursales d'entreprises étrangères	208	202	230	233	224	167	175	187
Ensemble des entreprises	14 752	14 137	14 381	14 767	15 433	15 723	15 777	15 946
1.5 Opérations à l'étranger par succursale, primes brutes								
Vie								
Succursales et agences	..	..	..	..	..	..	..	..
Filiales	..	..	..	..	..	..	..	..
Total	..	..	..	..	..	..	..	..
Non-vie								
Succursales et agences	..	..	..	..	..	..	..	..
Filiales	..	..	..	..	..	..	..	..
Total	..	..	..	..	..	..	..	..
Mixtes								
Succursales et agences	..	..	..	..	..	..	..	..
Filiales	..	..	..	..	..	..	..	..
Total	..	..	..	..	..	..	..	..
dont :								
Vie	..	..	..	..	..	..	..	..
Succursales et agences	..	..	..	..	..	..	..	..
Filiales	..	..	..	..	..	..	..	..
Total	..	..	..	..	..	..	..	..
Non-vie	..	..	..	..	..	..	..	..
Succursales et agences	..	..	..	..	..	..	..	..
Filiales	..	..	..	..	..	..	..	..
Total	..	..	..	..	..	..	..	..
Total								
Succursales et agences	..	..	..	..	..	..	..	..
Filiales	..	..	..	..	..	..	..	..
Total	..	..	..	..	..	..	..	..

.. Non disponible

Note : Voir les métadonnées détaillées sur : http://metalinks.oecd.org/isy/20170221/e32e.

Royaume-Uni
Tableau 2. Nombre d'entreprises et d'employés

	2008	2009	2010	2011	2012	2013	2014	2015
2.1 Nombre d'entreprises								
Vie								
Entreprises nationales	184	184	184	184	184	183	181	181
Entreprises sous contrôle étranger	15	15	15	15	15	15	14	14
Succursales d'entreprises étrangères	1	1	1	1	1	1	1	1
Ensemble des entreprises	185	185	185	185	185	184	182	182
Non-vie								
Entreprises nationales	247	257	245	242	234	227	214	209
Entreprises sous contrôle étranger	103	106	106	107	104	99	92	89
Succursales d'entreprises étrangères	17	18	16	16	15	10	12	7
Ensemble des entreprises	264	275	261	258	249	237	226	216
Mixtes								
Entreprises nationales	21	21	21	21	21	21	25	25
Entreprises sous contrôle étranger	7	7	7	7	7	7	8	8
Succursales d'entreprises étrangères	2	2	2	2	2	2	2	2
Ensemble des entreprises	23	23	23	23	23	23	27	27
Réassurance								
Entreprises nationales	36	34	32	31	31	30	29	26
Entreprises sous contrôle étranger	20	20	20	20	19	18	16	13
Succursales d'entreprises étrangères	2	2	2	2	2	2	2	3
Ensemble des entreprises	38	36	34	33	33	32	31	29
Total								
Entreprises nationales	488	496	482	478	470	461	449	441
Entreprises sous contrôle étranger	145	148	148	149	145	139	130	124
Succursales d'entreprises étrangères	22	23	21	21	20	15	17	13
Ensemble des entreprises	510	519	503	499	490	476	466	454
2.2 Nombre d'employés								
Entreprises d'assurance	..	..	..	..	..	..	..	..
Intermédiaires	..	..	..	..	..	..	..	..
Total	..	..	..	..	..	..	..	..

.. Non disponible

Note : Voir les métadonnées détaillées sur : http://metalinks.oecd.org/isy/20170221/e32e.

États-Unis
Tableau 1. Agrégats sélectionnés

Millions USD

	2008	2009	2010	2011	2012	2013	2014	2015
1.1 Opérations d'assurance conclues dans le pays déclarant								
1.1.1 Opérations d'assurance, par intérêt								
Primes brutes								
Entreprises nationales	2 038 442	2 028 861	2 034 932	2 154 120	2 278 908	2 289 259	2 430 627	2 619 954
Entreprises sous contrôle étranger	429 902	431 708	335 832	349 856	317 074	321 246	330 660	324 083
Succursales d'entreprises étrangères	670	643	629	731	909	662	696	1 129
Ensemble des entreprises	2 039 112	2 029 504	2 035 562	2 154 851	2 279 817	2 289 921	2 431 323	2 621 083
Primes cédées								
Entreprises nationales	556 929	604 210	531 114	560 386	601 133	657 662	609 531	713 961
Entreprises sous contrôle étranger	220 244	208 658	163 993	170 330	140 316	175 424	134 223	139 675
Succursales d'entreprises étrangères	242	244	244	254	298	275	287	252
Ensemble des entreprises	557 172	604 454	531 358	560 640	601 431	657 937	609 818	714 213
Primes nettes émises								
Entreprises nationales	1 481 512	1 424 661	1 503 818	1 593 733	1 677 776	1 631 597	1 821 096	1 905 993
Entreprises sous contrôle étranger	209 658	223 050	171 839	179 526	176 758	145 822	196 437	184 408
Succursales d'entreprises étrangères	428	399	386	478	611	387	409	877
Ensemble des entreprises	1 481 940	1 425 050	1 504 204	1 594 211	1 678 387	1 631 984	1 821 505	1 906 870
1.1.2 Opérations d'assurance par risque à l'étranger, primes brutes								
Vie	..	27 652	34 018	..	38 347	22 113	..	..
Non-vie	..	22 055	..	..	..	..	..	..
Mixtes total	x	x	x	x	x	x	x	x
Total	..	49 707	34 018	..	38 347	22 113	..	..
1.1.3 Paiement par catégories d'assurance, primes brutes (vie)								
Rentes	..	249 674	237 782	255 059	272 564	248 568	261 327	264 944
Unit linked	..	161 885	..	..	..	..	..	..
Autre assurance vie	..	765 602	762 172	811 561	557 259	533 515	527 280	561 674
Total assurance vie	..	1 015 276	999 954	1 066 620	829 823	782 083	788 607	826 618
dont : Contrats de retraite	..	880	..	..	..	..	..	..
1.1.4 Paiement par catégories d'assurance, primes brutes (non-vie)								
L'assurance automobile	318 559	312 719	312 705	315 167	329 520	342 548	379 889	393 897
Les assurances transport (y compris maritime et aérien)	4 169	3 667	3 452	3 337	3 545	3 245	3 070	2 911
L'assurance de fret	30 951	28 429	27 363	28 836	31 107	33 819	36 319	39 175
L'assurance incendie et des dommages aux bien	193 119	197 856	200 755	215 618	224 336	232 328	243 389	248 174
L'assurance des pertes pécuniaires	40 890	39 109	35 251	34 165	34 967	35 133	33 690	36 271
L'assurance de la responsabilité civile générale	186 615	173 097	170 571	172 997	183 263	191 562	204 069	208 722
Les assurances accidents et maladie	451 561	471 470	482 830	516 841	550 291	566 173	646 938	714 394
dont : Maladie	..	..	..	..	..	..	..	..
Autres assurances non-vie	2 526	4 328	3 532	3 018	3 179	3 505	3 780	3 728
Réassurance obligatoire	..	..	..	0	..	..	0	0
Total assurance non-vie	1 228 390	1 230 674	1 236 459	1 289 979	1 360 207	1 408 312	1 551 144	1 647 272
1.2 Paiements bruts des sinistres								
Vie								
Entreprises nationales	313 965	318 554	330 925	345 963	356 040	369 618	357 201	376 240
Entreprises sous contrôle étranger	65 976	67 878	60 398	61 430	66 275	66 267	69 748	68 967
Succursales d'entreprises étrangères	2 193	2 319	2 293	0	0	0	0	0
Ensemble des entreprises	316 158	320 873	333 218	345 963	356 040	369 618	357 201	376 240
Non-vie								
Entreprises nationales	815 237	838 670	827 860	..	920 214	917 856	980 750	1 077 317
Entreprises sous contrôle étranger	157 560	145 857	94 274	..	80 801	84 201	76 540	79 309
Succursales d'entreprises étrangères	363	416	309	..	723	234	240	359
Ensemble des entreprises	815 600	839 086	828 168	..	920 937	918 090	980 990	1 077 676
Mixtes, ensemble des entreprises	**x**	**x**	**x**	**x**	**x**	**x**	**x**	**x**
Total								
Entreprises nationales	1 129 202	1 157 224	1 158 785	3 701 852	1 276 254	1 287 474	1 337 951	1 453 557
Entreprises sous contrôle étranger	223 536	213 735	154 672	601 184	147 076	150 468	146 288	148 276
Succursales d'entreprises étrangères	2 556	2 735	2 602	2 253	723	234	240	359
Ensemble des entreprises	1 131 758	1 159 959	1 161 386	3 704 105	1 276 977	1 287 708	1 338 191	1 453 916

États-Unis
Tableau 1. Agrégats sélectionnés *(suite)*

Millions USD

	2008	2009	2010	2011	2012	2013	2014	2015
1.3 Commissions								
Vie								
Entreprises nationales	..	39 925	..	..	..	..	53 082	56 784
Entreprises sous contrôle étranger	..	9 784	..	..	..	..	11 165	10 339
Succursales d'entreprises étrangères	..	0	..	..	..	..	0	0
Ensemble des entreprises	..	39 925	..	..	..	..	53 082	56 784
Non-vie								
Entreprises nationales	..	99 023	..	..	..	..	..	..
Entreprises sous contrôle étranger	..	9 858	..	..	..	..	..	..
Succursales d'entreprises étrangères	..	1	..	..	..	..	..	..
Ensemble des entreprises	..	99 024	..	..	..	..	..	..
Mixtes, ensemble des entreprises	x	x	x	x	x	x	x	x
Total								
Entreprises nationales	..	138 948	..	..	..	..	53 082	56 784
Entreprises sous contrôle étranger	..	19 642	..	..	..	..	11 165	10 339
Succursales d'entreprises étrangères	..	1	..	..	..	..	-	-
Ensemble des entreprises	..	138 949	..	..	..	..	53 082	56 784
1.4 Dépenses brutes d'exploitation								
Vie								
Entreprises nationales	71 210	71 693	74 311	66 258	67 534	65 424	67 225	68 488
Entreprises sous contrôle étranger	17 703	15 873	12 817	9 782	9 962	9 814	10 285	9 952
Succursales d'entreprises étrangères	548	578	565	0	0	0	0	0
Ensemble des entreprises	71 758	72 271	74 876	66 258	67 534	65 424	67 225	68 488
Non-vie								
Entreprises nationales	228 093	231 186	233 968	239 829	250 270	261 844	281 766	298 911
Entreprises sous contrôle étranger	37 120	33 838	27 537	28 759	22 153	23 185	23 274	23 035
Succursales d'entreprises étrangères	241	237	238	283	312	165	194	410
Ensemble des entreprises	228 335	231 423	234 207	240 112	250 582	262 009	281 960	299 321
Mixtes, ensemble des entreprises	x	x	x	x	x	x	x	x
Total								
Entreprises nationales	299 303	302 879	308 279	306 087	317 804	327 268	348 991	367 399
Entreprises sous contrôle étranger	54 823	49 711	40 354	38 542	32 115	32 999	33 559	32 987
Succursales d'entreprises étrangères	789	815	803	283	312	165	194	410
Ensemble des entreprises	300 093	303 694	309 083	306 370	318 116	327 433	349 185	367 809
1.5 Opérations à l'étranger par succursale, primes brutes								
Vie								
Succursales et agences	..	0	0	..	..	..	..	..
Filiales	..	27 652	0	..	..	..	..	..
Total	..	27 652	0	..	..	..	..	..
Non-vie								
Succursales et agences	..	0	..	..	..	..	..	..
Filiales	..	22 055	..	..	..	..	..	..
Total	..	22 055	..	..	..	..	..	..
Mixtes total	x	x	x	x	x	x	x	x
Total								
Succursales et agences	..	-	-	..	..	..	..	..
Filiales	..	49 707	-	..	..	..	..	..
Total	..	49 707	-	..	..	..	..	..

.. Non disponible ; - Néant ; x Sans objet

Note : Voir les métadonnées détaillées sur : http://metalinks.oecd.org/isy/20170221/24b9.

États-Unis
Tableau 2. Nombre d'entreprises et d'employés

	2008	2009	2010	2011	2012	2013	2014	2015
2.1 Nombre d'entreprises								
Vie								
Entreprises nationales	995	944	902	904	904	995	1 031	1 030
Entreprises sous contrôle étranger	93	103	166	168	162	156	158	158
Succursales d'entreprises étrangères	0	2	0	..	..	..	..	..
Ensemble des entreprises	995	946	902	904	904	995	1 031	1 030
Non-vie								
Entreprises nationales	3 326	3 479	3 441	3 426	3 428	3 425	3 404	3 185
Entreprises sous contrôle étranger	379	344	373	388	407	403	404	390
Succursales d'entreprises étrangères	10	19	7	8	9	11	9	13
Ensemble des entreprises	3 326	3 498	3 448	3 434	3 437	3 436	3 413	3 198
Mixtes, ensemble des entreprises	-	-	-	-	-	-	-	-
Réassurance								
Entreprises nationales	166	266	257	251	250	247	234	354
Entreprises sous contrôle étranger	38	81	84	73	62	65	64	76
Succursales d'entreprises étrangères	2	1	2	1	1	1	1	4
Ensemble des entreprises	168	267	259	252	251	248	235	358
Total								
Entreprises nationales	4 477	4 689	4 600	4 581	4 582	4 667	4 669	4 569
Entreprises sous contrôle étranger	510	528	623	629	631	624	626	624
Succursales d'entreprises étrangères	12	22	9	9	10	12	10	17
Ensemble des entreprises	4 489	4 711	4 609	4 590	4 592	4 679	4 679	4 586
2.2 Nombre d'employés								
Entreprises d'assurance	..	..	..	..	..	..	..	..
Intermédiaires	..	..	..	..	..	..	..	..
Total	..	..	..	..	..	..	..	..

.. Non disponible ; - Néant

Note : Voir les métadonnées détaillées sur : http://metalinks.oecd.org/isy/20170221/24b9.

Statistiques de l'OCDE sur les assurances 2016

ANNEXE A

Opérations à l'étranger des assureurs de l'UE/EEE par des succursales et des agences

Tableau A1. **Assurance vie, 2015**

Millions de monnaie nationale

Assurance vie	Autriche	Belgique	Danemark	Finlande	France	Allemagne	Grèce	Islande	Irlande	Italie	Luxembourg	Pays-Bas	Norvège	Portugal	Espagne	Suède	Royaume-Uni
	EUR	EUR	DKK	EUR	EUR	EUR	EUR	ISK	EUR	EUR	EUR	EUR	NOK	EUR	EUR	SEK	GBP
Autriche	x	..	..	..	15.0	92.5	..	..	-	-	1.3	-	..	-	-	..	..
Belgique	0.0	x	..	..	223.5	..	..	..	-	-	-	91.0	..	-	8.0	..	..
Danemark	-	..	x	..	..	..	..	..	-	-	-	-	..	-	-	43.0	..
Finlande	-	..	..	x	..	..	..	..	-	-	-	-	..	-	-	16.0	..
France	0.1	0.8	..	..	x	..	..	..	592.0	-	1 343.1	-	..	30.0	259.1	..	..
Allemagne	58.4	..	..	..	214.0	x	..	..	623.0	-	345.5	-	..	-	13.3	..	..
Grèce	-	..	..	..	..	..	x	..	-	-	-	-	..	-	-	..	..
Islande	-	..	..	..	..	35.8	..	x	-	-	-	..	..	-	-	..	..
Irlande	-	..	..	..	9.2	..	..	..	x	-	0.3	-	..	-	-	..	..
Italie	9.6	0.2	..	..	317.6	..	..	..	3 575.0	x	1 117.1	-	..	-	238.8	..	..
Luxembourg	-	13.7	..	..	0.3	0.1	..	..	-	-	x	-	..	5.0	-	..	..
Pays-Bas	0.0	..	..	..	..	44.4	..	..	-	-	0.0	x	..	-	-	..	..
Norvège	-	..	..	..	..	..	..	..	-	-	-	..	x	-	-	220.0	..
Portugal	-	..	..	..	28.8	..	..	..	68.0	-	-	-	..	x	159.6	..	..
Espagne	0.0	0.3	..	..	143.1	..	..	..	198.0	-	4.3	-	..	29.3	x	..	..
Suède	0.0	..	..	..	..	..	..	..	7.0	-	28.8	-	..	-	-	x	..
Royaume-Uni	0.0	0.6	..	..	..	50.4	..	..	994.0	103.9	0.8	-	..	-	0.3	..	x
Total de l'UE 15 + EEE (en 1995)	68.2	15.6	..	..	951.5	223.3	..	..	6 057.0	103.9	2 841.2	91.0	..	64.3	679.0	279.0	..
Total autres pays OCDE	14.1	..	..	..	..	8.8	..	..	165.0	0.0	710.5	175.0	..	-	-	..	..
Total des pays hors OCDE	14.9	..	..	..	..	..	..	..	12.0	131.2	-	-	..	7.3	15.0	..	..
Total	**97.2**	**15.6**	**..**	**..**	**3 373.4**	**232.0**	**..**	**..**	**6 234.0**	**235.1**	**3 551.7**	**266.0**	**..**	**71.6**	**694.0**	**279.0**	**..**

Tableau A2. **Assurance non-vie, 2015**

Millions de monnaie nationale

Assurance non-vie	Autriche	Belgique	Danemark	Finlande	France	Allemagne	Grèce	Islande	Irlande	Italie	Luxembourg	Pays-Bas	Norvège	Portugal	Espagne	Suède	Royaume-Uni
	EUR	EUR	DKK	EUR	EUR	EUR	EUR	ISK	EUR	EUR	EUR	EUR	NOK	EUR	EUR	SEK	GBP
Autriche	x	..	17.0	..	117.4	168.8	..	..	-	1.2	91.5	16.0	..	-	-	..	..
Belgique	3.1	x	..	..	84.4	241.6	..	..	84.0	6.4	-	347.0	..	-	9.7	..	..
Danemark	0.2	1.3	x	..	8.4	46.0	..	..	25.0	0.2	-	64.0	487.0	-	-	3 606.0	..
Finlande	1.9	1.6	44.4	x	0.0	..	..	..	24.0	0.1	-	14.0	44.2	-	-	135.0	..
France	5.4	194.5	10.2	..	x	703.9	..	..	418.0	14.3	40.6	205.0	1.9	29.2	148.3	42.0	..
Allemagne	105.3	73.3	..	..	1 160.1	..	..	..	1 943.0	8.0	326.9	219.0	..	-	211.9	61.0	..
Grèce	0.3	9.4	..	..	27.3	21.2	x	..	-	4.7	-	12.0	..	-	13.5	..	..
Islande	-	..	..	..	..	..	..	x	-	-	-	-	..	-	-	..	..
Irlande	0.4	-1.0	..	..	754.9	7.5	..	..	x	0.5	-	18.0	..	-	47.9	..	..
Italie	105.7	27.9	..	..	912.8	304.2	..	..	1 317.0	x	113.4	118.0	..	-	225.1	..	..
Luxembourg	1.4	28.1	..	..	1.6	3.0	..	..	-	0.1	x	9.0	..	-	-	..	..
Pays-Bas	4.9	711.2	..	..	108.4	321.5	..	..	182.0	1.2	7.5	x	..	-	-	13.0	..
Norvège	0.6	0.0	8 535.0	..	..	..	..	..	36.0	0.5	-	16.0	x	-	-	13 325.0	..
Portugal	0.1	0.9	..	..	46.2	1.0	..	..	243.0	0.3	-	2.0	..	x	61.2	..	..
Espagne	1.1	95.2	..	..	328.9	289.1	..	..	1 045.0	11.6	39.8	33.0	3.0	15.3	x	..	..
Suède	10.0	-0.7	..	..	3.3	69.6	..	..	113.0	1.0	47.8	22.0	900.2	-	10.4	x	..
Royaume-Uni	10.6	522.1	..	..	378.4	1 213.4	..	..	4 366.0	119.3	725.4	126.0	..	-	538.7	547.0	x
Total de l'UE 15 + EEE (en 1995)	250.9	1 663.9	8 606.6	..	3 932.0	3 390.7	..	..	9 796.0	169.3	1 392.9	1 221.0	1 436.3	44.5	1 266.7	17 729.0	..
Total autres pays OCDE	111.7	31.2	..	..	..	319.3	..	..	39.0	215.4	288.3	48.0	0.0	-	17.7	478.0	..
Total des pays hors OCDE	47.6	3 228.9	..	..	..	232.9	..	..	-	256.3	283.6	218.0	132.9	11.5	83.5	..	..
Total	**410.1**	**4 924.0**	**8 606.6**	**..**	**5 460.2**	**3 942.9**	**..**	**..**	**9 835.0**	**641.0**	**1 964.8**	**1 487.0**	**1 569.2**	**56.0**	**1 367.9**	**18 207.0**	**..**

ANNEXE B

Définitions des catégories d'assurance non-vie

(Les définitions sont fondées sur la classification des branches d'assurances commune aux pays Membres de l'OCDE)

CATEGORIES	DÉFINITIONS
1. AUTOMOBILE	CORPS DE VÉHICULES TERRESTRES (autres que ferroviaires) Tout dommage subi par : • véhicules terrestres automoteurs, • véhicules terrestres non automoteurs. RESPONSABILITÉ CIVILE VÉHICULES TERRESTRES AUTOMOTEURS Toute responsabilité résultant de l'emploi de véhicules terrestres automoteurs (y compris la responsabilité du transporteur).
2. TRANSPORTS (y compris maritime et aviation)	CORPS DE VÉHICULES FERROVIAIRES Tout dommage subi par les véhicules ferroviaires. CORPS DE VÉHICULES AÉRIENS Tout dommage subi par les véhicules aériens. CORPS DE VÉHICULES MARITIMES, LACUSTRES ET FLUVIAUX Tout dommage subi par : • véhicules fluviaux, • véhicules lacustres, • véhicules maritimes. RESPONSABILITÉ CIVILE VÉHICULES MARITIMES, LACUSTRES ET FLUVIAUX Toute responsabilité résultant de l'emploi de véhicules fluviaux, lacustres et maritimes (y compris la responsabilité du transporteur).
3. FRET	MARCHANDISES TRANSPORTÉES (y compris les marchandises, bagages et tous autres biens) Tout dommage subi par les marchandises transportées ou bagages, quel que soit le moyen de transport.
4. INCENDIE ET DOMMAGES AUX BIENS	INCENDIE ET ÉLÉMENTS NATURELS Tout dommage subi par les biens (autres que les véhicules terrestres, les véhicules ferroviaires, les véhicules aériens, les navires et les marchandises transportées) lorsqu'il est causé par : • incendie, • explosion, • tempête, • éléments naturels autres que la tempête, • énergie nucléaire, • affaissement de terrain. AUTRES DOMMAGES AUX BIENS Tout dommage subi par les biens (autres que les véhicules terrestres, les véhicules ferroviaires, les véhicules aériens, les navires et les marchandises transportées) lorsque ce dommage est causé par la grêle ou la gelée, ainsi que par tout événement, tel le vol, autre que ceux compris sous incendie et éléments naturels.

CATEGORIES	DÉFINITIONS
5. PERTES PÉCUNIAIRES	CRÉDIT • insolvabilité générale • crédit à l'exportation • vente à tempérament • crédit hypothécaire • crédit agricole CAUTION • caution directe • caution indirecte PERTES PÉCUNIAIRES DIVERSES • risques liés à l'emploi • insuffisance de recettes (générale) • mauvais temps • perte de bénéfices • persistance de frais généraux • dépenses commerciales imprévues • perte de la valeur vénale • pertes de loyers ou de revenus • pertes commerciales indirectes autres que celles mentionnées précédemment • pertes pécuniaires non commerciales • autres pertes pécuniaires
6. RESPONSABILITÉ CIVILE GÉNÉRALE	RESPONSABILITÉ CIVILE GÉNÉRALE Toute responsabilité autre que responsabilité civile véhicules terrestres automoteurs, responsabilité civile véhicules aériens et responsabilité civile véhicules maritimes, lacustres et fluviaux définies ci-dessus.
7. ACCIDENTS ET MALADIE	ACCIDENTS (y compris les accidents du travail et les maladies professionnelles) • prestations forfaitaires • prestations indemnitaires • personnes transportées MALADIE • prestations forfaitaires • prestations indemnitaires • combinaisons
8. AUTRES ASSURANCES NON-VIE	PROTECTION JURIDIQUE Protection juridique et coûts des litiges ASSISTANCE ASSURANCES DIVERSES
9. RÉASSURANCES OBLIGATOIRES	

ANNEXE C

Secteur composite (mixte) dans l'OCDE et une sélection de pays non-OCDE

	Pays dans lesquels les entreprises composites opèrent	Disponibilité de données distinctes sur les entreprises composites
	Pays de l'OCDE	
Australie	Non	x
Autriche	Oui	Oui
Belgique	Oui	Oui
Canada[1]	Oui	Oui
Chili	Non	x
République tchèque	Oui	Oui
Danemark	Non	x
Estonie	Non	x
Finlande	Oui	Non
France	Oui	Oui
Allemagne	Non	x
Grèce	Oui	Oui
Hongrie	Oui	Oui
Islande[2]	Non	Non
Irlande	Non	x
Israël	Oui	Oui
Italie	Oui	Oui
Japon	Non	x
Corée	Non	x
Lettonie	Non	x
Luxembourg[3]	Oui	Oui
Mexique	Oui	Oui
Pays-Bas	Non	x
Nouvelle-Zélande	Oui	Non
Norvège	Non	x
Pologne	Non	x
Portugal[4]	Oui	Oui
République slovaque	Oui	Oui
Slovénie	Oui	Oui
Espagne[5]	Oui	Oui
Suède	Non	x
Suisse	Non	x
Turquie	Oui	Oui
Royaume-Uni	Oui	Oui
États-Unis	Non	x

	Pays dans lesquels les entreprises composites opèrent	Disponibilité de données distinctes sur les entreprises composites
Sélection de pays d'Afrique, d'Asie et d'Europe		
Hong Kong, Chine	Oui	Non
Inde	Non	x
Indonésie	..	..
Lituanie	Oui	Oui
Malaisie	Oui	Oui
Russie	Oui	Non
Singapour	Oui	Oui
Afrique du Sud	Oui	Oui
Sri Lanka	Oui	Oui
Thaïlande	Non	x
Sélection de pays d'Amérique Latine		
Argentine	Oui	Oui
Bolivie	..	..
Brésil	Oui	Oui
Colombie	Non	x
Costa Rica	Oui	Oui
Cuba	..	..
Équateur	..	..
El Salvador	Oui	Oui
Guatemala	Oui	Oui
Honduras	Oui	Oui
Nicaragua	Oui	Oui
Panama	Oui	Oui
Paraguay	Oui	Oui
Pérou	Oui	Oui
Porto Rico	..	..
Uruguay	Oui	Oui

1. Les compagnies d'assurance-vie sont autorisées à fournir une couverture pour les risques d'accident et de maladie. Les données relatives à leurs activités d'assurance-vie et non-vie (y compris accident et maladie) sont fournies séparément dans la catégorie composite.
2. Il n'y a pas d'entreprises composites, à l'exception de deux compagnies d'assurance-vie avec de faibles opérations dans l'assurance contre les accidents et la maladie. Mais elles sont classées parmi les entreprises d'assurance-vie.
3. Aucune compagnie officielle n'est autorisée à exercer à la fois dans le secteur vie et non-vie. Cependant, une filiale composite portugaise a une activité d'assurance sur le marché.
4. Pour les comptes de résultats (par exemple les primes), les données sont distinctes, mais pour l'information concernant le bilan et la solvabilité (par exemple le ratio de solvabilité, capital, ROE...) elles ne sont pas séparées.
5. Les entreprises mixtes opérant en Espagne doivent présenter les comptes techniques et non-techniques pour toutes les catégories d'assurance non-vie et vie séparément. Les données du bilan sont présentées ensemble, sans différenciation.

Source : Statistiques des assurances de l'OCDE au niveau mondial.

ANNEXE D

Liste des sources administratives

	Source statistique	Website
	Pays de l'OCDE	
Australie	Autorité australienne de réglementation prudentielle (APRA)	www.apra.gov.au
Autriche	Autorité des marchés financiers (FMA)	www.fma.gv.at
Belgique	Banque nationale de Belgique (BNB)	www.nbb.be
Canada	Ministère des Finances Canada	www.fin.gc.ca
Chili	Surintendance des valeurs mobilières et des assurances (SVS)	www.svs.cl
République tchèque	Ministère des Finances	www.mfcr.cz
Danemark	Autorité danoise de surveillance financière (FTNET)	www.finanstilsynet.dk
Estonie	Ministère des Finances d'Estonie	www.fin.ee
Finlande	Statistiques Finlande	www.stat.fi
France	Autorité de Contrôle Prudentiel et de Résolution (ACPR)	www.acpr.banque-france.fr
Allemagne	Autorité fédérale de surveillance financière (BaFin)	www.bafin.de
Grèce	Banque de Grèce	www.bankofgreece.gr
Hongrie	Banque centrale de Hongrie (MNB)	www.mnb.hu
Islande	Autorité de surveillance financière (FME)	www.fme.is
Irlande	Ministère des Finances	www.finance.gov.ie
Israël	Ministère des Finances	www.mof.gov.il
Italie	Institut de surveillance des assurances (ISVAP)	www.isvap.it
Japon	Agences des services financiers (FSA)	www.fsa.go.jp
Corée	Commission des services financiers (FSC)	www.fsc.go.kr
Lettonie	Commission des marchés financiers et de capitaux (FKTK)	www.fktk.lv
Luxembourg	Commissariat aux assurances (CAA)	www.commassu.lu
Mexique	Commission des assurances et de la sûreté nationale (CNSF)	www.cnsf.gob.mx
Pays-Bas	Office néerlandais des statistiques (CBS)	www.cbs.nl
Nouvelle-Zélande	Office néo-zélandais des statistiques	www.stats.govt.nz
Norvège	Autorité norvégienne de surveillance financière (Finanstilsynet)	www.finanstilsynet.no
Pologne	Autorité polonaise de surveillance financière (KNF)	www.knf.gov.pl
Portugal	Autorité de surveillance des assurances et des retraites (ISP)	www.isp.pt
République slovaque	Banque nationale de Slovaquie (NBS)	www.nbs.sk
Slovénie	Ministère des Finances	www.mgrt.gov.si
Espagne	Ministère de l'Économie	www.meh.es
Suède	Bureau suédois des statistiques (SCB)	www.scb.se
Suisse	Secrétariat d'État aux questions financières internationales (SIF)	www.sif.admin.ch
Turquie	Sous-secrétariat au Trésor turc	www.hazine.gov.tr
Royaume-Uni	Banque d'Angleterre	www.bankofengland.co.uk
États-Unis	Association nationale des commissaires d'assurance (NAIC)	www.naic.org

	Source statistique	Website
	Sélection de pays d'Afrique, d'Asie et d'Europe	
Hong Kong, Chine	Services financiers et Bureau du Trésor (FSTB)	www.fstb.gov.hk
Inde	Ministère des Finances	www.finmin.nic.in
Indonésie	Autorité des services financiers (OJK)	www.ojk.go.id
Lituanie	Ministère des Finances	www.finmin.lt
Malaisie	Banque centrale de Malaisie (BNM)	www.bnm.gov.my
Russie	Ministère des Finances de la Fédération de Russie	www.minfin.ru
Singapour	Autorité monétaire de Singapour (MAS)	www.mas.gov.sg
Afrique du Sud	Conseil des services financiers (FSB)	www.fsb.co.za
Sri Lanka	Conseil des assurances du Sri Lanka (IBSL)	www.ibsl.gov.lk
Thaïlande	Bureau de la commission des assurances (OIC)	www.oic.or.th
	Sélection de pays d'Amérique Latine	
Argentine	Surintendant des assurances (SSN)	www.ssn.gob.ar
Bolivie	Autorité de supervision et de contrôle des pensions et des assurances (APS)	www.aps.gob.bo
Brésil	Surintendant des Assurances Privées (SUSEP)	www.susep.gov.br
Colombie	Surintendance Financière de Colombie (SFC)	www.superfinanciera.gov.co
Costa Rica	Surintendance de l'assurance générale (SUGESE)	www.sugese.fi.cr
Cuba	Surintendant des Assurances de Cuba	www.mfp.cu
Équateur	Surintendant des banques et des assurances	www.supercias.gob.ec
El Salvador	Surintendant du système financier (SSF)	www.ssf.gob.sv
Guatemala	Surintendant des banques (SIB)	www.sib.gob.gt
Honduras	Commission nationale des banques et des assurances (CNBS)	www.cnbs.gob.hn
Nicaragua	Surintendant des banques et des autres institutions financières (SIBOIF)	www.siboif.gob.ni
Panama	Surintendant des assurances et de la réassurance de Panama (SSRP)	www.superseguros.gob.pa
Paraguay	Surintendant des assurances – Banque centrale du Paraguay	www.bcp.gov.py
Pérou	Surintendant des banques, des assurances et des administrateurs des fonds de pension privés (SBS)	www.sbs.gob.pe
Porto Rico	Bureau du commissaire des assurances (OCS)	www.ocs.gobierno.pr
Uruguay	Banque centrale d'Uruguay	www.bcu.gub.uy

ORGANISATION DE COOPÉRATION ET DE DÉVELOPPEMENT ÉCONOMIQUES

L'OCDE est un forum unique en son genre où les gouvernements œuvrent ensemble pour relever les défis économiques, sociaux et environnementaux liés à la mondialisation. À l'avant-garde des efforts engagés pour comprendre les évolutions du monde actuel et les préoccupations qu'elles suscitent, l'OCDE aide les gouvernements à y faire face en menant une réflexion sur des thèmes tels que le gouvernement d'entreprise, l'économie de l'information et la problématique du vieillissement démographique. L'Organisation offre aux gouvernements un cadre leur permettant de confronter leurs expériences en matière d'action publique, de chercher des réponses à des problèmes communs, de recenser les bonnes pratiques et de travailler à la coordination des politiques nationales et internationales.

Les pays membres de l'OCDE sont : l'Allemagne, l'Australie, l'Autriche, la Belgique, le Canada, le Chili, la Corée, le Danemark, l'Espagne, l'Estonie, les États-Unis, la Finlande, la France, la Grèce, la Hongrie, l'Irlande, l'Islande, Israël, l'Italie, le Japon, la Lettonie, le Luxembourg, le Mexique, la Norvège, la Nouvelle-Zélande, les Pays-Bas, la Pologne, le Portugal, la République slovaque, la République tchèque, le Royaume-Uni, la Slovénie, la Suède, la Suisse et la Turquie. L'Union européenne participe aux travaux de l'OCDE.

Les Éditions OCDE assurent une large diffusion aux travaux de l'Organisation. Ces derniers comprennent les résultats de l'activité de collecte de statistiques, les travaux de recherche menés sur des questions économiques, sociales et environnementales, ainsi que les conventions, les principes directeurs et les modèles développés par les pays membres.

ÉDITIONS OCDE, 2, rue André-Pascal, 75775 PARIS CEDEX 16
(21 2017 03 2 P) ISBN 978-92-64-27181-4 – 2017

www.ingramcontent.com/pod-product-compliance
Lightning Source LLC
LaVergne TN
LVHW080652011026
849160LV00014B/1401
* 9 7 8 9 2 6 4 2 7 1 8 1 4 *